심리학을 변화시킨 40가지 연구

로저 R. 호크 지음
유연옥 옮김

학지사
www.hakjisa.co.kr

Forty Studies That Changed Psychology :
Explorations into the History of Psychological Research
by Roger R. Hock

차 례

역자서문

이 책은 새로운 것이 아니다. 지난 한 세기 동안 심리학을 변화시킨 40가지 연구를 재조직한 것이다. 심리학이 과학으로서 지난 세기 동안 인류에게 공헌한 바는 이루 말할 수 없다. 또 다른 한 세기를 맞이한 우리에게 심리학의 새로운 가능성은 무궁무진하다. 따라서 비판적인 시각으로 사실을 관찰하고 보편적인 신념에 대한 정체를 밝히는 것이 심리학자들의 임무라고 한다. 이러한 임무를 수행하기 위해서는 무엇보다도 먼저 기존의 연구를 정확히 분석하고 그 의미를 파악하므로 미래를 준비할 수 있을 것 같다. 따라서 본서는 이러한 요구를 조금이라도 충족시켜 주리라 기대한다.

이 책은 멘도시노 대학의 로저 R. 호크 교수가 쓴 「Forty studies that changed psychology: Explorations into the history of psychological research」의 번역서이다. 로저 R. 호크 교수는 이 책에서 짧은 심리학 역사에 비해 심리학이 과학의 형태로 갖추게 한 40가지의 연구를 소개하고 있다. 이들 40가지 연구는 심리학의 하위 영역에서 선별하였다. 이 책의 주목적은 독자들에게 이러한 연구들이 일상생활에서 의미롭고 이용 가능한 것임을 안내하는 것이다. 연구의 의미와 정련됨을 그대로 유지하면서, 연구의 영향력을 널리 알리고 명확하게 하기 위한 저자의 편집 능력은 과히 대단하였다. 때때로 저자의 유머능력 또한 더욱 책을 읽는 흥미를 더하게 했다.

사실상 역자가 로저 R. 호크가 저술한 이 책을 처음 접했을 때 심리학 교재에서 자주 접했던 실험들의 배경과 생생함이 구체적으로 소개되었으며, 심지어 연구방법, 결과에 대한 함의, 후속연구, 제언까지 포함되어 있는 것을 보고 너무나 가슴이 설레였다. 왜냐하면 그 동안 심리학의 언저리에 있던 역자에게 심리학에 성큼 다가갈 수 있도록 굵은 동아줄 같은 연구 체계가 안내되어 있었기 때문이다. 저자가 선정한 40가지 연구의 내용과 연구방법 전개는 심리학이나 인접학문인 교육학, 아동학, 유아교육학 등을 공부하는 학부나 대학원 학생에게 훌륭한 길라잡이가 될 수 있을 것 같았다. 따라서 이 책은 심리학개론, 심리학사, 또한 인접 학문 영역의 부교재로 사용될 수 있을 것 같다.

몇 해 동안 심리학 관련 교과목을 강의하면서 본 서를 참고자료로 활용하여 학생들과 함께 읽고 의미를 나누면서 그들도 역자의 생각에 공감하였다. 이에 힘입어 미흡한 능력으로 번역작업에 착수하였다. 책을 번역하는 과정에서 저자가 의도한 바를 충실히 전하려고 노력했으나 미숙한 점이 많이 있으리라 생각된다. 앞으로 독자 여러분의 교정과 조언을 기대한다.

이 역서가 나오기까지 많은 분들의 도움이 있었다. 우선 경북대학교 심리학과의 은사님께 깊이 감사드린다. 그리고 나의 삶에 등불이 되어주셨던 동아대학교 교육학과에 재직하셨던 고 송명자 은사님께 깊이 감사드린다. 또한 수업시간이나 세미나 시간을 통해 함께 읽고 의미를 나누었던 많은 학우들과 후배들에게 고마움을 전한다. 또한 꼼꼼히 원고를 검토해 준 허미자, 추성경 학형에게 감사하며, 정리작업에 대학 2학년 여름 방학을 모두 내어 준 조카 김수정에게 고마움을 전하고 싶다. 끝으로 이 책을 번역하도록 격려해 주시고 정성을 다해 책을 만들어 준 학지사 식구들에게 감사를 드린다.

2000년 겨울
몰운대에서
역자 씀

저자서문

과학은 역사를 통하여 다양한 방법과 속도로 변천한다. 과학이 정체되어 있거나 거의 진전이 없어 보일 때는 시간이 천천히 흘러가는 것처럼 여겨진다. 그런데 새로운 발견, 대화, 관심, 연구, 진보의 움직임을 불러일으킬 때 과학은 고무되고 역동적인 기간이 된다. 새로운 과학적 발견은 문자 그대로 우리가 알고 있는 세상사에 관한 지식을 변화시킨다. 이러한 체재 내에서 심리학의 역사도 다른 과학과 다르지 않다. 심리학 연구는 심리과학을 구성하는 다양한 원리와 분명하고 영속적인 효과를 산출하는 데 기여하였다. 이들 연구들로부터 생성된 결과들은 인간행동에 대한 지식을 변화시켰고, 헤아릴 수도 없는 후속 연구와 프로그램을 수행하는 데 초석이 되었다. 이들 중심적인 연구의 일부 결과가 이후에 논쟁과 의문이 제기되었다 할지라도 역사적 맥락에서 이들 연구의 효과와 영향은 결코 감소될 수 없다. 즉 이들 연구들은 새로운 논문에서 계속 인용되고 있으며, 그리고 심리학자들의 마음 속에 학술적 논의의 주제로, 교과서의 토대를 형성하는 데 특별한 위치를 차지하고 있다.

이 책은 오랜 기간 심리학을 가르치면서 구상하였다. 대부분의 심리학 교재는 비교적 짧은 심리학의 역사에 비하여 심리과학의 형태를 갖추게 한 많은 주요 연구를 토대로 하고 있다. 그러나 교재는 심리학을 풍성하게 한 원래의 연구 그 자체에 대해 거의 관심을 두지 않는다. 일반적으로 연구과정은 요약되어 있고 연구 당시 배경과 생생함은 희석되었다. 그리고 때때로 연구방법과 결과를 보고하는 방법이 심지어 독자들에게 연구의 진정한 의미와 영향을 잘못 안내할 수도 있었다. 이는 분량의 제한으로 인해 교재를 쓰는 저자를 비판하고자 하는 것이 아니고, 무엇을 포함하고 얼마나 상세히 기술해야 하는 것과 같은 상당한 어려운 선택을 하여야만 함을 의미한다. 그러나 불행히도 모든 심리학의 기초는 연구이므로 이러한 상황은 계속되고 있다. 인간행동에 대한 우리의 지식과 이해를 확장시키고 오늘날을 있게 함은 정교한 수준의 독창적이고 정련된 연구들을 통해서이다.

그래서 본서에서는 심리학의 "헤드라인 역사"를 통하여 살펴봄으로써 심리학 교재와 연구들간의 다소 큰 차이를 줄이려고 시도하고 있다. 본인의 바람은 기본적으로 선별된 40개의 연구를 통하여 독자로 하여금 그들 스스로 연구현장의 생동감을 경험하게 하고자 하는 것이다. 따라서 독자들이 심리학의 참된 근원을 더 깊고 넓게 이해하기를 바란다.

연구 선별

이 책에 포함된 연구는 심리학 교재나 학술잡지 그리고 많은 심리학 분야에서 선도적인 권위자에 의해 제안된 것 중에서 세심하게 선별되었다. 40이라는 숫자는 계획된 것이 아니라 역사적 견해와 분량의 측면에서 고려되었다. 선별된 연구들은 심리학 역사에서 가장 유명하고, 가장 중요하고, 가장 영향력 있는 것이라고 주장할만하다. 본인이 "주장할만하다"는 용어를 사용한 것은 이 책을 읽는 독자들이 선별 기준을 논박해주기를 바라기 때문이다. 한 가지 사실은 사람들이 40개 연구 모두에 대해 만족하지 않는다는 것은 명확하다. 그러나 여기에 포함된 연구들은 가장 빈번히 인용되고 있고, 출판되었을 때 논쟁을 불러일으켰고, 후속 관련 연구들을 낳게 했으며, 심리학적 탐색의 새로운 영역을 개척하였고, 인간행동에 대한 우리의 지식을 가장 극적으로 변화시켰다. 이들 연구들은 가장 적합한 하위 분야에 따라 조직화되었다. 하위 영역은 생물학과 인간행동, 의식, 학습과 조건화, 지능 인지 그리고 기억, 인간발달, 정서와 동기, 성격, 정신병리, 정신치료, 사회심리학이다.

연구의 제시

각 연구의 명확한 이해를 돕고자 한다. 각 장은 다음과 같은 기본 형식과 내용으로 구성되어 있다.

1. 최초의 연구를 찾을 수 있도록 정확하고 즉각적으로 이용할 수 있는 문헌
2. 연구를 유도한 이 분야에 대한 요약된 배경과 연구자가 연구를 수행하게 된 이유
3. 연구의 이론적 제안 또는 가설
4. 연구를 수행할 때 사용된 실험설계와 방법을 다음과 같이 구체적으로 설명. 연구설계의 적합성, 연구대상과 표집방법, 사용된 연구도구와 자료에 대한 기술, 실험을 수행할 때 진행된 정확한 절차
5. 연구의 결과는 명확하고, 이해할 수 있고, 비기계적이고, 비통계적이고 비전문용어로 요약
6. 최초의 연구에서 최초의 연구자 자신의 논의를 바탕으로 결과의 의미를 해석
7. 심리학 분야에서 각 연구의 중요성, 또는 각각의 연구가 심리학을 어떻게 변화시켰는가?
8. 지지하거나 반증하는 후속 연구와 이 분야의 다른 연구자들로부터 제기되는 의문이나 비판에 대한 짧은 논의
9. 이 연구와 관련된 부가적이고 최신의 읽을거리에 대한 일부 참고문헌

이 책의 주목적은 독자들이 이러한 연구의 결과들이 의미롭고 이용 가능한 것임을 알게 하는 것이다. 종종 과학자들은 쉽게 이해할 수 없는 언어로 이야기한다. 그러므로 본인은 위에서 소개된 제시 방법이 독자들에게 접근가능하고, 관련짓고, 흥미로운 방법이 되어 뚜렷하고 중요한 발견에 대한 드라마를 경험하는 데 도움이 되기를 바란다. 덧붙여 가능하고 적합한 범위 내에서 여기에 제시된 연구들은 단순화하고 읽기와 이해를 용이하게 하기 위해 편집하였다. 그러나 이러한 작업은 연구의 의미

와 정련됨을 그대로 유지하고 연구의 영향력을 널리 미치고 명확하게 하기 위하여 이렇게 하였다.

인간 또는 동물을 대상(피험자)으로 하는 연구에서의 윤리

연구대상 없이 과학적으로 연구를 한다는 것은 실제로 불가능하다. 물리학에서 연구대상은 아류자 미립자이고, 식물학에서는 식물이고, 화학에서는 원소 연대기이고, 심리학에서는 사람이다. 그 당시 인간을 연구대상으로 하는 것이 허용되지 않아서 동물로 연구대상을 대치하였다. 그러나 동물 연구의 목적은 인간을 좀더 잘 이해하기 위함이지 동물 그 자체를 연구하려는 것은 아니다. 인간과 동물이 연구대상인 연구에 관해 읽을 것이다. 연구 중 일부는 연구대상에게 적용된 절차에 대해 연구자의 윤리가 의문스러울 것이다. 일반적으로 고통스러운 절차가 포함된 연구에서는 윤리적인 의문에 대해 지적하였다. 그러나 이것은 예민한 문제이기 때문에(특히, 현재 동물권리 옹호운동) 이 책에 기술된 연구 일부를 준비하면서 현재 심리학자들이 따르는 윤리강령 일부를 여기에서 논의하고자 한다.

인간을 대상으로 하는 연구

미국 심리학회(APA)는 연구자가 인간 참여자를 포함하는 실험을 수행할 때 반드시 따라야 하는 엄격하고 명확한 안내 지침서를 발행했다.

> 심리학자들은 개인의 존엄성과 가치를 존중하고, 기본적인 인간 권리를 보존하고 보호하도록 노력해야 한다. 그들은 인간행동, 인간 자신의 이해와 타인의 이해에 대한 지식을 증진시키고 이러한 지식을 인간의 복지를 향상시키는 데 이용한다. 이러한 목적을 추구하기 위하여 심리학자들은 반드시 연구대상인 참여자의 복지를 보호하도록 노력해야 한다[미국 심리학회(1981),

심리학자의 윤리강령. American Psychologist, 36, 633~638].

이러한 원칙을 지키기 위하여 연구자는 인간을 연구 대상으로 하는 모든 연구에서 다음과 같은 기본 규칙을 따른다.

1. 공식적인 동의(Informed consent) 연구자는 반드시 잠정적인 연구대상에게 이 실험이 무엇에 관한 것이고 어떤 절차가 사용될 것이라는 것을 설명함으로써 개인의 참여 여부를 공식적으로 결정할 수 있도록 한다. 만약 개인이 참여에 동의한다면 이를 "공식적인 동의"라고 명명한다. 당신이 본서에서 살펴볼 것처럼 실험의 진짜 목적을 알리지 않을 수도 있는데 이는 연구대상의 행동이 변경되거나 결과를 오염하기 때문이다. 속임수가 사용될 수 있는 경우에도 연구대상에게는 여전히 공식적인 동의에 대한 적합한 정보가 주어져야 한다. 숨겨진 실험의 일부분은 잠정적인 결과의 중요성을 바탕으로 반드시 정당화될 수 있어야 한다.

2. 철회 자유(Freedom to withdraw at any time) 모든 연구 계획에서 연구대상 어느 누구든지 언제든지 실험에서 자유롭게 철회할 수 있다는 것을 반드시 숙지하여야 한다. 이것은 불필요한 규칙처럼 보이나 단순하게 어떤 연구대상이 절차상 너무나 불편하여 떠난다는 것은 명확하게 보인다. 그러나 이것은 항상 직설적이고 단순한 문제는 아니다. 예를 들어 대학생은 종종 심리학 실험의 연구대상으로 참석함으로써 학점을 받곤 한다. 그들은 철회가 학점에 영향을 미친다고 느끼고, 철회를 결정하는 데 자유로움을 느끼지 않을 것이다. 다른 경우에는 연구 참여비를 받을 때 만약 실험을 마친 후에 지불을 요구할 수 있다고 느낄 때이다. 이러함은 연구대상이 철회를 원할 때 연구자 는 이를 피하기 위한 비윤리적인 권유를 하기도 한다. 이러한 문제를 피하기 위하여 연구대상에게는 실험절차가 시작될 때 대안적인 학점 보장이나 비용이 지불되어야 한다.

3. 연구보고와 손상으로부터 보호(Debriefing and protection from harm) 실험자는 연구대상이 연구절차에 의해 야기될 수 있는 모든 신체적 심리적인 손상으로부터 보호해야 하는 책임을 진다. 대부분 심리적 연구들은 실험 동안이나 실험 후에 연구대상에게 전혀 손상을 끼치지 않는 방법을 사용한다. 그러나 심지어 손상을 끼치지 않는 절차처럼 보일지라도 때때로 좌

절, 당혹감 혹은 근심처럼 부정적인 효과를 초래한다. 이러한 부정적인 효과를 방지하는 공통적인 안전책은 연구과정을 보고하도록 하는 윤리적인 요구이다. 특히 연구대상이 속임수의 형태가 포함된 연구에 참석하게 되었을 때에는, 실험을 완전히 마친 후 연구대상에게 연구과정을 보고해야만 한다. 연구과정을 보고하는 동안 실험의 진짜 목적과 목표를 설명하고, 연구대상에게 연구 참여경험에 대한 어떤 질문도 할 수 있는 기회가 주어져야 한다. 만약 실험으로 인해 오래 갈 것 같은 여파가 있을 가능성이 있다면 연구자는 필요하다면 차후에 연락할 수 있는 전화번호를 제공해야 한다.

4. 비밀보장(Confidentiality) 실험에서 연구대상으로부터 획득한 모든 결과는 연구대상의 특별한 동의가 없다면 반드시 비밀보장이 되어야 한다. 이는 결과가 보고되거나 출판될 수 없다는 것을 의미하는 것이 아니라 개인적인 자료는 확인될 수 없다는 식의 의미이다. 종종 확인된 정보는 심지어 연구대상 각각으로부터 획득된 것이 아니라 집단 구성원들 간의 평균 차이와 관련된다.

물론 아동을 포함하는 연구에서 동일한 윤리 강령이 아동의 부모에게 적용된다.

이 책에 포함된 연구들 중 극소수의 연구들이 이들 윤리 중 일부를 위배한 것으로 보인다. 일반적으로 이러한 연구들은 공식적인 윤리 강령이 존재하기 오래 전에 수행된 것이고 아마 오늘날에는 반복 연구가 허용되지 않을 것이다. 그러나 강령이 없었다고 하여 과거 연구자의 남용을 용서하는 것은 아니다. 심리학자들이 그렇듯이 과거의 실수로부터 학습하지만 실제로 과거의 실수를 현재에서는 거의 하지 않는다.

동물을 대상으로 하는 연구

과학계 안팎에서 논의되는 가장 곤란하고 힘든 주제 중 하나가 동물연구 윤리에 대한 의문이다. 동물권리옹호 회원수가 증가하고 점점 더 의견을 제시하고 호전적이다. 오늘날 인간 연구대상보다 동물 연구대상에 관한 더 많은 논쟁이 있음은 분명하다. 왜냐하면 아마 인간에게처럼 공식적인 동의를 구하거나 철회할 자유, 연구보고하는 것처럼 동물은 보호받을 수 없다는 정확한 인식 때문이다. 부가적으로 가장 강경한 동물권리옹호 활동가들은 모든 살아 있는 생물체에게는 고통을 느낄 수 있는 능력에 따라 가치가 부여되었다는 견해를 취한다. 이러한 동물에 대한 개념화는 인간에게도 동일한 가치를 지닌다. 그러므로 인간에 의해 동물의 어떠한 사용은 비윤리적인 것으로 여긴다. 여기에는 닭고기를 먹는다든지, 가죽옷을 입는다든지, 애완 동물을 기른다든지가 여기에 포함된다(강경한 동물권리옹호 활동가에 따르면 이는 노예 형태이다). 많은 사람들은 아주 작은 부분에 인간이 동물을 사용한다 할지라도 동물을 대상으로 하는 연구는 비인간적이고 비윤리적이고 금지되어야 한다고 생각하는 것은 명백하다.

그러나 거의 모든 과학자와 미국 시민들은 과학적 연구에서 최소한의 동물의 사용은 필연적이고 이로 인한 혜택을 받음을 알고 있다. 동물을 실험 연구대상으로 사용하여 인간의 생명을 구제하는 많은 약물과 의학기술이 발달되었다. 종종 동물은 심리학 연구에서 우울, 뇌발달, 혼잡함, 학습과정과 같은 주제를 연구할 때 이용된다. 연구에서 동물을 사용하는 주된 이유는 인간에게 유사한 연구를 수행했을 때는 분명히 비윤리적인 것이기 때문이다. 예를 들어 다음은 많은 활동이 포함된 풍부한 환경과 거의 활동이 없는 빈약한 환경에서 양육한 유아의 뇌 발달과 지능 발달에 관한 연구를 하기를 원한다고 가정하자. 이를 상이한 조건에 인간 유아를 배치한다는 것은 간단하게 불가능하다. 그러나 인간에게 야기될 수 있는 보상이나 잠정적인 발견에 대한 노출없이 쥐를 연구대상으로 사용할 수 있었다(Rosenzweig & Bennett 연구 참조).

미국 심리학회는 인간을 연구대상으로 하는 윤리 강령에 덧붙여 동물을 연구대상으로 이용할 때 자비로운 처치를 보장하는 연구설계를 하도록 엄격한 규칙과 법칙을 가지고 있다. 이들 법칙에서 연구 동물은 적합한 수용장소, 음식제공, 청결, 건강을 보호받기를 요구한다. 동물에게 가하는 불필요한 모든 고통은 금지된다. 미국 심리학회의 "동물의 보호와 사용"이라는 부분에 아래와 같이 제시되었다.

> 심리학자는 동물의 불편함, 질병, 고통을 최소화하도록 매번 노력해야 한다. 동물을 연구대상으로 해서 고통, 스트레스, 박탈하게 하는 절차가 단지 대안적인 절차가 불가능하고 그 목적이 전망적인 과학적, 교육적, 혹은 응용적인 가치일 때만이 사용된다[미국 심리학회(1981), 심리학자의 윤리강령. American Psychologist, 36, 633~638].

이 책에서는 동물을 연구대상으로 하는 일부 연구들이 있다. 이러한 연구에 대한 윤리적 고려 외에도 동물을 연구대상으로 획득한 결과를 인간에게 일반화하는 데 일상적인 어려움이 있다. 동물 연구가 포함되어 있는 각 장에서 이러한 문제가 논의되어 있다. 이들 연구 중 일부는 잔인하고 비윤리적이다. 최소한 연구자, 학생, 심리학 관련자 누구이든 각 개인이 일반적으로 동물 연구에 관한 자신의 결정을 내리고, 어떤 특수한 경우에도 동물을 연구대상으로 사용하는 정당가능성을 가져야만 할 것이다. 만약 일부 상황에서 동물 연구가 수용될 수 있다고 허용한다면, 연구 결과의 가치가 사용된 방법을 지지하는지 여부를 결정해야만 한다.

마지막으로 동물 연구에서 잠정적인 잘못된 처치에 대한 우려와 관련된 문제이다. 하버드 대학교, MIT처럼 세계에서 주요한 연구센터 중 하나인 매사추세츠 주의 케임브리지는 최근에 동물 실험 감독관(Commissioner of Laboratory Animals)이라 불리는 공식적인 직함을 창안했다. 이는 주정부의 차원에서 처음으로 창립된 것이며, 감독관에는 Stuart Wileo 박사가 초대되었다. 케임브리지 주에는 약 6만 마리의 동물이 거처하는 22개의 연구 실험실이 있다. 이 새로운 감독관의 임무는 모든 동물 연구대상들이 자비롭고 적합한 처치를 보장하는 것이다. 그는 실험실의 동물을 보호하는 데 있어 케임브리지 주의 엄격한 법칙을 위배하는 실험실을 적발한다면 하루에 300달러의 벌금을 부과할 수 있는 권한을 부여받았다(People Magazine, May 27, 1991, p. 71).

본인은 Prentice Hall 출판사의 편집장인 Charlyce Jomes Owen 씨의 충고와 이 프로젝트가 시작할 때부터 보내 준 지지에 깊은 감사를 표한다. 또한 책이 출판되도록 편집에 도움을 준 Katy Bsales 씨에게도 감사드린다. 마지막으로 이 책을 읽고 조언을 해 준 다음과 같은 사람에게 감사한다. 성 프란시스 야시브 대학교의 Edward L. Pencer, 메릴랜드 대학교의 Eliot Shimoff, 미주리 웨스턴 주립대학교의 James Huntermark, MIT의 Jeremy Wolfe, 그리고 힐스보르(플로리다 주) 전문대학의 Valda Robinson.

당신이 이 책에서 경험할 연구들은 여러 가지 방법으로 다양한 정도로 인류에게 혜택을 주었다. 심리학 연구의 역사는 비교적 짧다. 그러나 인간본성의 발견에 대한 풍부함과 흥분으로 가득 채워져 있다.

로저 R. 호크

제 1 부

생물학과 인간행동

대부분의 일반 심리학 교재는 인간 행동의 생문학적 촉매부터 다루며, 이 책 역시 그렇다. 일반 심리학 교재는 인간행동의 생물학적 측면부터 다루며, 이 책 역시 그렇다. 이것은 단순히 관례나 편리함 때문이라기보다는 생물학적, 생리적 과정이 모든 행동의 기본을 형성하고 있기 때문이다. 이 책에 포함되어 있는 심리학의 다른 하위 분야는 모두 이 생물학적 기반 위에 있다. 이러한 과정을 연구하는 심리학 연구의 분과를 생리심리학이라 하는데, 이것은 뇌와 신경계의 상호작용, 환경으로부터의 자극과 정보가 감각기관을 통해 들어오는 것을 받아들이는 과정, 그리고 세상을 지각하기 위해 유입되는 모든 정보를 뇌가 조직화하는 방법을 다룬다.

이러한 심리학 연구의 기본 구성요소들을 설명하기 위해 여기서 선택된 다양한 연구 논문들은 가장 영향력 있고 자주 인용되는 논문들이다. 첫번째 연구는 뇌가 어떻게 기능하고 있는가에 관해서 우리가 현재 알고 있는 우뇌와 좌뇌에 관한 유명한 연구 프로그램에 대해 논의하며, 다음은 아동기에 자극을 주는 것이 뇌를 더 발달시킨다는 것을 증명함으로써 과학계를 놀라게 한 연구이다. 세 번째 연구는 우리 주변의 세상을 지각하는 방법이 특정한 감각 입력에 의해 만들어진다는 먼 나라의 문화를 소개하고 있다. 그리고 네 번째는 유아의 깊이지각 능력을 연구한 유명한 '시각벼랑' 방법을 창안한 연구이다.

이러한 모든 연구들 특히 세 번째와 네 번째 연구에서 다루어지는 문제는 심리학의 모든 영역과 관련되며 여전히 흥미진진하게 논의되고 있는 '천성 대 양육' 논쟁이다.

1 뇌는 하나일까 둘일까?

뇌의 두 반구가 동일하지 않다는 것과 상이한 기능을 수행한다는 것은 이미 널리 알려진 사실이다. 예컨대 좌뇌는 신체의 오른쪽 부분의 운동에 관여하고, 우뇌는 신체의 왼쪽 부분의 운동에 관여한다. 이 외에도 두 대뇌 반구는 더 많은 국재화된 능력을 가지고 있다. 좌뇌는 언어를 사용하는 능력을 통제하고 우뇌는 예술적 활동에서 요구되는 것과 같이 공간관계와 더 관련이 있다는 것은 사람들이 흔히 알고 있는 사실이다. 좌뇌의 손상으로 고통받는 발작 환자나 사고 환자는 대부분 말하는 능력을 상실한다(종종 이런 능력은 연습과 훈련으로 회복될 수 있다). 많은 사람들은 뇌의 반쪽인 대뇌의 각 반구가 학습과 기억, 세계에 대한 지각, 정서를 느끼는 개개의 능력을 가진 완전하게 분리된 정신 시스템이라는 사실을 믿는다. 이러한 생각은 『우측 뇌를 사용하여 그리기』(*Drawing on the Right Side of Your Brain*)와 같은 베스트셀러에서도 증명되었다.

Gazzaniga, M. S. (1967) The split brain in man. *Scientific American*, *217*, 24~29.

그러나 이러한 인식에 내재되어 있는 개념들은 두 개로 분할된 뇌의 영향–반구 국재화(hemispheric specialization)–에 관한 수년간의 정밀한 과학적 연구결과이다. 이 분야의 연구는 스페리(R. W. Sperry)에 의해 개척되었으니 제1부에서 검토될 다른 논문보다 약 15년 먼저 시작된 셈이다. 동물 피험자를 대상으로 한 초기 연구에서 스페리는 놀랄 만한 발견을 했다. 예컨대 왼쪽 눈은 좌반구에만 정보를 전달하고 오른쪽 눈은 우반구에만 정보를 전달하도록 하기 위해 두 대뇌반구간의 연결부위를 절단하여 시신경을 변경하는 수술을 받은 고양이를 생각해 보자. 수술 후에 고양이는 정상적으로 행동하는 것 같았고 이상한 결과를 보이지 않았다. 이번에는 고양이의 오른쪽 눈을 가리고 음식을 찾기 위해 짧은 미로에서 걷는 새로운 행동을 학습시켰다. 고양이가 미로에서 걷는 것에 숙달되자 눈가리개로 왼쪽 눈을 가렸다. 그런 다음에 고양이를 미로에 두자, 고양이는 어디서 돌아야 할지를 몰랐고 처음부터 다시 배워야만 했다.

스페리는 지난 30년 동안 이와 관련된 많은 연구를 수행했고 대뇌반구의 국재화에 관한 연구로 노벨상을 받았다. 1960년대 초에는 인간 피험자를 대상으로 마이클 가자니가(Michael Gazzaniga)와 함께 이 연구를 계속하였다. 비록 스페리가 '분할뇌' 연구의 창시자로 여겨지지만 가자니가의 논문은 인간 피험자를 대상으로 한 초기 공동연구를 더 명확하고 정확하게 요약했고 거의 모든 일반 심리학 교재에서 끊임없이 인용되고 있기 때문에 여기서도 이 논문을 채택했다. 이것을 채택한다고 해서 이 분야에서의 스페리의 지위나 그의 위대한 공헌을 간과하거나 경시하려는 의도는 전혀 없다.

분할뇌 연구를 이해하기 위해서는 생리학에 대한 이해가 먼저 요구된다. 뇌의 두 반구는 약 20억 개의 신경섬유로 만들어진 구조물인 뇌량을 통해 서로 끊임없이 의사소통을 하고 있다. 만약 뇌량이 절단된다면 의사소통의 주된 연결선이 단절되어 뇌의 두 반구는 독립적으로 기능하게 된다. 따라서 만약 뇌를 반으로 분리시켜서 연구하고 싶다면 뇌량을 외과적으로 절단해야 한다.

그러나 과학자들이 인간의 뇌를 절단할 수 있을까? 이것은 프랑켄슈타인 박사의 심리학처럼 끔찍하게 들린다. 대뇌반구의 국재화 능력을 연구하려는 목적으로 이런 방법을 쓰는 것은 연구윤리에서 결코 허용하지 않을 것이다. 그러나 1950년대 후반, 의학 분야에서 심리학자들에게 좋은 기회가 제공되었다. 매우 희귀하고 극단적으로 통제 불가능한 간질환자의 경우 그들의 뇌량을 절단함으로써 발작을 제거할 수 있다는 사실이 알려진 것이다. 이러한 수술은 어떤 다른 방법에 의해 도움을 받을 수 없는 환자에게 최후의 수단으로 실시되었고 꽤 성공적인 결과를 보여주었다. 이 논문이 나왔던 1966년 당시 이러한 수술이 10건이 있었고, 환자 중 네 명이 그들의 지각 능력과 지적 기술이 이러한 외과 수술의 결과로 어떤 영향을 받는가를 조사하는 스페리와 가자니가의 연구에 참여하기로 동의했다.

이론적 제안

연구자들은 인간 뇌의 두 반구가 독립적으로 기능할 수 있는 정도와 분리됨으로써 발생하는 뇌의 독특한 능력을 탐구하고 싶어했다. 두 대뇌반구 간 정보의 이동이 방해를 받는다면 신체의 오른쪽 부분은 갑자기 왼쪽 부분과 협응할 수 없게 될까? 만약 언어가 좌반구에 의해 통제된다면 말과 단어를 이해하는 능력은 이 수술에 의해 어떠한 영향을 받을 것인가? 사고와 이해의 과정은 양쪽 반구에 분리된 채로 존재하는가? 만약 뇌가 정말로 두 개로 분리되어 더 이상 서로 의사소통을 할 수 없을 때 사람은 정상적으로 기능할 수 있을까? 왼쪽과 오른쪽 양쪽에서 감각정보를 받는데, 그렇다면 시각, 청각, 촉각은 어떠한 영향을 받는가? 스페리와 가자니가는 분할뇌 피험자를 대상으로 한 연구에서 이러한 질문과 다른 많은 질문에 답하고자 했다.

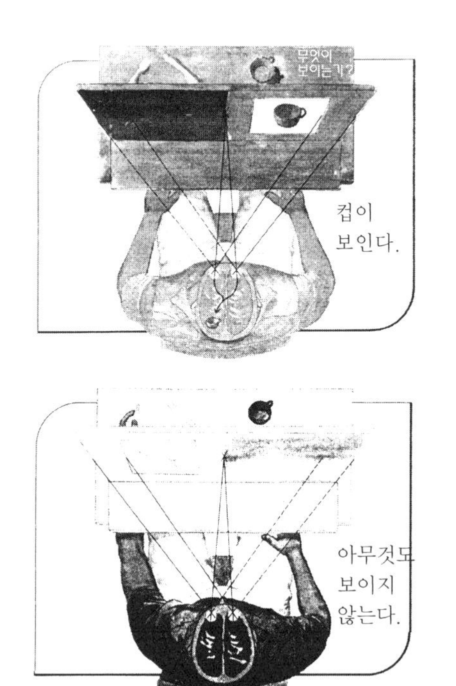

그림 1. 분할뇌 피험자에 대한 전형적인 시각검사 기구

방 법

환자의 광범위한 정신(인지적) 능력을 알아보기 위해 세 가지 다른 유형의 검사 방법이 개발되었다. 첫번째는 시각능력 검사로, 물체의 사진이나 단어의 일부분을 왼쪽이나 오른쪽 대뇌반구에 있는 시각 영역에 전달되거나 둘 다에 전달되지 않도록 고안되었다. 정상적인 경우 양쪽 눈은 정보를 뇌의 양쪽에 보낸다. 그러나 물체나 단어를 피험자 앞에 정확하게 놓아두고 눈을 특정 지점에 고정시키면 이미지는 단지 뇌의 오른쪽 혹은 왼쪽 시각 영역에만 전달된다.

또 다른 검사는 촉각(접촉) 자극에 대한 반응을 검사하기 위해 설계되었다. 피험자와 물체(혹은 볼록체 철자나 단어) 사이에 스크린을 가로 놓아 피험자가 손으로 물체들을 만질 수는 있지만 볼 수는 없게 고안되어 있다. 연필 그림이 뇌의 한쪽 부분에 투사되면 두 손 중 하나로 스크린 뒤의 다양한 물체 중에서 동일한 물체를 찾을 수 있도록 시각장치와 촉각장치를 동시에 응용한 것이다(그림 1 참조).

다음은 청각 능력으로, 이를 검사하는 것은 다소 까다롭다. 소리가 양쪽 귀 중 한쪽으로 들어올 때 감각은 양쪽 뇌로 보내진다. 따라서 분할뇌 환자의 경우에도 뇌의 한쪽으로만 청각 입력을 제한하는 것은 불가능하다. 그러나 한쪽의 대뇌반구에 그러한 입력에 대한 반응을 제한하는 것은 가능하다. 여기에 그 방법이 있다. 몇 개의 잘 알려진 물체(스푼, 연필, 구슬)를 천으로 된 가방에 넣고 만지고 나서 어떤 항목을 찾도록 요구하는 상황을 상상해 보자. 아마도 별로 어려움은 없을 것이다. 이때 왼쪽 손을 가방에 넣는다면 그것은 우뇌에 의해 통제된 것이고, 그 반대도 성립한다. 뇌의 어느 한쪽만 이 과제를 할 수 있을 것이라고 생각하는가? 잠시 생각해보면 알 수 있듯이 두 개의 뇌의 반쪽들은 이 과제를 동일하게 수행할 수는 없다. 만약 특정 물체에 대해서 요청받는 것이 아니라 단순히 가방 안에 손을 넣어 만진 후 물체를 확인하도록 요구받는다면 어떻게 될까? 이것은 분할뇌 환자에게는 꽤 어려운 과제일 것이다.

가자니가는 뇌가 어떻게 기능하고 있는가에 관한 몇 가지 재미있는 결과를 보이기 위해 이 기법들을 모두 조합하여 사용했다.

결 과

무엇보다도 이러한 뇌수술 후의 환자는 수술 전과 동일한 사람이라는 사실에 주목해야 한다. 즉 그들의 지적 수준, 성격, 정서적 반응 등은 변화하지 않는다. 게다가 그들은 발작으로부터 자유롭기 때문에 매우 행복해하며 안도하고 있다. 수술 때문에 여전히 지친 상태에 있는 한 피험자는 분할두통이 있다며 농담을 하기도 했다. 그러나 검사가 시작되었을 때 피험자들은 많은 비일상적인 능력을 나타냈다.

시각 능력 첫번째 검사 중 하나는 단순히 빛이 수평으로 들어오는 판자를 이용한 것이다. 환자가 이 판자 앞에 앉아 빛 중심부의 한 점을 응시할 때 전구는 왼쪽과 오른쪽 시각 영역에서 교차하며 번쩍인다. 그러나 환자에게 무엇을 보았는지를 묻자, 그들은 판자의 오른쪽 부분에 빛이 번쩍였다고 말했다. 이번에는 왼쪽 시각 영역에다 빛을 비추었더니 피험자들은 아무것도 보이지 않는다고 했다. 이러한 결과로부터 얻을 수 있는 논리적인 결론은 우뇌로서는 눈이 보이지 않는 것이라는 것이다. 그때 놀라운 일이 발생했다. 빛을 다시 한 번 더 번쩍이고 피험자에게 그 빛이 번쩍인 지점을 물었더니 그들은 오직 오른쪽에서만 빛을 보았다고 말했음에도 불구하고 두 시각 영역에서 모두 빛을 보았던 사실을 지적했다. 이러한 방법을 이용한 결과, 뇌의 양반구가 빛을 보았고 동일하게 시지각 능력이 있다는 것이 알려졌다. 여기서 중요한 점은 환자가 빛을 모두 봤다고 말하지 않은 경우, 그것은 그들이 빛을 보지 않았기 때문이 아니라 언어중추가 뇌의 좌반구에 있었기 때문이다. 즉 어떤 것을 봤다고 말하기 위해서는 그 물체가 좌뇌에 의해 보여져야만 한다는 것이다.

촉각 능력 이 검사는 혼자서도 할 수 있다. 먼저 손을 등 뒤로 가져가보라. 그러고 나서 누군가에게 친숙한 물체(숟가락, 연필, 책, 시계)를 당신의 오른손 왼손에 올려놓고 그 물체를 확인하게 하라. 이것은 기본적으로 스페리와 가자니가가 분할뇌 환자에게 했던 실험이다. 환자가 보거나 들을 수 없는 물체를 이런 방법으로 오른손에 올려두면 그 물체에 대한 정보는 좌반구로 전해졌고, 환자는 그 물체의 이름을 알 수 있었고 그 용도도 기술할 수 있었다. 이번에는 동일한 물체를 왼손(우반구와 연결된)에 두었을 때 환자는 이름을 알지 못했고 따라서 그것을 기술할 수 없었다. 그렇다면 환자들은 그 물체가 무엇이었는지 알 수 있었을까? 이것을 알아내기 위해 연구자들은 피험자들에게 왼손에 있는 물체를 그들에게 제시된 다양한 물체들과 짝지어보도록 시켰다(보지 않은 것을 기억하라). 이것 역시 쉽게 할 수 있다. 이것은 뇌의 좌반구에 위치한 언어 능력이다. 당신이 왼손에 있는 물체를 보지 않고도 이름을 맞출 수 있는 이유는 우뇌로부터 온 정보가 뇌량을 통해 언어 중추가 "그것은 숟가락이다!"라고 말하는 장소인 좌반구로 전달되었기 때문이다.

시각과 촉각검사 이 두 가지 유형의 검사를 조합한 결과는 위의 결과를 지지하고 부가적인 재미있는 결과를 제공한다. 만약 피험자들에게 우반구에만 물체의 사진을 보여준다면 그들은 그 물체의 이름을 말하거나 기술하지 못할 것이다. 사실 어떤 언어적인 반응도 나타나지 않을 것이고, 심지어는 어떤 사물이 제시되었다는 것조차 부인할 수 있다. 그러나 환자들에게 왼손으로 스크린 아래를 통해 물체를 만져 선택하게 한다면 그들은 시각적으로 제시된 것을 찾을 수 있을 것이다.

우반구는 또한 물체에 대해 생각하고 분석할 수 있는 것으로 알려져 있다. 가자니가는 우반구에 담배와 같은 항목의 사진을 제시하면, 피험자들은 스크린 뒤에 있는 담배가 포함되어 있지 않은 10개의 물체를 만져서 그 항목과 거의 유사한 물체-이 경우에는 재떨이 같은 것-를 선택할 수 있었다. 그는 계속해서 다음과 같이 설명하고 있다.

> 이상스럽게도 그들은 정확한 반응을 한 후 왼손으로 재떨이를 잡고 있으면서도 이름을 말하거나 그 물체나 담배의 사진을 기술할 수 없었다. 확실히 좌반구는 지각과 지식에서 우반구와 완전히 분리되어 있다 (p. 26).

다른 검사는 빛을 발산하여 우뇌의 언어처리 능력을 살펴보기 위해 실시되었다. "HEART"라는 단어가 피험자에게 투사될 때 "HE"는 오른쪽 시야에 보내지고 "ART"는 왼쪽 시야에 보내지도록 하기 위해 매우 유명하고 독창적인 시각적 기계장치가 사용되었다. 자, 두 개 반구의 기능을 마음 속에 새기면서, 피험자가 언어적으로 무엇을 보고 있다고 보고할 것이라고 생각하는가? 만약 "ART"라고 말했다면 여러분이 옳다. 그러나 피험자에게 "HE"와 "ART"라고 씌어 있는 두 개의 카드를 제시하고 왼손으로 그들이 본 단어를 지적하라고 했더니, 그들은 모두 "HE"를 지적했다. 이것은 우반구가 비록 좌반구와는 다른 방법-비언어적인 방법-에서 그렇게 했지만 언어를 해석할 수 있다는 것을 증명한다.

이들 피험자들에게 실시된 청각검사에서도 유사한 결과가 나왔다. 피험자들에게 왼손을 보물 주머니에 넣어서 어떤 특정 물건(시계, 구슬, 빗, 동전)을 끄집어내라고 했을 때 수행하는 데 별 어려움이 없었다. 이것은 우반구가 언어를 이해하고 있다는 것을 명확하게 증명하는 것이다. 한 항목과 관련되는 측면을 기술하는 것도 가능하다. 가자니가는 이와 관련된 예를 다음과 같이 제시하고 있다. 피험자에게 플라스틱 과일들로 가득 찬 보물 주머니 안에서 원숭이가 가장 좋아하는 과일을 찾으라고 했더니 바나나를 찾아냈다. 또는 선키스트 회사가 그것들을 많이 팔았다고 말했을 때, 그들은 오렌지를 끄집어냈다. 그러나 만약 이러한 동일한 과일을 보지 못하도록 하고 환자의 왼손에 얹어놓으면 그들은 그것이 무엇인지를 말할 수 없었다. 언어적 반응이 요청될 때 우반구는 말할 수 없었던 것이다.

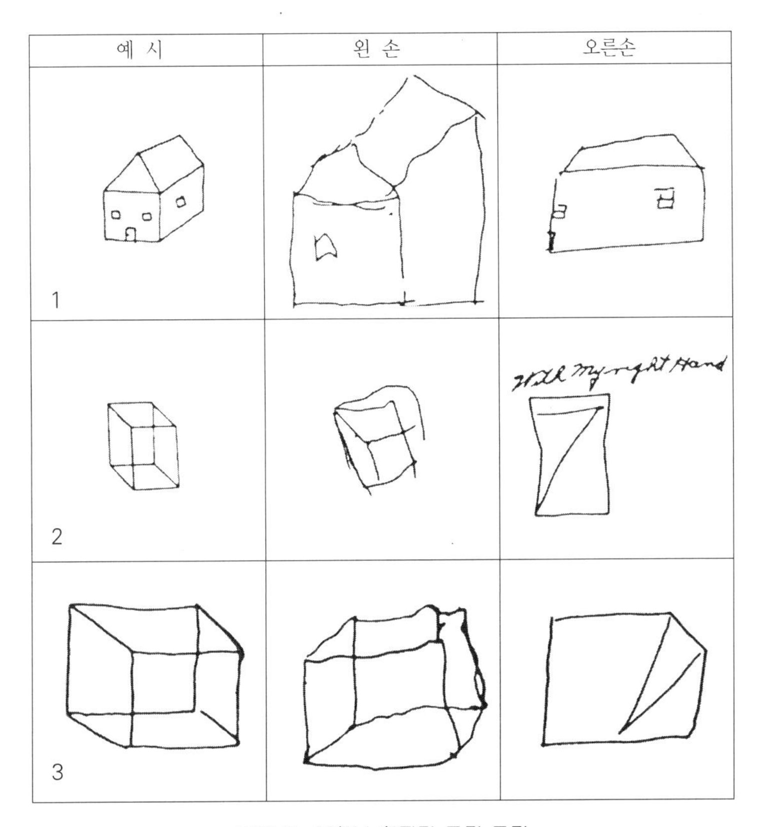

그림 2. 분할뇌 환자가 그린 그림

두 반구간의 이러한 놀라운 차이에 관한 마지막 예는 스크린 뒤의 테이블 위에 놓여진 플라스틱 블록 철자다. 피험자들은 왼손으로 만져서 다양한 단어들의 철자를 말하도록 했을 때는 쉽게 수행할 수 있었다. 특정 단어를 구성하는 서너 개의 철자를 스크린 뒤에 두고 왼손으로 그것을 단어로 정확하게 배열하라고 했다. 그런데 이 과제를 정확하게 수행한 바로 직후에도 피험자들은 그들이 방금 배열한 단어의 이름을 말할 수 없었다. 따라서 좌반구는 말하기에 대해서는 우반구보다 우세하다(일부 왼손잡이의 경우 이것은 역전된다).

그렇다면 우반구는 어떠한 뛰어난 기술을 가지고 있는가? 스페리와 가자니가는 그들의 초기 연구에서 공간 관련성과 형태를 포함하는 시각과제는 왼손에 의해 더 잘 수행되었다는 사실을 발견했다(심지어 이들 환자들이 모두 오른손잡이일지라도). 그림 2에서 볼 수 있듯이 3차원 그림을 그대로 그리는 것(스크린 뒤의 연필을 이용하여)은 왼손이 더 성공적이었다.

마지막으로 연구자들은 분할뇌 환자의 정서적 반응을 연구하고 싶어했다. 시각실험을 수행하는 동안에 스페리와 가자니가는 그들의 좌반구나 우반구 중 한 쪽에 여자의 누드 사진을 갑자기 보여주었다.

> 이 사진이 한 여자 환자의 좌반구에 제시되었을 때 그녀는 웃었고 언어적으로도 그 누드 사진을 확인했다. 우반구에 제시되었을 때는 그녀는 어떤 것도 보지 못했다고 했다. 그러나 곧바로 살짝 미소를 짓고는 혼자서 낄낄거렸다. 무엇 때문에 웃고 있느냐고 물었다. "잘 모르겠어요. 아무것도… 아, 그 재미있는 기계" 비록 우뇌는 무엇이 제시되었는지는 기술할 수 없었지만, 그럼에도 불구하고 그 광경은 좌뇌에서와 같은 정서적 반응을 이끌어 냈다 (p. 29).

논 의

이 논문에서 보고된 연구로부터 도출된 결론은 사람의 두개골 내에는 복잡한 능력을 가진 두 개의 다른 뇌가 있다는 것이다. 가자니가는 만약 뇌가 실제로 두 개로 나뉘어 있다면 아마도 두 배의 정보를 처리할 수 있을 것이라는 사실에 주목한다. 실제로 정상인이 한 가지 과제를 수행할 때보다 분할뇌 환자가 두 개의 인지 과제를 더 빨리 수행하는 능력을 가지고 있음을 시사하는 일부 연구 결과가 있다.

결과의 함의

스페리, 가자니가 그리고 다른 연구자들에 의해 수행된 이러한 연구결과와 후속 연구는 많은 분야에 매우 중요한 영향을 미쳤다. 뇌의 두 반구가 많은 국재화된 기술과 기능을 가지고 있다는 증거가 있다. 좌반구는 언어중추로서 말하기, 쓰기, 수학적 계산, 읽기를 더 잘한다. 반면에 우반구는 얼굴 재인식, 공간 관련성과 관련된 문제해결, 상징적 이해, 예술적 활동에 더 뛰어난 능력을 소유한다.

두 대뇌반구의 국재화된 기능에 대한 지식은 발작이나 머리 부상 환자를 더 잘 치료할 수 있도록 해주었다. 손상의 위치를 알면 환자가 회복될 때 어떤 결함이 나타날 수 있는가를 예측할 수 있다. 이러한 지식을 통해서 적절한 재학습과 재활 전략이 환자의 완전하고 빠른 회복을 돕는 데 이용될 수 있다.

이 분야에서 수년간 연구해 온 스페리와 가자니가는 각 대뇌반구가 실제로 자체의 마음을 가지고 있다고 결론내렸다. 후속 연구에서는 여기서 논의된 것보다 더 복잡한 문제를 다루고 있는데, 분할뇌 환자에게 "당신은 어떤 직업을 선택할 것입니까"라고 질문하였다. 한 남자 환자는 언어적으로(좌반구) 제도공이 될 것이라고 대답했지만, 그의 왼손(우반구)은 카레이서라는 블록 철자를 나열했다(Gazzaniga & LeDoux, 1978). 가자니가는 이 이론을 한 단계 더 발전시켜서 정상적인 뇌를 소유한 사람도 두 반구간에 완전한 의사소통이 되지 않을 수 있다고 주장하였다(Gazzaniga, 1985). 예컨대 정서를 형성하는 것과 같은 어떤 정보의 조각들이 언어 형태로 저장되지 않으면 좌뇌는 이것에 접근할 수 없다는 것이다. 이러한 결과로 사람은 슬픔을 느끼면서도 왜 슬픔을 느끼는지 말할 수 없다. 이것은 불편한 인지 상태이므로 좌반구는 그 슬픔을 설명하기 위해 언어적 이유를 찾으려고 애쓰지만(무엇보다도 언어는 그것이 주된 일이다) 필요한 모든 자료를 가지고 있지 않기 때문에 그것에 대한 설명은 실제로는 틀리게 될 것이다.

비 판

수년에 걸쳐 스페리와 가자니가 그리고 다른 연구자에 의해 수행된 결과는 꽤 정확하고 논쟁의 여지가 거의 없는 것으로 확실시된다. 이 연구에 대한 주된 비판은 우반구와 좌반구의 국재화에 대한 생각이 대중적인 문화와 미디어로 인해 그 질이 여과되어졌다는 점이다. 일부 사람들은 우뇌가 혹은 좌뇌가 더 발달되었다느니, 또는 뇌의 한쪽 측면은 어떤 기술을 향상시키기 위해 개발될 필요가 있다느니 하는 잘못된 믿음을 가지고 있다.

시카고 대학교의 정신생물학자인 자르 레비(Jarre Levy)는 인간이 두 개의 분리된 기능을 하는 뇌를 가졌다는 개념을 없애기 위해 노력하고 있는 선도적인 과학자이다. 그녀는 두 반구의 기능을 분리하는 대신에 두 반구의 능력을 통합해야 한다고 주장한다. 그것은 각 반구가 분리된 기능을 가지고 있기 때문이라는 것이다. 이러한 통합을 통해서 뇌는 반구 하나만의 능력과는 다르게 더 훌륭한 방식으로 그 기능을 수행할 수 있다. 예컨대 이야기를 읽을 때 우반구는 정서적 내용(유머와 애절함)을 특수화하고, 시각적 기술을 형상화하며, 이야기 구조를 전체적으로 기억하고, 예술적 문체(은유의 사용과 같은)를 감상한다. 이러한 일이 일어나는 동안에 좌반구는 씌어진 단어를 이해하고, 단어와 문장간의 복잡한 관련성으로부터 의미를 도출해내고, 단어들이 언어로 이해될 수 있게 하기 위해 음운적 소리로 전환한다. 여러분이 어떤 이야기를 읽고 이해하고 감상할 수 있는 이유는 뇌가 단일한 통합된 구조로 작용하기 때문이다(Levy, 1985).

사실상 레비는 오직 한쪽 뇌만을 이용하는 인간의 활동은 없다고 설명한다. "흔히 있는 잘못된 믿음은 과학자의 관찰이 아니라 해석과 헛된 희망이다. 정상적인 사람은 반쪽 뇌나 두 개의 뇌를 가지고 있는 것이 아니라 각각의 반구가 국재화된 능력을 발휘하고 있는 하나의 훌륭하게 변별화된 뇌를 가지고 있다"(Levy, 1985, p. 44).

GAZZANIGA, M. S. (1985) *The social brain.* New York: Basic Books.

GAZZANIGA, M. S., & LEDOUX, J. E. (1978) *The integrated mind.* New York: Plenum.

LEVY, J. (1985) Right brain: Fact and fiction. *Psychology Today,* May, 42~44.

경험을 많이 할수록 뇌는 커진다 2

오늘날 미국의 전형적인 중산층 가정의 아기방에 들어가 보면 동물 장난감들로 가득 채운 요람과 아기가 손을 뻗으면 바로 닿을 거리에 다양한 색색의 장난감들이 매달려 있는 것을 볼 수 있다. 이런 장난감 중 몇 개는 빛이 나기도 하고, 움직이기도 하고, 음악을 연주하기도 하며, 심지어 세 가지가 모두 되기도 한다. 아기들에게 이렇게 많은 볼거리와 할거리를 제공하는 의미는 무엇일까? 아기들이 즐거워하고 이 물건들에 긍정적으로 반응한다는 사실을 제쳐두고서라도, 대부분의 부모들은 최상의 지적 발달과 뇌의 적절한 발달을 위해서는 아기들에게 자극적인 환경이 필요하다고 믿고 있다.

어떤 경험이 뇌의 생리적 변화를 유발하는지에 관한 의문은 수세기 동안 철학자와 과학자들의 주된 연구 주제가 되어 왔다. 1785년 이탈리아의 해부학자인 말라카르네(Malacarne)는 동일한 어미에서 태어난 강아지와

Rosenzweig, Mark R., Bennett, Edward L., & Diamond, Marian C. (1972) Brain changes in response to experience. *Scientific American*, 226, 22~29.

동일한 어미의 알에서 부화한 새들을 연구했다. 각 동물들 중에서 한 집단은 오랜 기간 동안 집중적으로 훈련을 시켰고, 다른 집단은 훈련을 시키지 않았다. 그는 동물을 해부한 후 훈련받은 동물의 뇌가 더 복잡하고 더 많은 주름과 균열이 있다는 것을 발견했다. 그러나 연구는 알 수 없는 이유 때문에 중단되었다. 19세기 말에 인간의 머리둘레와 그 사람이 경험했던 학습의 양을 서로 연관시키려는 시도가 있었다. 몇몇 초기 연구들은 이런 관련성을 주장하지만, 후속 연구들은 이것이 뇌의 발달에 대한 타당성 있는 지표는 아니라고 결론내렸다.

1960년대에 새로운 기술이 발달하여 과학자들은 다양한 뇌의 효소 수준과 신경전달물질의 수준을 평가하고 확대기술을 이용하여 정확하게 뇌의 변화를 측정할 수 있었다. 버클리 대학교의 마르크 로젠츠바이크(Mark Rosenzweig)와 그의 동료인 에드워드 베네트(Edward Bennet)와 마리안 다이아몬드(Marian Diamond)는 이 기법을 사용하여 경험이 뇌에 미치는 영향에 관한 문제를 밝히기 위해 10년간에 걸쳐 16개의 야심적인 일련의 실험을 했다. 그 결과는 이 연구의 논의 부분에서 보고된다. 몇 가지 명백한 이유 때문에 그들은 연구에서 인간 피험자를 사용하지 않고 많은 고전적 실험에서처럼 쥐를 피험자로 사용했다.

이론적 제안

과학자들은 궁극적으로는 쥐가 아니라 인간에게 관심이 있기 때문에 인간이 아닌 피험자의 사용을 정당화할 필요가 있다. 이 연구의 이론적 기초는 쥐가 피험자로 선택된 이유와 관련이 있다. 연구자들은 몇 가지 이유에서 육식동물이나 영장류와 같은 고등 포유류를 사용하는 것보다는 설치류를 사용하는 것이 더 편리하다고 설명했다. 이 연구에서 주된 관심 부위인 쥐의 뇌는 고등 동물처럼 주름이 졌거나 복잡하지 않고 매끈하다. 따라서 원하는 결과를 더 쉽게 조사할 수 있고 측정할 수 있다. 게다가 쥐는 작고 비용이 적게 드는데, 이것은 전세계의 연구 실험실(대개 자금이 부족하고 공간이 충분하지 않은)에서의 중요한 고려사항이다. 쥐는 새끼를 많이 낳는데, 이것은 동일한 가계의 구성원들이 다른 실험실 조건에 할당되는 것을 가능하게 한다. 마지막으로 다양한 동족 번식의 변형들이 나올 수 있는 것은 연구자로 하여금 원한다면 그들의 연구에 유전의 영향을 포함시킬 수 있다는 사실을 내포한다.

로젠츠바이크의 연구가 시사하는 것은 자극이 풍부한 환경에서 성장한 동물들은 평이하거나 단조로운 환경에서 양육된 동물들과 비교했을 때 뇌의 성장과 화학물질에 차이가 있을 것이라는 믿음이다. 이 논문에서 보고된 각각의 실험에서는 동일한 가계의 수컷 성인 쥐 세 마리가 한 세트인 12세트가 이용되었다.

방 법

세 마리의 수컷 쥐가 각 가계로부터 선택되어 세 조건 중 한 조건에 무선으로 할당되었다. 한 마리는 나머지 집단과 함께 우리에 남아 있다. 또 다른 한 마리는 로젠츠바이크가 "풍요로운" 환경이라고 명명한 우리에 할당된다. 그리고 세 번째 쥐는 "결핍된" 우리에 배치된다. 16회의 실험에서 각기 다른 조건에 12마리의 쥐를 사용했다는 것을 기억하라.

표준적인 실험실 영역 우리에는 음식과 물이 항상 이용 가능하고 적절한 공간에 몇 마리의 쥐가 있다. 결핍 환경은 분리된 공간에서 고립된 다소 작은 우리이다. 이곳에는 적절한 음식과 물이 주어지고 쥐는 혼자 있게 된다. 풍요로운 환경은 말 그대로 쥐의 디즈니랜드이다(미키를 성나게 할 의도는 없다). 6~8마리의 쥐는 "그들이 놀 수 있는 다양한 물건들이 공급된 큰 우리에서 살았다. 25개의 물건으로 구성된 새로운 놀이기구들을 매일 바꾸어가며 우리 속에 넣어준다"(p. 22). 세 가지 환경은 그림 1에 나타나 있다.

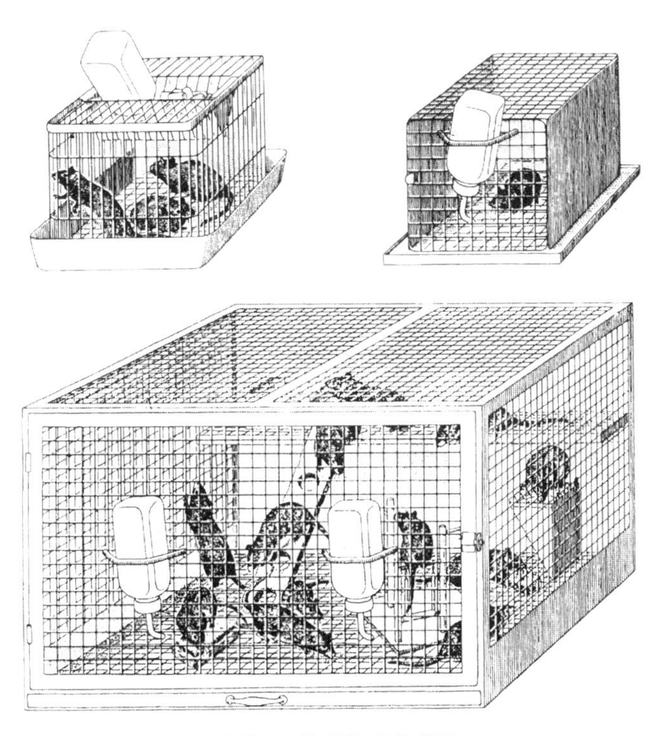

그림 1. 세 개의 우리 환경

쥐들은 4주에서 10주까지 다양한 기간 동안 세 가지 다른 환경 속에서 살았다. 이러한 변별적인 처치기간 후에, 실험에 참여한 설치류의 뇌의 변화를 살펴보기 위해 해부를 해야 했으므로 인도적으로 희생되었다. 어떤 실험자의 편견도 개입되지 않았다는 것을 확신시키기 위해, 해부에 참가한 사람들이 쥐가 어떤 조건에서 사육되었는가를 알지 못하도록 숫자 코드를 주어서 무선적인 순서로 해부했다. 연구자의 첫번째 관심은 '풍요로운 환경' 대 '결핍된 환경'에서 사육된 쥐의 뇌 차이였다.

쥐의 뇌를 절개하여 세포 성장의 양과 신경선달물질의 활동 수준을 평가하기 위해 다양한 부위를 측정하고 무게를 재고 분석했다. 측정한 신경전달물질 중에 아세틸콜린에스테라제라 불리는 중요한 뇌효소도 있었다.

이 화학물질은 뇌세포 간에 충동을 더 빠르고 효율적으로 전달하도록 하기 때문에 중요하다.

로젠츠바이크와 그의 동료들은 '풍요로운 환경' 대 '결핍된 환경'에서 사육된 쥐들의 뇌에서 어떤 차이점을 발견했을까?

결 과

결과는 풍요로운 환경의 쥐는 여러 가지 면에서 결핍된 환경의 쥐와 다른 점을 보여준다. 풍요로운 환경의 쥐의 뇌피질은 더 무거웠고 더 빽빽했다. 피질은 경험에 반응하고 운동, 기억, 학습 그리고 모든 감각적 입력(시각, 청각, 촉각, 미각, 후각)을 관장하는 뇌의 한 부분이다. 또한 신경계의 효소인 아세틸콜린에스테라제의 더 많은 활동성이 풍요로운 경험을 한 쥐의 뇌조직에서 발견되었다.

쥐의 뇌뿐만 아니라 인간의 뇌에는 신경교라는 수백만 개의 세포가 있다. 이것은 신경충동(이것은 신경세포에 의해 전달된다)을 직접적으로 전달하지는 않지만 몇 가지 중요한 보조적인 기능을 수행한다. 신경교는 신경을 절연하고 신경통로를 따라 신호가 더 빨리 움직이는 것을 촉진하는 수초 형성에 관련한다. 이 수초 또한 뇌의 신경세포를 성장하게 하고 제거하는 역할을 한다. 이 연구의 분석 결과 단조로운 환경의 쥐보다 풍요로운 환경의 쥐에서 유의미하게 더 많은 수의 신경교가 발견되었다.

뇌세포(신경세포라고 하는)의 수에서는 두 집단의 쥐간에 어떤 의미있는 차이도 없었지만 풍요로운 환경의 쥐는 더 큰 신경세포를 만들어냈다. 이와 관련하여 세포의 성장에 중요한 두 가지 뇌 화학물질인 RNA 대 DNA의 비율이 풍요로운 환경의 쥐에서 더 컸다는 사실이 발견되었다. 이는 풍요로운 환경의 쥐의 뇌에서 더 높은 수준의 화학적 활동이 있었다는 것을 의미한다.

로젠츠바이크와 그의 동료들은 다음과 같이 진술했다. "비록 환경에 의

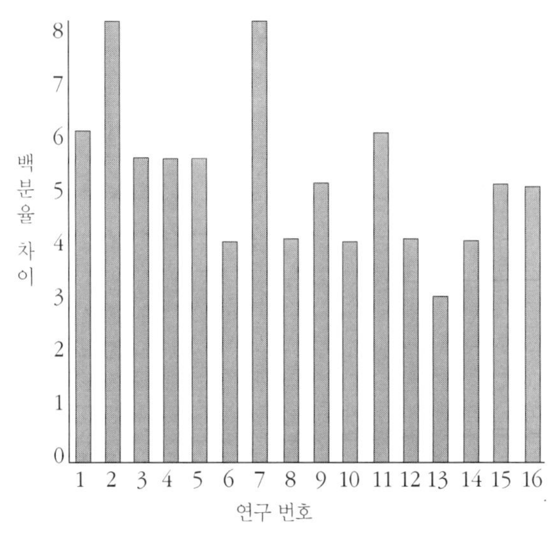

그림 2. 상이한 환경에서 사육된 쥐의 피질 비율 (p.26 인용)

해 야기된 뇌의 차이가 크지는 않았지만, 우리는 그것이 사실이라는 것을 확신한다. 실험을 반복했을 때 동일한 형태의 차이가 역시 반복되어 나타났다. 우리가 발견한 뇌에 대한 경험의 가장 일관성 있는 효과는 나머지 뇌(하위 피질) 무게에 대한 피질의 무게 비율이다. 피질은 경험의 반응에 따라 무게가 증가하고 나머지 뇌는 변화가 거의 없는 것으로 보인다"(p. 25). 피질과 뇌의 나머지 부분의 비율에 대한 이러한 측정치는 뇌 변화의 가장 정확한 측정치였다. 이것은 뇌의 전체 무게가 각 동물의 전체 무게에 따라 다르기 때문이다. 이러한 비율을 고려함으로써 무게에 의한 개개의 차이는 상쇄된다. 그림 2는 16개 연구에 대한 결과를 제시하고 있다. 여러분도 볼 수 있는 바와 같이 오직 한 실험에서만이 통계적으로 유의미하지 않은 차이를 나타냈다.

마지막으로 두 집단의 쥐의 뇌 시냅스와 관련된 결과가 있다. 시냅스는 두 신경세포가 만나는 지점이다. 대부분의 뇌 활동은 이 시냅스에서 일어나고, 시냅스는 한 신경충동을 계속 진행시키기 위해 한 신경세포에서 다음 신경세포로 전달하거나 아니면 억제시켜 중지시킨다. 전자 현미경을 사용하여 확대해 보면 풍요로운 환경의 쥐의 뇌 시냅스는 결핍 환경의 쥐보다 50퍼센트 더 크다는 것이 발견되었다.

논의와 비판

거의 10년 동안의 연구 후에 로젠츠바이크, 베네트 그리고 다이아몬드는 확신을 가지고 다음과 같이 진술했다. "뇌의 해부학적 측면과 뇌 화학물질은 경험에 의해 많이 변화한다는 것은 의심의 여지가 없다"(p. 27). 이러한 결과를 그들이 처음 보고했을 때만 해도 그 연구결과는 과거의 연구에서 명확하게 증명되지 않았기 때문에 많은 의문이 제기되었다. 뇌의 변화를 가져온 것은 풍요로운 환경이 아니라 단순히 접촉이나 스트레스와 같은 쥐에 대한 처치에서의 차이 때문일 수 있다는 비판이 있었다.

차별적인 접촉에 대한 비판은 풍요로운 환경의 쥐는 장난감을 변화시킬 때 하루에 두 번씩 우리에서 꺼내지면서 만져졌지만 결핍된 환경의 쥐는 어떤 접촉도 없다는 점에서 타당성이 있다. 따라서 풍요로운 환경이 아니라 실험자의 접촉이 이 결과의 원인일 가능성도 있는 것이다. 이러한 잠정적인 오염 요인에 대해 연구자들은 한 집단의 쥐를 매일 만졌고 다른 집단의 쥐는 만지지 않았다(모두 동일한 환경에서 키웠다). 이 두 집단간의 뇌에서는 어떠한 차이도 발견되지 않았다. 게다가 후속 연구에서 풍요로운 환경의 쥐와 결핍 환경의 쥐는 동일하게 만져졌지만 동일한 결과가 나타났다.

스트레스와 관련된 비판에 대해 결핍된 환경에 처한 쥐가 고립감을 경험하므로 스트레스가 생겨서 이것이 뇌를 덜 발달시켰다는 주장이 있었다. 로젠츠바이크 등은 매일 똑같은 스트레스 상황(우리를 바꾸거나 약한 전기 충격)에 쥐를 노출시켜 연구한 결과, 뇌의 변화가 고립감과 스트레스에 기인된다는 어떤 증거도 발견되지 않았다고 주장했다.

실험실에서 수행된 연구에 대한 문제 중 하나는 그것이 필연적으로 인위적이라는 것이다. 로젠츠바이크와 그의 동료들은 얼마나 다양한 수준의 자극이 자연환경에서 동물의 뇌 발달에 영향을 미칠 것인가에 호기심을 가졌다. 그들은 실험실 쥐들이 종종 100세대에 걸쳐 인공적인 환경에서 많이 사육되었고 이런 쥐들은 야생의 쥐와 유전적으로 거의 동일하지 않다는 점을 지적했다. 이러한 호기심을 자극하는 가능성을 탐색하기 위해 그들은 자연적인 야외 조건과 풍요로운 실험실 우리에 무선으로 쥐를 배치하였다. 4주 후에 야외에 살았던 쥐는 풍요로운 실험실 환경의 쥐보다 더 많은 뇌 발달 상황을 보여줬다. "이것은 풍요로운 실험실 환경이 자연환경과 비교해서는 실제로 결핍조건이라는 것을 말해준다"(p. 27).

마지막으로 동물 피험자를 대상으로 하는 연구에 대한 가장 중요한 비판은 만약 관련성이 조금이라도 있다면 인간과의 관련성이다. 이러한 연구가 인간에게 결코 실시될 수 없다는 것은 의심의 여지가 없다. 그럼에도 불구하고 이러한 문제를 다루는 연구자에게는 어떤 책임이 따르고 이 연구자들도 그러한 책임을 수행해왔다. 연구자들은 한 가계에서 얻은 결과를 다른 가계로 일반화하는 것이 어렵고, 결과적으로 이러한 결과를 원숭이나 인간에게 적용하려고 하는 것은 더 어렵다고 설명했다. 그리고 그들이 몇몇 설치류를 대상으로 유사한 결과를 보고했지만, 경험이 인간의 뇌에 미치는 영향에 관해 어떤 가정이 성립되기 전에 더 많은 연구가 필수적이라는 것을 인정했다. 그러나 그들은 동물에 대한 이러한 종류의 연구가 지닌 가치가 "인간으로 하여금 어떤 개념이나 기법들을 검증하게 하고, 후에는 인간 피험자를 대상으로 한 실험에서 유용하게 입증될 것"이라고 시사했다.

이러한 연구의 몇 가지 잠정적인 이점은 그들의 논문에서 저자에 의해 제시되었다. 한 가지 가능한 적용은 기억에 관한 연구이다. 경험에 기인하는 뇌의 변화는 기억이 뇌에서 어떻게 저장되는가에 관해 더 잘 이해할 수 있게 해준다. 이것은 결국 기억을 향상시키고 노화에 의한 기억 손실을 방지하는 새로운 기법을 이끌어낼 수 있게 한다. 이 연구가 유용한 것으로 입증되는 또 다른 분야는 영양부족과 지능간의 관련성을 설명하는 데 있다. 이에 관해서 저자에 의해 제안된 개념은 영양부족이 인간으로 하여금 환경에서 이용 가능한 자극에 반응하지 않도록 하고 그 결과 뇌의 발달을 제한한다는 것이다. 그리고 몇몇 현재의 연구는 영양부족이 뇌의 성장에 미치는 영향은 풍요로운 환경에 의해 감소되거나 결핍에 의해 증가될 수 있음을 시사하고 있다.

관련 연구

로젠츠바이크, 베네트 그리고 다이아몬드에 의한 이 연구는 이 분야의 연구를 지속시키는 데 촉매 역할을 했다. 그들의 논문이 발표된 이래로 20여 년 동안 이들 과학자와 다른 많은 과학자들은 그들의 결과를 계속해서 확증하고 정련화하고 확장시켰다.

예컨대 학습 그 자체는 풍요로운 환경적 경험에 의해서 향상되고, 심지어 박탈 조건에서 사육된 성인 동물들의 뇌는 풍요로운 환경에 동물들을 두었을 때 더 향상될 수 있다는 사실이 발견되었다(Bennett, 1976). 더욱이 최근에는 풍요로운 경험이 학습을 향상시키는 특정 신경전달물질들의 분비를 증가시킬 수 있다는 사실도 발견되었다(Woody, 1986).

마지막으로 경험이 인간의 뇌 발달을 변화시킨다는 것을 나타내는 일부 증거가 있다. 자연사한 인간을 세심하게 해부해 보면, 사람이 많은 기술과 능력을 개발할 때 뇌는 실제로 더 복잡하고 무거워진다는 것이 확실하다. 다른 결과들은 특정 경험을 할 수 없었던 사람의 뇌를 세심하게 해부하는 동안에 조사되었다. 예컨대 맹인의 뇌에서, 시각 피질 부분이 정상적인 시각을 가진 사람의 뇌에서보다 유의미하게 덜 발달되었고, 덜 퇴선하였고, 더 얇았다.

이 연구의 저자 중 한 사람인 다이아몬드는 이 분야의 연구결과를 인간의 일생 동안의 지적 발달과정에 적용했다. 그녀는 다음과 같이 말한다.

"노화하는 뇌에 대해 더 낙관적인 관점을 가질 필요가 있다. 중요한 요인은 자극이다. 신경세포는 자극에 의해 설계된다. 그리고 나는 호기심이 주요 요인이라고 생각한다. 만약 일생 동안 호기심을 유지한다면 그것은 확실히 신경조직을 자극할 것이고 피질은 반응할 것이다. 나는 88살 이후에도 매우 활동적인 사람을 봤다. 나는 뇌를 사용하는 사람들은 뇌를 잃지 않는다는 것을 발견했다. 원리는 그처럼 단순하다"(Hopson, 1984, p. 70).

BENNETT, E. L. (1976) Cerebral effects of differential experience and training. In M. R. Rosenzweig and E. L. Bennett(eds.), *Neural mechanisms of learning and memory*. Cambridge, Mass.: MIT Press.

HOPSON, J. (1984) A love affair with the brain: A PT conversation with Marian Diamond. *Psychology Today, 11*, 62~75.

WOODY, G. (1986) Understanding the cellular basis of learning and memory. *Annual Review of Psychology, 37*, 433~493.

당신이 본 것은 학습한 것이다 3

이 연구는 이 책에서 소개된 다른 연구와는 다소 다르다. 턴불(Turnbull)은 어떠한 특별한 이론적인 제안들을 가지고 있지 않았으며 사용된 과학적 방법도 분명하지 않고, 더욱이 심리학자도 아니다. 그럼에도 불구하고 그의 간결한 논문은 빈번히 그리고 폭넓게 인용되어 왔는데 이는 주변세계를 지각할 수 있는 능력에 관련된 일부 중요한 심리적 개념들을 증명하는 데 유용하기 때문이다.

턴불의 관찰들을 어느 맥락에서 고려해야 할지를 논의하기 전에 상당한 양의 개념적 설명이 요구된다. 비록 우리가 먼 길을 돌아가는 것처럼 보일지라도 우리는 연구 그 자체에서 시작한다는 것을 명심해야 한다. 그 간결성 때문에 턴불의 논문에는 잘 나타나 있지 않지만 그의 발견을 있게 한 이론들을 채워나가기로 하자.

Turnbull, C. M. (1961) Some observations regarding the experiences and behavior of the BaMbuti Pygmies. *American Journal of Psychology, 74*, 304~308.

이론적 제안

심리학에서 두 가지 크고 중요한 연구분야는 감각과 지각에 대한 연구이다. 이들은 본질적으로 분리되어 있으나 밀접하게 관련되어 있다. 감각은 감각기관들을 통하여 환경으로부터 끊임없이 계속적으로 받아들이고 있는 정보를 조회한다. 매일 매시각 엄청난 양의 감각 자료들의 공세를 받고 있다. 만약 그대로 잠시 멈추어서 감각 자료에 관해 생각해 본다면, 빛의 파장은 가까이든 멀리든 주변 어디에서든 볼 수 있는 모든 대상을 반사하지 않는다. 아마 어떤 순간 귀에 들려오는 많은 소리가 있으며, 신체의 여러 부분들은 다양한 물체들과 접촉하고 있고, 몇 가지 맛과 냄새들이 종종 제시된다. 만약 잠시 동안 이 책에 관심을 가지지 않고(나는 이것이 어렵다는 것을 안다!) 한 번에 하나씩 각 감각에 초점을 맞춘다면 우리의 의식 수준 밑에 있는 감각 입력의 양에 관해 생각하기 시작할 것이다. 사실 만약 지금 당장 내가 이것을 해보면 나는 내 컴퓨터에서 나오는 윙윙거리는 소리, 외부에 지나다니는 차, 어딘가에서 쾅쾅거리는 문, 벽에 그려진 그림, 약간 구름 낀 하늘, 내 책상 램프에서 나오는 빛, 의자의 팔걸이 위에서 휴식을 취하는 내 팔꿈치에 대한 느낌, 내가 방금 먹었던 사과의 맛 등을 인식하게 된다. 그러나 단지 몇 초 전에 나는 이러한 감각들 중 어느 것도 인식하지 못했다. 우리는 계속해서 모든 이러한 유용한 자료 입력을 여과하고 있고, 오직 그것의 작은 비율만을 사용하고 있다. 만약 감각 여과기제가 갑자기 작동하지 않는다면 세상은 너무나 혼동스러워서 우리를 압도하게 되고 아마도 생존할 수 없게 될 것이다.

대개 감각세계(보고, 듣고, 만지고, 맛보고, 냄새 맡는 것)가 조직화된 방법으로 나타나는 것은 지각 능력에 기인하기 때문이다. 감각들은 지각을 위한 원재료들이다. 두뇌의 지각과정은 일반적인 세 가지 활동이 포함된다. 첫째, 앞 문단에서 논의한 것처럼 관심있는 감각들을 선택하라. 둘째, 인지할 수 있는 유형들과 형태들로 조직하라. 셋째, 이러한 조직을 그 세계에

그림 1. 전경-배경 관계: 역전 가능한 도형

관하여 설명하고 판단하기 위하여 이 조직화를 해석하라. 다른 말로 하면 지각은 어떻게 우리가 이러한 뒤섞인 감각을 가지고 의미를 창출하는가를 언급한다. 당신이 읽는 페이지에 대한 당신의 시감각이란 흰색 바탕 위에 임의로 흩어져 있는 검정색 형태, 그 이상 아무것도 아니다. 이것이 당신 눈의 망막 위에 투영되고 뇌에 있는 시각영역으로 보내진 것이다. 그러나 당신은 그것들이 의미를 지닌 낱말과 문장이 되도록 그것에 주의를 주고 조직하고 해석한다.

당신의 뇌는 의미있고 이해할 수 있는 방법들로 감각들을 조직하는 것을 도울 수 있는 가용한 많은 계략과 방략들을 가진다. 적합한 견해에 턴불의 연구를 두기 위하여 이들 중 몇 가지를 훑어보자. 아마 당신이 이용하는 최고의 지각적 방략은 전경-배경이라고 명명될 수 있을 것이다. 전경-배경 관계에 관한 잘 알려진 보기가 그림 1에 있다.

그림을 볼 때 당신은 즉각적으로 무엇을 보는가? 어떤 사람들은 흰 꽃병을 보려고 하는 반면, 다른 사람들은 마주보고 있는 두 얼굴의 측면을 볼 것이다. 잠시 동안 여러분들이 이것을 본다면 여러분은 어느 하나를 볼 수 있을 것이고, 꽃병을 보는 것과 마주보고 있는 두 얼굴의 측면을 보는 것

사이에서 왔다갔다할 수 있을 것이다. 꽃병(전경)을 보았다면, 얼굴의 측면(배경)은 뒷배경 속으로 사라진 것처럼 보인다는 점에 주목해야 할 것이다. 그러나 얼굴의 측면(전경)에 초점을 맞추면 꽃병(배경)은 뒷배경이 된다. 우리의 감각은 전경과 배경의 관계로 나누려고 하는 근본적인 경향을 가지고 있다. 이는 세상을 보다 더 조직화된 곳으로 만들 것이다. 군중 속에서 그 누군가를 알아보려고 노력하고 있다고 상상해보자. 전경-배경 능력이 없다면 이 일은 불가능하다. 군인들이 위장 복장을 하는 것은 전경과 배경간의 구별을 희미하게 함으로써 배경(초목들)으로부터 전경(군인들)을 잘 구분하지 못하게 하기 위해서이다.

우리는 그 밖의 다른 조직적인 방략들을 '지각 항등성' 이라고 명명하는데 이는 일상적으로 혼돈스러운 감각들로부터 질서와 의미를 만들어내기 위하여 사용된다. 지각 항등성은 대상들에 대한 우리의 감각이 극적으로 변화될지라도 대상의 특성이 동일하게 유지된다는 것을 아는 능력을 언급한다. 예를 들어 이것들 중 하나는 '형태 항등성' 이다. 만약에 일어서서 의자의 주위를 걷는다면 당신의 망막감각 위에 투영되는 그 의자의 이미지는 당신이 걸을 때마다 변한다. 그러나 당신은 변화되지 않는 의자의 형태를 지각한다. 만약 모든 물체들이 시각의 각도가 변할 때마다 다르게 지각된다면 이 세상의 공간들이 얼마나 혼돈스러울지 상상해보라.

이러한 기법 중의 또 다른 하나는 '크기 항등성' 이다. 이것은 턴불의 논문과 가장 관련이 있는 지각의 용이성이다. 크기 항등성은 당신으로부터 떨어진 그 거리를 고려하지 않고, 동일한 크기로 여김으로써 유사한 대상임을 지각하게 한다. 만약에 두 블록 떨어진 곳에서 학교 버스를 보게 된다면 당신의 망막 위에 투영된 이미지는 작은 장난감 버스가 밀집해 있는 것과 같다. 그럼에도 불구하고 당신은 그것이 크고, 표준 크기로 된 멀리 있는 버스로 지각한다. 게다가 만약에 한 사람은 당신으로부터 10피트 앞에 그리고 다른 한 사람은 100피트 떨어진 곳에 서 있는 두 사람을 본다면, 더 먼 거리에 있는 사람은 당신의 감각으로는 3피트의 키가 된다. 당신이 그 사람을 정상적인 크기로 지각하는 이유는 크기 항등성 능력 때문이다.

이러한 어떤 방략들이 있지만 당신의 지각은 속임을 당할 수 있다. 이는 어떻게 시각적인 착각이 일어나는지를 보여준다. 영화감독은 엄청난 폭풍 속에서 배가 마구 흔들리게 하는 장면을 촬영할 수 있다. 비록 카메라는 특수효과를 갖춘 물탱크 안에 2피트 길이의 모형배를 촬영한 것이라 하더라도 우리는 크기의 항등성과 비교 단서를 제공할 대상의 부재로 인해 그것의 실제 크기를 무시하고 배의 완전한 크기로 지각한다. 눈속임 비행기 영화에서 우리는 책상 위에 있는 전화기 바로 뒤에서 작은 각도로 찍힌 방안 장면을 본다(그러므로 우리는 이 전화가 중요한 정보를 전달하기 위해 울리고 있다는 것을 안다).

이 전화는 카메라 렌즈와 가까이 있어서 화면상에는 크게 나타나게 된다. 그러나 크기의 항등성 능력 때문에 보통 크기의 전화기로 보인다. 이 지각적인 놀라움을 그 전화가 울리고 배우가 방을 가로질러 전화에 응할 때 일어난다. 그가 받았던 전화는 실제로 크게 보인 것으로 판명되었다. 지름 약 3피트인 것처럼 엄청나게!

이 부의 연구로 들어가기 전에 반드시 지적되어야 할 중요한 점은 이러한 지각능력들은 학습된 것인지, 생득된 것인지에 대한 의문이다. 태어날 때부터 맹인과 이후에 시력을 되찾은 사람을 대상으로 한 연구를 보면 최소한 전경-배경 관계를 지각할 수 있는 능력은 생득적이라 볼 수 있다. 반면에 지각 항등성은 분명히 경험의 산물이다. 어린 아이들(5세 이하)이 멀리 있는 자동차나 기차를 볼 때 그들은 때때로 그것을 장난감으로 지각하고 매우 완강히 그것을 가지겠다고 한다. 아이가 일곱 살이나 여덟 살이 되면 크기 항등성이 발달하여 그들은 서로 다른 거리의 크기를 정확하게 판단할 수 있다.

심리학자들은 다음과 같은 질문들을 한다. 어떤 종류의 경험들을 통해 이러한 능력을 획득할 수 있는가? 그리고 성인으로 성장하므로 일부 이러한 지각적 재능을 소유하지 못하는 상황이 있을 수 있는가? 30년 전에 출판된 턴불의 간결한 보고서는 이러한 질문에 많은 빛을 비추어주었다.

방 법

이 연구의 서두에서 언급한 것처럼 턴불은 심리학자가 아니고 인류학자이다. 1950년대 후반과 1960년대 초에 그는 밤부티 피그미족 생활과 문화를 연구하기 위해 콩고(현재 자이레)에 있는 아이투리 밀림에 있었다. 인류학자인 그의 주요 연구방법은 자연관찰이였다. 즉 자연환경에서 발생하는 행동을 관찰하는 것으로, 이것은 또한 심리학자에게 있어서도 중요한 연구방법이다. 예를 들어 놀이하는 동안 어린 소년과 소녀가 보여주는 공격적인 행동의 차이점들은 관찰기법을 통하여 연구될 수 있었다. 침팬지와 같은 비영장류의 사회적인 행동을 조사하기 위해도 자연관찰 방법이 역시 요구된다. 명백한 이유로 이와 같은 연구는 종종 비용과 시간이 많이 사용되지만 어떤 행동 현상들은 다른 방법으로는 적합하게 연구될 수 없기 때문이다.

턴불은 밀림을 통과하여 한 피그미 부족에서 다른 피그미 부족으로 여행했다. 그는 피그미 마을 중 한 곳에서 온 켄지(Kenge)라 불리는 청년(약 22세)과 함께 동행했다. 켄지는 안내자로서 항상 턴불을 도왔고, 턴불을 알지 못하는 밤부티족에게 그를 소개하였다. 턴불의 관찰들은 턴불과 켄지가 선교 장소로 이용하기 위해 나무들을 벌목한 언덕의 동쪽 끝에 도착했을 때 시작된다. 벌목으로 인해 밀림 너머로 보이는 높은 루벤조리 산이 더욱 멀게 보였다.아이투리 밀림이 매우 울창하기 때문에 이처럼 보이는 일은 매우 드문 현상이다.

결 과

켄지는 그렇게 먼 거리에서 경치를 본 적이 없었다. 그는 산들을 가리키면서 그것이 언덕인지 혹은 구름인지 물었다. 턴불은 그에게 그것들이 언덕이라고 말했으나, 켄지가 전에 숲에서 본 어떤 것보다 더 컸다. 턴불은 켄지에게 만약에 그가 산을 넘어 운전하는 것을 좋아하게 된다면 그것을 보다 더 가깝게 볼 수 있을 것이라고 말했다. 약간의 망설임 뒤에-켄지는 숲을 떠나본 적이 없었다-그는 동의했다. 그들이 운전을 시작할 때 격렬한 천둥과 폭풍이 시작되었고 도착지에 다다랐을 때까지도 시야가 맑지 않았다는 사실에 주목하자. 이는 가시거리를 약 100야드까지 감소시켜서 켄지가 다가가고 있는 산들을 바라보는 것을 방해하였다. 마침내 그들은 산기슭에 있는 에드워드 호수의 가장자리에 위치한 이산고 국립공원에 도착했다.

턴불은 다음과 같이 썼다.

> 공원을 통과할 때쯤 비가 그치면서 하늘은 그지없이 청명하였다. 루벤조리 산은 완전히 구름이 걷혔고 오후의 태양에 반사되어 눈덮인 산정상은 더욱 빛났다. 보기드문 순간이었다. 나는 차를 세웠고 켄지는 마지못해 차에서 내렸다(p. 304).

켄지는 주변을 흘끗 쳐다보더니 나무들이 없으니 좋지 않은 지역이라고 말했다. 그 다음 그가 산을 올려다보았을 때 그는 문자 그대로 말문을 잃어버렸다. 밤부티의 문화와 생활은 밀집한 정글로 제한되어 있으므로 그들의 언어는 그와 같은 경치를 묘사할 수 있는 단어를 포함하고 있지 않았다. 켄지는 멀리 있는 설봉에 매혹되었고 그것을 바위 조각 형태로 해석하였다. 그들이 떠날 준비를 하고 있을 때 그들 앞으로 쭉 펼쳐진 평야가 뚜렷하게 시야에 들어왔다. 그 다음 관찰은 이 논문과 이 부의 중요한 핵심이다.

평야를 가로질러 켄지는 몇 마일 떨어진 곳에서 풀을 뜯고 있는 물소떼를 보았다. 이 거리를 기억하라. 켄지의 망막 위에 투사된 물소의 이미지(감각)는 매우 작았다. 켄지는 턴불에게 돌아와서 어떤 종류의 곤충인지 물었다! 턴불은 그 물소는 켄지가 전에 숲속에서 본적이 있는 물소보다 더 큰 물소라고 대답했다. 켄지는 바보스러운 이야기로 간주하고 웃으면서 그것은 곤충일 것이라고 하며 다시 물었다.

> 그는 더 지적인 실험 동료를 원하는 눈치였고 여전히 혼자 중얼거리면서 먼거리에 있는 물소를 그에게 친숙한 딱정벌레나 개미로 여기려고 하였다(p. 305).

글쎄, 턴불은 동일한 상황에서 당신이나 내가 해야 했던 것을 정확하게 했다. 그는 차로 돌아와서 켄지와 함께 풀을 뜯고 있는 물소를 향해 운전했다. 켄지는 매우 용감한 청년이었으나, 그가 크기가 계속해서 증가하는 그 동물을 보고 있을 때 그는 턴불 옆으로 다가가서 이것은 마술이라고 속삭였다. 마침내 그들이 물소에 접근하였을 때 그는 더 이상 두려워하지 않고 물소의 실제 크기를 볼 수 있었다. 그러나 그는 이전에 왜 그렇게 작았는지 여전히 확신할 수 없었고 계속해서 더 크게 성장할 것인지 아니면 계속해서 속임수의 형태로 남을 것인지 궁금하게 여겼다.

두 사람이 계속 운전을 해서 에드워드 호숫가에 도착했을 때 이와 유사한 사태가 일어났다. 이것은 상당히 큰 호수로 2~3마일 떨어진 곳에 낚싯배가 있었다. 켄지는 멀리 떨어진 배가 몇몇 사람을 태울 수 있을 만큼 크다는 것을 믿지 않았다. 그는 턴불이 그에게 물소를 본 경험을 회상시켰을 때까지는 단지 나뭇조각이라고 주장했다. 이 순간 켄지는 놀라서 고개를 끄덕였다.

정글 밖에서 휴일을 보내는 동안 켄지는 먼 곳에 있는 동물을 보았고 그것이 무엇인지 추측하려 하였다. 켄지는 더 이상 턴불을 두려워하거나 의심하지 않았으며 이는 전적으로 새로운 감각에 대해 그의 지각이 적응하고 있는 것으로 보여졌다. 그는 빨리 배웠다. 그러나 그 다음날 그가 정글에 있는 집으로 돌아올 때 나무가 없는 곳은 나쁜 지역이라고 다시 주장했다.

논 의

이 간결한 연구 보고서는 우리가 지각 항등성이라는 능력들을 어떻게 획득하는지를 극적으로 보여주고 있다. 그것은 분명히 경험의 결과로서 학습되었을 뿐만 아니라 이러한 경험도 우리가 살고 있는 문화와 환경에 의해 영향을 받는다. 켄지가 그의 전생애를 보낸 정글에서는 시야가 확 트인 경치는 없었다. 사실 시야는 대개 약 100피트로 제한되었다. 밤부티 부족에게는 크기 항등성을 발달시킬 기회가 없었던 것이다. 비록 직접적으로 검증해본 적은 없다 할지라도 동일한 피그미 부족은 상당히 발달된 전경-배경 관계에 대한 능력을 가지고 있을 것이다. 여기에서 중요한 논리는 초원에 묻혀서 잘 보이지 않는 동물들(특히 잠정적으로 위험한 동물들)을 구별하는 것은 밤부티족에게 매우 중요하다는 것이다. 현대의 산업화된 문화 속에서 살아가는 사람에게 이 지각기술은 거의 필요하지 않은 것 같다.

크기 항등성의 측면에서 턴불의 관찰연구는 이 능력이 생득적이기보다는 오히려 학습된 것이라는 이유를 설명해줄지 모른다. 어떤 지각적인 기술들은 생존을 위해 필요할지 모르나 동일한 상황에서 모두 발달하고 성장하지는 않는다. 그러므로 생존 잠재력을 극대화하기 위한 몇몇 기술들은 시간이 흐름에 따라 물리적 환경에 가장 적합한 방법으로 발달한다.

결과의 중요성

턴불의 연구는 우리의 행동에 대한 생물 대 환경(학습)의 상대적 영향, 즉 '천성 대 양육' 논쟁에 관해 의문을 제기하는 행동과학자에게 불을 붙혔다. 명백히 켄지의 지각에 관한 턴불의 관찰은 이 문제의 양육이나 환경적인 면을 강조한다.

블랙모어와 쿠퍼(Blackmore & Cooper, 1970)의 흥미로운 일련의 연구에서도 새끼고양이는 가로나 세로의 줄무늬 중 하나에 노출되는 것을 제외하고는 온전히 어둠 속에서 사육되었다. 어두운 환경에서 나온 후에 세로 줄무늬에 노출된 적이 있는 고양이들은 일상 환경 속에서 사물들의 세로줄에 반응했으나 가로줄은 무시했다. 반대로 성장하는 동안에 가로줄에 노출되었던 고양이들은 오직 가로줄 형태들만을 인식하는 것으로 나타났다. 고양이의 시각 능력은 손상되지 않았으나 어떤 특별한 지각적 능력들은 발달하지 못했다. 게다가 이런 특별한 결함은 영구적이다.

다른 연구에서 우리의 일부 지각적인 능력은 생득적일 것이라고 제안하고 있다. 어떤 학습도 필요없으며 다만 천성적으로 우리에게 주어진다. 예를 들어 최근의 연구에서 신생아(생후 3일)에게 정확하게 동일한 밝기로 다양한 색깔(빨강, 파랑, 초록)의 정사각형과 회색 정사각형을 보여주었다. 유아들은 대부분 회색보다는 다양한 색깔을 더 많이 응시하였다(Adam, 1987). 신생아들이 3일 만에 스스로 선호하는 것을 학습한다는 것은 불가능한 일이다. 따라서 이러한 결과들은 우리의 지각 능력의 일부는 생득적이라는 증거를 제공한다.

이 연구로부터 얻는 전반적인 결론은 우리의 지각능력에 대한 정보원으로 간주되는 하나의 정의적인 해답은 없다는 것이다. 턴불과 켄지는 분명히 일부 능력은 학습되며 다른 능력은 생득적 혹은 '요인-저장된 표준도구'의 일부분이라는 사실을 보여준다.

하나 분명한 사실은 이 연구분야는 앞으로도 계속 추진되어야 한다는 것이다.

ADAMES, R. J. (1987) An evaluation of color preference in early infancy. *Infant Behavior and Development, 10,* 143~150.

BLAKEMORE, C., & Cooper, G. F. (1970) Development of the brain depends on physical environment. *Nature, 228,* 227~229.

시각벼랑을 경계하라 4

심리학에서 가장 자주 이야기되는 일화 중의 하나는 S.B라고 불리는 사람에 관한 것이다(그의 사생활을 보호하기 위해 첫글자만 사용함). S.B는 최근에 개발된 수술(현재 널리 알려진 수술인 각막 이식)로 인해 시력을 회복할 때까지, 52세가 되는 동안 앞을 보지 못하였다. 그러나 S.B의 볼 수 있는 새로운 능력은 우리들 대부분이 보는 것과 같은 방식으로 그가 본 것을 자동적으로 지각했다는 것을 의미하지 않는다. 이것의 중요한 예가 수술 후 곧 자명해졌다. 시력이 완전하게 회복되기 전에 S.B는 병원 창문 밖을 보면서 땅에서 움직이는 그가 볼 수 있는 작은 물체에 관심을 가지게 되었다. 그는 손을 짚고 몸을 낮추면 그 광경을 볼 수 있을 것이라 생각하면서 창문틀 위로 기기 시작했다. 다행히도 병원 직원이 그의 이런 시도를 말릴 수 있었다. 그는 4층에 있었고 그 작고 움직이는 것은 자동차였다! 비록 S.B는 이제는 볼 수 있게 되었지만 깊이를 지각할 수는 없었다.

Gibson, Eleanor J., and Walk, Richard D. (1960) "The visual cliff." *Scientific American*, *202*, 67~71.

우리 주변세계를 시각적으로 느끼고 해석할 수 있는 능력은 실험심리학자들에게는 흥미로운 영역이다. 이 범위 내에서 그와 같은 능력이 생득적인지 또는 학습된 것인지에 대한 중요한 의문이 제기된다. 이전의 연구에서 볼 수 있듯이 턴불은 먼 거리에서는 대상의 실제 크기를 지각할 수 없었던 켄지에 대한 그의 보고서에서 이 문제를 언급하였다. 켄지는 본래 깊이에 대한 지각능력을 가지고 있었지만 그의 전생애를 울창한 정글에서 보냈기 때문에 크기 항등성에 대한 시각적 기술 능력을 발달시키는 경험을 필연적으로 가지지 못했다. 턴불의 발견으로 학계가 진보된 반면에 그의 자연 관찰 연구는 시각 지각에 대한 체계적인 연구로 인정되지 않았다. 만약 특정 지각 기술이 학습된 것인지 또는 생득적인 것인지를 정확하게 판단하기 위해서는 연구는 실험실 안으로 옮겨져야 한다.

많은 심리학자는 가장 중요한 시각 기술은 '깊이 지각' 이라고 생각한다. 만약에 당신이 깊이를 지각할 수 없다면 생존하기에 얼마나 어려운지 그리고 얼마나 불가능한지를 상상해 볼 수 있다. 당신은 약탈자가 얼마나 멀리 떨어져 있는지 판단할 수 없어 어디로든 뛰어들든가 그렇지 않으면 벼랑으로 바로 떨어질 것이다. 따라서 깊이 지각은 발달을 촉진할 경험이 필요없는 생득적인 생존 기제라 가정하는 것이 논리적일 것이다. 그러나 엘레노르 깁슨(Eleanor Gibson)과 리차드 워크(Richard Walk)가 그들의 논문에서 지적했듯이 기어다니거나 걸음마 단계의 유아는 다소 높은 장소에서 떨어지기 쉽다. 그들은 요람 옆쪽 면의 가장자리를 넘거나 계단 위의 문쪽으로 계속 가려고 하므로 성인의 보살핌을 받아야 한다. 그들의 근육협응이 성숙됨에 따라 스스로 그러한 사고를 피하기 시작한다. 유아들은 그들의 경험에 의하여 낭떠러지 장소를 인식한다고, 즉 떨어져 다침으로써 그것을 배운다고 상식적으로 말할 수 있다.

이러한 연구자들은 실험실에서 과학적으로 깊이 지각에 대한 시각 능력을 연구하고자 했다. 이러한 그들의 시도는 '시각벼랑' 이라 불리는 실험장치을 고안하기에 이르렀다.

이론적 제안

만약에 당신이 발달과정의 어떤 단계에서 동물 또는 사람들이 깊이를 지각할 수 있는지 알고자 한다면 한 가지 방법은 벼랑의 가장자리에 그들을 두고 그들이 낭떠러지를 피할 수 있는지 지켜보는 것이다. 언뜻 보기에 어리석은 제안이다. 왜냐하면 만약에 깊이(더 구체적으로 높이)를 지각할 수 없는 피험자에게 이 방법을 시도한다면 그에게 치명적 손상을 입힐 수 있다는 윤리적인 문제가 고려되어야 하기 때문이다. '시각벼랑'은 이러한 문제에 직면하지 않는다. 왜냐하면 실제로 떨어지지 않으나 피험자에게는 마치 떨어지는 것처럼 보이기 때문이다. 그것이 어떻게 실행되었는가는 잠시 후에 정확하게 설명될 것이다. 그러나 이 장치의 중요한 점은 유아 또는 동물의 새끼가 시각벼랑에 놓였을 때 만약 그들이 낭떠러지를 지각할 수 있다면 떨어짐을 피할 수 있다는 사실에 근거를 두고 있다. 만약에 그들이 지각할 수 없다면 벼랑으로 떨어질 것이다. 그러나 위험은 없다.

깁슨과 워크는 이 주제에 관해 자연주의자의 입장을 취하고 있는데, 깊이 지각과 낭떠러지에 대한 회피는 우리의 타고난 생물학적 장치의 한 부분으로서 자동적으로 나타난다는 사실 때문이다. 그러므로 이는 경험의 부산물이 아니다. 경험주의자들은 이러한 능력은 학습된다고 주장함으로써 반대 의견을 제기했다. 깁슨과 워크의 시각벼랑 실험에서 경험주의자들은 이러한 질문을 제기하였다. 발달의 어떤 단계에서 사람 또는 동물이 깊이나 높이 자극에 효과적으로 반응할 수 있는가? 그리고 이러한 반응들이 다른 종과 다른 서식지에서 사는 동물들과는 다른 시기에 나타나는가?

방 법

시각벼랑은 표면이 두껍고 투명한 유리로 되어 있는 약 4피트 높이의 탁자이다. 일직선으로 탁자의 반(얕은 쪽)은 체크 모양으로 표면은 단단하다. 다른 반쪽의 아래도 같은 형태이나 탁자 바로(깊은 쪽) 아래는 평평한 바닥이다. 얕은 쪽의 가장자리는 갑자기 떨어지는 낭떠러지 모양을 하고 있으나 실제로 모든 부분에는 유리가 깔려 있다. 얕은 쪽과 깊은 쪽 사이에는 약 1피트 너비의 중앙판이 있다. 그림 1과 2는 시각벼랑을 더 분명하게 보여준다. 이 장치를 이용한 유아의 검사과정은 매우 단순하였다.

이 연구에 참여한 피험자는 6개월에서 14개월 된 36명의 유아들이다. 또한 유아의 어머니들도 함께 참여하였다. 유아를 개별적으로 시각벼랑의 중앙판 위에 놓아두었다. 그 다음 어머니가 깊은 쪽에서 먼저 유아를 불렀고 그 다음에는 얕은 쪽에서 불렀다.

유아와 다른 새끼동물의 깊이 지각 발달을 비교하기 위해 시각벼랑 실험은 다른 종들에게도 비슷한 검사를 실시했다(그러나 엄마가 손짓하여 부르는 일 없이). 이들 동물들은 중앙판에 놓여졌고 그들이 얕은 쪽과 깊은 쪽을 변별할 수 있는지 그리고 벼랑으로 떨어지는 것을 피할 수 있는지 관찰했다. 코넬 대학교의 심리실험실에서 검사를 하기 위해 다양한 새끼 동물들이 사육되고 있는 다소 독특한 상황을 상상해볼 수도 있다. 병아리, 거북, 쥐, 새끼양, 새끼염소, 돼지, 새끼고양이, 강아지 등이 포함된 실험상황을 상상해 보라. 만약 그들이 같은 날에 모두 검사를 받았다면 의아하게 여기고도 남을 것이다.

이 연구의 목적은 깊이 지각이 학습된 것인지 생득적인 것인지를 조사하는 것이다. 이 방법이 독창적인 이유는 적어도 최소한의 의문에 해답을 줄 수 있기 때문이다. 아무튼 새끼동물과 유아에게 깊이를 지각하는지를 질문할 수는 없다. 위에서 언급했듯이 그들을 실제 벼랑에서 검사할 수는 없다. 심리학에서는 이 의문을 탐구하기 위하여 새로운 방법을 개발하여 많은 답을 찾았다(Gibson과 Walk의 초기 연구는 이에 대한 훌륭한 예이다).

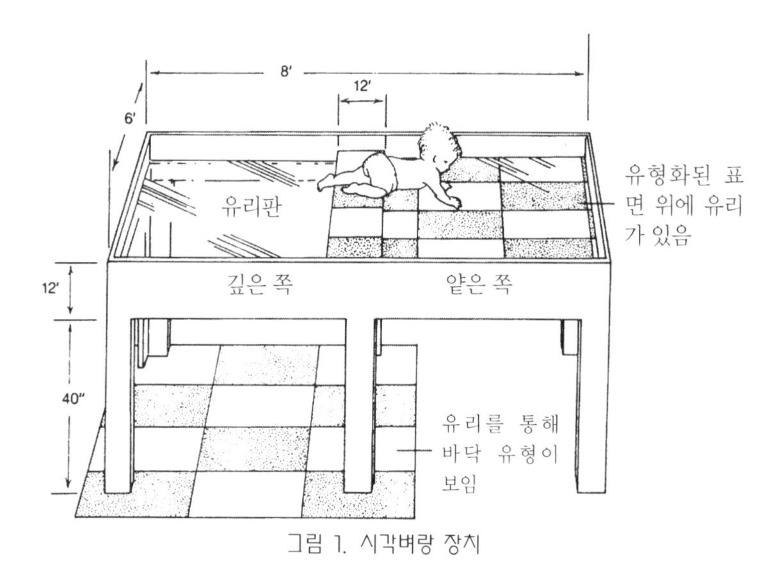

그림 1. 시각벼랑 장치

그림 2. 실험상황에서의 시각벼랑

결과와 논의

이 연구에서 9명의 유아들은 중앙판에서 전적으로 움직이는 것을 거부하였다. 이것은 연구자들에 의해 설명될 수 있는 것이 아니라 아마도 단순히 유아의 고집 때문이었다. 다른 27명의 유아의 어머니가 얕은 쪽에서 그들을 불렀을 때 유아들 모두는 판 위로 기어가서 유리 위를 가로질러갔다. 깊은 쪽에서 그들의 어머니가 불렀을 때 그들 중 단지 세 명만이 많이 망설이면서 시각벼랑의 가장자리에서 떨어져 살금살금 기어갔다. 벼랑 쪽에서 불렀을 때 대부분의 유아들은 얕은 쪽에서 그들의 어머니에게 기어오거나 또는 벼랑을 넘지 않고서는 어머니에게 도달할 수 없음을 알고 좌절하여 울었다. 그 유아들이 깊이를 지각한다는 것에는 의심의 여지가 없다. "종종 그들은 깊은 쪽의 유리 아래를 자세히 내려다본 후 다시 돌아갔다. 다른 유아들은 손으로 유리를 가볍게 두드렸으며 단단하다는 촉각을 느꼈음에도 불구하고 건너는 것을 거부했다"(p. 64).

이러한 결과가 깊이를 지각하는 인간의 능력이 학습된 것이라기보다는 생득적이라는 것을 증명하는가? 글쎄 명백하게 그것은 아니다. 왜냐하면 이 연구에서 참여한 모든 유아들은 최소한 생후 6개월이었는데, 이 기간은 시행착오를 통해 깊이에 관한 학습을 할 수 있기 때문이다. 그러나 생후 6개월 이전의 유아는 적합한 운동 이행 능력이 없으므로 검사할 수가 없다. 이러한 이유로 깁슨과 워크는 비교 대상으로서 상이한 종류의 동물들을 검사하기로 결정하였다. 대부분 동물은 인간보다도 훨씬 더 빨리 움직이는 능력을 배운다. 동물을 대상으로 한 검사결과는 매우 흥미로웠는데, 상이한 종류의 동물들이 깊이를 지각하는 능력은 종들의 생존을 위해 이와 같은 기술의 필요성과 관련되어 발달하였다.

예를 들면 병아리는 부화 후에, 곧 스스로 음식을 먹기 위해 땅을 긁어 구멍을 내기 시작해야 한다. 그들이 생후 24시간 이내에 시각벼랑에서 검사를 받았을 때 그들은 결코 깊은 쪽으로 떨어지는 실수를 하지 않았다.

새끼염소와 새끼양은 태어난 직후에 바로 설 수 있고 걸을 수 있다. 그들이 처음 일어선 그 순간에 시각벼랑에 의한 그들의 반응은 병아리가 했던 것만큼 정확하고 예측 가능했다. 단 하나의 실수도 없었다. 연구자들 중의 한 사람이 생후 1일 된 새끼염소를 유리의 깊은 쪽에 놓아두었을 때 염소는 두려워하였으며 방어적인 태도로 몸이 굳어졌다. 그 다음 만약에 얕은 쪽으로 옮겨놓는다면 염소의 몸은 이완되면서 단단한 표면 위에서 앞쪽으로 점프할 것이다. 이는 시각 감각은 완벽한 통제하에 있으며 깊은 쪽에서 유리 표면의 단단함을 느끼는 동물의 능력은 이 반응에서 아무런 영향력을 미치지 않음을 보여주었다.

쥐의 경우에 있어서는 다른 이야기이다. 그들은 탁자의 얕은 쪽에 대한 어떤 유의미한 선호를 보여주지 않았다. 무엇이 이런 차이를 가져오게 하는가? 우리는 쥐들이 정말 어리석다고 결론짓기 전에 깁슨과 워크의 훨씬 그럴듯한 설명을 고려해보자. 쥐는 생존하기 위해 시각에 매우 많이 의존하지 않는다. 사실 쥐들의 시각 체계는 매우 발달되어 있지 않다. 쥐들은 야행성이기 때문에 냄새에 의해 음식을 찾을 수 있고 코 주위의 빳빳한 수염으로부터 단서를 찾아 어두운 곳을 다닌다. 그래서 쥐를 중앙판 위에 두었을 때 쥐들은 어디로 가야 할지를 결정하는 데 있어 시각을 이용하지 않기 때문에 시각벼랑에 대하여 특별한 반응을 하지 않는다. 쥐의 수염으로 인해 쥐는 깊는 쪽의 유리도 얕은 쪽의 유리처럼 똑같이 느껴졌으므로 중앙판에서 얕은 쪽으로 가는 것처럼 깊은 쪽으로 옮겨간 것 같다.

새끼고양이에서도 동일한 결과를 기대할지 모른다. 그들 또한 근본적으로 야행성이며 민감한 수염을 가지고 있다. 그러나 고양이들은 약탈자이며 쥐들처럼 썩은 고기를 먹는 동물은 아니다. 그러므로 그들은 더 시각에 의존한다. 따라서 새끼고양이들은 스스로 움직일 수 있는 생후 4주가 되면 훌륭하게 깊이를 지각할 수 있음이 발견되었다.

비록 이 당시 이 연구논문(그리고 이 부에서는)이 종종 유아들의 동물 이야기처럼 들릴 위험이 있지만 시각벼랑에서 가장 낮은 수행을 보인 종은 거북으로 알려져 있다. 검사받기 위해 선택된 새끼거북은 수생의 종류였다. 왜냐하면 연구자들은 거북의 자연적인 환경이 물이기 때문에 그들은 벼랑의 깊은 부분을 선호할 것이라 기대했다. 그러나 거북은 그것이 물 속이 아니라는 것을 알 정도로 영리하였으며 그들 중 76퍼센트는 얕은 쪽으로 기어간 것으로 나타났다. 그러나 24퍼센트는 가장자리를 넘어서 갔다. "깊은 쪽을 선택한 비교적 많은 거북은 다른 동물들보다 깊이 지각을 잘할 수 없거나 그들의 자연 서식지에서 떨어짐에 대한 공포를 더 적게 가졌기 때문이다"(p. 67). 만약 당신이 물 속에서 살면서 낭떠러지를 회피하는 것은 생존 가치로서의 깊이 지각능력은 약화될 것이다.

깁슨과 워크는 그들의 모든 관찰은 진화론적 이론과 일치한다고 지적했다. 동물의 모든 종들은 만약에 생존해야 한다면 독립적인 움직임이 이루어질 때까지는 깊이를 지각하는 능력 발달이 필수적이다. 그러나 인간에 있어서 이것은 생후 6개월까지는 나타나지 않지만 병아리, 염소들의 경우에는 거의 즉시(하루 안에), 그리고 쥐, 고양이, 개들은 약 4주 정도에서 나타난다. 그러므로 연구자들은 이러한 능력을 생득적인 능력이라 결론내렸는데, 시행착오를 통해 그것을 학습한다는 것은 너무 많은 잠정적인 치명적 사고를 야기할 수 있기 때문이다.

실제로 만약에 우리가 생물학적으로 잘 준비되어 있었다면 유아들은 왜 그렇게 많이 떨어지는가? 깁슨과 워크는 유아의 깊은 지각은 운동을 통해 얻은 기술보다도 더 빨리 성숙되었다고 설명했다. 실험에서 많은 유아들은 중앙판 쪽으로 몸을 돌림으로써 유리의 깊은 쪽 부분 위에서 그들 스스로를 지탱했고 일부는 심지어 깊은 쪽을 등지고 얕은 쪽을 가로질러 어머니에게 기어가기 시작하였다. 만약에 유리가 거기에 없었다면 몇 명의 유아들은 벼랑으로 떨어졌을 것이다.

비판과 후속 연구

연구자들의 결론에 대한 가장 공통적인 비판은 깊이 지각이 인간에게 있어 정말 생득적인지 여부에 관한 의문이다. 앞서 언급한 것처럼 유아들이 시각벼랑의 검사를 받을 당시 그들은 이미 그러한 상황을 피하는 것을 학습하였다. 후속의 연구는 시각벼랑의 깊은 쪽의 유리 위에 2~5개월 된 보다 어린 유아들을 놓아두었다. 이런 상황이 제시되었을 때 아기들 모두는 심장 박동수가 감소하였다. 이러한 감소는 공포가 아닌 관심의 표현으로 보여지며, 이는 곧 심장 박동수의 증가를 동반했다(Campos, Hiatt, Ramsay, Henderson, & Svejda, 1978). 이것은 어린 유아들은 아직 낭떠러지에 대한 공포가 학습되지 않았으며 얼마 후에 회피 행동을 학습한다는 것을 의미한다. 이러한 결과들은 깁슨과 워크의 입장과 상반된다.

언제 깊이를 지각할 수 있느냐(자연주의자 대 경험주의자)에 대한 논쟁의 여지가 여전히 남아 있을지라도 이 질문에 대한 해답을 얻기 위해 많은 연구들이 깁슨과 워크에 의해 개발된 시각벼랑 장치를 통합하여 시행되고 있음을 주목해야 한다. 부가적으로 시각벼랑을 사용한 다른 관련연구들에서 몇 가지 흥미있는 연구결과들이 판명되었다.

소스, 엠드, 캠포스 그리고 클리너트(Sorce, Emde, Campos, & Klinnert, 1985)의 연구가 그 하나의 예다. 그들은 생후 1년 된 유아를 시각벼랑 장치의 얕은 쪽도 깊은 쪽도 아닌 그 사이의 낭떠러지(약 30인치)에 두었다. 아기들이 벼랑 쪽으로 기어갔을 때 유아는 멈추어서 아래를 내려다보았다. 반대편에서는 깁슨과 워크의 연구에서처럼 어머니가 기다리고 있었다. 때때로 어머니들은 얼굴에 공포감을 나타냈으나 행복한 그리고 흥미로운 표정을 짓도록 지시받았다. 유아들이 공포의 표현을 보았을 때 그들은 더 이상 기어가는 것을 거부했다. 그러나 엄마가 행복하게 웃는 것을 본 대부분의 유아들은 벼랑을 확인한 후 다시 가로질러 기어갔다. 낭떠러지가 평평하게 만들어지자 유아들은 가로질러 건너가기 전 그의 어머니를 확인하지 않았다. 유아들이 그들의 행동을 결정하기 위해 사용된 비언어적 의사소통의 이러한 방법을 사회적 참조라 부른다.

결 론

깁슨과 워크의 발명을 통하여 행동주의 과학자들은 분명하게 체계적인 방법으로 깊이 지각을 연구할 수 있게 되었다. 이와 다른 지각 능력이 생득적인 것인지 학습된 것인지에 대한 의문은 계속 논쟁거리로 남을 것이다. 진실은 천성과 양육 사이의 상호작용이라는 타협안에 있을지 모른다. 다양한 연구들이 지적했듯이 아마도 깊이 지각은 출생 때 나타나며 (Campos 등의 연구에서 매우 어린 유아들에 의해 생성된 관심은 어떤 것을 지각한다는 것을 증명한다.) 떨어지는 것에 대한 공포와 위험을 회피하는 것은 경험을 통해서 학습되며 유아기 이후에는 충분히 기어다닐 수 있어 이러한 어려움에 처한다.

의문이 무엇이든지 간에 시각벼랑과 같은 방법상의 진보는 우리에게 얼마간의 해답을 찾을 수 있도록 해 주었다.

CAMPOS, J., HIATT, S., RAMSAY, D., HENDERSON, C., & SVEJDA, M. (1978) The emergence of fear on the visual cliff. In M. Lewis & L. A. Rosenblum (eds.), *The development of affect*. New York: Plenum Press.

SORCE, J., EMDE, R., CAMPOS, J., & KLINNERT, M. (1985) Maternal emotion signaling: Its effect on the visual cliff behavior of 1-year-olds. *Developmental Psychology, 21*, 195~200.

제 2 부

의 식

인식 상태로 종종 언급되는 의식에 관한 연구에 심리학자들은 큰 관심을 보인다. 왜냐하면 의식은 환경에 대한 인간의 심리적인 상호작용의 질과 관련이 있기 때문이다. 여러분의 인식 상태가 낮과 밤, 한 주, 한 해 그리고 일생 동안 어떻게 변화해 가는가를 잠시 생각해보라. 집중하거나, 백일몽을 꾸거나, 자거나, 꿈꾸거나, 최면상태에 있거나, 정신에 영향을 미치는 약물(심지어 카페인과 니코틴을 포함하여)을 복용한 상태에 있을 수 있다. 이러한 상태는 모두 의식이 변화된 상태로 행동에 다양한 변화를 일으킨다.

의식의 연구분야에서 가장 영향력 있고 흥미있는 연구는 수면, 꿈, 최면에 초점을 둔 것이다. 결국 잠자는 것과 꿈꾸는 것은 우리 모두의 일상적인 일이고, 거의 모든 사람들은 어떤 이유 때문에 최면에 매혹된다. 따라서 이 부의 첫 부분에서는 (1) REM 수면을 발견하고, (2) REM과 꿈과의 관련성을 제시함으로써 심리학을 변화시킨 두 가지 연구가 제시될 것이다. 이어 두 번째로는 선도적인 꿈 연구자 가운데 한 사람의 연구를 경험하게 될 것이다. 이 연구는 우리가 꿈 내용을 통제할 수 있다고 시사해 주고 있다. 세 번째는 아주 영향력 있는 연구로 받아들여지고 있는데 이 연구에서는 꿈꾸는 과정을 전적으로 생리적이고 무선적으로 발생하는 것으로 본다. 그리고 네 번째로는 최면이 독특하고 강력한 상태라고 하는 널리 알려진 믿음을 반박하는 최근 일련의 연구 중 하나에 관해 논의한다.

이 마지막 연구는 최면상태의 사람들이 각성상태의 사람과 다르지 않으며, 단지 조금 더 동기화되어 있을 뿐이라는 것을 증명한다.

잠자는 것은 꿈꾸는 것 5

이 연구에서는 두 개의 논문을 함께 논의하고 있기 때문에 다른 연구와는 다소 상이하다. 이것은 첫번째 연구가 수면과 꿈에 관한 기본적인 현상을 발견함으로써 두 번째 연구를 가능하게 했기 때문이다. 여기에서 주된 관심은 윌리엄 데멘트(William Dement)의 꿈-박탈에 관한 연구인데, 여러분에게 사전지식을 제공하기 위해 아제렌스키의 연구 결과를 먼저 언급할 것이다.

1952년 당시 대학원생이었던 유진 아제렌스키(Eugene Aserinsky)는 수면에 관한 연구를 하고 있었다. 그의 연구중에 잠자는 유아를 관찰하는 것이 포함되어 있었는데, 그는 유아들이 잠자는 동안 활동적인 눈 운동이 주기적으로 나타난다는 사실에 주목했다. 나머지 밤 시간 동안에는 간헐적으로 느리고 두리번거리는 눈 운동만이 있을 뿐이었다. 그는 이러한 활동

Aserinsky, E. and Kleitman, N. (1953) Regularly accuring periods of mobility and concomitant phenomena during sleep. *Science, 118,* 273~274.

Dement, William (1960) The effect of dream deprivation. *Science, 131,* 1705~1707.

적인 눈 운동 기간이 꿈꾸는 것과 연관이 있을 것이라 생각하고 이를 이론화하였다. 하지만 유아들은 그들이 꿈꾸고 있었는지에 관해 말할 수 없었다. 그래서 이러한 생각을 검증하기 위해 그는 연구 대상을 성인으로 확장시켰다.

아제렌스키와 그의 공동 연구자인 나다니엘 클라이트만(Nathaniel Kleitman)은 20명의 정상 성인을 피험자로 실험에 참여시켰다. 피험자의 눈 주위 근육에 전극을 부착시켜 민감한 전기 측정장치에 연결시켰다. 이 전극의 도선은 피험자의 수면이 모니터되고 있는 옆방에 연결되었다. 그 다음에는 피험자를 정상적으로 잠들도록 했다(피험자들은 하룻밤 이상 실험에 참가했다). 잠자는 동안 눈 운동이 나타나거나 어떤 눈 운동도 관찰되지 않을 때 피험자들을 깨워 질문했다. 연구자들은 피험자들을 깨워서 그들이 꿈을 꾸고 있었는지, 그렇다면 꿈의 내용을 기억할 수 있는지 등을 질문했다. 그 결과는 꽤 의미심장했다.

전체 피험자는 빠른 눈 운동을 동반하는 수면 기간 동안 27번 깼다. 이 가운데 상세한 시각적 꿈을 보고한 것은 20번이었다. 나머지 7번은 꿈을 꾼 것 같은 느낌이 든다고 했지만 그 내용을 상세히 보고할 수는 없었다. 어떤 눈 운동도 나타나지 않은 기간 동안 23번을 깨운 중에서 19번은 어떤 꿈도 꾸지 않았다고 보고했고 4번은 마치 꿈을 꾼 것 같은 느낌이 든다고 했지만 그 꿈을 기술할 수는 없었다. 일부 경우에는 잠자는 동안 피험자를 한 번도 깨우지 않았다. 그들은 평균 7시간의 수면기간 동안 3~4주기로 눈 운동을 경험하는 것으로 나타났다.

그 당시에는 이 실험결과가 그다지 획기적인 것으로 여겨지지 않았지만 아제렌스키는 현재 우리 대부분에게 매우 친숙한 REM(rapid eye movement) 수면, 즉 꿈을 꾸는 수면을 발견했다. 그의 발견으로부터 수면과 꿈에 관한 방대한 연구가 이루어졌고 오늘날까지 계속해서 진행되고 있는 것이다. 해가 거듭될수록 연구방법과 생리 측정장치가 더 정교해졌기 때문에 우리는 아제렌스키의 결과를 보다 세련화시켜 수면의 신비에 관한 많은 것들을 알 수 있게 되었다.

예컨대 우리는 잠든 후에 가장 얕은 수면(단계 1)을 시작으로 점차적으로 더 깊은 단계로 진행하는 4단계 수면을 거친다. 가장 깊은 수면 단계(단계 4)에 도달한 후에는 다시 단계 1로 되돌아간다. 즉 수면은 얕아진다. 이렇게 수면 단계는 순환한다. 다시 단계 1에 접근하기 전에 REM 수면이라고 불리는 매우 다른 종류의 수면에 들어간다(이 수면 주기에 관해 상세히 논의하고 있는 Anch, 1987 참고). 당신은 이 REM 수면 동안 대부분 꿈을 꾼다. 그러나 일반적인 믿음과는 대조적으로, REM 동안에는 그다지 많이 움직이지 않는다는 사실이 과학적으로 발견되었다. 신체는 뇌로부터 오는 전기화학적인 메시지에 의해 고정되고 실제로 근육은 마비된다. 이는 생존기제이다. 이것은 꿈꾸는 것을 행동화시켜 자기 자신을 더 나쁘게 손상시키는 것을 방지한다!

짧은 REM 수면이 끝나면 다시 NON-REM 또는 NREM(non rapid eye movement sleep)이라고 불리는 4단계 수면상태로 돌아간다. 잠자는 동안에 당신은 NREM과 REM을 약 5번이나 6번 순환하는데(잠든 후 먼저 약 90분 정도가 되면 첫 REM 상태에 도달한다), NREM은 점점 짧아지고 REM은 더 길어진다(따라서 아침이 되어감에 따라 꿈을 꾸는 이유가 여기에 있다). 그런데 모든 사람은 꿈을 꾼다. 꿈을 결코 기억해낼 수 없는 사람은 소수이기 때문에, 연구자들은 우리 모두가 꿈을 꾼다고 결론내리고 있다.

이러한 모든 지식은 1950년대 초 아제렌스키에 의한 REM의 발견으로부터 나왔다. 아제렌스키의 뒤를 이어 우리에게 수면과 꿈에 관한 풍부한 정보를 제공해준 또 다른 선도적인 연구자는 바로 윌리엄 데멘트이다. 아제렌스키의 발견과 비슷한 시기에 데멘트는 꿈의 기본적인 기능과 중요성에 관한 연구에 관심을 가졌다.

이론적 제안

데멘트의 마음에 가장 중요하게 떠올랐던 것은 모든 사람들에게 꿈은 매일 밤에 나타난다는 것이다. 데멘트는 그의 논문에서 다음과 같이 진술하고 있다. "잠자는 사람에게 상당한 양의 꿈이 밤마다 나타나는 데에는 어떤 예외도 없기 때문에 이러한 많은 꿈이 우리의 생존을 위한 필수적이고 핵심적인 부분에 어떤 방식으로 작용하는지에 관한 의문이 제기될 수 있다"(p. 1705). 이것은 그로 하여금 몇 가지 구체적인 질문들을 하게 했다. "만약 꿈을 꾸는 것을 부분적 또는 완전히 억압한다면 인간이 정상적으로 계속해서 기능할 수 있을까? 꿈은 심리적인 감각이나 생리적인 감각 또는 이 둘 다에 필수적인 것인가?"(p. 1705)

데멘트는 꿈꿀 기회를 박탈당한 피험자를 연구하여 이 질문들에 대한 답을 구하기로 하였다. 먼저 그는 꿈꾸는 것을 막기 위해 진정제를 사용했다. 그러나 그 약들은 피험자들의 수면 형태에 너무나 큰 영향을 미쳐 타당한 결과를 얻을 수 없었다. 그래서 그는 피험자들이 잠자는 동안에 REM 수면단계에 들어갈 때마다 피험자들을 깨우는 다소 과감한 방법을 사용하기로 했다.

방 법

이 논문은 진행 중인 수면과 꿈 연구에 관한 처음 8명의 피험자에 관한 보고이다. 피험자들은 모두 23~32세의 남자이다. 피험자들은 그들이 일상적으로 잠자는 시간에 수면 실험실에 도착한다. 작은 전극이 머리와 눈에 부착되어 눈 운동과 뇌파를 기록한다. 피험자들이 평화롭고 조용하고 어두운 방에서 잘 수 있도록 아제렌스키의 연구에서와 같이 전극의 전선을 옆방으로 연결했다.

연구 절차는 다음과 같다. 처음 며칠 밤 동안 피험자들은 정상적으로 잠을 잔다. 이것은 각 피험자들의 정상적인 꿈의 양과 전반적인 수면 유형에 대한 기저선을 설정하기 위한 것이다.

일단 이러한 정보가 얻어지면 다음 단계는 피험자의 REM이나 꿈, 수면을 박탈하는 것이다. 다음 며칠 밤 동안에 걸쳐 실험자들은 전극의 정보가 꿈을 꾸기 시작한다고 할 때마다 피험자를 깨웠다(피험자마다 3번에서 7번까지 연속적인 박탈을 가했다). 피험자들은 침대에 앉아서 수분 동안 자신이 완전히 깼는지를 증명하고 나서 다시 잠자리에 들었다.

데멘트가 언급한 가장 중요한 점은 피험자들은 꿈 연구에 참가하는 동안 다른 어떤 시간에도 잠을 자서는 안 된다는 것이다. 이것은 만약 피험자가 잠을 자거나 졸게 되면 꿈을 꿀 수도 있고 그러면 연구결과를 오염시킬 수도 있기 때문이다.

꿈을 박탈당한 후, 피험자들은 회복단계에 들어간다. 이 밤 동안(1회에서부터 6회 정도) 피험자들은 밤새도록 방해받지 않고 잔다. 이들의 꿈은 계속해서 전기장치로 모니터되고 꿈의 양도 기록된다.

다음으로 피험자는 각각 며칠간의 휴가를 받는다(그들은 매우 기뻐했다. 의심할 여지없이!). 그러고 나서 그들 중 6명이 또 다른 실험을 하기 위해 다시 실험실로 왔다. 이 실험은 "꿈이 박탈된 잠의 횟수와 밤마다 깨우는 횟수가 정확하게 반복되었다. 유일한 차이점은 피험자들이 눈 운동(꿈)이 일어나는 막간에 잠을 깬다는 것이다. 꿈이 시작되면 피험자들은 방해받지 않고 계속 잘 수 있지만 그 꿈이 자발적으로 끝난 후에는 잠에서 깨어나야 했다"(p. 1706). 마지막으로 피험자들은 꿈-박탈 단계를 거친 후에 동일한 시간의 회복기를 보낸다. 이것은 통제적 회복기라고 불리는데, 꿈-박탈 경험이 며칠 밤 동안 여러 번 깨거나 꿈을 꾸거나 꿈을 꾸지 않거나 하는 것에 영향을 미치지 않도록 하기 위한 것이다. 여기서 재미있는 사실은 이 연구들은 아직 초기 단계에 있지만 그 결과들은 이미 출판되었다는 것이다. 그 이유는 획득된 결과들이 다소 놀랍고 분명히 의미있는 것이라서 과학계에 당장 알려야겠다고 느꼈기 때문이다.

결 과

표 1은 보고된 중요한 결과를 요약하고 있다.

기저선 잠자는 시간 동안 피험자들이 방해받지 않고 잠잘 때, 평균 수면량은 6시간 50분이었다. 피험자들이 꿈을 꾸는 데 소비한 평균 시간은 표 1(1열)에서 제시된 바와 같이 80분 또는 19.5퍼센트였다. 데멘트는 처음 며칠 밤으로부터 나온 결과에서 꿈꾸는 데 소비한 시간의 양이 피험자들마다 놀랄 만큼 유사하다는 것을 발견했다. 사실상 꿈꾸는 사람들간의 변화의 양은 ±7분이었다!

현재 이 연구의 주된 목적은 꿈이나 REM 수면을 박탈했을 때 그 효과를 살펴보는 것이다. 이것을 다루는 첫번째 결과는 꿈-박탈이 행해진 밤 동안에 REM 수면을 방해하기 위해 요구된 깨우기의 횟수였다.

표 1(3a열)에서 볼 수 있는 바와 같이 첫날밤에 실험자는 REM을 차단하기 위해 7번에서 22번까지 피험자를 깨워야만 했다. 그러나 실험이 진행되어감에 따라 피험자들은 꿈꾸지 않기 위해 더 자주 깨어나야만 했다. 마지막 박탈당한 밤에는 강제로 깬 횟수가 13~30번이었다(3b열). 평균적으로 박탈당한 밤의 마지막에는 꿈을 꾸려는 시도가 2배가 되었다.

그 다음으로 가장 현저한 결과는 피험자들을 며칠 밤 동안 꿈을 꾸지 않도록 한 후에 꿈꾸는 시간이 더 증가한다는 것이다. 표 1(4열)에서 횟수는 첫 회복기의 밤을 나타낸다. 이날 밤의 평균 전체 꿈 시간은 112분 또는 26.6퍼센트였다(1열의 기저선 밤 동안 80분과 19.5퍼센트와 비교할 때). 데멘트는 REM에서 유의미한 증가를 보이지 않은 피험자는 2명이었다고 지적했다(피험자 3과 7). 만약 그들을 계산에서 제외시킨다면 평균 전체 꿈 시간은 127분 또는 29퍼센트이다. 이것은 기저선 평균에 대해 50퍼센트나 증가된 것이다.

첫 회복기의 밤의 자료가 표 1에 보고되어 있는데 대부분의 피험자가 연속 5일 밤 동안(기저선 양과 비교할 때) 증가되는 꿈 시간을 계속해서 보이

표 1. 꿈-박탈 결과 요약

피험자	1. 꿈꾸는 시간 기저선(%)	2. 밤에 꿈 박탈 수	3a. 깨우기 수 첫번째 밤	3b. 깨우기 수 마지막 밤	4. 꿈꾸는 시간 회복기(%)	5. 꿈꾸는 시간 통제(%)
1.	19.5	5	8	14	34.0	15.6
2.	18.8	7	7	24	34.2	22.7
3.	19.5	5	11	30	17.8	20.2
4.	18.6	5	7	23	26.3	18.8
5.	19.3	5	10	20	29.5	26.3
6.	20.8	4	13	20	29.0	—
7.	17.9	4	22	30	19.8 (28.1)*	16.8
8.	20.8	3	9	13	—**	—
평균	19.5	4.38	11	22	26.6	20.1

*두 번째 회복 밤
** 회복 밤 전에 피험자 탈락
(p. 17 인용)

고 있었다.

"잠깐만 기다려 보라"고 당신은 생각할 것이다. 꿈에서의 이러한 증가가 REM 박탈과는 아무런 관련도 없을 수 있다. 그것은 아마도 이 피험자들이 너무 자주 잠을 깼기 때문일 수 있다. 데멘트가 당신의 빈틈없는 관찰에 대비했다는 것을 기억할 것이다. 피험자 중 6명은 며칠간의 휴식 후에 되돌아와서 그들이 REM 사이에 깨는 것을 제외하고는 정확하게 그 절차를 반복했다. 이 절차에서는 꿈에서 어떤 유의미한 증가도 보이지 않았다. 통제집단이 각성 후에 꿈꾸는 데 보낸 평균 시간은 88분 혹은 전체 잠자는 시간의 20.1퍼센트였다. 1열의 80분이나 19.5퍼센트와 비교해 볼 때 어떤 차이도 발견되지 않았다.

논 의

데멘트는 이러한 결과로부터 우리가 꿈을 꿀 필요가 있다고 임시로 결론내렸다. 우리가 꿈을 꾸지 못하게 되면 연속적인 꿈-박탈의 수면에 대하여 꿈을 꾸려는 어떤 종류의 압력이 생겨서 증가한다. 이것은 박탈 후에 꿈을 꾸려는 시도가 증가하고(3a열 대 3b열) 꿈 시간(4열 대 1열)에서 유의미한 증가가 있다는 그의 발견에서 증명된다. 그는 또한 이러한 증가가 며칠 밤에 걸쳐 계속된다고 지적하는데 이것은 잃어버린 꿈에서 추정되는 부족한 양을 메우기 위한 것이다. 비록 데멘트는 그 당시에 이 용어를 사용하지는 않았지만, 이 중요한 발견은 'REM-반동' 효과로 알려지게 되었다.

짧지만 훌륭한 논문에는 몇 가지 재미있는 부가적인 발견들이 있다. 잠시 표를 본다면 당신은 이전에 언급한 대로 두 명의 피험자(피험자 3과 7)가 유의미한 REM-반동을 나타내지 않았다는 것을 볼 수 있을 것이다. 비교적 적은 수의 피험자를 통합하는 연구에서 이러한 예외들을 설명하려고 시도하는 것은 중요하다. 데멘트는 피험자 7의 작은 증가가 설명하기에 어렵지 않다는 것을 발견했다. "그가 첫 회복기 밤에서 꿈의 시간이 증가하지 않은 것은 실험실에 오기 전에 파티에서 칵테일을 몇 잔 마셔서 예상되는 꿈 시간의 증가가 알코올의 억압효과에 의해 상쇄되었다는 사실에 기인하는 것 같다"(p. 1706).

그러나 피험자 3은 설명하기 더 어렵다. 비록 그가 박탈 기간 깨는 횟수(7번에서 30번까지)가 가장 크게 증가하고 있음을 보여주었지만, 5일간의 회복기 동안에는 어떤 REM-반동도 보여주지 않았다. 데멘트는 이 피험자가 그 결과에서 유일한 예외였다는 것을 인정했고 그는 변화에 저항하는 특이하게 안정된 수면 형태를 지니고 있다고 하였다. 마지막으로 8명의 피험자는 그들이 REM 박탈로 인해 경험할 수 있는 어떤 행동적 변화에 대해서 모니터되었다. 모든 피험자들은 REM 중단기간 동안에 경미한 불안 증상이나 자극 감응성, 주의 집중의 어려움 등을 보였다. 한 피험자(8번)는 3

번의 박탈의 밤을 보낸 후에 연구를 중단했는데, 그는 과도한 불안이 느껴진다고 했지만 이것은 마음의 동요에 대한 변명인 것 같다. 다른 2명의 피험자(6과 7)는 4번의 박탈 후에 불안으로 중단할 것을 주장했지만 실험의 회복단계에 계속 참가했다. 피험자 중 5명은 박탈 기간 동안 식욕이 증가했고, 이들 중 3명은 3~5파운드 정도 체중이 늘었다. 통제집단의 각성 기간 동안에는 이러한 행동 증상 중 어떤 것도 나타나지 않았다.

결과의 중요성과 후속 연구

데멘트에 의한 이러한 선도적인 연구가 수행된 지 30여 년이 지나면서 우리는 지금 수면과 꿈에 관해 상당히 많이 알고 있다. 이러한 지식 중 일부는 이 연구에서 먼저 짧게 논의되었다. 데멘트의 1960년 당시 논문은 대부분 검증을 거친 것이다. 우리 모두는 꿈을 꾼다. 그리고 만약 우리가 어떤 방식으로든 하룻밤 꿈을 꾸는 것을 방해받는다면, 우리는 그 다음날 밤 더 많은 꿈을 꿀 것이다. 실제로 꿈을 꾸려는 욕구는 기본적으로 중요한 다른 요인이 있는 것 같다. 사실상 REM-반동 효과는 많은 동물들에게서도 관찰된다.

데멘트의 우연한 발견 중의 하나는-그는 소소한 일화로 보고하고 있지만-현재 더 큰 중요성을 가지게 되었다. 사람들이 REM 수면을 박탈당하게 되는 한 가지 방법은 알코올이나 암페타민과 바비투레이트와 같은 약물을 통해서이다. 이러한 약물은 잠들게 하는 경향성을 증가시키는 반면 REM 수면을 억압해서 잠자는 동안 NREM의 더 깊은 단계에 머무르게 한다. 많은 사람들이 잠을 자기 위해 알코올이나 수면제를 복용하는 습관을 버릴 수 없는 것도 바로 이런 이유 때문이다. 약 복용을 중단하자마자 REM-반동 효과가 너무 강하게 나타나면서 그들은 불안 증상을 보였고 잠자는 것을 두려워하게 되고, 꿈꾸는 것을 피하기 위해 약을 다시 복용하게 된다. 이러한 문제점에 관한 더 극단적인 예는 수년 동안 REM 수면을 박탈한 채로 살아온 알코올 중독자들에게 있다. 그들이 술을 마시지 않게 될 때, REM 반동의 징후가 너무 강력해서 그들이 깨어 있을 때조차 나타날 수 있다. 이것은 대개 끔찍하고 위협적인 환각을 포함하는 섬망증 또는 D. T. S로 알려진 현상에 대한 설명이 될 수 있다(Greenberg & Perlman, 1967).

데멘트는 꿈-박탈의 행동적 영향에 관한 그의 예비 연구결과를 추후 다시 검증하고자 했다. 후속 연구에서 그는 더 오랜 기간 동안 피험자의 REM을 박탈했으나 유해한 변화에 관한 어떤 증거도 발견하지 못했다. 그는 "10년간의 연구 동안 장기적인 선택적 REM 박탈로부터 어떤 부정적인 영향이 실제한다는 것을 증명하는 데 실패했다"고 결론내렸다(Dement, 1974).

마지막으로 데멘트의 초기 연구는 NREM 수면 동안보다 REM 수면 동안에 뇌의 단백질 합성이 더 많이 일어난다는 것을 시사하고 있다. 일부도 이러한 화학적 변화가 새로운 정보를 뇌의 기억구조로 통합하는 과정을 표상하고 성격에서 새로운 발달을 위한 기질적인 기초가 될 수 있다는 것을 믿는다(Rossi, 1973).

DEMENT, W. C. (1974) *Some must watch while some must sleep*. San Francisco: Freeman.

GREENBERG, R., & PERLMAN, C. (1967) Delirium tremens and dreaming. *American Journal of Psychology, 124,* 133~142.

ROSSI, E. I. (1973) The dream protein hypothesis. *American Journal of Psychiatry, 130,* 1094~1097.

6 소망을 충족시켜 주는 꿈

윌리암 데멘트의 연구에 초점을 두고 있는 선행 논문에서 꿈은 대부분이 REM 수면에서 일어나고 꿈꾸는 것은 매우 중요한 활동이라는 것을 배웠다. 대부분의 사람들은 최소한 꿈이 악몽이 아니라면 꿈꾸는 것을 즐긴다. 그러나 잠자기 전에 꿈의 특성과 주제를 선택할 수 있다면 얼마나 근사할 것인지 상상해보라. 이것이 가능할까? 글쎄, 아마도 가능할 것이다. 꿈을 어떻게 그리고 왜 꾸는가에 관한 연구영역에서 선도적인 연구자 중 한 명은 로잘린트 카트라이트(Rosalind Cartwright)이다. 이 연구는 우리 자신이 스스로 자신의 꿈을 통제하는 능력을 가질 수 있다는 주장을 지지하는데 영향을 주었다. 그러나 이런 특정 연구를 논의하기 전에 꿈을 설명하려고 시도해온 몇몇 이론들에 관한 짧은 논의는 여기서 적절한 것 같다.

지그문트 프로이트(Sigmund Freud, 1900)는 꿈은 인간의 무의식의 창이라고 믿었다. 인간의 충족되지 않은 소망과 가장 깊은 공포가 꿈속에서 표

Cartwright, Rosalind D. (1974) The influence of a conscious wish on dreams. *Journal of Abnormal Psychology, 83*, 387~393.

현될 것이다. 그러나 이러한 소망과 공포는 어떤 방식으로든 우리에게 위협적이므로 꿈속에서 상징적으로 의사소통될 것이다. 프로이트는 꿈의 의미를 이해하기 위해 꿈속에서 표현되고 있는 근본적이고 진정한 내용('잠재된 내용' 이라고 불리는)이 조사, 해석되기 위해서는 꿈의 의미, 즉 꿈의 명백한 메시지나 표면적인 내용('의식에 나타나는 내용' 이라 불리는)을 꿰뚫어 봐야만 한다고 주장했다. 꿈에 대한 프로이트의 관점은 현세기까지 큰 영향을 미친다. 오늘날 많은 심리치료가들은 비록 그들이 엄격한 프로이트식 접근을 취할 필요는 없지만 내담자에 대한 심리치료에서 꿈 분석을 이용한다. 다양한 현대의 이론들은 덜 신비스러운 방식으로 꿈을 설명하려고 시도하고 있는 것 같다.

그 가운데 하나가 '정신적 가정살림 가설'(mental housekeeping hypothesis)이다(Crick & Mitchison, 1983). 이 이론은 우리가 수집한 정보들 중에서 필요없고 기괴하거나 장황한 것을 인지구조 과정에서 없애기 위해 꿈을 꿀 필요가 있다고 말하고 있다. 이 생각을 다른 방식으로 말한다면 꿈은 뇌의 자료 파일을 검열하여 파일이 너무 복잡하게 되지 않도록 하고, 더 많은 자료를 입력하기 위한 공간을 마련하기 위해 필요없는 것을 지워버린다는 것이다.

현재 일반적으로 수용되고 있는 꿈의 기능에 관한 또 다른 설명은 꿈이 일상생활에서 겪게 되는 어려움이나 문제를 해결하기 위해 깨어 있는 사고의 확장이나 지속성을 허용한다고 한다. 이러한 접근에 의하면 꿈속에서 개인적인 문제들에 관한 다양한 해결책들을 안전하게 실험할 수 있고, 깨어 있는 동안에는 이용 가능하지 않았던 잠재적인 해결책들에 대한 통찰을 얻을 수 있다. 이러한 이론은 이 연구에서 논의된 실험의 결과로 로잘린트 카트라이트(1978)에 의해 발전되었다.

꿈을 과학적으로 연구하는 것은 쉽지 않다. 내담자와의 심리치료에서 꿈을 이용하는 임상가는 꿈에 관한 개인의 회상에 의존한다. 연구 용어로 '회고적 기법' 이라 불린다. 우리 자신의 꿈 경험에서 알 수 있듯이, 꿈을 기억하려는 과정은 많은 오류를 범하기 쉽고, 일부 꿈은 완전히 잊어버리게 된다. 과학적 연구자들은 연구 방법을 더 예측 가능한 것으로 발전시킬 필요가 있었다. 즉 꿈을 꾸기 전에 꿈이 어떻게 될 것이라고 미리 예측하는 것이다. 결국 행동주의 과학자들은 꿈의 내용을 더 완전하고 세부적인 것까지 기억해내는 것을 가능하게 한 1957년 데멘트에 의해 개발된 연구 방법을 통합하여 사용하기 시작했다. 이 방법은 꿈이 진행되는 동안에 잠자는 사람을 깨움으로써 이루어진다(Dement의 1960년 연구, 바로 앞에서 논의함). 수년 동안 꿈꾸는 사람으로 하여금 몇몇 외적 자극(소리, 번쩍이는 빛, 물안개 같은)과 꿈 내용을 결합하도록 시도하는 일부 연구가 수행되었다. 그러나 이 연구들은 방법상의 어려움이 따르고 상대적으로 적은 수의 피험자를 사용했기 때문에 약간의 성과만이 있었을 뿐이다. 카트라이트는 더 광범위한 연구를 수행하기 위해 잠자기 전에 개인과 관련된 암시를 제공하여 이 암시의 주제가 그날 밤에 꾼 꿈에 나타나는지에 대한 실험을 했다.

이론적 제안

카트라이트는 만약 잠자기 전에 개인적으로 관련된 어떤 것을 소망한다면 그것이 어떤 방식으로든 꿈에 나타날 것이라고 주장했다. 그녀는 사람들과 관련된 대부분의 문제들은 그들이 변화시키기를 원하는 성격의 측면들이라고 믿었다. 카트라이트는 이것을 자아에 관한 '인지적 불일치' 라고 불렀다. 예컨대 만약 당신이 자신을 게으른 사람으로 여기나 더 활동적이 되기를 원한다면 이것은 인지적 불일치가 된다. 카트라이트는 잠자기 전에 이러한 갈등에 관심을 가지게 하고 이것을 해결하려는 욕구를 창출함으로써 그 불일치가 개인의 꿈에 나타날 가능성이 증가될 것이라는 자신의 생각을 검증하고자 했다. 그녀는 두 가지 일반적인 예측을 제기했다. 첫번째는 한 개인이 개인적으로 관련된 문제들에 초점을 맞춘 후에 꾸는 꿈은 그 문제와 관련이 있을 것이라는 것이다. 두 번째로 한 단계 더 나아가 꿈은 그 사람이 깨어 있을 때 그 문제에 접근하는 방법과는 상이하게 그 문제에 접근할 것이라고 했다. 다시 말하면 꿈이 정상적인 의식적 사고에서 이용 가능한 것보다 더 넓은 범위의 해결책들을 개발할 수 있을 것이라고 예측한 것이다.

방 법

피험자 이 연구의 참가자들은 17명의 유급 대학생 지원자인데, 남자 10명과 여자 7명이었다. 이들은 모두 잠을 잘 자는 사람들이었다. 모든 피험자들은 새로운 환경에 적응하기 위해 수면 실험실에서 이틀 동안 잤다.

표적 꿈 단어의 선택 다음으로 각 피험자에게 70장의 카드 한 벌을 분류하도록 했는데, 각 카드에는 개인적 형용사('부끄러워하는', '이기적인', '민감한', '비아냥거리는' 등등과 같은 단어)가 씌어 있었다. 피험자들은 이 카드를 1(자신과 가장 일치하지 않는)에서 7(자신과 가장 일치하는)까지 7개의 범주로 분류했다. 이렇게 분류한 다음에 또 다른 동일한 카드를 받고 자신이 가장 되고 싶은 사람에 대해 다시 그것들을 분류하도록 요청받는다. 즉, 그들의 이상적 자아에 대해서이다. 이것은 '자신과 일치하는' 범주에서는 높게 평가했지만, '이상적 자아'에서는 낮게 평정한 형용사를 각 피험자들이 어떻게 선택했는지를 연구자로 하여금 알 수 있게 해준다. 피험자가 변화시키기를 원하는 부정적인 개인의 성격이 확인되는 것이다. 이것을 '표적 형용사'로 부른다. 표 1에서는 피험자 각각으로부터 선택된 형용사들이 나열되어 있다. 피험자 중 세 명(13, 16, 17)의 경우는 '이상적 자아' 척도에서 큰 불일치를 지닌 부정적인 성격 특성을 발견할 수 없었다. 따라서 '자신과 일치하는' 척도에서 매우 낮게 평정되고 '이상적 자아' 척도에서는 매우 높게 평정된 단어가 선택되었다는 것을 주목해야만 한다(나머지 피험자

표 1. 표적 형용사에 대한 피험자의 점수

피험자	표적	'자신과 일치하는' 척도에서 점수	'이상적 자아' 척도에서 점수
1	방어적인	7	3
2	게으른	7	2
3	비아냥거리는	7	4
4	행복하지 않는	6	1
5	불안한	6	1
6	우유부단한	6	2
7	적대적인	6	1
8	불안한	6	2
9	시기심이 있는	7	1
10	방어적인	5	1
11	의존적인	5	2
12	이기적인	6	2
13	참을성 있는	1	6
14	부끄러워하는	7	1
15	시기심이 있는	5	1
16	수줍어하는	2	6
17	균형잡힌	2	7

(p. 39 인용)

와는 반대로).

의식하고 있는 소망 수면 실험실에 도착하자마자 피험자들의 수면을 모니터하고 REM 수면이 실험자에 의해 관찰될 수 있게 하기 위해 피험자에게 전극을 부착한다. 피험자들이 불을 끄고 침대에 들어가 잠들려고 할 때, 인터컴을 통해 지시를 받는다. "우리는 지금 당신에게 잘 자라고 말하려고 한다. 당신이 잠들려고 할 때, 반복해서 당신 자신에게 '나는 ××(표적 형용사를 여기에 삽입한다)하게 되지 않기를 바란다' 고 말하시오." 13, 16, 17 피험자의 경우에는 "'나는 더××하게 되기를 바란다' 고 말하시오." 피험자들이 밤새도록 잘 때 그들은 NREM 수면을 순환하다가 REM 또는 꿈꾸는 수면 단계로 들어간다. 그들이 REM 수면에 들어갈 때마다 잠에서 깨어나서 꿈을 보고해야 했는데 대개 쉽고 자세하게 보고할 수 있었다. 그러고 나서 다시 잠을 자는데 이때 표적 단어에 초점을 맞추는 동일한 지시를 받는다.

통제 단어 이 다음 부분은 약간 복잡하다. 카트라이트는 만약 표적 단어(개인의 성격 특성과 관련있는)가 피험자의 꿈속으로 들어온다면, 그것은 그가 그것을 소망했기 때문이지 단순히 우연에 기인하는 것은 아닐 것이라는 것을 확인하고자 했다. 그래서 각 피험자는 카드에서 두 개의 부가적인 단어들을 선택하였다. 하나는 표적 단어와 동일한 방식으로 선택되었다. 즉, 자신과 이상간의 큰 차이를 지닌 것이다. 그러나 또 다른 단어는 자신과 이상 모두에서 높게 평정되어, 즉 분류된 두 카드간의 어떤 불일치도 없는 단어가 선택되었다. 이러한 통제는 다음의 이유로 인해 방법론적으로 매우 중요하다. 첫째, 피험자들이 세 단어 모두를 통합하는 꿈을 꾸었다고 가정해 보라. 이것은 사람들이 그들 자신의 개인적 성격 특성에 관한 꿈을 꾸었다는 것을 의미할 것이다. 흥미있는 결과는 아니다. 두 번째로 피험자들이 표적 단어와 높은 불일치 단어로 선택된 단어 둘 다에 관한 꿈을 꾼다면 어떻게 될 것인가? 이것은 현재의 자신과 자신이 되고 싶어하는 일부 특성간에 큰 차이가 있을 때 그것에 관해 더 많이 꿈을 꾸게 된다는 것을 나타낸다. 그러나 피험자는 표적 단어들에 관심을 둔 것과는 달리 두 통제 단어 중 어떤 것에도 잠자기 전 관심을 두지 않았다.

그 이유는 카트라이트가 어떤 주제에 관해 꿈꾸는 것에 대한 다른 가능성 있는 동기를 제거하기를 원했기 때문이다. 그녀는 다음과 같이 진술했다. "만약 그 표적 단어가 유의미하게 많은 사례들에 통합된다면 이것은 꿈이 어떻게 형성되는가를 설명하는 모형이며 긴장영역은 잠자기 전의 의식 상태에서 초래된다"(p. 390).

그녀가 이것을 증명할 수 있었던 유일한 방법은 각 피험자의 꿈 분석에서 표적 단어와 함께 이 다른 두 통제 단어를 포함하는 것이었다.

꿈 내용의 분석 이 연구의 목적이나 설계를 알지 못하는 두 명의 전문가와 카트라이트는 피험자의 꿈 보고 사본을 연구했다. 그들은 꿈에 담긴 다양한 특성 중에서 세 형용사(표적과 두 통제 단어)와 비슷한 특성이 있는가를 찾았다. 꿈 내용에 대한 그들의 해석은 85퍼센트의 일치성을 보였는데 이것은 상당히 신뢰가 높고 정확했다는 것을 의미한다. 가장 중요한 결과는 표적 단어의 출현이지 통제 단어가 아니라는 것을 기억하라. 다음의 범주에서 꿈속에 담긴 형용사를 검사했다.

1. 형용사는 꿈에서 자신을 기술한다.
2. 정반대의 형용사가 꿈에서 자신을 기술한다.
3. 형용사는 꿈에서 또 다른 성격을 기술한다.
4. 정반대의 형용사가 꿈에서 또 다른 성격을 기술한다.

이 결과를 논의하기 전에 명심해야 할 점은 범주 2가 꿈과 의식간의 직접적인 관련성을 나타낸 것이다. 즉 피험자들은 표적 형용사와는 정반대로 되기를 소망했기 때문에 범주 2에 속하는 꿈은 이러한 소망을 반영한다.

결과와 논의

카트라이트의 결과는 표 2에 요약되어 있다. 17명의 피험자 중 통계적으로 유의미한 비율을 나타내는 2개의 수치가 있다. 표적 단어에 관해 꿈을 꾼 전체 피험자 수와 표적 형용사와는 정반대로 자신을 나타내는 꿈을 꾸지는 않은 사람(범주 2)이다. 카트라이트의 논문 서두에 있던 첫번째 예측은–개인과 관련된 주제에 관해 소망한 후 꾼 꿈은 그 주제를 반영한다–

표 2. 형용사를 통합하는 꿈을 꾼 피험자의 수

형용사	자기 기술	자신과 반대되게 기술	다르게 기술	다른 것을 반대되게 기술	전체*
표적	9	2**	7	5	15**
통제 1	4	4	5	3	9
통제 2	7	4	4	4	11

*이것은 그 열의 합이 아니다. 왜냐하면 일부 피험자의 꿈에는 한 번 이상 형용사가 포함되어 있기 때문이다. 그러나 단지 한 번으로 계산하였다.
**통계적으로 유의미한 부분.
(p. 391 인용)

17명 중 15명의 피험자가 어떤 식으로든 표적 형용사에 관한 꿈을 꿨다는 사실에 의해 지지되었다. 통제 단어와 관련된 꿈이 발견되긴 했지만 그 수는 통계적으로 유의미하지는 않았다.

표적 단어를 꿈꾼 15명의 피험자 중 오직 2명만이 표적 단어의 정반대 단어가 자신을 기술하고 있는 꿈을 꾸었다. 카트라이트에 의하면 이것은 그녀의 두 번째 가설을 지지하는 것이다. 당신의 꿈에서 어떤 문제를 탐색하는 방법은 당신이 깨어 있는 상태에서 그것에 관해 생각하는 것과는 다르다. 이것은 피험자의 꿈 내용에서 더 강하게 증명된다. 꿈에서는 바라지 않은 표적 형용사가 자아에 적용될 뿐만 아니라 꿈꾸는 사람이 그것을 즐길 수도 있다! 예컨대 한 피험자의 표적 단어는 '비아냥거리는' 이다. 잠자기 전에 그의 지시는 "나는 그렇게 비아냥거리지 않게 되기를 바란다"라는 말을 반복해서 하는 것이다. 카트라이트는 이 사람의 꿈 중 하나를 다음과 같다고 보고하고 있다.

REM 2. 나는 큰 백화점을 걸어다니고 있었고 점심을 먹은 후였다. 나는 10달러짜리 점심을 먹었음에 틀림없는 경찰과 이야기하고 있었고, 그는 "당

> 신 어머니가 이 음식들에 대해 뭐라고 생각하실까요?"라고 말했다. 나는 대답했다. "어머니는 저와 함께 있지 않아서 잘 모르겠어요." 그 경찰은 정말로 초라한 남자였다. 나는 그에게 그가 돼지처럼 먹었다고 말했다. 내가 그가…… 동물 같다고 말할 수 있는 좋은 기회였다(p. 392).

이상적으로 바라는 특성이 꿈에서 또 다른 성격의 특성으로 나타나지만 그 성격으로 인해 문제를 일으키고 있는 범주 4(정반대의 형용사를 다르게 기술)에도 예가 있다. 이 예는 덜 부끄러워하기를 바라는 피험자이다. 꿈에 나타난 한 성격 특성이 외향적인 방식으로 행동할 때, 그 결과는 당황스럽고 웃음거리가 된다. 이것은 당신이 깨어 있을 때 생각하지 못했던 측면에서 문제를 어떻게 분석했는지를 예증해 준다.

논의에서 카트라이트는 이러한 결과가 프로이트식 관점에서, 소망을 충족시키기 위해 꿈이 나타난다고 봄으로써 행동의 정서적 결과를 탐색하거나 다시 재고한다는 사실을 증명했다. "꿈꾸는 동안 사고의 한 가지 기능은 깨어 있는 자아가 할 수 있는 것과는 다른 긴장 영역에서 정서적 요인들을 탐구하기 위해 있는 것 같다"고 그녀는 말한다(p. 392).

후속 연구

행동주의 과학자들은 꿈의 기능과 꿈을 꾸는 이유에 대해 아마도 합의점에 결코 도달하지 못할 것 같다. 그러나 이렇게 합의점을 찾기 어려운 점이 이 영역에서의 후속 연구에 대한 긍정적인 압력으로 작용할 것이다. 로잘린트 카트라이트는 이 분야에서 과거부터 지금까지 강한 영향력을 발휘해왔고 많은 후속 연구들은 그녀의 연구 업적 덕택이다.

카트라이트의 연구에 토대를 둔 최근의 재미있는 한 연구는 잠자기 전이 아니라 꿈을 꾸는 동안에 꿈을 통제할 수 있는 능력이 있다는 것을 조사하고 있다. 꿈은 오랫동안 완전히 무의식적이고 불수의적이라고 여겨져 왔다. 그러나 1980년대 초기에 REM 동안에도 완전히 의식적일 수 있다는 것이 과학적으로 입증되었다. 이것은 '명료한 꿈' 이라고 불린다(더 깊이 있는 논의를 위해서는 Laberge, 1985 참조). 명료한 꿈을 꾸는 동안에 꿈꾸는 사람은 꿈 그 자체에서 사건을 변경할 수 있다. 제정신인 꿈을 학습하는 것을 상상해 보라. 그것은 심리치료에서 어떤 실패나 혼란스러움이나 고통 없이 개인의 성격이나 삶을 변화시키는 실험의 한 방법으로 사용될 수 있다. 또한 악몽을 호소하는 사람들은 꿈의 결과를 변화시켜 그들의 공포를 제거하는 데 명료한 꿈을 사용할 수 있다.

데멘트와 카트라이트의 연구를 시작으로 꿈에 대한 연구가 재미있는 현상을 설명하는 것 이상의 역할을 할 것이라고 보는 것은 그것이 사람들의 삶을 변화시키는 방법을 제공하기 때문이다.

CARTWRIGHT, ROSALIND D. (1978) *A primer on sleep and dreaming*. Reading, Mass.: Addison-Wesley.

CRICK, F., & MITCHISON, G. (1983) The function of dream sleep. *Nature, 304*, 111~114.

FREUD, S. (1900) *The interpretation of dreams*. New York: Basic Books.

LABERGE, S. (1985) *Lucid dreaming*. New York: Ballantine.

꿈은 낭만적이지만은 않다 7

아제렌스키와 데멘트의 논문을 통해 인간에게는 꿈꾸는 잠에 대한 욕구가 명백히 있다는 것을 알았다. 그리고 바로 앞의 카트라이트의 연구는 꿈을 꾸는 이유와 꿈의 기능에 대한 것을 밝히고자 하였다. 꿈에 대한 연구의 역사에서는 꿈이 자신에 관한 어떤 것을 나타낸다는 믿음이 주류를 이루었다. 꿈은 일상생활에 대한 자신의 내적인 심리적 경험의 산출물이다. 이러한 관점은 인간의 본성에 대한 프로이트의 정신분석 이론에 그 기원을 두고 있다.

앞에서 잠깐 언급한 바와 같이 프로이트는 꿈이 우리가 깨어 있을 때에는 가능하지 않는 어떤 것에 대한 무의식적인 소망의 표현이라고 믿었다. 따라서 꿈은 의식적인 사고에서는 가능하지 않은 무의식에 대한 통찰을 제공한다. 그러나 정신분석적 접근은 이러한 많은 소망들이 의식상태에서는

Hobson, J. Allan, and McCarley, Robert W. (1977) The brain as a dream-state generator: An activation-synthesis hypotheis of the dream process. *American Journal of Psychiatry, 134,* 1335~1348.

수용 불가능하고, 만약 꿈에서 자유롭게 표현된다 하더라도 잠을 방해하고 불안을 야기한다고 주장한다. 따라서 개인을 보호하기 위해서는 꿈에 담겨진 진정한 소망은 가상적인 검열에 의해 꿈의 이미지로 변장된 상태로 있다. 결과적으로 몇몇 연구자는 대부분의 꿈의 진정한 의미가 꿈의 외면적인 양상 밑에 숨겨져 있다고 가정한다. 프로이트는 이러한 꿈의 표면적인 의미를 '명백한 내용'이라고 했고 더 깊은 진정한 의미를 '잠재된 내용'이라고 했다. 어떤 꿈에 대해 의미있는 정보를 알아내기 위해서는 의식에 나타난 내용이 해석되고, 분석되고, 통찰되어야 한다.

프로이트 업적의 많은 부분에 대한 타당성이 지난 50년 동안 행동주의 학자들에 의해 제기된 심각한 의문이 있음에도 불구하고 그의 꿈에 대한 개념화가 일반적으로 심리학자들과 서구 문화에 의해 널리 수용되고 있다는 사실은 흥미롭다(프로이트 이론에 대한 다른 측면들에 대해 논의하기 위해서는 Anna Freud의 논문 참조). 거의 모든 사람들이 특이한 꿈과 생각을 기억하고는 그것이 실제로 무엇을 의미하는지 궁금하게 여긴 경험이 있을 것이다. 우리는 꿈이 깊은 의미를 지닌다고 믿는다.

1970년대 후반에 하버드 의과대학교의 정신과 의사이자 신경생리학자였던 앨런 홉슨(Allan Hobson)과 로버트 매컬리(Robert McCarley)는 꿈에 대한 새로운 이론을 발표했는데, 그 이론이 학계에 준 영향은 엄청났으며 아직까지도 그 영향이 남아 있다. 본질적으로 그들이 말한 것은 꿈이 REM 수면 동안에 뇌에서 자동적으로 만들어진 무선적인 전기충격을 해석하려는 시도 이상의 어떤 것도 아니라는 것이었다.

그들은 잠자는 동안에 정기적으로 활성화되고 전기 충격을 일으키는 뇌의 한 부분이 뇌간에 있다고 주장한다. 이것은 아주 원시적이지만 매우 중요한 뇌의 한 부분으로 깨어 있는 동안에 생리적 움직임과 감각을 입력하는 과정과 관련되어 있다. 당신이 잠잘 때 당신의 감각 기능과 운동 기능은 일시 정지 상태에 있게 되지만 뇌의 이 영역은 정지 상태가 아니다. 그것은 홉슨과 매컬리가 정지된 신경계의 의미없는 격발로 간주한 것을 계속해서 발생시킨다. 이러한 충동 중 몇몇은 사고와 추리와 같은 상위 기능을 담당하는 뇌의 다른 부분에 도달한다. 이렇게 되면 뇌는 그 충동들을 합성하고 감지하려고 애쓴다. 이것을 위해 우리는 때때로 이미지와 생각, 심지어는 줄거리가 있는 이야기를 만들어낸다. 우리가 깨어 있고 이러한 인지 활동을 기억한다면, 우리는 그것을 꿈이라고 부르고, 홉슨과 매컬리에 의하면 결코 꿈과 함께 시작하지 않는 모든 종류의 유의미성을 동원하여 그것을 조사할 수 있다.

이 논의의 근거에 대한 홉슨과 매컬리의 초기 논문에서는 수면과 꿈에 대한 고도의 전문적인 신경심리학적 설명을 하고 있다. 그들의 연구는 꿈에 대한 정보를 포함하고 있는 거의 모든 교재에서 찾아볼 수 있지만 그들의 논문은 너무 복잡하고 어렵기 때문에 자세한 것은 여기서 모두 다룰 수 없다. 이 연구에서는 명확한 이해를 위해 상당 부분을 추출하고 단순화시키는 것이 불가피하지만 그들의 논문을 좀더 자세히 탐구할 기회가 있을 것이다.

이론적 제안

홉슨과 매컬리는 현대의 신경생리학적 증거가 "정신분석학적 꿈 이론을 수정할 수 있는 중요한 기회를 제공한다. 꿈 경험에 대한 많은 형식적인 측면들은 '꿈꾸는 수면' 이라 불리는 규칙적으로 반복되는 그리고 생리적으로 결정된 뇌의 상태라는 필수적이면서도 비교적 정상적인 심리적 부수물일 수 있다"(p. 1335)고 주장한다. 이것들이 의미하는 것은 꿈은 기본적인 생리과정에 의해 자동적으로 일어나고 무의식적 소망으로부터 개인을 보호하기 위해 진정한 의미를 왜곡하는 '검열' 은 아니라는 것이다. 더욱이 그들은 종종 꿈과 관련된 이상함과 왜곡이 변장이 아니라 뇌와 마음이 잠자는 동안에 작용하는 생리적 결과로 보인다고 주장했다.

그들의 이론 중 가장 중요한 부분은 뇌가 REM 수면중에 활성화되어 그것 자체의 독특한 정보를 산출한다는 것이다. 이러한 활성화는 어떤 형태의 꿈 내용으로 통합되기 위해 저장된 기억과 비교된다. 다시 말하면 홉슨과 매컬리는 꿈이 REM 수면을 생성해낸다고 하는 보편적인 관점과는 반대로 REM 수면이라고 여겨지는 것이 꿈을 실제로 발생하게 하는 원인이 된다고 주장하며 그들의 활성화-합성(activation-synthesis) 가설을 도출해낸다.

방 법

그들의 논문에서 홉슨과 매컬리는 두 가지 연구 방법을 통합했다. 한 가지 방법은 수면과 꿈에 관한 많은 선행 연구를 다시 연구하고 검토하는 것이다. 이 단일 논문에서 연구자들은 그들의 초기 연구 몇 가지를 포함하여 자신들의 가설과 관련된 참고문헌을 37개나 인용했다.

그들이 이용한 두 번째 방법은 동물의 수면과 꿈 형태에 대한 연구였다. 그들은 인간이 아닌 동물이 꿈을 꾼다고 주장하지는 않았다. 왜냐하면 이것은 누구도 확실하게 알 수 없는 것이기 때문이다(애완동물도 꿈을 꾼다고 믿을 수 있다. 그러나 개나 고양이가 무엇에 관해 꿈을 꾸었는지 들어본 적 있는가?). 그러나 모든 포유동물은 인간과 유사한 수면 단계를 경험한다. 홉슨과 매컬리는 한 단계 더 나아가 꿈꾸는 수면의 생리에는 인간과 동물간에 어떤 유의미한 차이도 없다고 주장했다. 그래서 실험 대상으로 고양이를 선택했다. 다양한 실험 기법을 사용하여 동물 뇌의 특정 부분을 자극하거나 억제하여 꿈꾸는 수면에 대한 영향을 기록할 수 있었다.

결과와 논의

홉슨과 매컬리에 의해 기술된 다양한 결과는 그들 이론의 다른 측면을 논증하는 데 이용되었다. 따라서 그들의 결과는 이 연구 논의와 합해질 것이다. 그들의 이론을 지지하는 연구자에 의해 생성된 증거는 다음과 같이 몇 가지로 요약될 수 있다.

1. 신체적인 운동과 감각에서 들어오는 정보를 통제하는 뇌간의 한 부분은 꿈꾸는 잠(그들은 'D-상태' 라고 불렀다) 동안에도 최소한 깨어 있을 때만큼 활동한다. 그러나 잠든 동안에 감각 입력(주위의 환경으로부터 뇌에 들어오는 정보)과 운동 산출(신체의 수의적 운동)은 차단되어 있다. 홉슨과 매컬리는 심리적인 검열이라기보다는 생리적인 과정이 수면을 보호하는 데 기여할 수 있다고 제안한다.

앞에서 꿈을 꾸는 동안에 꿈이 행동화되는 잠재적 위험을 막기 위해 몸이 마비된 상태에 있다는 것을 설명한 바 있다. 홉슨과 매컬리는 이러한 비움직임이 실제로 뇌 자체에서가 아니라 척수에서 발생한다고 보고했다. 따라서 뇌는 운동 신호를 보낼 수 있지만 신체는 그것을 표현할 수 없다. 연구자들은 이것이 꿈꿀 때의 이상한 운동 유형, 위험으로부터 도망칠 수 없는 것이나 느린 동작으로 움직인다고 지각하는 것과 같은 현상을 설명할 수 있다고 시사한다.

2. 이러한 운동 반응의 차단에 주된 예외가 눈을 통제하는 근육과 신경이다. 부분적으로 이것은 D-상태 동안 왜 빠른 눈 운동이 일어나는지를 설명해 주며 시각적 심상이 꿈꾸는 동안에 어떻게 유발되는지를 설명해줄 수 있다.

3. 홉슨과 매컬리는 D-상태에 대한 생리학적 분석으로부터 나타난 꿈의 또 다른 측면을 지적했으며 이는 정신분석적 해석에 의해서는 설명될 수 없었다. 뇌가 매일 밤 자는 동안에 규칙적이고 예측 가능한 간격으로 REM 수면에 들어가고 특정 시간 동안에 그 상태를 유지한다는 것이다. 이 수면 주기는 결코 무선적이지 않다. 연구자들은 꿈은 깨어 있을 때의 사상이나 무의식적 소망에 대한 반응이 될 수 없는데, 이것은 사람의 정신적 변덕과 요구에 따라 잠자는 동안에 어떤 순간에도 꿈을 꾸도록 하기 때문이라고 해석했다. 홉슨과 매컬리에게 있어서 D-상태는 신경생물학적 시계처럼 기능하는 뇌에서 프로그램화된 사건으로 여겨진다.

4. 연구자들은 모든 포유동물이 REM과 NREM을 순환한다는 것을 증명한 다른 사람의 연구결과에 주목했다. 이 수면 주기는 동물의 신체 크기에 따라 다양하다. 예컨대 쥐는 REM과 NREM을 6분마다 이동한다. 반면에 코끼리의

경우 한 주기가 2시간 30분이다. 이러한 차이에 관한 한 가지 설명은 약한 동물이 포식자에게 공격받기 쉬울수록 수면 기간은 더 짧아진다는 것이다. 이 수면 시간 동안 경계를 늦춤으로써 공격으로 인해 더 큰 위험에 처할 수 있기 때문이다. 그 이유가 무엇이든 홉슨과 매컬리는 이 결과를 꿈꾸는 수면이 순수하게 생리적이라는 것에 대한 부가적인 증거로 삼았다.

5. 홉슨과 매컬리는 자극이 가해질수록 힘의 공급과 '꿈 생성기 상태'의 주기가 뇌에서 발견되었다고 주장했다. 그들은 이것이 뇌의 뒤쪽 기부 가까이 위치하는 뇌교의 뇌간에 있다고 보고했다. 고양이의 뇌의 이 부분에서 활동신경이 촉발되는 빈도를 측정한 결과 REM 수면 기간에 활동이 최고점에 다다랐다는 것을 발견했다. 뇌의 이 부분이 인위적으로 억제될 때, 동물은 수주 동안 어떤 REM 수면도 보이지 않았다. 게다가 뇌교의 활동을 줄였더니 D-상태 수면 시간이 증가되었다. 반대로 뇌간의 자극은 REM 수면을 더 일찍 일으키고 REM 기간의 길이는 증가되었다. REM에서의 이러한 증가는 의식적인 행동적 기법을 통해 시도되었으나 대부분 성공적이지 못했다. 이러한 결과에 대해 연구자들은 뇌교에 있는 뇌간으로부터 완전히 분리된 뇌의 한 부분이 의식과 관련되기 때문에 꿈이 심리적 압력에 의해서 나타날 수 없다고 설명했다.

6. 홉슨과 매컬리의 연구로부터 요약된 처음 다섯 가지 사실들은 그들 이론의 '활성화' 부위를 강조하고 있다. 그들은 이러한 활성화의 '합성'이 꿈을 꾸는 경험을 만드는 것이라고 주장했다. 그들 이론의 심리학적 의미는 저자들에 의해 다음 네 가지 기본적인 주장으로 서술된다.

(a) "꿈을 꾸는 가장 주된 동기는 심리적인 것이 아니라 생리적인 것이다. 그 이유는 꿈꾸는 수면이 나타나는 시간과 기간이 꽤 일정하기 때문인데 이것은 미리 프로그램된, 신경학적으로 결정된 것이다"(p. 1346). 그들은 꿈이 심리적인 의미를 가질 수 있다는 것은 인정하지만, 이러한 의미가 정신분석적 관점에서 그것을 이미지화하는 것보다 더 기본적인 것이라고 주장했다. 그들은 더 나아가 꿈이 순수하게 심리적 유의미성을 가지는 것으로 더 이상 생각되어서는 안 된다고 생각한다.

(b) 꿈을 꾸는 동안에 뇌간은 주변 환경에서 입력되는 자극에 반응하지 않고 운동 산출도 하지 않는다. 대신 스스로 내적으로 활성화된다. 이러한 활성화는 뇌의 비교적 원시적인 부분에서 발생하기 때문에 그것은 어떤 생각이나 정서, 이야기, 두려움 또는 소망을 포함하고 있지는 않다. 그것은 단순한 전

기 에너지다. 그 활성화가 뇌의 발달된 인지 구조에 도달하면 당신은 그것을 이해하려고 애쓴다. "즉, 전뇌는 뇌간에서부터 보내진 비교적 소음 정보를 부분적으로 구성에 맞는 꿈의 이미지를 만드는 하찮은 일에 최선을 다하고 있는 셈이다"(p. 1347).

(c) 이러한 무선적인 신호의 정교화인 꿈은 수용될 수 없는 소망이 무의식에 숨겨진 왜곡된 과정 대신에 구성적인 과정의 합성으로 해석된다. 이미지는 뇌간의 활성화에 의해 도출된 정보를 조합하기 위한 시도로, 기억으로부터 나온다. 꿈이 종종 기괴하고 연결되지 않고 보기에 신비스러워 보이는 것은 충동의 무선성과 그것들에 어떤 의미를 주입하려고 하는 뇌의 어려운 과제 때문이다.

(d) 잊어버린 꿈에 대한 프로이트의 설명이 바로 억압이다. 그는 많은 사람들이 아직까지도 믿듯이, 꿈의 내용이 어떤 이유에서 너무 불안하면 그것을 잊어버리도록 동기화한다고 믿었다. 홉슨과 매컬리는 꿈 회상이 빈약하다는 것을 인정하며(모든 꿈 중 최소한 95퍼센트가 기억되지 않는다) 그들의 활성화-합성 가설과 일치하는 생리적 설명을 제시했다. 그들은 우리가 잠에서 깨어날 때 뇌의 화학물질에 즉각적인 변화가 있다고 주장했다. 단기기억을 장기기억으로 전환하는 데 필수적인 어떤 뇌 화학물질은 REM 수면 동안에는 억압된다. 그래서 어떤 꿈이 특히 생생하지 않아서(이는 활성화 양이 많을수록 발생한다는 의미) 그 동안이나 그후에 즉각적으로 깨어나지 않는다면 그 꿈의 내용은 기억되지 않을 것이다.

그림 1은 꿈 과정에 대한 정신분석적 관점과 홉슨과 매컬리 활성화-합성 모형을 비교한 것이다.

함의와 후속 연구

홉슨과 매컬리는 꿈에 대한 그들의 혁신적인 가설을 증명하기 위해 연구를 계속해왔다. 명백하게 그들의 새로운 개념화는 보편적으로 받아들여지지는 않았지만 꿈에 대한 어떤 심리학적 논의도 이를 포함하지 않고는 완성되지 않을 것이다.

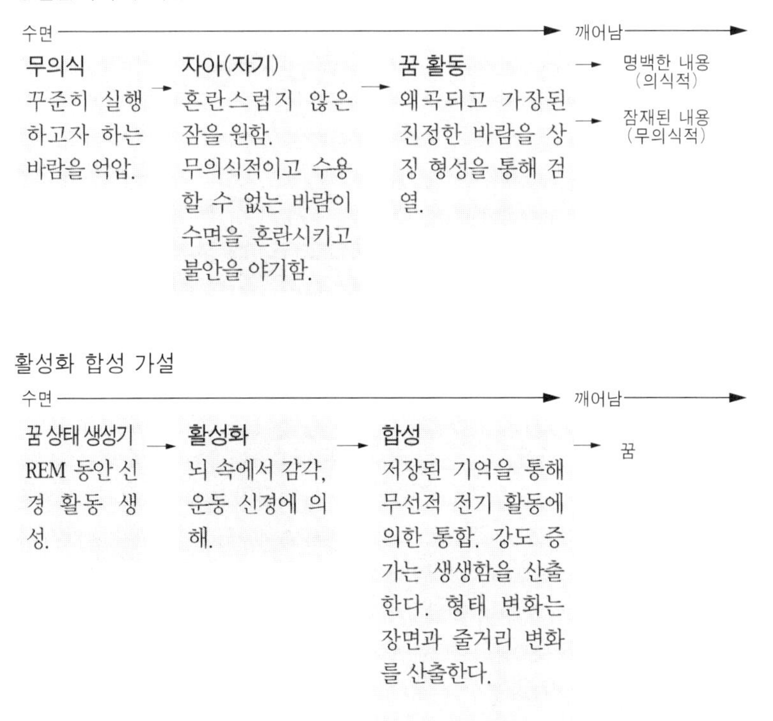

그림 1. 정신분석학적 이론과 활성화-합성 가설의 비교(p. 1346 인용)

활성화-합성 모델에 관한 홉슨과 매컬리의 초기 논문이 발표된 지 12년이 지나고 나서 앨런 홉슨은 최근에 『수면』이라는 간단한 제목의 신간을 발간했다. 이 책에서 그는 자신의 꿈 이론을 확장하고 매우 단순화된 용어로 설명했다. 그는 또한 그 이론에 영향을 준 것이 꿈 내용에 대한 해석에도 영향을 미칠 수 있다는 것에 관한 자신의 견해를 정교화시켰다. 그리고 그는 꿈이 의미가 결여된 것이 아니라 좀더 간단한 방법으로 해석되어야 한다는 것을 인정했다. 홉슨은 자신의 다소 타협적인 견해를 다음과 같이 꽤 설득력 있게 말했다.

> 무의미한 꿈은 개인적으로도 상당히 중요하다. 꿈의 의미는 뇌-정신이 자체의 정보와 생각에 따라 행동하기 위해 REM 수면에서 필수적으로 일어나는 것이다. 나는 변장과 검열의 개념이나 현재 유명한 프로이트식 상징에 전적으로 의존하지는 않지만 자신에 관한 깊은 측면들을 드러내는 꿈의 힘에 대한 정신분석학적 시각은 유지해야 한다고 생각한다. 나의 관점은 무의미한 것은 뇌-정신의 기능장애로 보고, 의미있는 것은 혼돈의 질서를 잡으려는 보상효과로 보는 것이다. 그 질서는 세계를 보는 개인의 관점, 현재의 선입견, 기억, 느낌 그리고 신념으로 기능한다. 그게 전부다(Hobson, 1979, p. 166).

또 다른 꿈 연구자는 홉슨의 관점을 한 단계 더 확장했다. 백일몽에 관한 선도적인 연구자인 풀케스(Foulkes, 1985)는 밤에 꾸는 꿈이 잠자는 동안에 자발적인 뇌 활동에 의해 유발된다는 의견을 기술했다. 그는 꿈이 숨겨진 무의식적 내용을 포함하고 있지는 않지만 우리에게 많은 심리적 정보를 제공할 수 있다고 주장했다. 풀케스는 인지체계가 형성되고 뇌에서 무신직인 충격을 지각하는 방법이 특정 기억의 중요성에 관한 정보를 드러내고 사고과정에 대한 통찰을 제공한다고 주장했다. 그는 또한 꿈이 몇 가지 유용한 목적으로 이용된다고 믿었다. 그 중 하나는 실제로는 일어나지 않았던 경험에 대해 꿈을 꾸는 것이다. 이러한 꿈은 예상하지 않았던 새로운 사건에 부딪치는 것을 준비할 수 있도록 도와준다. 인지적인 시연과 같은 어떤 것, 또는 "만약 … 그런 일이 발생하면 나는 어떻게 할까?"와 같은 상상. 풀케스는 꿈의 또 다른 가능한 기능은 자신에 대해 꿈을 꾸기 때문에 자신이 누구인지에 대한 지식을 증가시키는 기회를 제공해줄 수 있다고 주장했다.

홉슨과 매컬리에 의해 제기된 꿈에 관한 다소 낭만적이지 않은 관점을 받아들이든 받아들이지 않든 간에, 이것은 이 분야의 심리학자나 과학자들에 의해 확립된 규칙이 수십 년 동안 존재하였을 때조차도 새로운 가능성에 대해 얼마나 개방적일 필요가 있는가에 대한 훌륭한 사례가 된다.

꿈에 대한 활성화-합성 모형이 심리학을 변화시켰다는 것은 의심할 여지가 없다. 물론 이것은 우리가 꿈과 수면에 대한 모든 신비를 풀었다는 것을 의미하지는 않는다. 아마도 우리는 결코 그렇게 하지 못할 것이다(결코 그렇게 해서도 안 된다).

FOULKES, D. (1985) *Dreaming: A cognitive-psychological analysis.* Hillsdale, N.J.: Erlbaum.

HOBSON, J. A. (1989) *Sleep.* New York: Scientific American Library.

최면상태처럼 행동하다 8

우리 모두에게 대부분 익숙한 의식에서의 변화는 수면이나 꿈과 관련되어 있다. 앞서서 이 주제들과 관련된 몇 가지 아주 영향력 있는 세 연구들을 살펴보았다. 의식의 변화된 상태와 관련된 또 다른 현상이 최면이다. 최면은 대개 인간의 마음을 통제하는 신비스럽고 강력한 과정으로 여겨진다. '의식을 잃다'와 '무아지경'과 같이 최면을 둘러싸고 있는 어구들이나 단어들은 최면이 깨어 있는 것이나 수면과는 다른 분리되고 독특한 의식상태로 여겨진다는 것을 나타낸다. 많은 심리학자들도 이 견해에 동의한다. 그러나 니콜라스 스파노스(Nicholas Spanos)는 최면이란 실제로 어떤 행동을 수행하도록 하는 동기가 증가된 상태, 그 이상의 어떤 것도 아니며 무아지경이나 변화된 상태에 의지하지 않고도 완전하게 설명될 수 있다는 정반대의 견해를 제시했다.

Spanos, Nicholas P. (1982) Hypnotic behavior: A cognitive, social, psychological perspective. *Research Communications in Psychology, Psychiatry, and Behavior, 7,* 199~213.

최면은 일반적으로 18세기 중엽에서부터 시작되었는데, 그 당시 정신병이 기질적 원인보다는 심리적인 원인에서 기인된다고 처음으로 인식되었다. 심리학을 마법의 영역에서 벗어나도록 도운 많은 매혹적인 사람들 중 한 명이 프란츠 안톤 메스머(Franz Anton Mesmer, 1733~1815)였다. 그는 히스테리 장애가 신체 내의 보편적이고 최면적인 액체 불균형의 결과라고 믿었다. 그의 실험실에서 이상한 집회를 하는 동안에 부드러운 음악이 흘렀고, 조명은 희미했고, 마술사와 같은 옷을 입은 메스머는 다양한 화학물질이 든 병에 담긴 철막대를 가져와서는 환자의 고통스러운 신체 부위를 건드렸다. 그는 이것이 화학물질 속에 있는 '동물의 최면술'이라 불리는 것을 환자에게 보내 그들의 증상을 완화시킬 것이라고 믿었다. 흥미롭게도 이 치료가 성공한 많은 사례가 보고되었다. 우리가 '최면술을 배우다'라는 단어를 획득한 것은 메스머로부터이고, 그의 치료는 지금 우리가 알고 있는 많은 최면기법을 이미 포함하고 있다고 알려져 있다.

심리학의 역사에서 최면(hyponosis: 그리스의 잠의 신 히프노스, Hypnos에서 유래)은 심리장애 치료에 큰 역할을 했고, 그것은 프로이트의 정신분석 기법의 주요 구성요소이다. 에르네스트 힐가드(Ernest Hilgard)는 최면이 변경된 심리적 상태라는 입장을 지지하는 데 최근 선도적 역할을 한 연구자이다(Hilgard, 1978 참조). 최면에 관한 그와 다른 연구자의 기술은 암시에 대한 민감성, 행동의 불수의적 수행, 회상의 향상, 시각적 심상화 강도, 해리(다른 것은 의식하지 않은 상태에서 어떤 의식적인 사건을 인식할 수 있는 능력) 그리고 무통(고통에 대한 낮은 민감성)과 같은 특성을 포함한다. 아직까지 다른 방법으로는 불가능하나 최면으로 사고, 사상, 행동을 산출할 수 있다는 생각에는 논란의 여지가 없었다.

그러나 옳다고 여겨질 때에도 비판적인 시각으로 사실을 관찰하고, 보편적 신념에 대한 정체를 밝히는 것이 과학자의 임무이다. 홉슨과 매컬리가 그 당시 꿈에 대한 유력한 관점과는 근본적으로 다른 새로운 관점을 제시했듯이, 사회심리학자인 니콜라스 스파노스도 힐가드와 그 밖의 사람들에 의해 제기된 최면에 대한 가정에 대해 의문을 제기하였다. 이 연구의 초점인 이 논문에서 스파노스는 다음과 같이 기술했다. "최면 행동을 설명하는 특별한 과정을 제시하는 것은 불필요할 뿐만 아니라 그릇된 인상을 주고 있다. 최면 행동은 다른 사회적 행동과 기본적으로 유사하고 다른 사회적 행동처럼 전략적이고 목표 지향적으로 기술될 수 있다"(p. 200). 즉 스파노스는 최면에 빠진 사람은 원하는 결과를 만들어내기 위해 실제로 설계된 의도적인 행동을 하고 있는 것이라고 주장했다. 그런 행동은 증가된 동기로부터 나오지만 의식의 변화된 상태를 포함하지는 않는다고 주장했다.

이론적 제안

스파노스는 최면의 무아지경 상태에 기인되는 모든 행동은 공통적으로 인간의 정상적이고 자발적인 능력에 있다고 이론화했다. 그는 사람들이 최면에 빠졌다고 규정하는 유일한 이유가 최면 상태에서 자신의 행동을 최면에 빠졌다는 자신들의 기대와 일치하는 방법으로 해석하기 때문이라고 주장했다. 스파노스는 최면의 과정을 서구문화 내에서 상당한 의미를 지니고 있는 하나의 의식으로 보았다.

피험자들은 자신의 행동에 대한 통제를 포기하도록 요구받고, 최면 유도의 과정이 진행됨에 따라 그들은 수의적 행동이 자동적이고 불수의적인 사건이 된다고 믿기 시작한다. 이에 대해 스파노스가 제시한 예는 최면의 초기 과정에서는 "당신의 다리에 있는 근육을 이완시켜라"와 같은 수의적인 지시가 제시되지만, 나중에 이 지시는 "당신의 다리가 기운이 없게 되고 무겁게 느껴진다"와 같은 불수의적인 암시가 따른다는 것이다.

다양한 연구자들과의 공동연구에서 스파노스는 여기에 제시된 논문(1982)을 쓰기까지 거의 10년을 이 연구에 전념했다. 최면 상태의 무아지경에 기인되는 많은 효과가 덜 신비적인 방법으로 쉽게 설명될 수 있다는 것을 증명하는 것이다.

방 법

이 논문은 특정 실험에 대한 보고가 아니라 스파노스와 그의 동료들이 1982년 이전에 행한 다양한 연구를 요약한 것이다. 이 논문은 최면이 의식의 독특한 상태라는 힐가드의 주장에 대하여 스파노스가 직접 참여한 16개의 대부분의 연구결과는 최면 행동에 대한 대안적 해석을 제공하고 있다. 따라서 꿈 연구에 대한 연구에서와 마찬가지로 결과와 논의를 통합할 것이다.

결과와 논의

스파노스는 사람들로 하여금 최면이 의식의 변화된 상태라고 믿도록 하는 데에는 두 가지 중요한 측면이 있다고 주장했다. 하나는 피험자들이 자신의 행동을 자아보다는 다른 어떤 것에 의해 야기되어 그 행동이 불수의적으로 발생한다는 것으로 해석한다는 것이다. 두 번째 측면은 최면 의식이 피험자에게 기대를 유발시켜 그 기대에 부합되는 방식으로 행동하도록 동기화한다는 것을 앞선 연구에서 잠깐 언급했다. 스파노스는 이 논문에서 최면에 관한 이런 빈번하게 인용된 주장이 얼마나 의문을 야기시키고 있는가를 강조한다.

행동이 불수의적이라는 믿음 피험자들이 최면 상태가 되면 그들은 대개 최면 상태로 유도되었는지 알기 위해 다양한 검사를 받게 된다. 스파노스는 이러한 검사는 종종 피험자로 하여금 정상과는 다른 어떤 것이 일어나고 있다는 것을 확신하게끔 하는 방식으로 수행된다고 주장했다. 이것은 "당신의 팔은 무겁고 당신은 그것을 들 수 없다", "당신의 손은 어떤 힘에 의해 하나로 끌어 당겨지고 그것을 분리시킬 수 없다", "당신의 팔은 강철 막대만큼 단단해서 구부릴 수 없다", "당신의 몸은 너무 무거워 서 있을 수 없다"와 같은 암시들이다. 스파노스는 이러한 검사 암시들이 두 개의 상호 관련된 요구를 하고 있다고 해석했다. 하나의 요구는 피험자로 하여금 무언가를 하게 하는 것이고, 다른 하나는 그 행동을 불수의적으로 일어나는 것으로 해석하게끔 요청하는 것이다. 일부 피험자들은 그 암시에 반응하는데 완전히 실패했다. 스파노스는 이 피험자들이 암시받은 행동을 일으키기 위해 어떤 것을 수의적으로 해야만 하는 것을 이해하지 못하고 대신에 그들의 팔이나 신체가 움직이기 시작하기만을 기다렸다고 했다. 다른 피험자들은 암시에 반응했지만 그들이 수의적으로 행동하고 있다는 것을 인식하고 있었다. 마지막으로 두 개의 요청에 동의한 피험자들이 있다. 그들은 암시에 반응했고 그들의 반응을 그들의 통제 밖의 것으로 해석했다.

스파노스는 피험자들이 그들의 행동을 수의적인 또는 불수의적인 것으로 해석하는 것은 암시가 언어화된 방식에 의존하기 때문이라고 제시했다. 그의 연구 중에서 스파노스는 두 집단의 피험자를 최면 유도 절차에 참여시켰다. 그 다음 한 집단에게 그는 "당신의 팔이 매우 가벼우며 점점 올라간다"와 같은 다양한 행동에 대한 암시를 했다. 다른 집단에게는 "당신의 팔을 올려라"와 같은 행동에 대한 직접적인 지시를 했다. 이후에 그는 피험자들에게 그들의 행동이 수의적인지 불수의적이었는지에 관해 물었다. 암시집단의 피험자들은 직접적인 지시집단보다 그들의 행동을 더 불수의적인 것으로 해석하는 경향이 있었다.

지금 당장 여러분이 이 페이지를 읽는 동안에 여러분의 왼팔을 쭉 뻗어서 몇 분 동안 있어 보아라. 여러분은 그 팔이 무겁게 느껴지기 시작하는 것을 인식할 것이다. 이러한 무거움은 최면 때문이 아니다. 이것은 중력 때문이다! 그래서 만약 당신이 '최면에 걸려서' 뻗은 팔이 무거워지고 있다는 암시를 받는다면 팔이 내려오는 행동을 불수의적인 힘에 귀인하는 것은 매우 쉬울 것이다(당신은 어찌됐든 팔을 내리기를 원할 것이다!). 팔이 가벼워져서 올라가고 있다는 암시를 받는다면 어떻게 될까? 만약 팔을 올린다면 그 행동을 불수의적인 것으로 해석하는 것은 어려울 것이다. 그 이유는 중력에 의해 제공되는 모순적인 피드백을 무시해야만 하기 때문이다. 스파노스는 이 생각을 검증해보고 그런 해석이 더 어렵다는 것을 알았다. 자신들이 최면에 걸렸다고 믿는 피험자들은 팔을 올리는 것보다는 팔을 내리는 것을 불수의적인 것으로 더 잘 규정하는 것 같았다. 최면에 대한 전통적인 관점에는 최면 암시에서 팔의 방향은 어떤 차이도 없어야 한다. 다시 말해 항상 불수의적인 것으로 간주되어야만 한다.

피험자에게 최면을 걸기 위한 암시는 그들이 원하는 행동을 하도록 하기 위해 어떤 상황을 상상하도록 한다. 만약 여러분이 피험자라면 여러분은 자신의 팔이 단단하고 그것을 구부릴 수 없다는 암시를 받을 것이다. 이러한 암시를 강조하기 위해 당신의 팔이 깁스를 하고 있다는 말을 덧붙인다. 스파노스는 일부 사람들이 이 '심상적인 방략'에 몰입될 수 있고, 이것은 그들로 하여금 자신의 반응(팔을 움직일 수 없는 것)이 불수의적이라고 믿게 하는 데 효과적이라고 믿었다. 만약 깊게 몰입한 상태라면 그 환상이 실제가 아니라는 사실에 대한 정보에 주의를 집중할 수 없기 때문이다. 깁스, 그것의 감촉과 단단함을 상상하는 것이 생생하면 생생할수록 이것이 단지 자신의 상상력이 작용한 것이라고 기억할 경향은 더 적어진다. 이렇게 깊이 몰입하게 되면 여러분은 단단한 팔의 행동이 실제로는 그렇지 않을 때도 불수의적이라고 더 믿게 될 것이다. 이를 지지하기 위해 스파노스는 피험자들이 암시된 이미지 시나리오에 몰입된 정도를 평가하도록 요청받았을 때, 몰입정도를 높이 측정할수록 그들은 자신과 관련된 행동을 불수의적으로 일어나는 것으로 더 잘 해석하는 경향을 보였다는 것을 발견했다. 스파노스는 또한 최면에 대한 개인의 민감성은 책, 음악, 백일몽과 같은 다른 활동에 열중하는 경향과 관련이 있다고 주장했다. 결과적으로 이러한 사람들은 최면에 포함된 여러 종류의 암시에 기꺼이 협조할 것이다.

최면에 빠진 피험자에서의 기대 창출 스파노스는 대부분의 사람들이 최면에 대해 가지는 믿음이 전형적으로 최면 행동으로 보여지는 것을 만들어내기에 적합하다고 주장했다. 그는 또한 이러한 믿음들이 최면을 유도하고 연구하는 데 사용되는 기법에 의해 강화된다고 주장했다. 그는 연구에 관한 세 가지 예를 인용하고 있는데, 여기에서 단지 의식의 변화된 상태 때문이 아니라 그들이 그렇게 해야 한다고 생각하기 때문에 최면 동안에 사람들이 특정 행동에 어떻게 개입하는지 증명하고자 했다.

첫번째로 스파노스는 최면에 대한 강의를 두 집단의 학생들에게 한 연구를 인용하고 있다. 이 강의는 한 집단에게는 팔의 단단함이 최면 상태에서는 정상적이고 자연스러운 현상이라고 말할 것을 제외하고는 동일하다. 후에 두 집단은 최면에 걸린다. 팔의 단단함에 관한 정보가 포함되어 있는 강의를 들은 집단에서, 피험자 중 몇몇은 그렇게 하도록 지시하지 않았음에도 '자연스러운' 이러한 행동을 보였다. 그러나 다른 집단의 피험자들에게서는 누구도 팔이 단단해지지 않았다. 스파노스에 의하면 이것은 사람들이 어떻게 행동이 일어날 것이라고 믿는 바에 따라 사람들이 어떻게 최면 경험을 행동할 것인가를 증명했다.

스파노스가 그의 주장을 설명하기 위해 사용한 두 번째 최면 사건은 최면에 걸린 사람들이 최면 동안에 그들이 경험한 시각적 이미지가 최면 상태가 아니었을 때, 유사한 이미지보다 더 강하고 뚜렷하고 실제적이라고 주장한다는 연구결과를 포함한다. 이러한 연구들이 어떻게 행해졌는지 여기에 제시되어 있다. 피험자들은 그들이 어떤 행동을 수행하고 있다는 장면이나 상황을 상상하도록 지시받는다. 그 다음 이들 동일한 피험자들은 최면을 받고 다시 동일하거나 유사한 상황을 시각화하도록 요청 받는다(최면 시기와 비최면 시행은 어떤 순서든 상관없다). 이 피험자들은 최면 조건에서의 이미지가 유의미하게 더 강했다고 보고했다. 그러나 스파노스와 그의 동료들은 다른 두 집단의 피험자는 시각적 이미지를 평정한 평균 강도가 거의 같았다는 것을 발견했다. 왜 차이가 있는가? 무엇 때문인가? 두 방법에서의 차이는 다른 두 집단이 검사받을 때 피험자들이 비교를 위해 사용한 것은 아무것도 없었다는 사실에 의해 설명된다. 그러나 동일한 피험자가 두 조건에 이용되면, 그들은 두 경험을 비교할 수 있고 그래서 다른 것과 비교하여 평가할 수 있다. 따라서 피험자들은 거의 항상 최면 상태의 이미지를 더 강력한 것으로 평가했기 때문에, 이것은 최면이 실제로 변화된 의식상태라는 생각을 지지해준다. 맞는가? 글쎄, 만약 당신이 스파노스에게 묻는다면, 그는 "아니다!"라고 대답할 것이다. 그의 관점에서 두 조건에 참여한 피험자는 더 강한 이미지를 만들어내기 위해 최면 의식을 기대하고 그 의식에 따라 평가한다.

스파노스에 의해 제기된 최면에 대한 세 번째 가장 재미있는 논증은 최면이 사람들로 하여금 고통에 둔감하도록 할 수 있다는 주장이다(무통 효과). 피험자에게 어떤 손상도 입히지 않고 실험실에서 고통을 검사할 수 있는 한 가지 방법은 '추위 견디기 검사'를 이용하는 것이다. 만약 여러분이 이런 연구에서 피험자라면 당신은 얼음물(0도 정도)에 팔을 담근 후 가능한 오랫동안 그렇게 있으라고 요청받는다. 처음 10초가 지나면, 이것은 매우 고통스럽게 되고 대부분의 사람들은 수분 내로 팔을 뺀다. 힐가드(1978)는 무통(고통의 감소)에서 깨어 있는 것과 최면 훈련을 둘 다 받은 피험자들이 최면 시행 동안에 유의미하게 적은 고통을 보고했다고 했다. 이에 대한 그의 설명은 최면 동안에 사람들은 고통을 의식으로부터 분리시킬 수 있다는 것이다. 이런 식으로 힐가드는 사람의 의식의 한 부분은 고통을 경험하지만 이 부분이 '건망증적 장벽'이라고 하는 것에 의해 의식으로부터 감추어진다고 주장했다.

또다시 스파노스는 이러한 무통의 결과에 대한 최면의 설명을 기각하고 그 자신의 연구로부터 최면 동안에 지각된 고통이 감소하는 것은 피험자의 동기와 기대의 결과라는 것을 증명하는 증거를 제시했다. 최면에 관한 이러한 모든 연구는 최면 감수성 측정에서 높은 점수를 받은 사람을 피험자로 사용한다. 스파노스에 의하면 이러한 사람들은 "실험실 장면에서 그들 자신을 훌륭한 최면 피험자로 제시하려는 강한 동기를 가진다"고 한다(p. 208). 이러한 피험자들은 깨어 있는 상태가 최면 상태와 비교되고 있다는

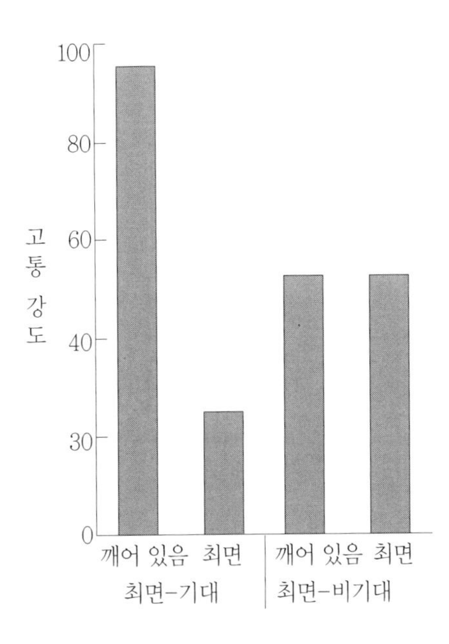

그림 1. 최면-기대 유형에 따른 고통 강도

것을 알고 있고 최면의 효과를 증명하기를 원한다. 스파노스는 추위 견디기 고통을 포함하는 연구와 유사하였지만 한 가지 주요 차이점을 가지고 연구를 했다. 일부 피험자들에게 처음에는 깨어 있는 상태에서 무통 기법(자기-정신혼란과 같은 것)을 이용하고 그 다음 최면 상태에서 고통-감소를 사용하는 것을 검사받을 것이라고 말한다. 그리고 나머지 피험자들에게는 최면 검사에 관한 것은 말하지 않는다.

그림 1은 스파노스가 발견한 것을 요약하고 있다. 여러분도 보는 것처럼 피험자가 깨어 있는 시행 다음에 최면 조건을 예상했을 때, 무통 효과를 더 낮게 평정했다. 왜냐하면 스파노스가 언급한 것처럼 그들은 최면 상태에서 향상의 여지를 남겨두기 위해서이다. 스파노스는 이것이 고통에 대한 둔감화를 위한 최면 행위가 의식의 해리 상태로 가정되기보다는 그 상황의 요구에 부응하려는 피험자의 욕구에 원인이 있다는 것을 논증한다

고 주장했다.

스파노스에 의해 보고된 이러한 모든 결과들에 대한 가장 중요한 의문은 우리가 최면이라고 하는 현상을 재검토해야만 할 것인가이다. 만약 최면이 강력한 정신-변화의 힘이 아니라고 결론내린다면 대부분의 문화에서 그리고 많은 심리학자들이 그렇다고 묘사했던 것은 무엇을 의미하는가?

결과의 함의

스파노스의 연구를 평가할 때 여러분은 그의 목적이 최면이 존재하지 않는다는 것을 증명하는 것이 아니라 다소 우리가 '최면 행동'이라고 부르는 것이 의식의 변화된 독특한 상태가 아니라 높게 동기화되고 목표 지향적인 사회적 행동의 결과라는 것을 증명하는 것이었다는 것을 기억해야만 한다. 대부분의 행동주의 과학자들은 사람들이 그들의 의지에 반해서 최면 상태에 빠질 수는 없다는 사실을 인정하고 있다. 더구나 최면 상태에서 피험자들은 그들이 반사회적이라고 믿는 행동을 하지 않을 것이며 초인간적인 묘기나 참을성을 보여줄 수는 없다. 이 논문에서 스파노스는 최면에 관한 얼마나 많은 미묘한 측면들이 '최면 무아지경' 보다는 덜 신비스럽고 더 직접적인 방법으로 설명될 수 있는가를 증명했다.

최면은 존재하지 않는다는 스파노스의 주장을 수용하는 견해의 함의점은 무엇인가? 이 질문에 대한 대답은 "아마도 없다"이다. 최면의 효과가 의식의 변화된 상태에 의해 야기된 것인지 아니면 증가된 동기에 의해 야기된 것인지는 최면이 사람들의 삶에서 어떤 것을 향상시키는 데 유용한 도구가 된다는 사실을 변화시키지 않는다. 최면의 무아지경의 힘이 계속해서 널리 인정되면서 의문이 제기되지 않았던 이유는 모든 것이 실패했을 때도 그들의 문제를 해결할 최후의 의지할 수 있는 출구가 있다는 것을 인간이 생각하고 있을 필요가 있기 때문이다. 때로는 인간이 너무 전지전능해서 심지어 그런 변화에 저항하는 것을 변화시킬 수 있다.

최면이 의식의 변화된 상태인지 아닌지에 관한 문제는 심각한 논쟁거리로 남아 있다. 그러나 최면이 무엇이든 간에 대부분의 사람들이 찾으려는 만병통치약은 아니다. 일부 연구에서는 최면이 술이나 담배 남용을 끊게 하는 것을 돕거나 그들의 기억을 향상시키거나 체중을 줄이기 위한 다른 치료 기법보다 더 효과적이지는 않다고 보고한다(Lazar & Dempster, 1981 연구개요 참조).

스파노스는 최면 행동에 관한 동기론적 이론을 논증하는 연구를 계속하고 있다(완전한 논의를 위하여 Spanos & Chaves, 1988 참조). 그의 연구는 거의 200년 동안 실제로 어떤 도전도 받지 않은 인간 행동의 측면에 관한 대안적 설명을 최근에 실험적으로 제시했다는 점에서 심리학을 변화시켰다.

HILGARD, E. (1978) Hypnosis and consciousness. *Humam Nature, 1,* 42~51.
LAZAR, B., & DEMPSTER, C. (1981) Failures in hyponosis and hypnotherapy: A review. *The American Journal of Clinical Hypnosis, 24,* 48~54.
SPANOS, N., & CHAVES, J. (1988) *Hypnosis: The cognitive-behavioral perspective.* New York: Prometheus.

제 3 부

학습과 조건화

학습과 조건화에 관한 이 분야는 동물과 인간 학습을 설명해 주는 다소 잘 정의된 문헌들을 제시하였다. 심리학사에서 가장 유명한 이름들 중의 일부인 왓슨(Watson), 스키너(Skinner), 파블로프(Pavlov) 그리고 밴두라(Bandura)는 이러한 연구에 그들의 전 경력을 바쳐왔다. 이들은 심지어 행동과학의 인접영역에서조차 널리 알려져 있다. 심리학 영역에서 이들 연구자들이 가장 영향력을 미친 몇몇 연구 주제를 선별하는 것은 쉬운 일이 아니다. 그러나 이 주제들은 거의 모든 심리학 개론에서 찾아볼 수 있을 정도로 이들 과학자는 이 분야에서 많은 공헌을 하였다.

물론 파블로프의 경우는 거의 100년 전으로 돌아가 개, 메트로놈, 타액 분비 등을 통한 그의 연구와 조건화 반사 등을 살펴본다. 둘째로 많은 공헌으로 알려진 왓슨은 앨버트를 곤욕스럽게 한 실험으로 인해 아마 가장 유명하다(악명 높게?). 이 실험에서는 처음으로 어떻게 정서가 경험의 산출물인지 기술한다. 세 번째 연구에서는 스키너의 유명한 비둘기의 미신적 행동에 대한 설명과 기술을 논하고 인간도 정확하게 똑같은 방식으로 미신적인 행동을 한다는 사실에 대해 논의한다. 마지막으로 잘 알려진 보보 인형 연구를 살펴보는데, 이 연구에서 앨버트 밴두라는 공격적 행동은 성인들의 폭력 모델을 통하여 아동들에 의해 학습될 수 있음을 입증하였다. 이러한 모든 연구들, 특히 세 번째, 네 번째 연구에서 다루어지는 문제는 심리학의 모든 영역과 관련되어 있고 계속되는 흥미진진한 논쟁인 천성 대 양육 문제를 제기한다.

파블로프의 개 이야기 9

치아를 아프게 했던 소독약 냄새가 나는 병동을 걸어본 적이 있는가? 만약 그러했다면 아마 그 냄새가 머리 속에서의 냄새와 치과에서의 과거 경험간에 조건형성된 연합을 자극했기 때문이다. 올림픽 경기에서 연주되는 성조가를 들을 때 심장이 약간 빨리 뛰지 않는가? 이것은 대부분 미국인에게 일어난다. 이탈리아 국가를 들었을 때도 같은 현상이 일어나는가? 대부분은 그렇지 않다. 왜냐하면 다른 노래가 아닌 성조가에 대한 반응에 조건형성되었기 때문이다. 그리고 만약 사람들 가까이에서 풍선을 불고 있다면 왜 풍선 옆에 있는 사람들은 그렇게 눈을 깜빡거리고 초조해하는 것일까? 글쎄, 분명히 팽창한 풍선은 공포스러운 것(예를 들어 시끄러운 팝)과 연합하여 조건형성되었기 때문이다. 이러한 것은 '고전적 조건형성' 으로 알려진 과정 때문에 존재하는 셀 수 없는 수많은 인간행동 중 단지 일부분이다.

학습의 고전적 조건형성 이론은 러시아에서 거의 100년 전, 심리학사에서 가장 친숙한 이름 중 한 사람인 이반 페트로비치 파블로프(Ivan

Pavlov, Ivan P. (1927) *Conditioned reflexes*. London: Oxford University Press.

Petrovich Pavlov)에 의해 발전되고 규명되었다. 이 책에서 제시된 대부분의 연구들과는 달리 파블로프의 이름과 학습에 대한 그의 기본적인 생각들은 이미 널리 알려져 있다(실제로 롤링 스톤스라는 노래에도 "파블로프의 개들처럼 침 흘리기"라는 가사가 있다). 그러나 그 획기적인 발견을 하게 된 과정과 그의 연구의 중요한 의미는 그렇게 폭넓게 이해되지 않았다.

흥미롭게도 심리학에서 파블로프의 공헌은 이제까지 좀처럼 이룰 수 없었던 가장 중요한 것 중의 하나였지만 그는 결코 심리학자가 아니었고, 오히려 소화과정에 대해 연구하는 저명한 러시아의 생리학자로 소화에 대한 연구로 과학분야에서 노벨상을 받기도 했다. 그의 경력과 심리학의 역사를 극적으로 바꾸었던 발견은 사실상 우연에 의해 시작되었다. 1800년대 후반에 심리학은 초기과학이었고 순수과학으로 고려되지 않았다는 사실에 주목해야 한다. 그러므로 파블로프가 더 확실하고 가치를 두는 생리학에서 심리학으로의 급진적인 전환은 오히려 위험스러운 경력을 가지게 되는 셈이었던 것이다. 그는 뇌를 연구하는 생리학자가 당면하는 딜레마에 관하여 썼다.

> 생물체의 다양한 활동을 분석하는 데 있어 생리학은 보다 진보된 정확한 과학–물리학과 화학–의 기초가 되어야 한다. 그러나 만약 우리가 심리과학으로부터 접근한다면…… 우리는 정밀성이 상대적으로 결여된 과학 위에 상위구조를 세워야 한다……. 사실 심리학이 자연과학인지 혹은 과학으로 전혀 고려되지 않는지에 대한 논의의 여지는 아직까지 남아 있다(p. 3).

파블로프의 발견을 살펴보면 그가 위험을 무릅쓰고 전공분야를 바꾼 것은 심리과학적 진보와 우리가 인간행동에 대한 이해를 하는 데 있어서는 행운이었다.

파블로프의 생리학적 연구는 소화에서 타액 분비의 역할에 관한 것이며 연구대상으로는 개를 이용하였다. 그 또는 그의 조력자들은 개의 입에다 다양한 음식이나 음식 아닌 것을 넣고 타액의 비율과 양을 관찰하였다. 타액 분비를 과학적으로 측정하기 위해 개에게 작은 외과적 시술을 하였다. 개의 뺨을 절개하여 타액이 흐르는 통로를 그곳으로 나오게 하고 침을 모으기 위한 튜브에 연결하였다. 이 연구를 통하여 파블로프는 많은 새롭고 흥미로운 발견들을 하였는데, 예를 들어 개가 물기가 있는 음식을 제공받았을 때는 아주 적은 양의 침이 분비되고, 마른 음식을 제공받았을 때는 매우 많은 양의 침이 분비된다는 사실을 발견하였다. 개가 먹을 수 없는 것들(구슬, 약간의 모래)이 음식에 들어 있을 때, 그 물질들을 거부하도록 침이(물질에 따라 양은 다양함) 분비되었다. 이러한 조건에서 침의 분비는 파블로프에 의해 반사로 간주되었다. 즉 의식적인 통제나 학습 없이 특별한 자극들에 의해 자동적으로 일어나는 반응이다. 침 분비는 인간에게도 역시 순전히 반사적인 것이다. 이 문장을 읽자마자 최대한 빨리 침을 분비하라는 요청을 받는다고 가정해 보자. 당신은 그것을 할 수 없다. 그러나 만약 배가 고프고, 당신 자리 앞에 가장 좋아하는 음식이 있다면 원하든 원하지 않든 침은 분비될 것이다.

그래서 파블로프는 침이 분비되는 기관이 얼마나 '지능적인' 가를 결정하기 위해 다양한 자극들을 가지고 실험하였다. 연구가 진행됨에 따라 전혀 예기치 않은 상황이 일어났다. 개들은 입에 어떤 음식이 놓이기도 전에 침이 분비되기 시작했고 심지어 음식 냄새도 맡기 전에 침이 분비되었다. 잠시 후 개는 음식 자극이 전혀 제시되지 않았는데도 침을 분비하였다. 아무튼 타액선의 반사적인 행동은 실험실에서의 동물의 경험에 따라 변경되었다. "심지어 음식을 담아두는 용기는 소화반사(타액 분비)를 자극하기에 충분하였다. 게다가 분비작용은 용기를 가져오는 사람의 모습 혹은 그 사람의 발자국 소리에 의해서도 일어날 수 있었다"(p. 13).

이것이 파블로프에게 있어서는 갈림길이었다. 그는 소화와 관련없어 보이는 자극에 의해 일어나는 소화반응을 관찰하였으며 순수생리학에서는 이에 대한 답을 얻을 수 없었다. 그 해답은 심리학에서 찾아야 했다.

이론적 제안

파블로프에 의해 개는 실험실에서 경험을 통하여 어떤 신호들의 출현 뒤에 음식을 기대하도록 학습한다고 이론화하였다. 이런 '신호적인 자극들'이 본질적으로 침을 생성하게 하지는 않지만, 개는 음식과 그 자극을 연합시키고 침과 함께 그에 반응하게 된다. 결과적으로 파블로프는 분명히 두 가지 종류의 반사가 있을 것이라고 생각하였다.

무조건 반사는 생득적이고 자동적이고 학습이 필요하지 않고 일반적으로 모든 종에게 있어서 동일하다. 입 속에 음식을 넣을 때 침이 분비되는 것, 매우 시끄러운 소리에 깜짝 놀라는 것, 불빛이 꺼졌을 때 동공이 확장되는 것 등은 무조건 반사의 예이다. 반면에 조건반사는 경험이나 학습을 통하여 획득되고 종의 개개 구성원들간에 매우 다양하다. 발자국 소리에서 개가 침을 분비하는 것 혹은 소독약 냄새를 맡을 때 치통을 느끼는 것은 조건반사이다.

무조건 반사들은 무조건 반응(UCR)을 일으키는 무조건 자극(UCS)에 의해 형성되며, 파블로프의 연구에서 UCS는 음식이었고 UCR은 침 분비였다. 조건반사들은 조건반응(CR)으로 침을 일으키는 발자국과 같은 조건자극(CS)에 의해 일어난다. 이 양쪽의 예에서 반응들은 모두 침 분비라는 사실에 주목할 필요가 있다. 발자국 소리를 들음으로써 침 분비가 나타날 때, 이는 발자국 소리에 즉시 조건형성되는 것이다.

파블로프는 다음과 같은 의문을 가졌다. 조건반사들은 생득적인 것이 아니다. 그것은 어떻게 획득되는가? 그는 만약 개의 환경에서 특별한 자극이 개가 음식을 먹을 때 자주 주어진다면 이 자극은 개의 뇌 속에서 음식과 연합될 것이라고 가정하였다. 그것은 음식에 접근하는 신호이다. 음식이 제공되기 전의 환경적인 자극들은 어떤 중요한 반응을 일으키지 않았다. 다시 말하면 개에게서 그것은 중립적인 자극이었다(NS). 개가 처음 실험실에 도착했을 때 조력자의 발자국은 호기심의 반응을 일으킬 수 있다(파블로

단계 1			UCS ——→	UCR
			(음식)	(침 분비)
단계 2	NS	+	UCS ——→	UCR
	(발자국 소리)		(음식)	(침 분비)
단계 3	(단계 2를 여러 차례 반복)			
단계 4			CS ——→	CR
			(발자국 소리)	(침 분비)

프는 이것을 "무엇이지?" 반응이라 불렀다). 그러나 발자국 소리는 확실히 개가 침을 분비하는 원인은 아니었다. 발자국 소리는 중립적인 자극이다. 그런데 시간이 지남에 따라 매일 음식을 주기 전에, 단지 같은 발자국 소리를 들려줌으로써 그들은 음식과 그 소리를 연합하기 시작하였다. 결국 이론에 따르면 발자국은 개가 침을 분비하도록 하는 유일한 원인이었다. 그래서 파블로프에 의하면 중립자극이 조건자극이 되어가는 과정을 위와 같이 도식할 수 있었다.

그는 그의 관찰들을 설명하기 위해 하나의 이론을 설정하였고 그것이 옳다는 것을 증명하기 위해 일련의 실험들을 시작했다. 파블로프가 종소리에 개가 침을 분비하도록 조건화시켰다는 것은 일반적으로 널리 알려진 사실이다. 그러나 앞으로 살펴볼 것처럼, 그는 초기 실험에서는 메트로놈을 사용하였다.

방법과 결과

파블로프의 첫번째 문제는 그의 실험실에 너무 많은 자극 요인들이 있는 것이었다. 만약 개가 자극에 대해 반응하도록 조건화한다면 한 가지 자극만을 결정해서 분리해야 한다. 그는 특정한 개와의 접촉을 단지 한 실험자만에게 허용함으로써 이런 영향들을 제한하려고 노력했다. 그러나 이것은 부적절하였다. 왜냐하면 실험자의 우연한 눈의 깜빡임이나 서 있는 방법과 같은 수많은 미묘한 자극들이 제공되므로 이는 개의 행동에 대한 정확한 해석을 매우 어렵게 만들었다.

다행스럽게도 파블로프는 세인트-페테르부르크 실험의학 연구소에 열의로 가득찬 공공심 있는 소련의 한 사업가로부터 기부받은 돈으로 특별한 실험실을 만들 수 있었다. 이 방음 실험실에서는 실험자들로부터 그리고 실험 절차를 진행하는 동안 외부의 모든 자극으로부터 연구대상을 완벽히 격리하였다. 그러므로 어떤 특별한 자극을 시행할 수 있었고 반응들은 실험자와 동물들간의 직접적인 접촉 없이 기록될 수 있었다.

필요한 연구 환경이 설정된 후의 절차는 꽤 단순하였다. 파블로프는 무조건 자극으로서 음식을 선택했다. 앞서 설명하였듯이 음식은 침 분비의 무조건 반응을 끌어낼 것이다. 그러면 파블로프는 음식과는 전혀 무관한 개의 중립자극을 찾아내야 했다. 이것으로 그는 메트로놈 소리를 사용하였다. 몇 번의 조건형성 시도를 거친 후, 개는 메트로놈의 똑딱거리는 소리에 노출되었고 그런 후 즉시 음식이 제공되었다. “그것 자체로서 중립적인 자극이 생득적인 소화반사 작용에 덧붙여졌다. 연합된 자극을 몇 번 반복한 후에 메트로놈 소리가 침 분비 작용을 자극하는 특성을 획득하였다는 사실을 발견할 수 있었다”(p. 26). 다시 말하면 메트로놈은 침 분비의 조건화된 반응을 위한 조건자극이 되었다.

파블로프와 그의 동료들은 상이한 무조건 자극과 중립자극을 사용함으로써 얻은 예비결과들을 정교화하였다. 예를 들어 바닐라 냄새(NS)는 레몬주스와 유사한 약한 산성 용액(UCS)이 개의 입 속에 놓여지기 전에 개에게 제공되었다. 물론 이 산성은 많은 침 분비(UCR)를 야기시킨다. 이러한 연합을 20번 반복한 후에 단지 바닐라만으로도 침이 분비되었다. 시각적 검사 기간 동안 한 가지 물체는 단지 음식 제공 전에 회전되기 시작한다. 5번의 연합제공이 있은 후에는 회전하는 물체는 그것 자체(CS)로서 개에게 침 분비(CR)를 야기시킨다.

한 가지 부가적인 중요한 결과는 만약 중립자극(바닐라 혹은 회전하는 물체)이 무조건 자극 후에 피험자에게 제공된다면 조건형성은 일어나지 않는다. 산성 용액이 개의 입 속에 제공되고 그 다음 5초 후에 바닐라 냄새를 제공하였을 때(파블로프의 실험실에서) 이것이 증명되었다. 이 연합이 427번 제공된 후에 바닐라는 조건자극되지 않았다.

물론 파블로프 연구의 중요성과 적용은 침을 분비하는 개 이상으로 더욱 확장된다. 그의 고전적 조건형성 이론은 인간행동의 중요한 부분을 설명하였고 진정한 과학으로서 심리학이 자리잡을 수 있도록 했다.

결과의 중요성

고전적 조건형성이론(파블로프의 조건형성이라 불리는)은 이후 보편적으로 인정되었고 파블로프의 연구를 통한 개념화 이후 사실상 변화되지 않고 그대로 유지되었다. 이들 개념들은 다음과 같은 인간행동을 광범위하게 설명하고 해석하기 위해 사용된다. 공포는 어디에서 오는가, 왜 당신은 특정 음식을 싫어하는가, 정서의 근원은 무엇인가, 당신은 왜 면접 전이나 시험에서 불안을 느끼는가, 무엇이 당신을 성적으로 흥분시키는가 등이다. 이들을 적용하는 일부 연구들은 다음에 논의될 것이다.

고전적 조건형성은 반사적인 행동에 초점을 둔다. 이런 행동들은 수의적인 통제 아래에 있는 것이 아니다. 어떤 반사는 이전의 중립자극에 의해 조건화될 수 있다. 초인종 소리를 들을 때 왼쪽 눈을 깜빡이게 하도록, 푸른 불빛의 번쩍임을 볼 때 심장 박동수가 증가하도록, 혹은 딸기를 먹을 때 성적 흥분을 경험하도록 고전적 조건형성을 구성할 수 있다. 초인종 소리, 푸른 불빛, 딸기 등은 조건반응과의 관계에서는 그것들이 눈 깜빡임(눈에다 후 부는 바람), 심장 박동수 증가(갑작스런 소음), 그리고 성적인 흥분(로맨틱한 포옹)에 대한 무조건 자극과 짝지어지고 연합될 때까지는 모두 중립적이었다.

고전적 조건형성과정을 직접 경험하기 위해 혼자 수행할 수 있는 실험이 있다. 단지 필요한 것은 종과 거울, 그리고 임시 실험실로 사용하기 위해 불을 껐을 때 완벽하게 어두워지는 방이다. 눈의 동공은 빛의 강도의 변화에 따라 반사적으로 확장하거나 수축된다. 당신은 이에 대해 수의적인 통제를 하지 않고 어떻게 그렇게 했는지도 학습하지 않았다. 만약 내가 "지금 당신 눈 동공을 확장하세요"라고 말한다면 당신은 바로 그렇게 할 수는 없다. 그러나 어두운 극장으로 들어갈 때 눈 동공은 즉각적으로 확장된다. 그러므로 빛의 감소는 무조건 반응인 동공 확장에 대하여 무조건 자극으로 고려된 당신의 '실험실'에서 종소리가 울리고 즉시 불이 꺼졌다. 약 15초를 깜깜한 어둠 속에서 기다리다 불이 다시 켜졌다. 또 15초를 기다리고 이 과정을 반복한다. 종소리… 불 꺼짐… 15초 기다림… 불 켜짐…. 중립자극(종소리)과 무조건 자극(어둠)을 짝지어 20~30번씩 반복하여, 갑작스럽게 어둡기 전에 종소리만 울린다는 것을 확신시킨다. 이제 불빛과 함께 거울 가까이에서 눈을 보라. 그리고 종소리가 울린다. 심지어 불빛에 변화가 없을지라도 약간 확장된 동공을 볼 수 있을 것이다. 종소리는 조건자극이 되어가고 동공 확장은 조건화된 반응이 되어간다.

관련 연구

파블로프의 고전적 조건형성이론에 직접적으로 관련이 있는 다른 두 연구들이 있다. 다음 연구에서 왓슨은 파블로프가 사용하였던 침 분비 조건형성과 같은 원리를 적용함으로써 어린 앨버트가 흰 쥐(그리고 다른 털이 있는 것들)를 두려워하도록 조건화하였다. 그렇게 함으로써 왓슨은 공포와 같은 정서들이 어떻게 형성되는지 증명하였다. 이후에 조제프 볼프(Joseph Wolpe)(정신병리에 대한 연구에서 Wolpe에 대한 기사 참고)는 고전적 조건형성의 개념을 적용함으로써 극도의 공포감을 처리하는 치료 기법을 개발하였다. 그의 연구는 공포 반응을 감소시키기 위해 조건화된 자극과 무조건 자극 사이의 연합을 해체시켜야 한다는 생각에 기초하고 있다.

학습과 조건형성에 관한 문헌에서 파블로프의 이론에 관한 예들을 여기에 모두 요약하기에는 너무 방대하다. 대신에 좀더 주목할 만한 결과들이 논의될 것이다.

세계의 방목장을 괴롭히는 문제는 가축을 죽이고 먹는 늑대와 코요테 같은 육식동물에 관한 것이 대부분이다. 1970년대 초기에 코요테나 늑대에 의해 양이 떼죽음을 당하는 일이 빈번하자 이 문제를 해결하기 위해 파블로프식 조건형성 기술을 적용한 연구들이 수행되었다(Gustafson, Garcia, Hawkins, & Rusiniak, 1974 참조). 늑대와 코요테들에게 적은 양의 리튬 염화물(UCS)이 포함된 양고기 조각을 던져주었다. 만약 섭취한다면 화학 물질은 동물들을 아프게 한다. 동물들이 고기를 먹었을 때 그들은 심한 구역질과 구토를 동반한 현기증(UCR)이 나게 된다. 회복된 후 이는 허기진 육식동물들을 양이 사는 우리에 함께 놓아두었다. 늑대와 코요테들은 양(CS)을 공격하기 시작했다. 그러나 곧 그들은 먹이의 냄새를 맡자마자 공격을 멈추고 가능한 한 양으로부터 멀리 떨어져 머물러 있었다. 우리 문이 열렸을 때 늑대와 코요테들은 정말로 양으로부터 달려나갔다(CR)! 이와 연관된 다른 연구들에 기초하여 방목장 주인들이 가축의 무리로부터 늑대와 코요테들을 멀리 떨어져 있도록 하기 위해 이러한 고전적 조건형성 방법을 사용하는 것은 이제 일반적인 일이다.

파블로프 발견의 또 다른 적용은 광고에서이다. 사실 광고산업은 고전적 조건형성의 원리에 그 토대를 두고 있다. 대부분 텔레비전 상업 광고와 잡지 광고들은 상품과 긍정적 반응을 산출하는 그 무엇을 짝짓는 게 목적이다. 광고주들의 희망이란 마켓에 있는 30가지 이상의 맥주 가운데 자기 상품인 특정 맥주와 “좋은 친구들이 여기에 있다” 혹은 “이것보다 더 나은 것은 없다” 혹은 “당신이 하는 모든 것을 위하여”라는 연합에 기초한 즐거운 정서를 경험하게 함으로써 그 상품을 더 많이 사게 하는 것이다. 이 판매전략의 효과를 지지하기 위한 연구가 있다. 한 연구는 피험자에게 경쟁 상품의 광고를 보는 동안 유쾌한 혹은 불쾌한 음악을 접하게 하였다. 심지어 모든 상품들이 본질적으로 같다고 할지라도 유쾌한 음악과 짝지어진 상품들은 불쾌한 음악과 함께 짝지어진 것보다 더 선호된다는 결과를 보여주었다(Gorn, 1982).

마지막으로 고전적 조건형성을 포함하는 새로운 연구는 행동의학 분야에서 일어나고 있다. 최초로 면역체계 활동이 파블로프식 원리들을 사용함으로써 변경될 수 있다는 사실을 발견하였다. 아더와 코헨(Ader & Cohen, 1985)은 생쥐에게 당분이 함유된 물을 주었다(쥐는 이 물을 좋아한다). 그들은 그 다음 당분이 함유된 물과 쥐의 면역체계를 약하게 하는 주사를 함께 짝지었다. 이후에 조건화된 쥐가 당분이 함유된 물을 마셨을 때 그들은 면역반응이 약하게 되는 면역 억제 표시를 나타냈다. 오늘날의 연구는 만약 그 반대도 가능한가를 밝히기 위해 진행되고 있다. 실험실 쥐는 장뇌의 강한 냄새에 노출되었고 그런 후 면역반응을 강화하는 약을 주사하였다. 초기 결과들은 장뇌 냄새가 면역기능을 증가시키는 조건자극이 된다는 것을 보여주었다.

만약 같은 방략이 인간에게도 효과적이라고 믿는 데에는 비의학적인 조건화된 자극에 자신들을 노출함으로써 질병에 대한 저항(조건화된 반응)이 곧 강해지는 것이 가능하기 때문일 것이다. 예를 들어 당신이 감기나 기침이 시작되는 것을 느낀다고 상상해 보자. 그래서 당신이 자신에게만 특별히 고전적 조건형성된 면역반응 강화 음악 디스크를 당신의 CD 플레이어에 밀어넣는다. 방에 음악이 가득해지면서 이 자극에 조건화됨에 따라 당신의 저항은 이 자극에 대하여 조건화된 반응으로서 질병을 멈추게 한다.

결 론

이 몇 가지 예에서 파블로프의 영향이 심리학의 영역에서 어떻게 확장될 수 있는가는 분명해진다. 단일 원리로 많은 영향을 끼친 과학자는 거의 없다. 고전적 조건형성은 현대 심리학의 토대를 이루는 이론들 중의 하나이다. 파블로프의 공헌이 없었다면 행동주의 과학자들은 수십 년에 걸쳐 아직도 이 원리를 밝히고 있을 것이다. 그러나 만약 파블로프가 그의 경력에서 위험한 결정을 하지 않았고, 19세기의 검증되지 않은, 계획되지 않은, 해보지 않은 의문투성이인 심리과학에 모험을 하지 않았다면, 조건반사에 대한 이처럼 응집력 있게 정립된 과학은 탄생할 수 없었을 것이다.

ADER, R., & COHEN, N. (1985) CNS-immune system interactions: Conditioning phenomena. *Behavioral and Brain Sciences, 8,* 379~394.

GORN, G. (1982) The effect of music in advertising on choice behavior: A classical conditioning approach. *Journal of Marketing, 46,* 94~101.

GUSTAFSON, C. R., GARGIA, J., HAWKINS, W., AND RUSINIAK, K. (1974) Coyote predation control by aversive conditioning. *Science, 184,* 581~583.

어린 앨버트의 정서 반응 10

정서적 반응이 어디로부터 오는지 궁금하게 여겨 본 적이 있는가? 정서의 근원은 심리학의 역사를 통하여 행동주의 과학자들을 매혹시켜 왔다. 이러한 매혹의 부분적인 증거는 다음에서 찾아볼 수 있을 것이다. 정서적 반응과 직접적으로 관련있는 다섯 개의 연구가 있다(Schachter & Singer, 1962; Ekman & Oster, 1979; Harlow, 1958; Seligman & Meier, 1967 참조). 조건화된 정서적 반응에 대한 왓슨(Watson)과 레이너(Raynor)의 연구는 70년 전에 출판되었을 때부터 핵심적인 부분이었으며, 오늘날까지도 계속 영향력을 발휘하고 있다. 이 연구의 요약부분이 제외된 일반심리학 또는 학습과 행동에 관한 교재는 거의 없다.

이 연구의 역사적인 중요성은 독자적인 연구결과에 기인할 뿐만 아니라 이 연구분야를 개척하려는 새로운 심리학적 영역에 있다. 만약에 한 세기를 되돌아가서 그 시대의 심리학의 상태를 여행해보면 대부분의 심리학 연

Watson, J. B. and Raynor, R. (1920) Conditioned emotional responses. *Journal of Experimental Psychology, 3,* 1~14.

구는 프로이트에 의해 독점되고 있다는 사실을 발견할 수 있을 것이다. 인간행동에 대한 프로이트의 정신분석학적 견해는 인간은 무의식적 본능에 의해 동기화되었고 초기 아동기로부터의 갈등을 억압한다는 사상에 기초를 두고 있다. 간소화된 프로이트학파의 용어를 빌리면 행동, 특히 정서는 생물학적이고 본능적인 과정을 통하여 내재적으로 생성된다.

1920년대에 행동주의로 알려진 심리학에서의 새로운 움직임은 파블로프와 왓슨이 선봉을 맡으면서 지지받기 시작했다. 행동주의자들의 견해는 정신분석학파에 근본적으로 반대되었으며, 행동은 다양한 환경적 · 상황적 자극을 통하여 인간의 외부에서 생성된다고 제안하였다. 그러므로 왓슨은 정서적 반응이 우리 내부에 존재하며, 이는 우리가 환경에서의 특정 자극에 대하여 정서적으로 반응하도록 조건화되어 있기 때문이라고 하였다. 다시 말하면 우리는 정서적 반응들을 학습한다. 실제로 왓슨은 1913년의 그의 유명한 진술에서처럼 모든 인간행동은 학습과 조건화의 산출물이라 믿었다.

> 나에게 건강한 12명의 유아를 달라. 잘 형성된 그리고 나 자신의 특별한 세계로 그들을 데려가서 양육하겠다. 나는 무선적으로 한 명을 선택하여 그를 내가 선택한 전문의, 변호사, 예술가, 사장, 심지어 거지, 도둑 등 그 무엇이 되도록 훈련시킬 수 있다(Watson, 1913).

그 당시 이것은 극도로 혁명적인 견해였다. 일반적인 대중뿐만 아니라 대부분의 심리학자들은 이러한 새로운 사상을 수용할 준비가 되어 있지 않았다. 이것은 특히 정서적 반응에 대해서는 사실이었고 이러한 정서적 반응은 다소 내부에서부터 생성되는 것처럼 보였다. 그래서 왓슨은 정서가 실험적으로 조건화될 수 있는지를 증명하기 위하여 하나의 실험을 시도했다.

이론적 제안

왓슨은 만약에 당신 내부에서 공포와 같은 어떤 정서를 자동적으로 산출하는 자극을 쥐와 함께 어떤 종류와 동시에 반복적으로 경험한다면 그 쥐는 당신의 머리 속에서 연합될 것이라고 하였다. 다시 말하면 당신에게는 결국 쥐가 무서운 것으로 조건화된다는 것이다. 그는 우리가 태어나서부터 쥐를 무서워하는 것이 아니라 그러한 공포는 조건화를 통하여 학습된다고 주장하였다. 이는 '어린 앨버트 B' 라 불리는 피험자가 포함되어 있는 그의 가장 유명한 실험의 이론적 토대를 형성하였다.

방법과 결과

피험자 앨버트 B는 생후 9개월경에 이 연구에 참여하였고, 병원에서 양육되고 있었으며, 출생 때부터 고아였다. 그는 연구자들과 의료진에 의해 정서적으로, 신체적으로 매우 건강한 것으로 판단되었다. 앨버트가 어떤 자극에 무서워하는지 알아보기 위하여 그에게 흰 쥐, 토끼, 원숭이, 개, 머리카락이 있는 가면과 없는 가면, 그리고 하얀 면으로 만든 털들을 제시하였다. 이러한 자극에 대한 앨버트의 반응은 세심하게 관찰되었다. 앨버트는 다양한 동물이나 물체에 관심을 보이며 이들 물체에 가까이 다가가 만졌으나 결코 그것들 중 어떤 것에도 가벼운 공포를 보이지 않았다. 어떠한 공포도 산출하지 않았기 때문에 이것들은 '중립자극' 으로 설명된다.

실험의 다음 국면은 만약에 앨버트가 큰 소음에 노출됨으로써 공포반응이 산출될 수 있는지 알아보는 것이었다. 모든 인간 그리고 특히 모든 유아들은 크고 갑작스런 소음에 대하여 공포 반응을 나타낼 것이다. 이러한 반응이 일어나는 것에 대해서는 학습이 전혀 필요없기 때문에 큰 소음은 '무조건 자극' 이라 부른다. 길이가 4피트 되는 강철 막대기가 앨버트의 뒤에서 망치로 내리쳐졌다. 이 소음은 그를 매우 깜짝 놀라게 하면서 공포에 질리게 하였고 마침내 울게 하였다.

이제 이 단계는 앨버트에게 공포라는 정서가 조건화될 수 있다는 사상을 검증하기 위하여 계획되었다. 실제 조건화 검사는 유아가 11개월이 될 때까지 실시되지 않았다. 유아에게 실험적으로 공포 반응을 창출하려는 데 대하여 연구자들 일부분은 망설였으나 결국 실험을 진행시키기로 결정을 하였다(이 연구에서 전체적으로 제기되는 윤리성의 문제와 더불어 연계된 추론은 후반부에서 알게 될 것이다).

실험이 시작됨에 따라 연구자들은 앨버트에게 흰 쥐와 무서움을 야기하는 소음을 동시에 제시하였다. 처음에 앨버트는 쥐에 관심을 보이며 만지기 위해 손을 뻗쳤다. 그가 그렇게 할 때, 금속 막대기가 내리쳐졌으며 이는 앨버트를 깜짝 놀라게 하였고 겁에 질리게 했다. 이 과정은 세 번 반복되었다. 1주일 후에 똑같은 절차가 진행되었다. 전체적으로 소음과 쥐를 일곱 번 짝지어 제시한 후에 앨버트에게 소음 없이 쥐만 제시하였다. 글쎄, 여러분이 아마도 추측하였듯이, 앨버트는 쥐에게 극도의 공포감으로 반응했다. 그는 울기 시작했으며 멀리 떨어져 있으려 했고 쥐로부터 떨어진 다른 편으로 떼구르르 구르다가 너무 빨리 기기 시작해서 연구자는 그가 테이블 가장자리에서 떨어지기 직전에 그를 붙잡기 위해 달려야 했다! 공포 반응은 불과 1주일 전에 공포감을 느끼지 않았던 대상에게 조건화되었다.

다음에 연구자들은 이 학습된 공포가 다른 대상에게도 전이가 되는지 알아보고자 했다. 심리학적 용어로 전이는 '일반화'로 언급된다. 만약에 앨버트가 다른 유사한 대상에 공포를 보여준다면 학습된 행동은 일반화된 것이라고 말한다. 다음 주에 앨버트는 다시 검사를 받았으며 여전히 쥐에 대한 공포 반응을 보여주었다. 일반화에 대한 검사에서 쥐와 비슷한 대상(흰 토끼)을 앨버트에게 제시하였다. 저자의 말로 하면 다음과 같다. "부정적인 반응은 당장에 시작된다. 그는 가능한 한 훨씬 멀리 동물로부터 떨어져서 기대었고 훌쩍훌쩍 울었으며 마침내 울음을 터뜨렸다. 토끼를 그가 닿을 수 있는 곳에 두었을 때, 그는 침대에 얼굴을 묻었고 그 다음 기어서

표 1. 검사 네 번째 날에 앨버트에게 제시된 자극 순서

제시 자극	관찰된 반응
1. 블록	평상시처럼 블록을 가지고 논다
2. 쥐	공포스러워하며 움츠린다(울지 않음)
3. 쥐 + 소음	공포와 울음
4. 쥐	공포와 울음
5. 쥐	공포, 울음, 기어서 멀리 감
6. 토끼	공포, 그러나 앞서 제시된 것보다 더 강한 반응을 보임
7. 블록	평상시처럼 논다
8. 토끼	6번과 같음
9. 토끼	6번과 같음
10. 토끼	약간의 공포 그러나 또한 토끼를 만지기 원함
11. 개	공포스러워하며 회피
12. 개 + 소음	공포와 기어서 멀리 감
13. 블록	정상적인 놀이

갔으며 가면서 울고 있었다"(p. 6). 기억하라, 앨버트는 조건화되기 전에는 토끼를 두려워하지 않았으며 심지어 토끼에 대해 특별하게 공포가 조건화된 것도 아니다.

어린 앨버트를 검사하는 이날 과정에서 개, 흰 모피코트, 면섬유 다발, 왓슨 자신의 회색 머리카락 다발이 제시되었다. 그는 이러한 모든 것에 공포를 가지고 반응하였다. 이 연구에서 이루어진 가장 잘 알려진 일반화에 대한 검사 중의 하나는 왓슨이 산타클로스 가면을 하고 앨버트에게 나타난 것으로 유명한 만큼이나 정말 악명 높은 것이다. 그 반응은? 물론…… 공포다!

5일을 지낸 후에 앨버트는 다시 검사를 받았다. 이날 제공된 제시목록은 표 1에 요약되어 있다.

왓슨이 탐구하기를 원했던 조건화된 정서적 반응의 다른 측면은 학습된 정서가 한 상황에서 다른 상황으로 전이가 되는지에 대한 것이었다. 만약에 이러한 다양한 동물과 대상에 대한 앨버트의 공포 반응이 단지 실험상

황에서만 발생하고 그 밖의 다른 장소에서는 발생하지 않는다면 연구결과의 중요성은 크게 감소될 것이다. 이것을 검증하기 위해 표 1에 있는 것을 그날 오후에 제시하였다. 앨버트는 전체적으로 보다 밝은 불빛이 있는 다른 방에 있었고 더 많은 사람들이 그 자리에 있었다. 이 새로운 장면에서 쥐와 토끼에 대한 앨버트의 반응은 비록 다소 강도는 덜하지만 여전히 명백한 무서움이었다.

왓슨과 레이너가 하고자 한 마지막 검사는 앨버트의 최근 학습된 정서적 반응이 시간의 흐름에 따라 어떻게 지속되는지를 알아보기 위한 것이었다. 글쎄, 앨버트는 입양되었고, 가까운 시일 내에 병원을 떠날 예정이었다. 그러므로 모든 검사는 31일 동안 중단되었다. 중단된 기간의 마지막 무렵에 그에게 산타클로스 가면, 흰색 모피코트, 쥐, 토끼, 그리고 개 등을 다시 한 번 제시하였다. 앨버트는 한 달 후에 여전히 이들 모든 대상에 대하여 매우 무서워하였다.

왓슨과 그의 동료들은 어린 앨버트에게 '재조건화'를 시도하고 이러한 무서워하는 반응들을 제거하기 위하여 계획을 세웠다. 그러나 앨버트는 이 마지막 검사가 시행될 그날에 병원을 떠났고, 누구나 알 수 있듯이 재조건화는 결코 일어나지 않았다.

논의와 결과의 중요성

왓슨은 이 연구와 그의 모든 연구에서 두 가지 기본적인 목적을 가지고 있다. 첫째, 모든 인간행동은 학습과 조건화로부터 나온다는 것을 증명하는 것이고, 둘째, 인간행동은 무의식적 과정으로부터 나온다는 프로이트 학파의 사상이 잘못되었다는 것을 증명하는 것이다. 이 연구는 방법론적인 결점과 윤리적 행위에 대한 심각한 파괴(다음 연구에서 논의되겠지만)를 지닌 채 정서적 행동이 단순히 자극-반응 기법을 통하여 조건화될 수 있다는 것을 심리학계에서 더욱 설득력 있게 인정받을 수 있도록 확장을 계속하였다. 결국 이러한 결과는 심리학의 주요 학파 중 하나인 행동주의로 자리잡아갔다. 또한 마치 쥐가 미로 학습에서 음식을 더 빨리 찾도록 학습하고 연속적인 시행에서 더 빨라지도록 하는 것처럼 정서만큼이나 인간에게 복잡하고 개인적인 무엇을 피험자에게 조건화하기 위해 제시하였다.

이에 대한 논리적인 확장은 분노, 즐거움, 슬픔, 놀람, 혐오 같은 다른 정서들이 같은 방식으로 학습될 수 있다는 것이다. 다시 말하면 흘러간 노래를 들을 때 슬퍼지고, 구인 면접이나 공식적인 연설 약속이 있을 때 불안해지고, 봄이 올 때 기쁘고, 치과 드릴 소리를 들을 때 두려워지는 이유는 머리 속에서 조건화를 통해 이러한 자극과 특별한 정서간의 연합이 발달되었기 때문이다. 공포증과 성적 도착과 같은 보다 심각한 다른 정서적 반응들도 또한 유사한 조건화의 계열을 통하여 발달될 것이다. 이러한 과정들은 대개 좀더 복잡할지라도 왓슨이 어린 앨버트를 통하여 찾은 것과 같은 과정이다.

왓슨은 재빨리 그의 결과를 인간행동에 관해 프로이트와 그 추종자들의 정신분석 개념과 비교하여 다소 직설적이고 단순한 용어로 설명될 수 있다고 지적했다. 왓슨과 레이너는 그들의 다른 논문에서 설명하였던 것처럼 프로이트 학파는 엄지손가락 빨기를 원초적인 쾌락추구 본능의 표현으로 설명했다. 그러나 앨버트는 공포를 느낄 때마다 엄지손가락을 빨았다. 그의 엄지손가락이 입안으로 들어가자마자 그는 무서워하는 것을 그쳤다. 그러므로 왓슨은 엄지손가락 빨기를 공포-산출 자극을 차단하기 위한 조건화된 도구로 해석하였다.

이 논문에서 제기된 프로이트 학파의 사상에 대하여 부가적으로 반박할 수 있는 기회가 다음에 주어진다면, 프로이트 추종자들이 어떻게 흰 모피코트에 대한 앨버트의 공포를 분석하는가이다. 왓슨과 레이너는 프로이트 학파 분석가들은 "아마도 그들의 분석에 따르면, 꿈에서 모피코트가 재현되면서 그를 자꾸 괴롭힐 것이며, 3세경에 앨버트는 어머니의 음부 털을 가지고 놀려고 시도하다가 그것 때문에 몹시 꾸중을 들었을 것이다"라고 할 것이라고 주장하였다. 그들의 주요입장은 어른에서의 정서적 혼란은 프로이트 학파가 일반적으로 설명하는 것처럼 항상 아동기의 성적 외상에 기인되는 것은 아니라는 것을 어린 앨버트를 대상으로 증명하는 것이었다.

질문과 비판

이 연구를 읽으면서 아마 이 순진한 유아를 피험자로 실험을 했다는 사실에 걱정이 되거나 심지어 화가 나기도 했을 것이다. 이 연구는 명백히 인간을 포함하는 연구에서 현재의 윤리적 강령에 위배된다. 인간-피험자 위원회는 오늘날 이런 연구가 있다면 결코 승인하지 않았을 것이다. 70년 전에는 이런 윤리적 강령이 공식적으로 존재하지 않았고, 지금은 의심스러워 보이는 이 연구방법이 나타나 있는 보고서를 초기 심리학 문헌에서 찾는 것은 이상한 일이 아니다. 그것은 왓슨과 그의 동료들이 가학적이거나 잔인한 사람들이 아니며 새롭고 아직 밝혀지지 않은 연구영역에 종사하였다는 것을 지적해야만 한다. 그들은 조건화가 진행되는 과정에서 꽤 많이 망설였으나 앨버트가 그가 살고 있는 병원 환경을 떠나면 어차피 그런 공포는 다시 일어날 것이라고 생각했기 때문에 그것은 정당한 것이라고 했다. 비록 그렇다 하더라도 어린 아이가 잠정적인 발견의 중요성과는 무관하게 이 범위의 실험을 통해 무서움을 갖게 한다는 것이 정당화될 수 있을까? 오늘날 거의 모든 행동주의 학자들이 그렇지 않다는 것에 동의한다.

이 연구의 윤리관이 중요한 또 다른 점은 앨버트는 연구현장을 떠나도록 허용되었고 공포를 제거하기 위한 '재조건화' 가 되지 않았다는 사실이다. 왓슨과 레이너는 그들의 논문에서 그러한 정서적 조건화는 사람의 생애에 걸쳐 지속될 수도 있다고 주장했다. 만약 이러한 관점에 대하여 그들이 옳다면 윤리적 견해에서 볼 때 누군가를(그리고 얼마나 많은 것에 관하여 그러한지 누가 알겠는가!) 성인기에도 공포를 가지도록 실험하는 것이 정당화되기는 어렵다.

일부 연구자들은 이런 조건화된 공포가 무한정으로 지속될 것이라는 왓슨의 가정을 비판했다(Harris, 1979). 다른 연구자들은 앨버트가 저자들이 주장하는 것만큼이나 효과적으로 조건화되지 않았다고 주장한다(Samelson, 1980). 조건화를 통하여 획득된 행동은 경험 때문에 또는 단순히 시간의 흐름으로 인해 없어질 수 있다고 빈번히 증명되었다. 예를 들면 앨버트가 5세가 되었을 때 생일 선물로 애완용 하얀 토끼를 받았다고 상상해보자. 먼저 그는 그것을 무서워할지도 모른다(그의 양부모를 당황하게 하는 것은 의심의 여지가 없다). 그러나 공포스러운 것을 야기하지 않는 어떤 것(큰 소음) 없이 토끼를 계속해서 노출시킨다면 토끼에 대한 무서움이 점점 사라지면서 더 이상 공포 반응을 보이지 않을 것이다. 학습 심리학에서 '소거' 라 불리는 것은 꽤 잘 정립된 과정이며, 그것은 우리가 일생을 통하여 경험하는 계속되는 학습과 탈학습, 조건화와 무조건화 과정의 부분으로 일상적으로 일어난다.

HARRIS, B. (1979) What ever happened to little Albert? *American Psychologist, 34,* 151~160.

SAMELSON, F. (1980) Watson' s Little Albert, Cyril Burt' s twins, and the need for a critical science. *American psychologist, 35,* 619~625.

WATSON, J. B. (1913) Psychology as the behaviorist views it. *Psychological Review, 20,* 158~177.

비둘기의 미신적 행동 11

우리는 가장 영향력 있고 널리 알려진 심리학자 중 한 사람인 스키너(B. F. Skinner)의 거대한 연구체계를 살펴보고자 한다. 그런데 스키너와 그에 의해 탐구된 연구들을 어떻게 제시해야 하는가부터가 어려운 문제이다. 이 짧은 부분에서 심리학 연구 역사에서 그가 차지하는 기여도를 제시하는 것 또한 불가능한 일이다. 어쨌든 스키너는 무엇보다 급진적 행동주의의 창시자라고 여겨지며 유명한 (또는 악명 높은) '스키너 상자' 의 창안자이며 수많은 책과 70편 이상의 과학논문의 저자이다. '비둘기의 미신' 이라는 다소 흥미로운 제목을 지닌 이 논문이 그의 전체 연구에서 선택되었다. 왜냐하면 이것은 스키너의 기초이론에 대한 명백한 논의가 제시되었고, 행동 연구에 대한 그의 재미있는 접근방식을 제공하며, 우리 모두에게 친숙한 행동, 즉 미신에 대한 '스키너식' 설명이 들어 있기 때문이다.

스키너를 급진적 행동주의자라고 하는 이유는, 그는 인간이든 동물이든

Skinner, Burrus Frederick (1948) Superstition in the pigeon. *Journal of Experimental Psychology, 38,* 168~172.

간에 그들의 모든 행동은 그 결과에 의해 원인이 되고, 만들어지고, 유지된다고 믿었기 때문이다. 다시 말해 만약 어떤 상황 안에서, 어떤 방법으로 행동하고, 행동에 대한 보상 사태(음식, 상 또는 돈과 같은)가 따르게 되면, 당신은 그 방법으로 다시 행동하려고 할 것이다. 한편 만약 당신이 즐겁지 못한 사태(고통이나 당황스러움과 같은)를 산출하는 어떤 일을 하면, 당신은 동일하거나 비슷한 상황에서 그와 같은 일을 다시 하는 일은 줄어들 것이다. 보상 사태들은 '강화' 라 불리고 불쾌한 사태들은 '처벌' 이라 불린다. 스키너는 이런 학습 과정을 조작적 조건화라 명명했다. 도식으로 나타내면 아래와 같다.

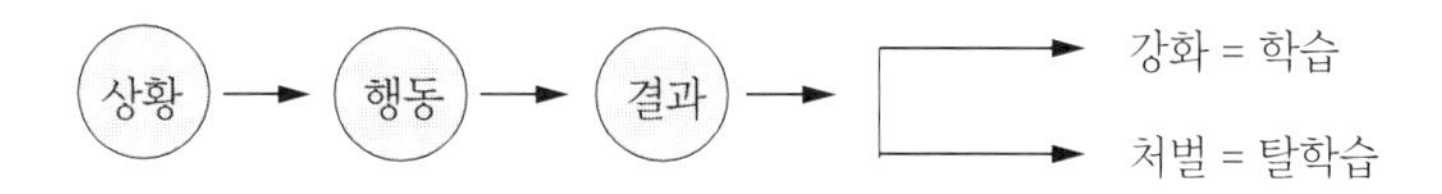

이 개념화에서 스키너는 또한 어떻게 행동이 사라지거나 탈학습되는지 설명할 수 있었다. 행동이 한번 강화되고 그후에 계속되지 않으면 그 행동은 완전히 사라질 때까지 서서히 감소할 것이다. 이러한 탈학습 과정을 '소거' 라고 한다.

이러한 사상들은 지금 당신에게 새로운 것은 아니다. 우리 모두가 애완동물을 훈련시키기 위해 사용하는 과정은 이들과 같은 규칙을 따른다. 당신이 개에게 앉으라고 말하고, 개는 앉고, 그리고 개에게 먹이로 보상한다. 잠시 후 그 개는 심지어 먹이의 즉각적인 보상 없이도 당신이 앉으라고 말하면 앉을 것이다. 당신은 조작적 조건화의 원리를 적용한 적이 있다. 이것은 학습의 매우 강력한 형태이고 모든 동물들에게 효과적이며, 심지어 늙은 개에게 새로운 기술을 학습시킬 때조차도, 그리고 고양이에게도 효과적이다! 또한 당신이 애완동물이 무언가 하는 것을 멈추기를 원한다면, 당신이 해야 하는 것은 모든 강화를 제거하는 것이고 그러면 그 행동은 멈출 것이다. 예를 들어 개가 저녁 식탁에서 음식을 구걸한다면 그 이유가 있다

(당신이 무엇을 생각하든 관계없이, 개들이 태어나면서부터 음식을 구걸한 것은 아니다!). 강화를 통해 개의 이러한 행동을 조건화한 것이다. 만약 행동을 소거하기를 원한다면 강화는 전적으로 중단되어야만 한다. 결국 개는 구걸하는 것을 멈출 것이다. 그런데 만약 가족 중 누군가가 소거 동안에 '속이고' 비밀스럽게 그 '구걸하는 개'에게 한 번씩 음식을 준다면, 소거는 결코 일어나지 않을 것이다.

이러한 학습의 기본원리 이면에 스키너는 모든 인간행동은 동일한 방법으로 정교하게 창조되고 유지된다고 주장하였다. 인간에게 있어서도 행동과 결과는 항상 그렇게 정확하게 구분되지 않는다. 스키너의 다음과 같은 주장은 매우 유명하다. 만약 인간행동이 우리의 고도로 진화된 의식과 지적 능력에 기인하는 것으로 다른 학자들(인지주의 혹은 인본주의 심리학자들과 같은)에 의해 해석된다면, 그것은 단지 심리학자들이 행동을 창조하고 유지하게 하는 강화물을 정확히 선별해 낼 수 없기 때문이다. 만약 이것이 다소 극단적인 입장으로 느껴진다면, 스키너의 입장이 급진적 행동주의라고 불리면서 항상 논쟁거리로 있다는 것을 기억하라.

스키너는 종종 회의론적 입장과 마주쳤고, 그의 견해인 인간의 유일한 고유성으로 여겨지는 행동이 비둘기나 쥐와 같은 하등 동물들에게 학습될 수 있다는 것을 실험적으로 증명함으로써 회의론을 반박하였다. 이러한 증명들 중 하나는 하등 동물들이 인간행동의 통찰력 또는 해결책을 갑자기 떠올림으로써 문제를 해결하는 것까지 포함되었다. 스키너는 너무나 높아서 비둘기가 닿을 수 없는 곳에 음식 접시를 두어 이들이 인간의 통찰력과 유사한 방법으로 문제를 해결하도록 했다. 물론 이것은 정말로 조작적 조건 형성이며 인간에게도 마찬가지라고 스키너는 주장했다.

스키너가 제기한 또 다른 도전은 미신적인 행동은 인간만이 유일하게 가지고 있다는 다른 연구자들의 주장이었다. 이러한 주장은 미신이 인간의 인지활동(사고, 지식 획득, 추론)을 필요로 한다는 것이었다. 미신은 어떠한 것에 대한 믿음이고 우리는 대개 이러한 믿음이 동물에게는 있다고 하지 않는다. 스키너는 미신행동은 핵심적으로 조작적 조건형성의 원리를 사용하므로 다른 행동만큼이나 쉽게 설명될 수 있다고 했다. 그는 그것을 증명하는 실험을 수행했다.

이론적 제안

시간을 되돌려 미신적으로 행동했던 때를 생각해보자. 나무를 두드리고, 사다리 아래로 걷는 것을 피하고, 금이 간 곳을 밟는 것을 피하고, 행운의 동전이나 다른 마력을 가지고 다니고, 보드 게임에서 특정한 방법으로 주사위를 흔들고, 당신의 별점 때문에 행동을 바꾼 적이 있는가? 비록 일부 사람들이 인정하지 않는다 하더라도, 아마 모든 사람이 언젠가는 미신에서 벗어나서 행동을 할 것이라고 말하는 것이 안전하다. 사람들이 이런 행동을 하는 이유는 그들은 미신행동과 일부 강화된 결과간에는 관계가 있으며, 비록 사실이 그렇지 않을지라도 그렇다고 사람들이 믿거나 추정하기 때문이라고 스키너는 말한다. 이러한 관계는 행동(특정 방법으로 주사위를 흔드는 것과 같은)이 우연히 한 번, 두 번 또는 여러 번에 걸쳐 강화(좋은 회전)되었기 때문에 존재한다. 스키너는 이것을 '비수반된' 강화라 불렀으며, 이는 어떤 특정한 행동에 수반되지 않는 보상이다. 이러한 관계가 있지 않을 때 당신은 행동과 보상간에 인과관계가 있다고 믿는다.

만약 이것이 일부 유일한 인간행동이라고 생각한다면 스키너는 "나는 비둘기 미신을 만들 것이다!"라고 말했을지 모른다.

방 법

이 실험에서 사용한 방법을 이해하기 위하여 '스키너 상자'에 대한 간단한 기술이 필요하다. 스키너 상자(스키너는 '조건형성 방'이라 함)의 원리는 매우 단순하다. 음식을 배분하는 접시나 쟁반을 제외하고는 텅 비어 있는 새장이나 상자이다. 이것은 동물들이 작은 음식 알맹이 같은 강화를 받을 때 실험자가 통제하도록 되어 있다. 또한 초기 조건형성 상자에는 그것을 누르면 음식이 분배되도록 하는 지렛대가 들어 있다. 만약 쥐는(스키너의 최초의 작업에서 사용된 쥐들) 이러한 상자들 중 한곳에 배치되었고, 결국 시행착오를 거쳐 지렛대를 눌러 음식받는 것을 학습하였다고 하자. 대안적으로 실험자가 원한다면, 실험자는 음식 배분하는 것을 통제하고 특정행동에 대해 강화할 수 있었다. 나중에 비둘기는 조건형성 실험에서 이상적인 피험자가 되었고, 조건형성 방은 막대기를 누르는 대신 원반을 쪼도록 설치되었다.

이 연구에서 사용된 이들 조건형성 새장 중 하나를 논의하고자 하는데, 여기에 하나의 중요한 변화가 있다. 미신적 행동을 연구하기 위하여 음식 분배는 동물들이 그 시간에 무엇을 하든지 관계없이 15초 간격으로 소량의 음식 알맹이가 접시에 떨어지도록 장치하였다. 이것이 비수반된 강화를 산출했다는 것을 알 수 있다. 다시 말하면 동물은 무엇을 하든 관계없이 15초마다 보상을 받았다.

이 연구에서 대상은 여덟 마리의 비둘기였다. 이 새들은 여러 날 동안 정상적인 1일 섭취량보다 적은 양의 먹이를 받게 되었다. 그래서 검사할 때 그들은 배가 고픈 상태였으므로 음식을 얻기 위한 행동을 수행하는 데 높게 동기화되어 있다(이것은 강화의 힘을 증가시켰다). 각각의 비둘기는 하루에 몇 분 동안 실험 새장 안에 배치되었고 비둘기가 무엇을 하든 간에 그냥두었다. 이 시간 동안 강화는 매 15초마다 자동적으로 음식을 배분하였다. 이 방법으로 조건형성을 여러 날 한 후에 두 명의 독립적인 관찰자는 새장에 있는 새의 행동을 기록하였다.

결 과

스키너의 보고는 다음과 같다.

> 8개의 사례 중 6개의 경우에 결과적인 반응은 매우 명백히 정의되어 두 관찰자들이 완벽하게 동의할 수 있는 것이었다. 한 마리 새는 새장 안에서 시계 반대 방향으로 강화 사이에 2번 또는 3번 돌았다. 이는 회전하는 것에 의해 조건화되었다. 다른 새는 새장의 한쪽 모서리 위쪽 안으로 머리를 되풀이하여 밀어넣는다. 세 번째 새는 마치 눈에 보이지 않는 막대기 밑에 머리를 두었다가 반복해서 들어올리는 것처럼 머리를 흔드는 동작이 발달되었다. 다른 두 마리 새는 머리와 몸을 옆으로 흔드는 동작이 발달되었는데 여기서 머리는 앞으로 쭉 뻗었다. 다소 느리게 되돌아오는 동작으로 이어지면서 몸은 일반적으로 움직였고 움직일 때는 몇 단계가 있었다. 또 다른 새는 바닥을 건드리지는 않고 바닥을 향해서 직접적으로 쪼거나 스치는 것으로 불완전하게 조건형성되었다(p. 168).

이러한 행동들은 새에게 있어 조건형성 절차 전에 관찰되지 않았다. 여러분이 알다시피 새로운 행동은 비둘기가 음식을 제공받는 것과는 무관하다. 그럼에도 불구하고 비둘기들은 특정 행동이 음식을 산출하는 것처럼 행동했다. 그들은 미신적이 되었다.

스키너는 이어 만약 강화 사이에 시간 간격이 늘어나면 어떤 일이 일어나는지 알고 싶어했다. 머리를 까딱이는 새에게 분배되는 음식 알맹이의 간격을 1분까지 천천히 늘였다. 이렇게 했을 때 비둘기 움직임은 보다 활동적이었고 마침내 발 동작이 현저하여 새가 강화 간격 1분 동안에 일종의 춤을 추고 있는 것처럼 보였다(비둘기의 음식 춤처럼).

마지막으로 새의 새로운 행동은 소거되었다. 이것은 실험에서의 강화가 중단된 것을 의미한다. 미신적인 행동이 완전히 사라질 때까지 미신적인 행동을 발생하게 한 강화는 점차적으로 줄었다. 그러나 강화 간격을 1분으로 늘려 강화를 받은 '깡충깡충 뛰는' 비둘기의 경우는 소거가 일어나기 전까지 1천 번 이상의 반응이 기록되었다.

논 의

분명히 스키너가 여기서 종결한 것은 여섯 마리 미신적인 비둘기이다. 그러나 그는 결과를 보다 주의 깊고 조심스럽게 설명했다. "이 실험은 미신의 한 종류에 대해 증명하려고 했다. 새는 마치 행동과 음식 제공간에 비록 이러한 관계가 없다 하더라도 인과관계가 있는 것처럼 행동한다"(p. 171).

물론 다음 단계는 이러한 결과를 인간에게 적용한 것이다. 우리가 인간 행동에서도 인과관계를 유추하는 것이 어렵지 않은 것처럼 스키너 역시 그랬을 것이다. 그는 "볼링 선수가 공을 볼링 레일에 놓았으나 마치 어깨와 팔을 비틀고 돌리는 행동을 계속함으로써 그것을 조정하는 것처럼 행동한다"(p. 171)고 했다. 이와 같은 반응은 이치적으로는 이미 레일에 반쯤 간 볼링 공에는 어떠한 효과도 발휘할 수 없다.

이 논문에서 스키너에 의해 지적된 부가적이고 흥미로운 점은, 볼링 선수가 팔을 비틀고 돌리고 하는 것과 공의 방향간에 관계가 없다고 결론짓는 것은 옳지 않다고 하는 그의 주장이다. 볼링 선수의 손에서 공이 떠난 후에 "볼링 선수의 행동이 공에 아무런 영향을 미치지 않는 것은 사실이지만 공의 움직임이 볼링 선수에게는 영향을 준다"(p. 171). 다시 말하면, 사실 어떤 경우엔 볼링 공이 볼링 선수의 몸의 움직임 방향으로 굴러간다. 공의 움직임과 스트라이크 또는 스페어라는 결과를 결부시킨 것은 우연히 팔을 돌리는 행동을 강화하고 미신을 유지시키는 데 충분하다.

마지막으로 미신이 소거에 저항한다는 근거는 비둘기가 그 행동을 포기하기 전에 1천 번 이상 뜀으로써 증명되었다. 어떤 행동이 때때로 단지 강화가 되면 소거시키기 매우 힘들다. 이것은 미신행동이 강화 결과를 산출한다는 높은 수준으로 기대되기 때문이다. 당신은 만약 이 연합이 매시간 제공되었다가 그후에 사라진다면 그 행동은 빨리 멈출 것이라고 생각할 수 있다. 그러나 인간에게 있어 우연적 강화의 경우가 대개 많은 시간 간격을 두고 일어나므로 미신적인 행동은 종종 일생 동안 지속될 수 있다.

비판과 후속 연구

앞서 언급한 것처럼 스키너의 행동주의적 이론과 연구는 항상 거대하고 때때로 열띤 논박을 일으킨 주제였다. 인간행동에 대한 다른 저명한 이론적 접근은 엄격한 행동주의적 관점이 인간의 기본적인 수많은 심리학적 과정을 설명하지 못한다고 주장했다. 인본주의 심리학파의 창시자이며 스키너의 논쟁으로 잘 알려진 칼 로저스(Carl Rogers)는 이와 같은 비판으로 요약하였다.

> 내적 의미의 세계에서 인본주의적 심리학은 행동주의자들에게는 무의미하지만 다음과 같은 주제를 조사해 볼 수 있다. 목적, 목표, 가치, 선택, 자신에 대한 지각, 타인에 대한 지각, 우리가 세상을 구성하는 개인적 구성체. 연결적인 의미를 지닌, 개인을 둘러싸고 있는 전체 현상적인 세상. 이러한 세상의 어떤 부분도 엄격한 행동주의자에게는 열려 있지 않다. 아직까지 이들 요소들이 인간행동에서 가지는 중요성은 명백히 사실인 것처럼 보인다(Rogers, 1964, p. 119).

행동주의자들은 모든 인간의 특성들에 대해 행동주의적 분석이 가능하다고 결국에는 주장했다. 여기에서 핵심은 이 특성들을 구성하는 행동과 결과들에 대한 적절한 해석이다(이 문제에 대한 완전한 논의를 위해 Skinner, 1974 참조).

또한 미신의 특정한 주제에 대한 논쟁이 줄어들면서 미신 형성에 포함된 학습과정들을 보다 폭넓게 수용하게 되었다. 브루너와 레부스키(Bruner & Revuski, 1961)에 의해 수행된 실험은 인간의 미신적 행동이 얼마나 쉽게 개발되는지 증명했다. 네 명의 고등학생은 각각 네 개의 전보키 앞에 앉는다. 그들이 매번 정확한 키를 누르면 벨이 울리고, 빨간 불이 켜질 것이며,

그 대가로 5센트를 받게 될 것이라는 이야기를 듣는다. 정확히 반응하는 것은 3번 키이다. 그러나 스키너의 연구에서처럼 3번 키는 단지 10초의 지연 간격 후에 원하는 강화를 산출했다. 이 간격 동안 학생들은 다양한 조합으로 다른 키를 눌렀다. 그 다음 지연 후에 오는 어떤 시점에서 그들은 다시 3번 키를 누르면 강화를 받는다. 결과는 모든 학생에게 같았다. 잠시 후 그들은 개발된 키 반응의 유형(1, 2, 3, 4, 1, 2, 3과 같은)을 강화 사이에 계속적으로 반복했다. 3번 키를 누르는 것은 유일한 강화 행동이었다. 연속해서 다른 키를 누르는 것은 완전히 미신적이었다. 모든 학생들이 미신적으로 행동했을 뿐만 아니라 모든 학생들이 다른 키를 누르는 것은 강화된 키를 확립하는 데 필요하다고 믿었다. 그들도 그들의 미신적인 행동을 인식하지 못했다.

결 론

미신은 어느 곳에나 있다. 당신도 아마 어떤 미신을 가지고 있을지 모른다. 고등학교와 대학 운동선수를 대상으로 한 연구에서 그들 중의 40퍼센트가 경기 전이나 경기 동안에 미신적 행동을 하는 것으로 나타났다 (Buhrmann & Zaugg, 1981). 미신적 행동에 대한 유명한 이야기는 필 에스포시토라는 하키 선수의 이야기이다. 매경기 전에 그는 같은 검은색 스웨터를 입고, 경기장 가는 길에 있는 동일한 요금 징수소를 통과해 운전하며, 유니폼을 정확히 똑같은 순서로 입는다. 몇 년 전에 그가 이러한 일을 처음으로 모두 했을 때 그는 팀의 최고 점수를 낸 선수가 되었다. 그는 그러한 연합이 실제로 존재하지 않을 때 마치 그 행동들과 경기장에서의 그의 성적간에 인과적으로 연결된 것처럼 행동했다. 그것은 정확히 스키너가 미신을 정의했던 방법이다.

어떤 미신은 사회 전역에 효과를 산출하는 문화의 한 부분이다. 대부분의 고층건물에는 13층이 없다. 물론 13번째 층은 있으나 그것을 13층이라고 부르지는 않는다. 이것은 건축가와 건물 주인들이 지나친 미신을 가져서라기보다는 13번째 층을 대여하거나 팔기에 다소 어려움이 있기 때문이다. 또 다른 예로 미국인들은 2달러 지폐에 너무나 미신적이어서 미국 재무성에는 사람들이 이를 사용하지 않아 생긴 400만이 넘는 지폐 다발이 쌓여 있다고 한다. 미신은 심리학적으로 건전하지 않은 것인가? 대부분의 심리학자들은 정의에 의해 미신적인 행동이 당신이 생각하기에 그들이 행하는 결과를 산출하지 않을지라도 유용한 기능을 제공할 수 있다고 믿는다. 종종 이런 행동은 사람들이 어려운 상황에 직면했을 때 감정에 대한 강도와 통제를 산출할 수 있다. 위험스러운 직업에 종사하는 사람들은 그렇지 않은 사람들보다 더 미신적인 경향이 있다는 사실은 흥미롭다. 때때로 미신적인 행동에 의해 창출되는 증가된 힘과 통제에 대한 감정은 종종 불안을 감소하게 하고 자신감과 확신감을 더 크게 가지게 하고 수행을 증가하게 할 수 있다.

BRUNER, A., & REVUSKI, S. (1961) Collateral behavior in humans. *Journal of Experimental Analysis of Behavior, 4,* 349~350.

BUHRMANN, H., & ZAUGG, M. (1981) Superstitions among basketball players: An investigation of various forms of superstitious beliefs and behavior among competitive basketball players at the junior high school to university level. *Journal of Sport Behavior, 4,* 163~174.

ROGERS, C. R. (1964) Toward a science of the person. In F. W. WANN(ed.), *Behaviorism and phenomenology: Contrasting bases for modern psychology.* Chicago: Phoenix Books.

SKINNER, B. F. (1974) *About Behaviorism.* New York: Knopf.

보보 인형 연구 12

공격적 형태의 범람으로 인해 공격성은 오늘날 전세계가 직면하고 있는 가장 큰 사회적 문제이다. 따라서 이는 항상 심리학의 역사에서 가장 큰 비중을 지닌 연구주제 중 하나이다. 수년에 걸쳐 이 연구에서 중심 역할을 해 온 행동주의 심리학자들을 사회심리학자들이라 하며 이들의 연구는 인간의 상호작용에 초점을 맞추고 있다. 사회심리학자들의 목표 중 하나는 공격성을 정의하는 것이다. 언뜻 보기에 비교적 쉬운 것처럼 보이나 어떤 정의는 다소 초점에서 벗어나 있는 것으로 보인다. 예를 들어 다음 행동들은 당신이 공격성으로 정의하는 것 가운데 하나이다. 복싱 시합? 쥐를 죽이는 고양이? 적을 쏘는 군인? 지하실에 놓아둔 쥐덫? 투우? 공격성의 정의에 포함되든 되지 않든 간에 행동목록들은 계속 있을 것이다. 결과적으로 만약 10명의 다른 사회심리학자들에게 자문을 한다면 아마도 10개의 다른

Bandura, Albert, Ross, Dorothea and Ross, Sheila A. (1961) Transmission of aggression through imitation of aggressive models. *Journal of Abnormal and Social Psychology, 63,* 575~582.

공격성의 정의를 갖게 될 것이다.

많은 연구자들은 공격성의 정의에 동의하려는 것 그 이상으로 인간의 공격성에 대한 근원을 조사하는 데 더 관심을 둔다. 그들은 다음과 같은 질문을 제시한다. 왜 사람들은 공격적인 행동에 관여하는가? 심리학 역사를 통하여 많은 이론적 접근들은 공격성의 원인을 설명하기 위해 제안되어 왔다. 이들 중 일부는 생물학적으로 공격성이 프로그램되어 있으며, 난폭한 충동은 이들의 욕구가 풀어지기까지 오랜 시간에 걸쳐 인간 내부에 축적되는 것과 같다. 다른 이론들은 상황적 요인들을 살펴보는 것으로 반복되는 공격적 반응에 대한 주요한 결정인자에 관한 것이다. 세 번째 견해는 가장 널리 수용되고 있는 것으로 공격성은 학습된다는 것이다.

심리학 역사에서 수행된 가장 유명하고 영향력 있는 실험 중 하나는 아동들이 어떻게 공격적으로 변해가는가를 증명하는 것이다. 앨버트 밴두라(Albert Bandura)와 그의 동료인 도로시아 로스(Dorothea Ross)와 실러 로스(Sheila Ross)에 의한 이 연구는 1961년에 스탠퍼드 대학교에서 수행되었다. 밴두라는 '사회학습이론' 이라 불리는 심리학파의 창시자 중 한 명이다. 사회학습 이론가들은 학습은 성격의 발달에 있어서 주요한 요인이고, 이러한 학습은 다른 사람과의 상호작용을 통해 일어난다고 믿는다. 예를 들어, 당신이 성장함에 따라 부모님이나 선생님들과 같은 중요한 사람들은 어떤 행동을 강화하거나 어떤 행동을 무시하거나 처벌한다. 그러나 밴두라는 심지어 직접적인 보상과 처벌의 차원을 넘어서서 다른 사람의 행동을 단순히 관찰하거나 모방하는 것 혹은 모델링을 통한 중요한 방법들에서 행동이 형성될 수 있다고 믿었다.

이 논문의 제목으로부터 알 수 있듯이, 밴두라와 로스와 로스는 공격성의 행위에 대한 이러한 모델링 효과를 증명할 수 있었다. '보보 인형 연구'라는 이 실험은 심리학 분야를 통해 알려지게 되었는데 사실 이 연구는 명확하고 간결하다. 이 연구는 초기 연구결과를 참조하면서 시작되었다. 초기 연구결과는 아동들은 성인 모델의 행동을 즉각적으로 모방한다는 것을 증명했다. 밴두라의 새로운 연구에서 중점을 둔 것은 이러한 모방적인 학습이 아동과 함께 모델이 있지 않는 장면에서 일반화될 수 있는가였다.

이론적 제안

연구자들은 공격적인 혹은 공격적이지 않는 행동을 하는 성인 모델을 아동들에게 노출할 것을 제안했다. 아동들은 그 모델이 없는 새로운 상황에서 검사를 받는데 이는 성인에게서 관찰된 공격적 행위를 어느 범위까지 모방하는지 결정하기 위해서이다. 이러한 실험적 조작을 바탕으로 밴두라와 그의 동료들은 네 개의 예측을 하였다.

1. 공격적인 행위를 하는 성인 모델을 관찰한 피험자들은 심지어 그 모델이 존재하지 않더라도 성인을 모방하고 유사한 공격적인 행동을 한다. 게다가 이 행동은 비공격적인 모델을 관찰하거나 어떠한 모델도 관찰하지 않는 피험자와는 다를 것이다.
2. 비공격적인 모델에 노출된 아동들은 공격성을 관찰한 아동들보다 다소 덜 공격적일 뿐만 아니라 어떠한 모델에도 노출되지 않은 통제된 집단의 아동들보다 덜 공격적일 것이다. 다시 말하면 비공격적인 모델은 공격성 억제의 효과를 가지게 될 것이다.
3. 아동들은 자신의 성별과 동일한 부모님이나 성인을 동일시하는 경향이 있기 때문에 "아동들은 반대의 성별을 가진 모델보다 같은 성별의 모델 행동을 더 많이 모방할 것이다"(p. 515).
4. 공격성은 사회에서 매우 남성적인 행동 유형이기 때문에 소년들은 소녀들보다 공격성을 모방하려는 경향이 더 많을 것이며, 이들 피험자가 나타낸 가장 큰 차이는 남자 성인에게 노출되었을 때일 것이다.

방 법

밴두라와 로스와 로스의 이 논문은 탁월한 조직화와 명확함을 지닌 실험에서 사용된 방법들을 개괄하고 있다. 다소 요약되고 단순화되었지만 이러한 방법론적 절차를 여기에서 소개한다.

피험자 이 연구의 피험자들을 구하기 위해 스탠퍼드 대학교 부설 유아학교의 교장 선생님과 주임 선생님의 협력을 구했다. 3세부터 6세에 이르는 연령 범위에 있는 36명의 소년과 36명의 소녀들이 피험자로서 그 연구에 참여하였다. 아동들의 평균 연령은 4년 4개월이었다.

실험조건 24명의 아동들은 통제집단에 배치되었으며 이들은 어떤 모델에도 노출되지 않음을 의미한다. 나머지 48명의 피험자들은 먼저 두 집단으로 나누어졌다. 한 집단은 공격적인 모델에 노출되었고 나머지 집단은 비공격적인 모델에 노출되었다. 이들 두 집단은 다시 남자 피험자와 여자 피험자로 나누어졌다. 마지막으로 각각의 집단들은 피험자들의 반은 같은 성별의 모델에 노출되도록, 나머지 반은 다른 성별의 모델에 노출되도록 나누어졌다. 그래서 전체 8개의 실험집단과 1개의 통제집단이 만들어졌다. 이러한 의문을 가질지도 모른다. 집단 내의 어떤 아동들이 다른 아동들보다 이미 더 공격적인 성향을 가지고 있으면 어떻게 되는가? 밴두라는 이러한 잠정적인 문제를 각 피험자의 공격성 수준을 평정함으로써 피해갔다. 즉 실험자와 선생님(두 사람 모두 아동들에 대해 잘 알고 있음)에 의해 아동들을 평정함으로써 연구자는 평균적인 공격성 수준에서 모든 집단들을 배치할 수 있었다.

실험결과 각 아동은 개별적으로 다양한 실험 절차에 따랐다. 먼저 실험자는 아동을 놀이방에 데려가고, 아동은 거기서 실험자가 초대한 성인 모델과 만났으며, 그 성인 모델은 다가와서 게임에 참여한다. 이 방에는 아주 흥미로운 활동 프로그램들이 준비되어 있다. 감자 판화(이 실험은 1961년에 행해진 것으로 고도의 기술시대에서 자라난 여러분을 위해 설명이 필요할 것 같은데 감자 판화라는 것은 반으로 자른 감자의 면에 조각을 새겨 마치 고무판처럼 인주에 묻혀 찍으면 기하학적 모형이 재생된다)와 포스터에 붙일 수 있는 반짝이고 색깔 있는 동물과 꽃 모양의 스티커 등이 있다. 다음에 성인 모델은 손가락 인형, 나무망치, 바람을 불어넣어 만든 5피트 키의 보보 인형이 있는 다른 편에 있는 책상에 앉아 있었다. 실험자는 이 장난감들은 모델이 가지고 놀기 위한 것이라는 설명을 하고 방을 떠났다.

공격적인 그리고 비공격적인 조건 모두에서 모델은 손가락 인형을 가지고 놀기 시작했다. 그러나 공격적인 조건에서는 1분 후에 모델이 보보 인형을 격렬하게 공격했다. 공격적인 조건의 피험자 모두에게 보여준 모델이 행한 공격적 행동의 순서는 동일했다.

> 모델은 보보 인형을 옆에다 눕혀두고 그 위에 올라앉더니 반복해서 코를 때렸다. 그리고 인형을 일으켜세운 후 나무망치를 들고서 인형의 머리를 때렸다. 나무망치 공격 뒤에 인형을 공격적으로 방구석으로 차버렸다. 이와 같은 신체적인 공격적 행동 순서는 세 번 반복되었다. 이때 '코를 친다', '내려친다', '공중으로 내려친다', '차버린다', '퍽' 등과 같은 공격적 언어 반응과 '계속 되돌아오는군', '끈질긴 녀석임에 틀림없어' 등과 같은 비공격적 언어들이 여러 곳에 사용되었다(p. 576).

이 모든 과정은 10분이 소요되었고 아동은 이 모델에게 작별인사를 하고 다시 다른 놀이방으로 갔다.

비공격적인 조건에서는 모델은 10분 동안 손가락 인형을 가지고 조용히 놀았고 보보 인형은 완전히 무시했다. 밴두라와 그의 동료들은 모든 피험자들에게 연구될 요인인 공격적 대 비공격적 모델, 모델의 성별을 제외한 모든 실험요인들이 동일하게 적용되도록 주의했다.

분노와 좌절에 대한 각성 10분의 놀이 기간 후 다양한 조건하의 모든 피험자들은 소방차, 제트 전투기, 양복장을 포함한 완벽한 인형 세트, 인형

유모차 등 매우 흥미를 끄는 장난감으로 채워진 다른 방으로 옮겨졌다. 연구자들은 모델의 공격적인 반응에 아동들은 다소 분노하거나 좌절할 것이며, 이것이 공격적 행동을 유발시킬 가능성이 있을 것이라고 믿었다. 이 실험을 완성하기 위해, 그들은 피험자가 흥미를 끄는 장난감들을 가지고 놀도록 해주었으나 잠시 후에 이 방에 있는 장난감들은 다른 아동들을 위해 예약된 것이라고 말한다. 그러나 피험자들 또한 옆방에서 일부 다른 장난감을 가지고 놀 수 있다는 이야기를 듣는다.

공격성의 모방에 대한 검사 마지막 실험실은 공격적인 장난감과 비공격적인 장난감 모두로 채워져 있었다. 공격적인 장난감은 보보 인형(당연!), 나무망치, 2개의 화살촉, 그리고 테더 볼이다. 비공격적인 장난감들은 찻잔 세트, 크레용과 종이, 공, 두 개의 인형, 자동차와 트럭들 그리고 플라스틱으로 된 농장 동물들이다. 각각의 피험자들은 20분 동안 이 방에서 노는 것이 허용되었다. 이 기간 관찰자는 일방경을 통해 공격성의 척도에 따라 각 아동의 행동을 측정하였다.

공격성의 측정 전체 여덟 가지의 다른 반응들이 피험자들의 행동에서 측정되었다. 흥미롭게도 명확성에서 가장 두드러진 4개의 측정치만을 여기에 요약할 것이다. 첫째, 모델의 신체적 공격성을 모방한 모든 행위들을 기록하였다. 이러한 행위들은 보보 인형 위에 앉고, 코를 때리고, 망치로 때리고, 걷어차고, 공중으로 던지는 것을 포함한다. 둘째, 모델의 언어적 공격성에 대한 모방은 '때리다', '내려치다', '퍽' 등과 같은 피험자의 반복적인 어절을 계산함으로써 측정된다. 셋째, 다른 나무망치 공격성(즉 나무망치를 가지고 인형을 때리는 것보다 다른 물체를 때리는 것)이 기록되었다. 넷째, 비모방적인 공격성은 모든 피험자가 성인 모델에 의해 수행되지 않은 신체적 그리고 언어적 공격성의 모든 행위를 도표화하여 제시하였다.

결 과

이러한 관찰로부터 얻어진 결과가 표 1에 요약되어 있다. 결과를 주의 깊게 살펴보면 도입부분에서 밴두라와 로스와 로스가 제시한 네 가지 가설 중에서 세 가지가 지지되었다는 사실을 발견하게 될 것이다.

폭력적인 모델에 노출된 아동들은 그들이 관찰한 공격적 행동을 정확하게 모방하는 경향이 있었다. 공격적인 모델에 노출되었을 때 남자 피험자들의 경우에는 신체적 공격에 대한 모방 사례가 평균 38.2였고, 여자 피험자의 경우는 12.7이었다. 부가적으로 모델의 언어적인 공격적 행동은 남자의 경우 평균 17회이고 여자의 경우 평균 15.7회였다. 이러한 신체적 또는 언어적 공격성의 구체적 행위는 비공격적 모델에 노출된 피험자나 어떤 모델에도 노출되지 않은 통제집단의 피험자들에게는 실제로 관찰되지 않았다.

여러분이 상기하듯이 밴두라와 그의 동료들은 비공격적 모델은 아동들에게 폭력 억제효과를 가질 것이라고 예측했다. 이 가설이 지지되기 위해서는, 비공격적 조건에서 피험자들은 비모델 통제집단의 피험자들보다 유의미하게 공격성에 대한 평균 사례수가 적은 것으로 결과가 나타나야만 한다. 표 1에서 비공격적 모델 열과 통제집단의 평균을 비교해 보면, 결과들이 혼합되어 있는 것을 볼 수 있다. 예를 들어 비공격적인 남자를 관찰했던 소년과 소녀들은 통제집단보다 나무망치 공격성이 적었다. 그러나 비공격적인 여자를 관찰했던 소년의 경우 통제집단의 소년의 경우보다 나무망치를 가지고 공격하는 횟수가 많았다. 저자들이 이미 인정하듯이, 이러한 결과는 비공격적 모델에 의한 공격성 억제 효과와 관련하여 일치하지 않으므로 결론에 이르지는 못했다.

그러나 예측된 성차는 표 1의 자료에 의해 강력히 지지되었다. 명백히 소년의 폭력적 행동은 공격적인 여자 모델보다 공격적인 남자 모델에 의해 더 많은 영향을 받았다. 소년들이 여자 모델을 관찰했을 때는 공격적 행동

표 1. 다양한 처치 조건에서 아동의 평균 공격적 반응수

공격성 유형	공격적인 남자	비공격적인 남자	공격적인 여자	비공격적인 여자	통제집단
	모델 유형				
신체적 공격성					
소년	25.8	1.5	12.4	0.2	1.2
소녀	7.2	0.0	5.5	2.5	2.0
언어적 공격성					
소년	12.7	0.0	4.3	1.1	1.7
소녀	2.0	0.0	13.7	0.3	0.7
나무망치 공격성					
소년	28.8	6.7	15.5	18.7	13.5
소녀	18.7	0.5	17.2	0.5	13.1
비모방적 공격성					
소년	36.7	22.3	16.2	26.1	24.6
소녀	8.4	1.4	21.3	7.2	6.1

(p. 579 인용)

의 평균 총사례수는 48.4인데 비교하여, 공격적인 남자 모델을 관찰했을 때는 104였다. 한편 소녀들의 결과가 비일관적이기는 하지만, 공격적인 남자 모델을 관찰했을 때는 평균 36.3의 공격적 행동을 보여준 반면, 공격적인 여성 모델에 노출된 조건에서 평균 57.7의 공격적 행동을 보여주었다. 연구자들은 동일 성별 공격적 조건에서 소년들은 신체적 공격행동을 많이 모방하는 반면, 소녀들은 언어적 공격행동을 많이 모방했다고 지적한다.

마지막으로 소년들은 거의 모든 조건에서 소녀들보다 더 많은 신체적 공격행동을 보였다. 표 1에 있는 공격의 사례수 모두를 합하면 여자의 경우 128.3회의 공격적 행동을, 남자는 270회의 공격적 행동을 기록하였다.

논 의

밴두라와 로스와 로스는 특정한 행동, 즉 폭력과 같은 행동들이 모델이나 관찰자에게 제공되는 어떠한 강화도 없는 상황에서 어떻게 관찰과 모방 과정을 통해 학습될 수 있는지를 증명했다. 그들은 공격적 행동을 하는 성인에 대한 아동들의 관찰은 아동들에게 이러한 폭력의 형태가 허용될 수 있다는 메시지를 보내게 되므로 공격성에 저항하는 아동들의 억제를 약화시킨다는 결론을 내렸다. 그 관찰된 폭력의 결과는 아동이 공격적인 행동과 함께 미래에 대한 좌절감에 반응할 확률이 증가된다고 주장한다.

연구자들은 또한 소년에게서의 남성의 공격적 모델의 영향이 소녀에게서의 여성의 공격적 모델보다 좀더 강하게 영향을 미치는 이유를 문제제기하였다. 그들은 대부분 우리 문화에서 공격성은 여성보다 남성에게 더 전형적인 것으로 여긴다고 설명한다. 다시 말하면 공격성은 남성형의 행동이다. 그래서 남성의 공격성 모델링은 사회적 수용의 무게와 함께 이행되므로 관찰자에게 더 강력하게 영향을 미친다.

후속 연구

이 실험이 수행된 그 당시에 연구자들은 아마 이 실험이 얼마나 영향력이 있는지 알 수 없었을 것이다. 1960년대 초반에는 TV가 미국 문화 내에서 영향력 있는 매체로 등장하였고, 시청자들은 TV에서 보여지는 폭력이 아동들에게 미치는 영향에 대해 관심을 가지기 시작했다. 이것은 뜨거운 논쟁이 되어왔고 지금도 계속되고 있다. 지난 30년 동안 TV폭력이라는 주제로 적어도 세 번의 국회 청문회가 있었고, 밴두라와 다른 심리학자들의 연구가 이 조사에 포함되었다.

동일한 세 명의 연구자들은 2년 후에 필름상의 혹은 실제적인 인물이 아닌 공격적 모델의 영향력을 조사하기 위하여 후속 연구를 실시했다. 보보 인형에 대한 공격성을 포함하는 유사한 실험방법을 사용하여, 밴두라와 로스와 로스는 공격행동의 모방에 있어 실재의 성인 모델의 영향력, 필름상의 모델, 만화 모델의 영향력을 비교하는 실험을 설계하였다. 결과는 실재의 성인 모델이 필름상의 성인 모델보다 강한 영향을 미쳤고, 차례로 필름상의 성인 모델은 만화 모델보다 강한 영향을 미쳤다. 그러나 공격적인 모델인 세 형태 모두에서 아동들은 비공격적인 모델에 노출된 아동들 혹은 통제집단보다 더 많은 공격행동을 나타냈다(Bandura, Ross, & Ross, 1963).

낙관적인 지적으로, 밴두라는 후속 연구를 통해 모방된 공격성의 효과가 어떤 조건에서는 변경될 수 있다는 사실을 발견했다. 그의 초기연구에서는 모델이나 피험자에게 공격성에 대한 어떠한 보상도 주어지지 않았다. 그러나 모델이 폭력적으로 행동하고 난 후 아동들이 관찰하고 있는 동안 그 행동에 대해 강화 혹은 처벌받는다면 어떤 일이 일어날 것이라고 생각하는가? 밴두라(1965)는 이 생각을 검증하였고 아동들은 행동에 대해 보상받는 것을 보았을 때 공격적 행동을 더 많이 모방하지만 공격적 행동에 대해 모델이 처벌을 받으면 모방행동이 훨씬 적어진다는 사실을 발견했다.

공격성에 대한 밴두라의 연구에 관하여, 보보 인형에 대한 공격은 실재 사람을 공격하는 것과는 다르고 아동들은 그 차이를 안다는 비판이 지적되어 왔다. 밴두라와 그의 동료들에 의해 놓여진 기반에 근거하여, 다른 연구자들은 실제 공격성에 있어 모델화된 공격성 효과를 조사해 왔다. 밴두라의 보보 인형 방법을 사용한 연구(Hanratty, O' Neil, & Sulzer, 1972)에서 아동들은 폭력적인 성인 모델을 관찰했고 그런 다음 높은 수준의 좌절에 노출되었다. 이러한 일이 발생했을 때, 그들은 그 사람들이 좌절의 근원이든 그렇지 않든 간에 실재 사람(어릿광대처럼 옷을 입은)을 자주 공격했다.

다른 연구에서 아동들은 무선적으로 두 집단에 배치되었다. 한 집단은 TV쇼를 시청하였으며, 이 쇼는 주로 총격, 칼싸움, 격투와 같은 폭력이 난무하고 있었다. 반면에 다른 집단은 흥미있는 스포츠 쇼를 보았다. 프로그램 시청 내용의 차이를 제외하고 두 집단은 정확히 같이 다루어졌다. 이후에 두 집단의 아동들은 '상처' 라고 표시된 단추를 누름으로써 다른 아동을 공격할 기회가 주어졌다(물론 그 단추는 실제 어떤 것과도 연결되어 있지 않았다). 폭력 프로그램에 노출된 아동들은 스포츠 프로그램을 시청한 아동들보다 단추를 더 많이 누르고 또 더 오래 누르는 경향이 있었다(Liebert & Baron, 1972).

결론

여기에서 논의된 밴두라와 로스와 로스의 연구는 심리학적 사고에 두 가지 중요한 공헌을 했다. 첫째, 아동들이 단순히 성인들을 관찰함으로써 어떻게 새로운 행동들을 획득할 수 있는가를 아주 극적으로 증명했다. 사회학습 이론가들은 인간의 성격 대부분은 아니지만 많은 부분이 이러한 모방과정을 통해서 형성된다는 것을 믿는다. 둘째, 이 연구는 사람이나 매체에서 나타나는 폭력을 시청하는 아동들에게 미치는 효과에 대한 수많은 조사와 연구의 초석을 다졌다. 논쟁과 토론이 지속되었지만 밴두라의 연구에서 이루어진 논문들은 대체적으로 매체에서의 폭력과 아동의 폭력 행동이 서로 연결되어 있다는 견해를 지지한다.

Bandura, A. (1965) Influence of models' reinforcement contingencies on the acquisition of imitative responses. *Journal of Personality and Social Psychology, 1,* 589~595.

Bandura, A., ROSS, D., and ROSS, S. (1963) Imitation of film mediated aggressive models. *Journal of Abnormal and Social Psychology, 66,* 3~11.

HANRATTY, M., O' NEIL, E., & SULZER, J. (1972) The effect of frustration on the imitation of aggression. *Journal of Personality and Social Psychology, 21,* 30~34.

LIEBERT, R., & BARON, R. (1972) Some immediate effects of televised violence on children' s behavior. *Developmental Psychology, 6,* 469~475.

제4부

지능, 인지 그리고 기억

이 부의 주제들과 가장 관련 있는 심리학의 분야는 인지심리학이다. 인지심리학자들은 인간의 정신과정을 연구한다. 지능, 복잡한 방법으로 사고하고 추론하는 능력, 그리고 경험을 상징적인 표상으로 저장하고 인출할 수 있는 능력, 이러한 모든 능력은 인간을 동물과 독특하게 구별되게 한다. 그리고 물론 이러한 능력들은 상당히 우리 행동에 영향을 미친다. 하지만 이러한 정신과정을 연구하는 것은 관찰가능한 행동을 연구하는 것보다 훨씬 더 어렵다. 그래서 아주 많은 창의성과 정교함을 필요로 한다.

여기에 포함된 연구들은 심리학자들의 내적인 정신행동에 대한 관점을 변화시켜 왔다. 첫번째 연구는 그 유명한 '피그말리온 연구'에 관한 것으로 이는 학교에서의 수행뿐 아니라 실제 아동의 IQ 점수는 선생님처럼 다른 사람의 기대에 의해 영향받을 수 있다는 것을 증명했다. 두 번째 연구는 이 분야의 매우 초기 연구로서 실제적으로 우리가 다른 사람을 만나거나 심지어 보지 않고도 그들에 대한 인상을 형성할 때 정신이 어떻게 작동하는가에 초점을 둔다. 세 번째로 우리와 동떨어진 문화권을 여행할 때 범주를 구성하기 위하여 대상을 어떻게 묶어야 하는지에 대한 새로운 통찰을 제공한다. 그리고 네 번째는 우리가 행동한 것을 생각할 때 기억이 왜 정확하게 그 행동을 떠올리지 못하는지를 밝히고 있으며, 이는 목격자 증언에 대한 함의를 지니고 있다.

기대하라, 그리하면 얻으리라 13

우리는 자기 충족적 예언의 개념에 친숙하다. 이 개념을 기술하는 한 가지 방법은 무엇이 특정 방향으로 일어날 것이라고 기대한다면 우리의 기대는 그것이 그렇게 되도록 하는 경향이 있다는 것을 말하는 것이다. 자기 충족적 예언이 일상생활에서 실제로 예언가능한 방식으로 일어나는가의 여부는 과학적 의문으로 남아 있지만 심리학적 연구는 일부 영역에서 그것이 실재한다는 것을 증명했다.

과학적 연구에서 자기 충족적 예언에 대한 의문은 최초로 1911년에 봉 오스턴(Mr. von Osten)의 말인 '영리한 한스'라는 유명한 말의 사례(Pfungst, 1911)로 심리학자들의 관심을 불러일으켰다. 영리한 한스는 앞발 구르기로 대답함으로써 글자를 읽고 철자를 판독하고 수학 문제를 풀 수 있는 유명한 말이었다. 본질적으로 많은 회의론자들도 있었지만 전문 위원회에 의해 한스의 능력이 검증되었을 때 그들은 봉 오스턴의 격려 없이도

Rosenthal, Robert, and Jacobson, Lenore (1966) Teachers' expectancies: Determinates of pupils' IQ gains. *Psychological Reports, 19,* 115~118.

한스가 진짜로 과제를 수행하는 것을 발견하였다. 그러나 어떻게 말이(가능하면 Mr. Ed의 경우를 제외하고) 인간 정도의 지능을 갖출 수 있었을까? 글쎄, 심리학자인 푸뉴스트(O. Pfungst)는 일련의 연구들을 수행하였고 결국 한스는 출제자들로부터 미묘하고 의도하지 않은 단서를 받고 있다는 것을 발견했다. 예를 들면 질문을 한 후에, 사람들은 대답으로 말의 앞굽을 내려다본다. 말이 앞굽을 구르는 정확한 수에 도달하면, 그 말이 대답을 완성한다는 기대에서 출제자들이 매우 약하게 그들의 눈과 머리를 들어올린 것이다. 그 말은 앞굽 구르기를 멈추는 신호로써 관찰자의 이러한 미묘한 행동을 사용하는 데 조건화되어졌고, 일반적으로 결국 질문에 정확히 대답하는 결과를 초래했다.

그래서 당신은 아마 속임수를 쓰는 말이 심리학적인 연구와 어떻게 관련되는가라고 질문할 것이다. 글쎄, 영리한 한스에 관한 결과는 관찰자가 종종 특별한 기대나 편견을 가진다는 가능성을 지적했다. 이러한 기대나 편견은 연구대상에게 은밀하고 의도하지 않은 신호를 그들에게 보내는 원인일 수 있다. 이런 신호들은 피험자가 관찰자들의 편향과 일치하는 방식으로 반응하도록 하는 원인을 제공하게 되고, 결국에는 그들의 기대가 옳음을 증명한다. 최종적으로 정리해 보면 실험자는 실험적 처치를 받은 대상이나 집단을 그렇지 않은 대상이나 집단과 비교함으로써 특정한 행동의 결과를 생각할 수 있다. 실제적으로 이것은 보다 더 실험자 자신의 편향된 기대에 지나지 않는 결과이다. 이러한 심리학적 실험의 타당성을 저해함을 실험자 기대효과라 한다.

로버트 로젠탈(Robert Rosenthal)은 이런 방법론적 문제에 대해 선도적인 연구자로 간주되고 실제로 실험실에서 심리학적인 실험을 통해 실험자 기대효과를 증명한다. 한 연구에서 심리학과 학생들은 학습과 조건화 과정에서 자신들도 모르게 연구대상이 되었다. 일부 학생들에게는 미로학습에서 빠르게 학습하는 능력으로 보아 높은 지능을 지닌, 특별히 사육된 쥐를 실험하게 될 것이라고 말해주고 나머지 학생들에게는 학습이 부진한 쥐로 실험하게 될 것이라고 말해주었다. 그 다음 학생들은 미로학습을 포함한 다양한 기술을 수행하기 위해 그들의 쥐를 조건화하였다. 미로에 영리한 쥐들을 할당받은 학생들은 미로에 부진한 쥐로 실험한 학생들이 보고한 것보다 쥐들의 더 빠른 학습시간을 보고했다. 사실은 학생들에게 주어진 쥐들은 표준 실험용 쥐이며 무선적으로 할당된 것이었다. 이들 학생들은 그들의 결과를 속이거나 고의적인 편향 시각을 가지지 않았다. 그들이 동물에게 끼칠 영향은 외연적으로 비의도적인 것이고 무의식적인 것이었다.

다른 연구에서 사람들이 서로를 생각하고 판단하는 데 있어 유사한 효과를 증명했다. 예를 들어 여러 사람들의 사진을 보여주고, 그 사람의 삶에서 최근의 성공이나 실패를 고려하여 +10에서 −10의 척도로 각 사람들을 평가하라는 요청을 받았다고 상상해보자. 평가에 앞서, 사진에 대한 일반적인 정보를 제공함으로써 평균적으로 그들이 성공 혹은 실패를 경험했을 것이라는 기대를 하도록 유도한다. 이와 같은 실제적 연구에서 편향된 정보는 유도된 기대선상에서 사진을 평정하게 조작하였다. 그러나 실험에 앞서 평가될 사람들은 유도된 기대들이 없었던 이전 피험자 집단에 의해서 중립적(0점)으로 평가되었다.

이러한 연구진행 결과로 과학적 연구에 대한 실험자 기대에 대한 우려는 잘 준비되었다. 적절하게 훈련된 연구자들이 세심한 절차들(연구대상과 접촉하게 된 실험자들이 연구의 가설을 알지 못하게 하는 '이중 은폐' 방법처럼)을 사용함으로써 일반적으로 이러한 기대효과를 피할 수 있다.

그러나 이것 이상으로 로젠탈은 어떻게 그러한 편향과 기대가 실험실 밖인 학교의 교실과 같은 장소에서 일어나게 할 것인가에 관심을 가졌다. 공립학교의 교사들은 일반적으로 기대의 위험에 대해 학습할 기회가 없기 때문에, 학생들의 잠재적 수행에 이것이 얼마나 큰 영향을 줄 수 있을지 잘 모를 것이다. 관례적으로 교사들에게 1학년이 시작될 때 학생들의 IQ 점수가 주어진다. 이런 정보들이 교사들의 마음속에 편향된 기대를 설정하게 하여 의도하지 않고 영리한 학생들(높은 IQ 점수로 판단된)과 덜 영리한 학생들과 구별하여 다루게 되는 원인이 될 수도 있다. 만약 그렇다면 이것은 정당한가? 이러한 문제들은 로젠탈과 야콥슨(Jacobson)이 교실에서 '피그말리온 효과' 라고 명명한 연구의 토대가 되었다.

이론적 제안

로젠탈은 이런 기대효과를 '피그말리온 효과' 라 명칭을 붙였는데, 이는 그것이 실험실 밖의 자연스러운 대인간의 장면에서 일어나기 때문이다. 그리스 신화에서 조각가(피그말리온)는 그가 조각한 여자상과 사랑에 빠진다. 우리는 현대의 극작가 버나드 쇼의 연극 「피그말리온」(My Fair Lady는 뮤지컬 버전이다)에서 헨리 히글링스의 가르침과 격려 그리고 기대 때문에 엘리자 두리틀이 자신의 재능을 꽃피우게 되었다는 내용에 보다 친숙하다. 로젠탈은 초등학교 교사에게 학생의 잠재력에 대한 어떤 기대를 가져오게 하는 정보(IQ같은)가 제공되었을 때, 교사는 높은 IQ 점수를 받은 학생들에게 강하든 약하든 간에 기대를 가지고 미묘하게 격려하거나 촉진하는 방식으로 행동할 것이다. 이것은 실제적으로 이러한 학생들을 탁월하게 만드는 원인을 제공함으로써 자기 충족적 예언을 창조할 것이며, 아마도 낮은 기대를 받을 학생들은 피해를 입게 될 것이다. 이러한 이론적인 제안들을 검증하기 위해서 로젠탈과 동료 야콥슨은 대도시에서 전반적으로 저소득과 중간소득 계층으로 이루어진 곳에 있는 학교(오크 학교)로부터 도움을 받았다.

방 법

오크 학교 행정관리진의 협력으로 1학년에서 6학년까지의 모든 학생들에게 학년이 시작되는 무렵에 IQ 검사('일반능력검사' 라 불리는 TOGA)를 받게 했다. 이 검사가 선택된 이유는 비언어적인 검사이므로 학생들의 점수는 우선 학교에서 학습한 기술인 읽기, 쓰기, 셈하기에 의존하지 않기 때문이다. 또한 이것은 아마도 오크 학교 교사들에게는 친숙하지 않은 검사였다. 교사들에게는 대신 학생들이 하버드 획득검사(Harvard Test of Inflected Acquisition)를 받을 것이라고 말했다. 이러한 속임수는 교사들의 마음속에 기대감을 만들기 위해 필연적인 것이므로 실험이 성공하기 위해서는 필수적인 요소이다. 교사들에게 하버드 획득검사는 학문적인 성장을 예견하는 지표로 사용하기 위해 고안되었다는 것을 부가적으로 설명했다. 다시 말하면 교사들은 이 검사에서 높은 점수를 받은 학생들이 다음 해에 증가된 학습능력으로 인해 기간내에 진급할 준비를 갖출 수 있을 것으로 믿었다. 사실 이런 예견적 능력은 참이 아니다.

오크 학교에는 6학년까지 각 세 학급으로 되어 있었다. 담임교사인 18명의 선생님들(여자 16명, 남자 2명) 모두에게 하버드 검사에서 상위 20퍼센트 이내의 점수를 받은 학생 명단을 주었고, 그 학생들을 그 학년내에 잠정적인 성적 급성장자로 간주되었다. 그러나 여기에 이 연구의 핵심이 있다. 담당교사에게 주어진 상위 10명의 학생들 명단은 순전히 무선적으로 실험조건에 배정되었던 것이다. 이러한 실험조건의 학생들과 다른 조건(통제)간의 유일한 차이점은 한 집단의 학생들이 그들 선생님들에 의해 비범한 지능증가를 보여왔다고 인정받았다는 것이다.

학기말이 가까워지면서 모든 학생들에게 동일한 IQ 검사(TOGA)를 재검사했고 각 아동의 IQ에서 변화 정도가 측정되었다. 그 다음 실험집단과 통제집단간의 IQ변화 차이는 기대효과가 정말 실제상황에서 창출되는지의 여부를 조사해 볼 수 있게 할 것이다.

결 과

그림 1은 실험집단과 통제집단에서의 IQ 증가를 비교한 결과를 요약하고 있다. 학기가 시작되었을 때 교사가 통제집단 학생들보다 더 큰 지적 성

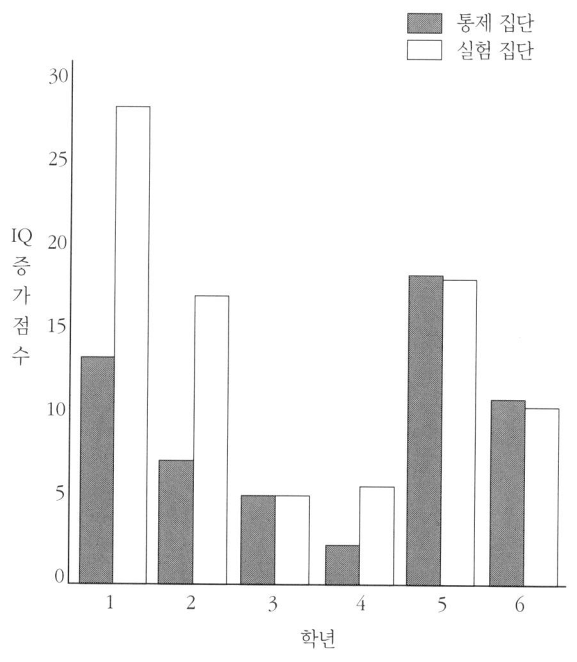

그림 1. 1학년에서 6학년 아동이 획득한 IQ 점수

장을 기대한 학생들은 역시 더 큰 평균 점수의 향상을 보였다(실험집단: 12.2점, 통제집단: 8.2점). 그러나 그림 1을 검토한다면 이런 차이는 1학년과 2학년의 커다란 차이에 의해 설명된다. 이에 대한 가능한 근거를 간단히 논의할 것이다. 로젠탈과 야콥슨은 1학년과 2학년의 자료를 조직화하도록 또는 다른 유용하고 알려진 방법을 제공했다. 그림 2는 적어도 10, 20, 30점의 IQ 증가를 보인 각 집단의 아동들의 백분율을 나타낸다.

두 가지 중요한 결과는 이 초기연구에서 나왔다. 첫째는 이전의 형식적인 실험실 상황에서 증명된 기대효과는 덜 형식적인 실제상황에서도 나타난다. 둘째, 그 효과는 초기학년에 매우 강하게 영향력을 미쳤고 학년이 증가할수록 거의 나타나지 않았다. 이 모든 것은 무엇을 의미하는가?

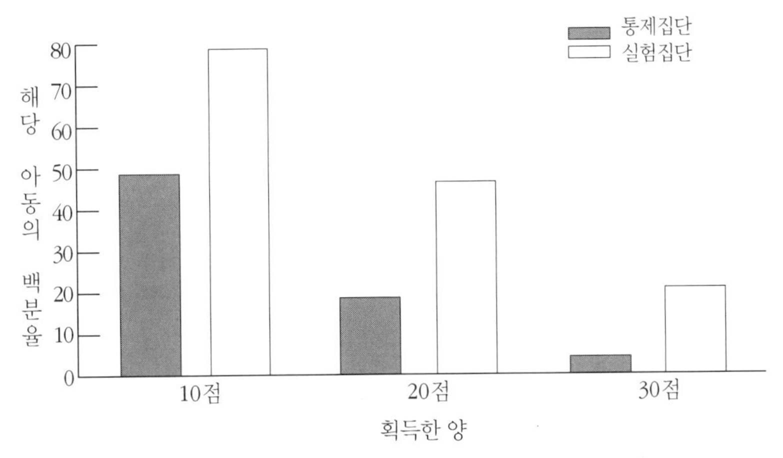

그림 2. 획득한 IQ 점수에서 1학년, 2학년 아동의 백분율

논 의

로젠탈은 학생의 행동에 대한 교사의 기대가 자기 충족적 예언이 되었다는 자신의 지난 연구를 의심쩍어했다. “교사가 어떤 아동이 더 큰 지적 발달을 보여줄 것을 기대한다면 이들 아동은 더 큰 지적 발달을 보인다” (Rosenthal & Jacobson, 1968, p. 85). 보고된 자료는 각 학년의 세 명의 담임교사와 세 학급의 평균이라는 것을 기억하라. 교사 기대 이외의 IQ 증가 차이를 설명하기는 어렵다.

그러나 고학년에서는 왜 자기 충족적 예언이 증명되지 않는가에 대해 설명하는 것은 중요하다. 이 부의 중심이 되는 이 연구와 후기 저서 모두에서 로젠탈과 야콥슨은 이러한 결과에 대한 몇 가지 가능한 근거들을 제시했다.

1. 어린 아동들은 일반적으로 더 순응적이나 변화 가능성이 있는 것으로 생각된다. 이것이 참이라면 이때 연구에서 어린 아동은 단순히 나이든 아동보다 변하는 것이 더 쉽기 때문에 더 큰 변화를 경험했을지 모른다.

심지어 만약 어린 아동이 더 순응적이지 않을지라도 교사들은 그들이 더 순응적이라고 믿고 있었을 것이다. 이같은 신념만으로도 서로 다른 대우를 하게 되어 그와 같은 결과를 산출했는지 모른다.

2. 초등학교에서 어린 아동들은 덜 확정적인 평판을 가지는 경향이 있다. 다시 말해 만약 교사가 아직 아동의 능력에 대한 견해를 형성할 기회가 없었다면 연구자에 의해 창출된 기대는 훨씬 더 많은 무게가 실릴 것이다.
3. 어린 아동은 교사가 그들의 수행기대에 관해 의사소통을 할 때 미묘하고 비의도적인 과정에 더 쉽게 영향을 받고 더 민감하다.

   "이러한 해석에 따라 만약 담임교사가 아동들의 지적 능력이 향상되는 것을 믿는다면 모든 학년에 동일한 방법으로 아동을 다루는 것이 가능하다. 그러나 이러한 수행은 담임교사가 그들에게 말하는 특별한 것에 의해서 영향을 받는 어린 아동에 대해서다. 교사가 아동에게 특별한 방식으로 이야기하는 것은 교사가 더 큰 지적 성장을 기대하는 아동을 바라보고 자세를 취하고 접촉하는 특별한 방법이다"(Rosenthal & Jacobson, 1968, p. 83).
4. 저학년 교사는 아동에게 그들의 기대에 대해 더 많은 의사소통을 하는 방법에 있어서 고학년 교사들과는 다를 것이다. 로젠탈과 자콥슨은 만약에 실재로 이러한 차이가 존재한다면 정확하게 이러한 차이가 무엇인지 조사하지 않았다.

결과의 중요성과 후속 연구

오크 학교에서 로젠탈과 야콥슨의 결과에 대한 실제적인 중요성은 학생들의 학습 수행에 대해 교사가 갖는 기대의 잠재적이고 지속적인 효과에 있다. 결국에 이것은 오늘날 심리학과 교육학에서 가장 큰 논쟁거리 중 하나를 만드는 직접적인 계기가 되었다. 그것은 IQ 검사의 고정성에 대한 의문이다. 여기서는 다만 짧게 논의하겠지만 첫번째 관심은 우선 교사가 그들이 더 큰 잠재력을 가진다고 믿는 학생들에게 더 높은 기대를 무의식적으로 의사소통하는 방법을 조사하는 일부 후속연구를 탐색하는 것이다.

샤이켄, 지글러 그리고 덜르가(Chaiken, Sigler & Derlega, 1974)에 의해 수행된 연구에서는 교사가 특정 아동들이 매우 영리하다(이들 '영리한' 학생들은 그 반의 모든 학생들 중에서 무선적으로 추출되었다)는 정보를 접한 교실 상황에서 교사와 학생간의 상호작용을 녹화한 자료를 다루고 있다. 녹화 테이프를 주의 깊게 조사한 결과, 교사는 많은 미묘한 방법으로 '영리한' 아동으로 정해진 이들에게 호의적이었다. 그들은 이들 학생들에게 더 자주 미소 지었고 보다 많은 시선을 주었고 수업중 이 학생들의 응답에 더 호의적인 반응을 보였다. 기대를 받는 학생들은 보다 더 학교를 좋아했고, 실수를 해도 교사들은 더 많은 구성적 조언을 해주었고, 따라서 성적 향상을 위해 열심히 노력했다고 한다. 이 연구들이 여기서 제시하는 것은 교사의 기대이며, 이러한 영향력은 단지 학교에서 아동의 수행을 결정하는 것뿐만 아니라 IQ 점수 그 이상의 영향력도 미칠 수 있다는 것이다. 당신이 한 반에 20명의 학생들이 있는 초등학교 교사라고 잠시 상상해보자. 수업 첫날에 당신은 반 학생들 모두의 IQ 점수가 기록된 반 명부를 받았다. 당신은 다섯 학생이 천재에 가까운 IQ 145 이상이라는 것을 주목하게 된다. 당신은 그 학년 동안 이들 학생들에 대한 대우와 기대가 다른 학생들과 동일하다고 생각하는가? 낮은 혹은 평균수준의 IQ를 보이는 또 다른 5명의 학생들과 비교하여 이들 학생들에 대한 당신의 기대는 어떠한가? 만약 당신의 대우와 기대가 동일할 것이라고 대답한다면 나는 기꺼이 그것은 잘못된 것이라고 장담할 수 있다. 사실 아마 동일할 수 없을 것이다! 만약 당신의 기대가 자기 충족적 예언이 된다는 점은 일부 학생들에게는 부당할 것이다. 이제 또 다른 보다 중요한 점을 고려해보자. 당신이 제공받은 반 명부의 IQ점수가 잘못되었다고 가정해보자. 이 잘못된 점수가 다른 학생들에 비해 일부 학생들에게 이익이 되는 기대를 창출하게 된다면, 이는 명백히 부당하고 아마도 비윤리적일 것이다. 이것이 오늘날 제기되는 IQ 논쟁을 불붙게 한 주요 문제 중 하나이다.

수년 동안 표준 IQ 검사는 인종, 민족 혹은 문화적 편향을 가진 아동의 지능을 측정하는 데 사용되어 왔다. 그 논쟁은 이 검사가 우선적으로 백인의 중산층 남아들을 기준으로 설계되었으므로 다른 인종집단이 접해 보지 못한 개념과 정보를 포함하고 있다. 미국내의 다양한 소수민족의 문화 속에 사는 아동들은 전통적으로 백인 아동들보다 더 낮은 점수를 받았다. 백인 아동보다 이러한 백인이 아닌 아동이 기본적인 지능이 더 낮다고 가정하는 것은 어리석은 것이므로, 점수에서 이러한 차이에 대한 근거는 검사 자체에 있음이 틀림없다. 그러나 전통적으로 교사들에게 유치원에서 12학년까지 모든 학생들의 IQ 정보가 제공된다. 만약 로젠탈과 야콥슨에 의한 연구에 대해 조금이라도 생각해 보면 잠정적으로 얼마나 위험한 상황이 창출될지 잘 알게 될 것이다. 더구나 그들의 IQ 점수에 따라 학급이 분류(우수반, 열등반)된다는 사실은 아마도 편향된 정보에 기초한 교사의 의도하지 않은 기대가 부당한 자기 충족적 예언을 창출할 수 있다. 이러한 생각이 더욱 지지를 받으면서 이 검사가 편향적으로 보이지 않을 때까지 각 주에서는 IQ 점수 유예기간을 두는 것을 제도화했다. 그리고 이 부에서 진술된 연구가 이 논거의 핵심이 되어 왔다.

CHAIKEN, A., SIGLER, E., & DERLEGA, V. (1974) Non-verbal mediators of teacher expectancy effects. *Journal of Personality and Social Psychology, 30,* 144~149.

PEUNEST, O. (1911) *Clever Hans (the horse of Mr. von Osten): A contribution to experimental, animal, and human psychology.* New York: Rinehart & Winston.

Rosenthal, R., & FODE, K. (1963) The effect of experimenter bias on the performance of the albino rat. *Behavioral Science, 8,* 183~189.

Rosenthal, R. & Jacobson, L. (1968) *Pygmalion in the classroom: Teacher expectations and pupils' intellectual development.* New York: Rinehart & Winston.

14 좋은 인상 만들기

솔로몬 아쉬(Solomon Asch)는 심리학의 역사에서 가장 영향력 있는 연구자 중 한 사람이다. 이 책에 포함된 두 연구를 접하면 그가 행동주의 과학자라고 생각할 수도 있다(거의 대부분의 사람들은 아쉬를 사회심리학자로 생각하며, 동조에 대한 그의 고전적 연구는 마지막 제10부에 포함되어 있다). 그러나 인상형성 분야에서의 그의 중요한 공헌들은 확실하게 사회심리학적 사태일지라도 여기에서는 인지심리학의 범주에 포함하였다. 앞으로 보게 되겠지만 이것이 아마도 더 적절한 것 같다.

앞 문단에서 읽은 것처럼 이미 당신은 일부 정신적인 과제를 수행했다. 그 중의 하나는 바로 당신이 솔로몬 아쉬의 성격에 대한 인상을 어느 정도 형성했다는 것이다. 당신이 받은 정보의 양이 적기 때문에 그에 대한 인상을 매우 잘 발달시키지는 못했을 것이다. 그러나 만약에 당신에게 그에 대해 기술하라고 한다면 아마도 유능하고 융통성 있고 학구적이고 등의 어떤

Asch, Solomon E. (1946) Forming impressions of personality. *Journal of Abnormal and Social Psychology, 41,* 258~290.

특징을 포함시킬 것이다. 다른 사람에 대한 인상을 형성하는 것은 우리들에게 있어 자연적이고 불가피한 인지활동이다. 더구나 우리는 이런 인상을 빠르고 쉽게 형성하고(맞든 틀리든 간에!) 그리고 종종 믿을 수 없을 정도로 적은 양의 정보를 가지고 형성한다. 이에 대해 생각해보자. 내가 당신에게 당신이 만나주었으면 하는 누군가가 있다고 말했다고 가정하자. 그리고 나는 이 사람이 사교적이고 책임감 있고 그리고 속임수가 있다고 말했다. 마음속에 어떤 종류의 사람이 떠오르는가? 좋아하는 사람인가? 오히려 피하고 싶은 사람인가? 당신이 이 사람을 만났을 때 어떻게 반응해야겠다고 생각하는가? 당신이 가진 유일한 정보는 세 가지 형용사지만 아마도 당신이 이 모든 질문에 대답할 수 있을 것이다. 아쉬는 그의 논문에서 이렇게 말하고 있다.

> 어떤 사람을 보면 즉시 그 사람의 특성에 대한 특정 인상이 그것 자체로 형성된다. 언뜻 몇 마디 말로도 매우 복잡한 것에 대한 이야기를 충분히 전달받을 수 있다. 우리는 그런 인상이 놀랄 만한 속도로 대단히 쉽게 형성된다는 것을 안다. 다른 사람의 한 특성을 이해하는 놀랄 만한 능력은 사회생활의 전제조건이다. 이러한 인상들이 어떤 방식으로 확립되는가? 이러한 형성을 조절하는 일정한 원리가 있는가?(p. 258)

아쉬는 사람에 대한 인상을 형성하는 데는 일반적으로 몇 가지 특성이 있다고 생각했다. 그러나 타인을 여러 독특한 특질로 구성된 존재라고 지각하지는 않는다. 대신에 전체적인 사람에 대한 일반적이고 통합된 인상을 가진다. 아쉬가 발견하기를 원했던 것은 이러한 하나의 통합된 인상을 산출하기 위해 정신적으로 또는 인지적으로 다양한 분리된 특성들을 어떻게 조직화하는가였다.

이론적 제안

a, b, c, d, e로 이름 붙여진 다섯 가지의 독특한 특성을 가진 한 사람을 생각해보자. 아쉬는 어떻게 이러한 특징들을 결합하고 인상을 형성하는지 설명하기 위해 두 가지 일반적인 이론을 정리했다. 첫번째는 단순히 그것들을 합산한다는 것이다.

$$a + b + c + d + e = \text{인상}$$

이 개념화와 더불어 문제는 이전에 설명된 것처럼, 훨씬 더 통합된 견해를 가질 때 사람들을 이러한 분리된 특질의 측면에서 생각한다는 것을 함의한다.

두 번째 이론은 분리된 특질을 모두 합산하는 대신에 그것들을 융합하여 어떤 한 종류로 만드는 것을 제안함으로써 보다 통합된 개념을 적용시킨다. 이 견해에서 한 사람의 특성은 그 사람 성격의 다른 특성들과 서로 관련되어 나타난다.

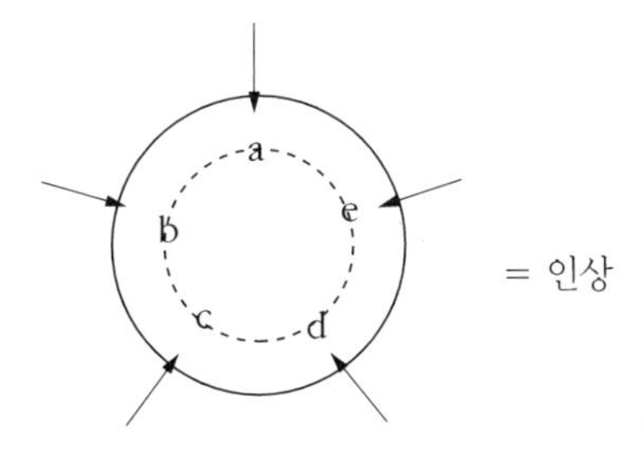

아쉬에 의하면 두 번째 설명은 다른 사람을 지각하는 데는 통합성이 필요하기 때문에 대부분의 심리학자들이 보다 많이 수용한다.

그러나 아쉬는 인간의 성격 특성에 대한 실제적인 조직화보다 통합된 인상을 형성할 때 사용하는 과정에 더 많은 관심을 가졌다. 다시 말해 그는 전체를 산출하기 위해 부분들이 어떻게 결합되고 순서가 정해지는지 밝히고자 했다. 그는 인상의 감정적인 구성요소를 보지 않았고 오히려 인지적인 것에 관심을 가졌다는 것을 명심하라. “그는 사랑하거나 미워하기 위해서 어떤 것은 반드시 지각되어야 하고 변별되어야 한다”(p. 260)고 했다. 이런 과정을 연구하기 위해서 아쉬가 고안한 정교한 방법은 이 연구를 ‘따뜻한(warm)-차가운(cold)’ 연구로 알려지게 했다.

방 법

아쉬가 실행한 이 연구는 10개의 실험보고들이 포함되어 있다. 그러나 현재의 논의에서는 심리학 연구에 가장 큰 영향을 주었고 후속 연구와 출판물에서 가장 자주 거론되었던 두 가지 연구(실험 1, 3)로 제한될 것이다.

아쉬는 이전의 연구에서 다른 사람에게서 보이는 다양한 특성들이 사람의 인상을 형성하는 과정에서 동일한 비중을 차지하지 않고 있다는 것을 관찰하였다. 가장 영향력 있는 질적인 면을 중심 특성이라 하고 반면에 덜 중요한 질적인 면은 주변적인 특성이라 한다. 이런 두 가지 특질의 존재여부에 대한 상대적인 영향을 조사하기 위해 아쉬는 피험자에게 특성이 기술된 목록들을 제시하고 이러한 질적인 면을 지닌 사람의 인상을 기술하도록 요구했다.

이 연구에 참여한 피험자는 대학생들이었다. 첫번째 실험에서 피험자는 A집단이 90명, B집단이 76명이었다. 그들은 인간의 지적인 면을 기술하는 형용사 목록을 주의 깊게 듣고 기술된 사람의 인상을 형성하도록 요구받았다. 집단들은 다음의 목록을 들었다.

A 집단: 지적인, 솜씨 있는, 부지런한, **따뜻한**, 단호한, 실제적인, 신중한.
B 집단: 지적인, 솜씨 있는, 부지런한, **차가운**, 단호한, 실제적인, 신중한.

표 1. 피험자에게 주어진 형용사 체크 리스트

1. 관대한 – 관대하지 않은	10. 무정한 – 자비로운
2. 약삭빠른 – 현명한	11. 매력적인 – 매력없는
3. 불행한 – 행복한	12. 지속적인 – 안정되지 않은
4. 화를 잘 내는 – 마음씨 좋은	13. 사소한 – 진지한
5. 재미있는 – 재미없는	14. 차분한 – 수다스러운
6. 사교적인 – 비사교적인	15. 이기적인– 이타적인
7. 인기 있는 – 인기 없는	16. 상상력 있는 – 실제적인
8. 신뢰할 수 없는 – 신뢰할 만한	17. 강한 – 약한
9. 중요한 – 중요하지 않은	18. 정직하지 못한 – 정직한

(p. 262 인용)

보다시피 두 목록의 '따뜻한' 과 '차가운' 이라는 단어를 제외하고는 양쪽 목록들은 모두 동일했다.

이때 피험자에게 그 사람에 대해 간단히 기술하도록 하고 18쌍의 서로 반대되는 형용사 중에서 그들이 그 사람에게 가장 적합하다고 생각되는 용어를 선택하도록 했다. 피험자가 응답한 형용사의 목록이 위의 표 1이다.

여기서 논의(실험 3)하고 있는 두 번째 실험에서는 두 가지 변화가 있지만 절차는 동일하였다. 첫째는 피험자는 A집단이 20명, B집단이 26명이었다. 이 실험에서 이것은 비교적 작은 변화이다. 중요한 차이점은 사용된 특질에 대한 목록이었다.

A 집단: 지적인, 솜씨 있는, 부지런한, **예의바른**, 단호한, 실제적인, 신중한.
B 집단: 지적인, 솜씨 있는, 부지런한, **퉁명스러운**, 단호한, 실제적인, 신중한.

이들 피험자는 기술을 하지 않았지만(적어도 어느 누구도 보고하지 않았다) 실험 1에서와 같은 동일한 체크 리스트에 응답했다.

두 실험에서 두 집단에 제시된 특질에 대한 목록에서 한 단어를 제외하고는 모든 것이 동일했다는 것을 기억하라. 아쉬가 발견하고자 했던 것은 한 단어가 피험자의 마음 속에 만들어진 전체적인 인상에 얼마나 많은 영향을 미치는가에 대한 것이었다.

결 과

이들 실험의 결과는 기술된 사람에 대한 피험자들의 기술과 18쌍의 형용사 목록에서 각 단어를 선택한 여러 집단에서 피험자를 백분율로 측정하였다.

여기에 두 집단의 피험자로부터 기술된 두 가지 보기가 있다.

A 집단(따뜻한): 어떤 것이 옳다고 믿고, 다른 사람이 주장을 알아주기를 바라며, 논쟁에 진지하고, 논쟁에서 이기기를 좋아하는 사람.

B 집단(차가운): 자신을 평범한 사람과 다른 지성인이며, 성공한 사람이라고 느끼는 속물, 타산적이며 냉담하다.

A집단 피험자에 의한 기술이 B집단 피험자에 의한 것보다 더 호의적이었다는 것은 분명하다. 이런 차이는 전형적인 기술에서 일반적으로 나타난다. 표 2에서는 두 실험에서 각 쌍의 긍정적인 형용사를 선택한 피험자의 백분율을 요약하였다.

표 2. 긍정적인 단어를 선택한 피험자의 백분율

형용사	단어조건 따뜻한 대 차가운		단어조건 예의바른 대 퉁명스러운	
	N=90	N=76	N=20	N=26
1. 관대한	91	8	56	58
2. 현명한	65	25	30	38
3. 행복한	90	34	75	65
4. 마음씨 좋은	94	17	87	56
5. 재미있는	77	13	71	48
6. 사교적인	91	38	71	48
7. 인기있는	84	28	84	68
8. 신뢰할 만한	94	99	95	100
9. 중요한	88	99	94	96
10. 자비로운	86	31	59	77
11. 매력적인	77	69	93	79
12. 지속적인	100	97	100	100
13. 진지한	100	99	100	100
14. 차분한	77	89	82	77
15. 이타적인	69	18	29	46
16. 상상력이 있는	51	19	30	31
17. 강한	98	95	100	100
18. 정직한	98	94	87	100

(p. 163 인용)

이 표에는 많은 양의 자료가 수록되어 처음에는 다소 혼란스러워 보일 수 있다. 그러나 '따뜻한'과 '차가운'의 열을 주의깊게 검토해 보면 당신은 기술된 사람에 대한 어떤 긍정적인 질적 측면을 평가한 피험자의 백분율이 '따뜻한'이라는 조건에서 현저하게 크다는 것을 볼 수 있다. 그 사람을 기술하는 데 있어 '따뜻한'이라는 단어를 들은 피험자는 그를 관대하고, 현명하고, 행복하고, 마음씨 좋고, 재미있고, 사교적이고, 인기있고, 인간적이고, 이타적이고, 상상력이 있다고 판단했다. '차가운'이라는 단어를 들은 피험자는 그 사람을 이러한 10개의 형용사 쌍에서 상반된 사람이라고 판단했다.

'따뜻한-차가운'의 차이가 나머지 여덟 쌍에 대한 판단에 영향을 미치지 못한 것은 흥미로운 사실이다. '따뜻한'으로 기술된 사람이 더 신뢰할 만하고, 중요한, 매력적인, 지속적인, 진지한, 차분한, 강한 혹은 정직한 사람으로 유의미하게 두드러지게 판단하지 않았다.

이제 '예의바른'과 '퉁명스러운' 열을 살펴보자. 이런 단어들을 동일한 특질의 목록에서 '따뜻한'과 '차가운'을 대치하였을 때는 판단에서의 이런 모든 극단적인 차이가 사라져버렸다! 더 자세히 보면 아직까지 약간의 차이를 발견할 수 있으나 그 차이는 뚜렷하지 않으며, 거의 형용사 쌍에 나타나지 않았으며, 때때로 심지어 일부에서는(현명한, 인간적인, 이타적인 경우처럼) 약간의 역전을 보이기도 한다. 당장에 목록을 보고 '따뜻한-차가운' 열의 차이를 비교해 보면 '예의바른'과 '퉁명스러운' 간의 차이가 동일한 비중을 지니지 않음을 알 수 있다.

이러한 연구결과로 아쉬는 그들이 다른 사람을 판단할 때 사람들의 마음이 어떻게 작동하는지에 대해 어떤 사실을 발견했다. 이 발견이 무엇인가 논의해 보자.

논 의

아쉬가 그의 논문에서 설명하듯이 이런 결과들이 보여주는 것은 누군가를 기술하는 데 있어 한 단어를 바꾸는 것이 그 사람 전체의 인상을 형성하는 데 변화를 산출할 수 있다는 것이다. 덧붙여 이런 한 가지 형용사의 변화에 의해 산출된 변화들은 폭넓게 영향을 미치지만 보편적인 것은 아니다. 어떤 특성은 '따뜻한-차가운' 차원에서 연결되나 다른 것들은 그렇지 않다. 다른 사람을 생각하는 방식에서 '따뜻한'이라는 단어는 다른 사람들과의 상호작용에서 관대함, 현명함, 행복 그리고 사교성에 대한 질적인 측면을 활성화시킨다. 그러나 '따뜻한' 이 특별히 신뢰감, 매력 혹은 정직성 같은 특질들에 관련되어 있는 것은 아니다. 비록 이전에 그것에 대해 결코 생각해본 적이 없다 하더라도 이것들은 이해되지 않는가? 또한 몇 개의 단어들은 꽤나 강력하게 보이게 한다. 그런데 우리는 그것에 관해 정말 의식하지 않을 때 조차도 이런 단어들이 강력하다는 것을 알고 있다(글쎄, 지금은 당신이 인식하고 있을 것이다). 아쉬는 피험자에게 인상형성을 결정하는 데 있어 목록에 있는 모든 단어들을 중요한 순서대로 분류해 달라고 요구했다. A집단의 경우에는 49퍼센트가 7개의 단어 중에서 '따뜻한' 을 첫번째나 두 번째로 분류했다. B집단의 경우에는 48퍼센트가 '차가운' 을 첫번째나 두 번째로 분류했다.

아쉬는 더 나아가 특성 목록에서 '예의바른' 과 '퉁명스러운' 이라는 단어로 다른 단어를 대치했을 때 다른 사람의 인상이 어떻게 형성되는가 하는 정신적인 과정을 명백하게 보여주었다. 아마도 '따뜻한' 과 '차가운' 이 사람들을 기술할 때 흔히 사용되었다 할지라도 이들 단어들이 전체적인 인상에 영향을 주는 데 동일한 정도의 힘은 포함되어 있지 않다. 처음의 연구처럼 중요 정도를 평가하라고 요구했을 때, 이런 특성들의 상대적인 약함이 피험자에 의해 인정되었다. 중요 정도의 평정에서 가장 낮은 세 가지 가능한 순위에서 90퍼센트가 '예의바른' 이 차지했고 54퍼센트가 '퉁명스러운' 이 차지했다.

두 가지 중요한 점은 아쉬의 이 연구에서 나타났다. 한 가지는 개인의 일부 질적인 면인 중심 특성으로 작용하며 반면에 다른 것들은 주변적인 특성으로 기능한다. 이런 두 가지 형태의 특성은 인상을 형성하는 인지과정에서 매우 다르게 작용한다.

두 번째 중요한 점은 이 연구 시작에서 논의되었던 인상형성의 이론과 관련있다. 아쉬가 연구하고자 했던 것은 사고과정에서 어떻게 서로 특성들이 상호작용하는가였다. 이런 다양한 특성들이 피험자의 뇌 속에서 사회적 관계를 발달시킨 것처럼 보인다. 어떤 특성들은 강력해서 그들이 말할 때 그런 특성들이 돋보이게 되면 많은 다른 특성들도 부각된다. 반면에 일부 특성들은 그 자체는 미미하지만 우세한 특성에 의해 쉽게 영향받는다. 아쉬는 최선의 이론적인 인상형성의 모형은 하나 혹은 그 이상의 것들과 상호작용하는 각각의 특성들을 이해해야 한다고 설명했다. 우리는 하나의 인상형성을 가지기까지 단순히 각 특성을 합산하는 것이 아니라 다양한 그들 사이의 상호작용을 모두 종합한다. 아쉬에 의하면 이런 인지과정은 다음과 같이 보여질 수 있다고 한다.

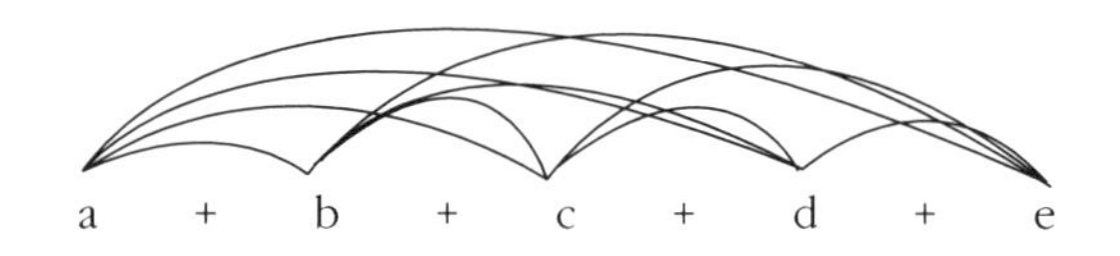

후속 연구와 비판

당신은 벌써 이 연구에 대한 중요한 한 가지 비판을 생각했을 것이다. 사실 아쉬 자신도 논의에서 지적했다. 이러한 실험들은 사람 그 자체가 아니라 사람에 대한 기술을 포함한다. 아쉬는 실재 사람에 대한 관찰이 현재 이 연구에 없는 다른 과정들을 수반할 수 있다는 사실을 인정했다. 현실성이 결여된 실험실 연구는 항상 잠정적인 문제가 있다. 몇 년 후 해럴드 켈리(Harold Kelly)에 의해 수행된 관련 연구가 매우 흥미로운 것은 이런 이유 때문이다(Kelly, 1950).

켈리는 아쉬의 연구를 실제생활 장면에서 반복했다. 심리학 수업을 듣는 학생들에게 초빙 강연이 있을 것이라고 하면서 절반의 학생에게는 그 강사를 기술하는 데 있어 '따뜻한' 을 포함하여 아쉬의 연구에서 사용된 동일한 특질의 목록이 주어졌고, 반면에 다른 절반의 학생들에게는 '차가운' 이 포함된 동일한 기술이 주어졌다. 그리고 나서 실제로 초빙 강사가 왔고

표 3. 초빙 강사에 대한 학생들의 평가

형용사	따뜻한	차가운
1. 자기중심적인	6.3	9.6
2. 화를 잘 내는	9.4	12.0
3. 비사교적인	5.6	10.4
4. 인기 없는	4.0	7.4
5. 형식적인	6.3	9.6
6. 재미있는	8.3	11.7

(Kelly, 1950 인용)

20분 동안 토론을 이끌었다. 잠시 후에 학생들에게 그 사람을 몇 가지 질적인 측면에서 평가해보라고 했다. 비록 그 학생들이 동일한 강사와 동일한 토론을 들었지만(강사는 실험의 목적을 알지 못한다) 그들의 인상은 매우 달랐다. 표 3은 아쉬에 의해 사용된 것들과 유사한 몇 가지 차원에서 강사에 대한 두 집단의 다른 평정을 예시하고 있다. 게다가 더욱더 중요한 것은 '따뜻한' 조건에서의 학생들은 강사와 더욱 친근한 방식으로 상호작용했고, 그의 농담에 더욱 많이 웃었고, 토론하는 동안에 질문을 더 많이 했다. 이것이 의미하는 것은 인상은 중심 특성에서의 작은 변화에 의해서 변경될 뿐 아니라 결국에는 우리가 인상을 형성한 사람을 대하는 행동도 달라지게 한다는 것이다.

여기에서 언급될 만한 또 다른 비판은 더욱 최근에 제시되었다. 잔나와 해밀턴(Zanna & Hamilton, 1972)은 우리가 사람을 기술하는 데는 '지적 특질'과 '사교적 특질'이라는 두 가지 차원이 있다고 주장했다. 그들은 피험자에게 주어진 아쉬의 처음 목록('따뜻한'이나 '차가운'이 포함된)은 주로 지적인 특질(지적인, 능숙한, 근면한 등)로 이루어져 있으며 사교적인 특성이 있는 '따뜻한'과 '차가운'은 예외적이라고 주장했다. 그러나 큰 차이를 보여줄 형용사의 체크 리스트에서의 특질은 사교적인 특성이 있었으며 자동적으로 '따뜻한'과 '차가운'에 의해 강하게 영향받았다. 이는 단순히 단어간의 관계 때문이다.

이런 비판이 유익함을 가지는 반면에 아쉬의 연구도 행동과학에서 오늘날 가장 활발한 분야 중의 하나인 인지심리학의 성장에 막강한 영향력을 미쳤다. 인지심리학의 이론적 토대의 하나는 도식이라는 개념이다. 도식은 과거의 경험을 바탕으로 발달하는 지식의 기본단위로 정의될 수 있고, 미래의 경험을 판단하는 틀을 제공하며, 당신이 사람이나 사태에 대해 어떻게 지각하고 반응하는지에 대해 영향을 미친다. 도식은 세상에 대한 정보를 조직화하는 방식이다(도식 개념에 대한 완전한 토론은 Fiske와 Taylor의 1984년 연구 참조). 45년 훨씬 이전에 타인의 인상형성에 있어서의 내적인 조직화 방법에 대한 아쉬의 발견은 오늘날 인지심리학의 문을 열 수 있도록 했다.

FISKE, S. T., & TAYLOR, S. (1984) *Soical cognition*. Reading, Mass.: Addison-Wesley.

KELLY, H. (1950) The warm-cold variable in first impressions of persons. *Journal of Personality, 18,* 431~139.

ZANNA, M. P., & HAMILTON, D. L. (1972) Attribute dimensions and patterns of trait inferences. *Psychonomic Science, 27,* 353~354.

범주, 너무나도 자연적인 범주 15

셜리 템플의 영화 *Stand Up and Cheer*에서 스테핀 페취트(Stepin Fetchit)라는 이름으로 통하는 위대한 영화배우이자 무용가는 발코니 계단에 앉아 그의 오래되고 낡은 신발을 살피며 "왜 신발을 신발이라고 부르는가?"라고 철학자처럼 탄식했다. 그 인물은 종종 어떤 것들이 그들이 불려지고 있던 것으로 왜 불려지는지 궁금해했고 심리학자들 역시 다양한 방법으로 이에 대해 궁금하게 생각해왔다. 언어, 사고, 분석, 지식 그리고 기억과 같은 인간의 정신적 과정을 연구하는 데 초점을 둔 심리학의 비교적 새로운 분야가 있다. 이것이 인지심리학이다.

인지심리학의 토대를 이루는 것 중 하나가 개념에 대한 생각이다. 개념들은 세계에 대한 경험의 정신적 표상이며, 그들이 가진 공통된 특성에 의해 대상을 분류(신발, 가구, 야채, 동물, 직업 등)하도록 한 것이다. 개념들은 매우 유용하다. 왜냐하면 정보의 효율적인 처리를 위하여 대상들을 범주로

Rosch, Eleanor H. (1973) Natural categories. *Cognitive Psychology, 4,* 328~350.

분류할 수 있기 때문이다. 예를 들어 당신은 의자가 의자에 대한 당신의 개념과 일치되기 때문에 의자가 가구의 종류 중 하나라고 알고 있다. 그러므로 당신은 충분히 그것이 의자에 대한 당신의 범주에 적합하다면 매번 친숙하지 않는 형태를 볼 때마다 특정한 의자를 의자라고 부르는 것을 학습할 필요는 없다. 자, 그렇다면 의자에 대하여 생각해보자. 당신의 '의자 개념'을 구성하는 특징은 무엇인가? 아마도 의자는 다리, 좌석, 그리고 기댈 수 있는 등판을 가지고 있는 것으로 생각한다. 비록 어떤 의자들이 그 법칙을 위반할지라도(안락의자나 흔들의자는 다리가 없다) 그것들은 충분히 당신의 범주에 여전히 적합하다. 그러나 만약 당신이 공기 '의자'와 마주치게 되었고 그것에 대한 지식이 없다면 아마도 그것을 의자라고 부르지 않을 것이다.

인지심리학자들이 가장 관심을 가지는 질문은 이것이다. 대상에 관한 우리의 범주들은 어디에서부터 오는가? 1970년 이전에 널리 수용된 전통적 혹은 고전적 견해에서는 범주를 우리가 말하는 언어의 기능이라고 보았다. 바꾸어 말하면 범주들은 우리가 그것에 대한 단어들을 가지기 때문에 존재한다. 예를 들어 우리는 알을 낳고, 날고, 깃털을 가지며, 짹짹 우는 동물의 범주를 가졌다. 그 범주는 새이다. 고전적인 견해는 만약 우리가 새에 대한 단어를 가지지 않았다면 새에 대한 범주나 개념은 존재하지 않는다고 주장하였다. 그러므로 개념과 범주는 언어의 다양함에 기인하여 문화에서 문화로 다양화될 수 있다. 이에 대한 증거가 있다. 빈번히 인용되는 예로 에스키모 언어는 눈에 대한 12개의 단어를 가지는 반면에 영어에서는 단지 하나나 두 개가 있다는 것이다. 분명하게 에스키모인들은 그들이 생존해야만 하는 곳에서 기후 때문에 눈에 대한 의사소통에서 더 많은 융통성이 필요하고 그래서 그들 언어에 반영되어 있는 것이다. 남태평양 섬의 언어에서는 눈에 대한 단어를 전혀 찾아볼 수 없다. 그러므로 고전적인 이론에 의하면 이런 개념은 존재하지 않는다.

수년 동안 개념의 근원에 대한 고전적인 이론은 심리학, 인류학, 언어학 그리고 사회학을 통해 당연한 것으로 여겨졌다. 1970년대 초반에 베을리에 소재한 캘리포니아 대학교에 재직중인 엘리너 로쉬(Eleanor Rosch)는 고전적 견해에 도전하고 인지심리학의 분야를 혼란스럽게 하는 일련의 연구물을 출판하였다. 그녀의 연구는 범주화의 연구에 변혁을 가져왔다고 평가된다. 그녀는 범주들이 필연적으로 언어에서부터 발생되는 것이 아니라 인간의 생물학적 지각 능력과 관련하여 범주 자체가 자연적으로 존재하는 것이라고 하였다. 여기에 제시된 주목할 만한 그녀의 연구에는 두 개로 분리된 실험과 몇 가지 다소 기술적인 절차가 포함되어 있다. 다만 논문에서 보고된 첫번째 실험만을 상술할 것이다.

이론적 제안

로쉬는 고전적 이론이 옳다면 어떤 범주에 속하는 모든 대상들은 그 범주에서 동일한 위치를 가진다고 이론화하였다. 그러나 그녀는 그런 경우가 아닌 것도 함께 관찰하였다. 범주의 어떤 구성원들은 범주의 더 나은 보기로 지각된다. 이에 대한 예로 새의 범주를 다시 생각해보자. 지금 신속하게 당신 마음속에 새를 그려보라. 아마도 울새, 푸른 어치, 굴뚝새나 참새 같은 것을 그렸을 것이다. 거위, 닭, 타조나 펭귄을 생각하는 일은 거의 없을 것이다. 로쉬에 의하면 이것은 울새가 닭보다는 새에 대한 당신의 원형과 일치하기 때문이다. 바꾸어 말하면 울새는 새의 범주를 묘사하는 모두 혹은 대부분의 특징을 나타낸다. 그러므로 '새다움'(birdiness)에서 더 높게 판단된다. 거꾸로 타조는 새의 특징이 거의 없으므로(날 수 없고, 짹짹 울지 않고, 너무 크다) 많은 부분에서 새의 원형과 일치하지 않는다.

로쉬가 주장하는 것은 대부분 범주들이 일치하는 것과 일치하지 않는 것으로 명확한 경계를 가지지 않는다는 것이다. 범주의 경계들은 모호한 것이다. 만약에 그것을 범주 원형과 비교해서 대상이 범주에 적합한지 결정한다. 또한 그녀는 범주를 명명하는 단어가 인간의 언어에서 없을 때조차 심리적으로는 실재할 수 있다고 생각했다. 이 이론을 검증하기 위해서 로쉬는 다니(Dani)라는 부족이 거주하는 뉴기니아로 여행했다. 다니는 오늘날까지 석기시대 문화 속에 살고 있고, 모든 현대 문화에 존재하는 어떤 개념들도 포함되지 않는 언어로 의사소통을 한다.

여기에 한 가지 논의를 포함하는 로쉬의 초기 연구들은 색깔에 관련된 범주들이다. 영어로 말하는 지역에서는 11개의 주된 색깔 범주들이 있다. 빨강, 노랑, 초록, 파랑, 검정, 회색, 하얀, 보라, 주황, 분홍, 그리고 갈색. 이것은 다른 연구에서 영어를 사용하는 사람들이 특정한 중심 색깔이라고 동의한다는 것을 발견했다. 이러한 것들은 각 색깔 범주의 가장 좋은 예들이다. 예를 들어 빨간 불 소방차는 빨강의 범주에서 그 중심 색깔이고(당신은 그것이 빨간 것이라고 말할 수 있다), 빨간 접시나 다른 여타의 빨강 색깔들에서 조금 벗어난 것보다 쉽게 빨간색으로 확인된다.

그러나 다니의 언어에서는 단지 두 개의 색깔의 범주가 있다. 어둡고 추운 색깔을 기술하는 것은 '밀리' (mili), 밝고 따뜻한 색깔은 '몰라' (mola)로 사용된다. 로쉬는 고전적 견해가 정확하다면 그리고 언어가 개념들을 결정한다면 다니는 단지 색깔에 대하여 두 개의 개념적인 범주들로 처리할 것이라는 이론을 세웠다. 그녀가 결정한 것은 여덟 가지 중심 색깔 혹은 여덟 가지의 비중심 색깔에 대한 새로운 단어들을 다니에게 가르치기로 한 것이다. 그녀는 중심 색깔 범주들은 비록 그들의 언어에 결코 존재하지 않았던 이름이라 할지라도 다니 원주민에게 심리적으로 실재한다는 가설을 세웠다. 만약 이것이 사실이라면 다니 부족은 중심 색깔의 이름들은 비중심 색깔의 이름보다 더 빠르고 쉽게 학습할 수 있다는 것이다.

방 법

피험자 피험자는 다니의 청년 남자들로 모두 예비검사에서 색맹이 아니라는 것이 확인되었다. 또한 그들은 색깔 용어에 대한 지식이 '밀리'

(어두운)와 '몰라'(밝은)로 제한되어 있는지 확인하기 위해 검사받았다. 흥미롭게도 다니 청년들의 나이를 측정할 수 없어 몸집의 크기와 일반적인 신체적 성숙에 기초해서 연구자들은 적어도 모든 피험자들을 12~15세의 연령으로 판단했다. 참여자들은 피험자가 되기를 자원했고 학습 절차를 끝내면 어떤 보상이 주어진다고 약속받았다. 그들은 한 집단을 12명의 피험자로 구성하여 여러 집단으로 나누었다. 그러나 단지 두 개의 가장 중요한 실험집단을 여기에서 논의할 것이다.

색깔 자극군 당신이 물감 가게에서 구할 수 있는 것들과 유사한 윤이 나는 색깔 조각들이 학습의 색깔 자극군으로 사용되었다. 그러나 이러한 조각들은 정확한 파장으로 구체적인 색깔들을 표현하도록 과학적으로 개발되었다. 사용된 색깔 범주들은 분홍, 빨강, 노랑, 주황, 갈색, 녹색, 파랑 그리고 보라였다. 한 집단의 피험자에게는 색깔들이 각 색깔의 중심적인 원형 색조(불-소방차의 빨강처럼)였다. 이들 색깔들은 보편적으로 자연범주를 대표한다고 로쉬는 이론화하였다. 다른 집단에는 여덟 가지의 색깔 조각들의 색조들은 중심 색깔들 사이에 두었다. 그 결과 영어권에 있는 사람은 그것을 '고동색(빨강-갈색)'이나 '연두색(노랑-녹색)'이라 부른다. 이것들은 애매모호하거나 비중심 색깔로 불리게 되었다.

절 차 첫번째 문제는 다니의 청년이 다양한 색깔들에 대하여 이름을 정하도록 하는 것이었다. 피험자들에게 이름들이 모두 똑같이 빈번하고 친숙하고 의미로운 단어가 되도록 요구했기 때문에 그것이 생각처럼 그렇게 쉽지 않았다. 로쉬는 다니 부족 사이에서 '친족'을 부르는 많은 이름들이 있다는 것을 발견했다. 친족은 로쉬에 의해 씨족과 유사한 가족 집단으로 기술되었다. 이러한 이름들은 그녀의 요구와 부합했고 그래서 피험자에 의해 학습될 상이한 색깔의 범주들을 표현하는 데 사용되었다. 선입견을 피하기 위해서 피험자 자신의 친족 이름은 색깔 범주로 사용되지 않았다.

각 피험자에게 실험자에 의해 가르쳐질 새로운 언어를 학습하는 과제가 포함되어 있다고 말했다. 첫째날 색깔들이 피험자에게 제시되었다. 그리고 각 색깔에 할당된 이름은 연구자에 의해 말해지고 피험자는 반복하였다. 이때 색깔들은 뒤섞였고 다시 제시되었다. 피험자는 색깔을 정확하게 명명했을 때마다 칭찬을 받았으며, 만약에 부정확했다면 정확한 이름을 말해 주었다. 5일에서 12일에 걸쳐 피험자들은 색깔 범주에 대해 학습한 것을 검사받았고, 그들이 실수 없이 모든 색깔들을 명명할 수 있게 될 때까지, 그 향상의 정도가 기록되었다.

학습의 완성기간에 따라 모든 피험자에게 부가적인 과제가 수행되었는데 이 과제는 만약 새로운 능력이 정말로 일반적인 개념으로 이해되어졌다면, 새로운 상황에 전이되거나 단지 학습되어진 구체적인 색깔에만 제한되는지 알아보기 위한 것이다. 이것을 검증하기 위해 각 피험자에게 다양한 색깔군을 보여주고, 훈련받지 않았던 범주에 포함되는 여덟 가지의 색깔들을 판정하도록 요구했다. 두 집단 피험자 모두의 '변형' 과제 성공비율이 측정되었다.

결 과

만약 인간이 자연적으로 색깔들을 지각할 수 있는 능력을 소유하고 있다면, 다니 부족의 학습과제에 대한 결과는 비중심 색깔 범주보다 중심 색깔 범주를 더 빠르게 학습하는 것이 증명되어야 한다. 그림 1은 검사기간 동안 두 집단의 학습 진전을 요약한 것이다. 전체 학습기간 동안 평균 오류수는 원형 색깔 집단이 8.54였고, 모호한 색깔 집단은 18.96이었다. 이러한 차이는 통계적으로 매우 유의미하다. 그림 1을 살펴보면 특별한 색깔 범주에 대해 중심 색깔을 제시받은 집단은 색깔 이름을 학습하는 데 단지 5일밖에 소요되지 않았으나 비중심 범주를 학습하는 집단은 11일이나 소

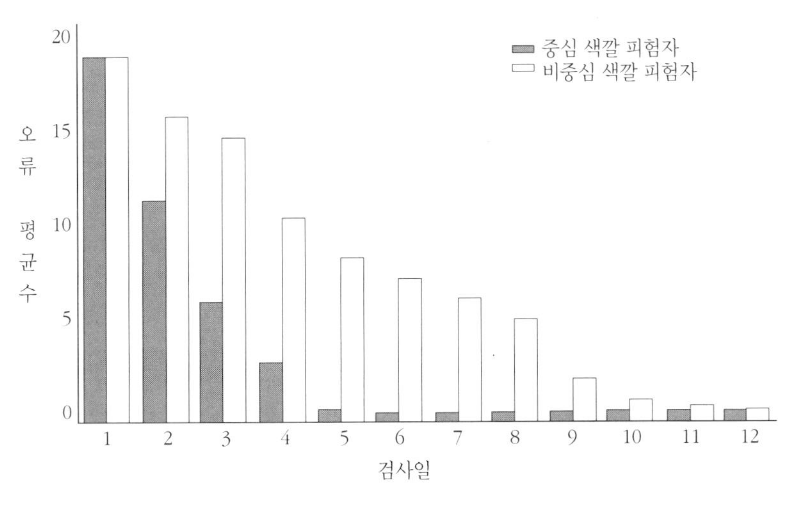

그림 1. 피험자가 학습한 색깔 범주의 평균 비율

요되었다.

이러한 방식으로 획득된 색깔 범주들을 인식하는 기술이 새로운 상황에 전이될 수 있는가를 증명하는 것은 중요하였다. 그것은 유용한 개념이었다. 피험자에게 학습 동안에 이용되지 않은 색깔을 확인하는 과제에서 만약 이 개념이 전이되지 않았다면 그 당시에 정확한 반응으로 단지 12퍼센트(우연수준)를 기대할 수 있었다. 로쉬의 연구에서 피험자들은 사용되지 않은 색깔들을 인식하는데 90퍼센트의 정확한 반응을 하였다.

로쉬에 의해 보고된 한 가지 부가적인 비형식적 결과는 비중심 색깔 집단의 네 명의 피험자는 학습기간 동안 매우 실망하여 모든 색깔 이름을 학습하기 전에 그만두기를 원해서 그들이 과제를 완성할 때까지는 실험에 계속 참여하도록 많은 설득을 해야 했다. 이 문제는 다른 집단에서는 나타나지 않았으며 오히려 일반적으로 실험과정을 즐기는 것으로 보였다.

이 모든 것은 우리가 얻고자 노력하는 것보다 오히려 단순한 결과이다. 그러나 이 연구의 서두에서 언급한 바와 같이, 이 연구와 로쉬와 다른 연구자에 의한 부가적인 연구는 뇌가 어떻게 작동하는가에 대한 지식에 깊은 영향을 끼쳤다. 그러면 먼저 로쉬의 결과에 대한 논의를 요약한 후 관련 후속 연구의 개요를 살펴볼 것이다.

논 의

로쉬는 외관상 거의 검증이 불가능해 보이는 이론을 검증하는 방법을 찾았다. 색깔 범주가 다니 언어에서 없는 것과 같은 방법으로 영어(또는 다른 언어에서)에서는 존재하지 않는 대상에 대한 개념이나 범주를 생각할 수 있는가? 글쎄, 어떤 것이 있을지 모른다. 그러나 그것은 찾기도 어렵고 검사하기는 더 어렵다. 색깔 범주를 인식하지 않는 문화를 연구하고 위치를 알아냈다는 것, 그 자체로 독창적이다. 그러나 그녀의 공헌의 무게는 그녀가 발견한 것에 있다.

그 주된 결과로, 색깔 개념을 가지지 않은 문화권의 사람들이 구성했던 색깔을 학습할 수 있었는데, 여기에 원형 색깔이 비원형 색깔보다 더 빠르게 학습된다는 가설을 설정하였다. 이런 결과는 어떤 개념들은 그들이 말하는 언어나 그들이 가지고 있는 개념의 사용 여부와 관계없이 모든 인간들의 뇌 속에 존재한다는 것을 나타낸다. 이러한 개념들을 인간의 생물학적 구조의 일부분으로 간주함으로써 로쉬는 이들을 '자연범주'(그녀 논문 제목)라 명명했다. 이 연구가 심리학 연구에 영향력을 준 이유는 거의 보편적으로 받아들이던 견해인 언어가 개념을 산출한다는 사고방식이, 언어적 개념들은 자연적으로 발생하는 범주를 뒤따르며 이들 범주 주변에서 형성된다는 전혀 반대되는 이론을 제기했기 때문이다.

로쉬는 그녀의 결과에 대한 함의를 제시함으로써 논문을 결론지었다.

> 간략하게 색깔의 구조 학습에 관하여 제시된 증거는 범주들이 색깔의 영역 이상의 함의를 가진다는 것이다. 첫째, 자연범주로 조직화될 수 있는 다른

> 영역이 있을 것이다. 둘째, 비지각 범주에서도 인공적인 원형(비지각 범주를 가장 잘 나타내는 사례들)이 한 번 발달되면 자연적 원형의 효과와 유사한 방식으로 그 영역에서 범주들의 학습과 처리에 영향을 미칠 것이다(p. 349).

요약하면 아마도 우리가 지각하는 대부분의 것은 오히려 형식적인 언어의 정의에 의한 준거들에 얼마나 잘 부합되는가보다 적합한 원형(자연적 혹은 그렇지 않은)과 잘 부합되거나 빈약하게 부합되는지에 따라 분석되고 범주화 된다는 것이다. 로쉬와 다른 연구자들에 의한 수많은 후속 연구들이 이러한 경우를 보여주고 있다.

후속 연구

로쉬의 초기 연구 이후로 거의 모든 연구는 자연범주들의 존재와 개념 형성에서 원형의 사용을 지지하였다. 다른 연구자들뿐만 아니라 로쉬와 그의 동료들도 이러한 결과가 갖는 광범위한 함의를 증명하기 위해 이 연구에서 보고된 초기 결과들을 확장시켜 나갔다.

예를 들어 개념은 만약 우리가 대상을 범주화하기 위해 엄격한 언어적 정의를 사용한다면, 존재해야 하는 분명하지도 명확하지도 않는 경계들, 오히려 이 연구의 서두에 언급된 것처럼, 그 경계들은 실제로 모호한 것이라는 것을 실험적으로 증명했다(Rosch, 1975 참조). 예를 들어 다시 한 번 '새' 에 대한 개념의 예로 돌아간다면 당신은 키위 새를 포함시킬 것인가? 박쥐는 어떠한가? 키위가 새라는 형식적인 지식(비록 그것이 날거나, 짹짹 울거나, 나무에 앉지 못할지라도)을 가졌을지라도 당신이 새를 생각했을 때, 키위는 거의 생각나지 않는다(글쎄 아마 지금 알았을지!). 한편 당신은 박쥐는 새가 아니라는 것을 기계적으로 알 것이다. 하지만 박쥐는 아직도 날 수 있고, 짹짹 우는 소리를 내고, 나무에 살고 있다. 그러므로 일부 수준에서는 박쥐를 새로서 인식할 것이다. 다른 예로서 과일에 대한 범주를 고려해보

자. 당신이 과일이라고 생각하는 것은 무엇인가? 사과나 오렌지가 일반적으로 처음 떠오르는 이름이다. 토마토는 과일이 틀림없으나 원형적 과일에 대한 유사성과는 꽤 구별되기 때문에 불충분한 예이다. 기억하라, 인지심리학자들은 당신이 기계적으로 정확한가의 여부보다는 당신이 생각하는 방법에 보다 관심이 있다(키위는 새의 적합하지 않은 예이면서 과일의 예로서도 적합하지 않다!).

사람들이 그들 주위의 세상을 개념화하는 방법을 밝히기 위해 설계된 다양한 연구기법은 로쉬가 뉴기니아에서 다니 부족을 대상으로 자연범주들의 존재를 처음 증명한 이래 개발되고 있다(더 완성된 논의를 위하여 Rosch, 1978; Lakoff, 1987 참조). 한 가지 방법은 단순히 피험자(어떤 문화로부터)에게 대상이 특정 범주에 얼마나 적합한지를 평가하도록(그 대상이 그 범주에 대한 당신의 원형과 얼마나 잘 일치하는가를 의미한다) 수 척도(1에서 10처럼)를 사용하도록 하는 것이다. 그래서 개 범주에서 독일산 셰퍼드는 10점이라고 평가될 것이고, 바센지는 3점을 얻는 것이다(개 품종과는 상관없이 얼마나 개 같은가이다).

다른 연구 기법은 무엇이 얼마나 정신적 범주에 적합한가를 반응시간으로 측정하는 것으로, 이런 방식은 우리가 진술("칠면조는 새이다"처럼)한 것을 보거나 들은 이후, 이때 가능한 빠르게 참인지 거짓인지를 판단하여 단추를 누른다. 이 연구의 결과는 범주의 예가 원형에 가깝게 부합되므로 더 빨리 반응할 것이라는 것을 증명했다. "칠면조는 새이다"는 "울새는 새이다"보다 반응시간이 유의미하게 긴 것으로 산출될 것이다.

세 번째 방법은 피험자에게 범주 구성원들의 예를 목록으로 적게 하거나 그림으로 그리게 해서 범주 구성원을 산출하도록 한다. 많은 시간이 주어지면 피험자는 범주를 더 잘 대표하는 구성원부터 점점 멀리 있는 구성원을 산출할 것이다. 예를 들어 만약 가구에 대해 그리라고 요청받는다면 아마도 스탠드나 책장을 그리기 전에 의자, 소파 그리고 책상을 그릴 것이다.

결론적으로 비록 자연범주와 원형 이론에 관한 로쉬의 발견이 우리가 사용하는 개념들에 대한 심리학자의 견해에 변혁을 일으켰지만, 우리가 엄격한 언어적 정의를 단념해야 하는 것을 의미하지는 않는다는 것을 유념해야 한다. 정확한 수준을 필요로 할 때 이런 정의들이 야기되는 것은 사실로 보여진다. 과일 범주가 아주 적합한 예를 제공한다. 만약 누군가 당신에게 "좋아하는 과일의 종류를 말해주시겠습니까?"라고 묻는다면 당신은 '과일은 원숙해진 씨를 포함하고 있는 구조'라고 생각하지 않는다. 대신에 즉각적으로 과일에 대한 원형에 접근하고, 그래서 과일은 사과나 오렌지 같은 어떤 것이다. 과일에 대한 당신의 형식적인 정의가 유용했던 경험이 있을 것이다. 산책 중에 이상한 물체가 자라는 희귀한 나무를 보았다고 가정하자. 비록 이 식물의 물체가 당신의 과일 원형과 거의 유사성이 없다 할지라도 당신의 형식적인 정의는 당신에게 "이것 봐! 이 식물은 열매를 가졌어"라고 말하도록 허용할 것이다.

LAKOFF, G. (1987) *Women, fire, and dangerous things: What categories reveal about the mind*. Chicago: University of Chicago Press.

ROSCH, E. H. (1975) Cognitive representations of semantic categories. *Journal of Experimental Psychology: General, 104,* 192~233.

ROSCH, E. H. (1978) Principles of categorization. In E. ROSCH and B. LLOYD(eds.) *Cognition and categorization*. Hillsdale, NJ: Erlbaum.

기억에 대해 감사하라 16

페　리: 해밀턴, 난 그녀가 범죄 현장 가까운 그 어느 곳에도 없었다는 내 의뢰인의 말을 믿어.
해밀턴: 페리, 배심원이 판정하지 않겠나?
페　리: 재판을 믿을 수 없어.
증거를 가지고 있지 않아. 상황적 증거뿐이잖아.
해밀턴: 글쎄 페리, 어쨌든 우리는 모든 상황을 본 사람을 확보하고 있어. 페리, 우리에게는 목격자가 있어!

이어 신비스러운 음악이 점점 더 커지면서 페리에게 또 다른 까다로운 사건이 되겠구나 하고 예감한다. 비록 우리가 결국에는 정확성이 드러날 것이라고 합리적으로 알고 있다 할지라도, 목격자의 출현은 지역 변호사에게는 불충분한 사건이 거의 완벽한 사건으로 변경된다. 왜 형사사건에서는 목격자의 증언이 강력한 증거로 제공되는가? 변호사, 판사, 배심원 그리고

Loftus, Elizabeth F. (1975) Leading questions and the eyewitness report. *Congnitive Psychology*, 7, 560~572.

일반 대중은 실제로 일어난 사건을 그 사람이 기억한다고 믿기 때문이다. 바꾸어 말하면 기억을 사건 재창조 과정으로 여기는 심리학자들(인지심리학자)은 공통적으로 인간기억에 대한 신뢰도를 고려하여 가설을 세웠으며 지금은 의문을 제기하고 있다.

기억의 분야에서 선도적인 연구자들 중 한 사람은 워싱턴 대학교의 엘리자베스 로프투스(Elizabeth Loftus)이다. 그녀는 사건이 상기될 때 이 사건이 정확하게 재창조되지 않는다는 것을 발견했다. 대신에 상기되는 것은 실제사건을 재구성한 기억이다. 로프투스의 연구는 재구성적 기억은 당신이 경험을 상기할 때 떠오르지 않는 부분을 채우기 위하여 새롭거나 현존하는 정보를 사용한 결과라는 것을 증명한다. 그녀는 우리가 공통적으로 믿는 것처럼 기억들은 안정적이지 않지만 시간이 흐름에 따라 더 많은 유연성과 가변성이 있다는 것을 주장했다. 그래서 만약 누군가 5년 전의 휴가에 대해 말을 한다면 그것이 일어난 것과 똑같은 경험을 재창조한다고만은 생각되지 않는다. 대신 많은 정보 제공원으로부터 정보를 사용하며 기억을 재구성한다. 이를테면 휴가에 대해 말하는 순간 바로 이전에 일어났던 일, 동일한 혹은 최근의 휴가로부터 경험, 아마도 현재와 같은 장소에서 상영되었던 휴가 때 개봉된 영화, 그 당시에 함께 있었던 다른 사람이나 상황을 출현시킴으로써 그 경험을 새롭게 한다. 즉, 동일한 시간에 일어난 일이 목격자의 증언으로 인해 얼마나 많이 달라지는가를 보는 것은 놀라운 일이다!

일반적으로 기억에서 이러한 변경은 무해한 것이다. 그러나 법정 처리에서 피고측의 운명이 목격자의 증언에 달려 있을 때 기억 재구성은 결정적인 것이 된다. 이런 이유로 기억분야에서 대부분의 로프투스 연구는 법정 목격자들의 증언과 관련이 있다. 초기 연구에서 그녀는 질문이 어떻게 표현되느냐와 같은 매우 미묘한 영향이 목격한 사건에 대해 증언하는 사람의 기억을 변경할 수 있다는 것을 발견했다. 예를 들어 만약 자동차 사고의 목격자에게 "Did you see *a* broken headlight(깨진 전조등을 보셨어요)?"

나 "Did you see *the* broken headlight(깨진 '그' 전조등을 보셨어요)?"라고 물었다. 깨진 전조등이 없었을 때조차도 질문에 사용된 단어 'the'는 'a'보다 긍정적인 반응을 더 많이 산출했다. 'the'의 사용은 깨진 전조등이 있음을 전제하고 결국에는 사건에 대한 그들의 기억들에 새로운 특징을 '더해서' 증언하는 원인이 된다.

이 부의 중심인 이 연구는 로프투스에 의해 자주 인용되는 연구들 중 하나인데 이 네 가지 연구들은 밀접히 관련되어 있으며 그녀의 이론 진척을 나타낸다. 그녀는 목격자에게 묻는 질문의 어법이 시간이 흐른 후 목격자가 사건에 관한 다른 질문을 받았을 때, 그들의 기억을 변경할 수 있다는 것을 증명했다. 이 연구는 기억이론과 법률, 두 측면에 모두 영향을 주었다.

이론적 제안

이 연구는 사건에 대한 사람의 기억을 변경할 수 있는 전제를 담고 있는 질문이 얼마나 심각한 영향을 주는지에 초점을 두고 있다. 로프투스는 전제를 두기를, 질문이 이해되기 위해 반드시 질문이 사실이어야 한다는 조건을 두었다. 예를 들어 당신이 자동차 사고를 목격했다고 가정하고 당신에게 "속도 위반한 그 차에 몇 명이 있었어요?"라고 물었다. 이 질문은 그 차가 속도 위반했다는 것을 전제한다. 그러나 만약 그 차가 실제로 속도 위반을 하지 않았다면 어떻게 될까? 글쎄, 그 차의 속도에 대한 질문이 없었기 때문에 어떤 식으로든 당신은 그 질문에 답하지 않을지도 모른다. 그러나 질문이 말로 표현되기 때문에 당신은 그 사건에 대한 기억에 속도 위반의 정보를 덧붙일 것이라는 것이다. 따라서 만약 이후에 다른 질문들을 했었다면 아마도 쉽게 그 차는 속도 위반했었다고 말할 것이다.

이전 연구에 기초해서 로프투스는 만약 목격자에게 목격한 사건에 관한 거짓된 전제를 담고 있는 질문을 한다면, 새로운 거짓된 정보는 증인에 의해서 차후 부가적인 보고에 나타날 것이라는 가설을 세웠다. 여기에 제시된 네 가지 중 세 가지 연구가 일주일의 간격 후에 실시된 회상 검사들을 하였기 때문에, 로프투스는 암묵적으로 거짓된 정보를 수반하는 재구성된 기억은 시간이 흘러도 지속되는 것이라고 예측했다.

방법과 결과

보고된 각각의 네 가지 실험에서 사용된 방법과 결과를 함께 요약하였다.

실험 1의 방법 첫번째 연구에서 소집단 150명의 학생들은 운전자가 멈춤 신호에서 급히 빠져나갈 때 발생한 5중 연쇄충돌 사고 필름을 보았다. 사고는 단지 4초 동안이었고 전체 필름은 1분 미만으로 상영되었다. 필름을 본 후에 피험자에게 10개의 질문이 들어 있는 질문지가 주어졌다. 피험자의 절반에게 첫번째 질문은 "멈춤 신호일 때 얼마나 빨리 A차(멈춤 신호에서 달렸던 그 차)가 갔는가?"라는 것이었다. 피험자의 다른 절반은 "불이 바뀌었을 때 얼마나 빨리 A차가 갔는가?"라는 질문이었다. 나머지 질문들은 양쪽 집단에 동일한 것으로 연구자의 관심은 오로지 "당신이 보기에 A차가 멈춤 신호를 보았는가이다."

결 과 멈춤 신호에 대하여 질문을 받았던 집단에서 40명의 피험자(53퍼센트)는 A차가 멈춤 신호를 보았다고 말했다. 반면에 '바뀐 신호' 일 때라고 질문을 받은 집단에서는 단지 26명(35퍼센트)이 멈춤 신호를 보았다고 주장했다. 이 차이는 통계적으로 유의미한 것으로 나타났다.

실험 2의 방법 로프투스가 보고한 두 번째 연구는 지연기억 검사가 포함된 일련의 연구물 중 첫번째 것이며 네 가지 연구 중 목격한 사건이 자동차 사고가 아닌 유일한 연구이다. 이 연구에서 40명의 피험자는 3분짜리

단편영화인 「학생 혁명일지」를 보았다. 빠른 흐름으로 8명의 시위자에 의해 수업이 중단되는 것을 보여주었다. 영화를 본 후에 피험자에게 빠른 흐름으로 진행된 필름과 관련된 20개 질문이 주어졌다. 피험자의 절반에게는 "교실에 들어온 4명의 시위 주동자는 남자인가?"라는 질문을 하였다. 다른 절반에게는 "교실에 들어온 12명의 주동 시위자는 남자인가?"라고 물었다. 나머지 질문들은 두 집단에 동일했다.

이러한 질문을 한 검사가 있었던 일주일 후에 두 집단의 피험자들이 다시 모였고 필름(그것을 다시 보지 않고)에 관한 새로운 20개의 질문에 대답했다. 이 연구의 결과로 제공된 한 가지 질문은 "당신은 몇 명의 시위자가 교실에 들어오는 것을 보았는가?"였다. 기억하라, 두 집단의 피험자들은 동일한 필름을 보았고, 단지 시위가 12명 대 4명으로 언급된 것을 제외하고는 동일한 질문에 대답했다.

결 과 12명의 시위자를 전제한 질문을 받았던 집단은 평균 8.85명을 보았다고 보고했다. 4명의 시위자가 포함된 질문을 받았던 이들은 6.40명으로 대답했다. 이것 또한 유의미한 차이이다. 피험자 중 일부는 8명의 정확한 수를 상기했다. 그러나 이 실험은 일반적으로 질문에 대한 어법이 피험자가 목격한 사건의 기본적인 특성들을 기억하는 방식을 변경한다는 것을 보여준다.

실험 3의 방법 이 실험은 만약 질문에 내재되어 있는 거짓된 전제로 인해 증인들이 심지어 거기에 없었던 물체를 포함하는 증언을 함으로써 생기는 그들 기억의 재구성 정도를 알아보기 위한 것이다. 150명의 피험자(대학생)들은 흰색 스포츠카와 관련된 사고를 다룬 짧은 비디오를 보았다. 그리고 이때 비디오 내용에 대한 10개 질문들에 대답했다. 피험자의 절반에게 해당된 한 가지 질문은 "시골길을 따라 여행하는 동안 헛간을 지날 때 얼마나 빨리 흰색 스포츠카가 달렸는가?" 피험자의 다른 절반에게는

"시골길을 따라 여행하는 동안 얼마나 빨리 흰색 스포츠카가 달렸는가?" 이전 연구에서처럼, 일주일 후에 피험자들은 다시 와서 사건에 대한 10개의 새로운 질문에 대답했다. 이 연구의 주제를 나타내는 질문은 "당신은 헛간을 보았는가?"였다.

결 과 이전에 헛간이 언급된 질문에 대답했던 피험자들이 일주일 후에 검사 질문에서 "예"로 대답한 사람은 13명(17.3퍼센트)이었으며 헛간의 언급이 없었던 질문을 받은 집단에서는 단지 2명(2.7퍼센트)이었다. 다시 한번 통계적으로 유의미한 차이가 있었다.

실험 4의 방법 이 연구에서 보고된 마지막 실험은 두 가지 목적을 성취하기 위해 보다 정교한 연구가 설계되었다. 로프투스는 먼저 실험 3에서 발견된 기억 재구성 효과를 더 확장하고자 했다. 두 번째로 비록 그것이 거짓된 전제를 담고 있지 않다 할지라도 단지 물체의 언급은 아마도 그 물체가 기억을 덧붙이는 원인이 되기에 충분한가였다. 예를 들어 필름에 헛간이 없을 때 직접적으로 "당신은 헛간을 보았는가?"라고 물었다. 당신은 아마도 "아니오"라고 대답할 것이다. 그러나 만약에 일주일 후에 당신에게 다시 질문한다면 사건에 대한 당신의 기억에 헛간은 슬며시 들어가 있을 것인가? 이것이 로프투스가 네 번째 실험에서 검증하고자 하는 것이다. 50명으로 구성된 세 집단의 피험자들은 한 남자가 아기 유모차를 밀어 차 후미에 부딪히게 한 후 차 안으로 총을 쏘는 3분용 필름을 보았다. 그 다음 세 집단은 필름에 대한 질문들을 담고 있는 소책자를 받았다. 이러한 소책자는 다음과 같이 차이가 있다.

D 집단: 직접질문 집단인 이 집단은 40개의 '채우기' 질문이 있는 소책자를 받았다. 여기서는 존재하지 않는 물체에 대하여 다섯 가지 주된 질문을 직접적으로 하고 있다. 예를 들어 "필름에서 헛간을 보

았는가?"

F 집단: 거짓된 전제 집단인 이 집단은 동일한 40개 채우기 질문과 존재하지 않는 물체들에 대하여 "당신은 헛간 앞에 세워둔 마차를 보았는가?" 처럼 전제를 담고 있는 다섯 개의 주된 질문을 받았다.

C 집단: 통제집단인 이 집단은 단지 40개의 채우기 질문들을 받았다.

일주일 후에 모든 피험자들은 되돌아와서 필름에 대한 20개의 새로운 질문에 대답했다. 다섯 개의 질문은 일주일 전에 직접질문 집단에서 질문했던 것과 정확히 같은 주된 질문이다. 그래서 D 집단은 이들 다섯 개의 질문들을 두 번 보았다. 사용된 측정은 존재하지 않는 물체를 기억한다고 주장하는 각 집단 피험자들의 백분율이다.

결 과 표 1은 세 집단 모두의 결과들을 요약한다. 기억하라, 필름에는 통학 버스, 트럭, 도로의 중앙선, 유모차를 미는 여자, 그리고 헛간이 없었다. 모든 질문들을 합하여 일주일 후에 직접질문에 "있어요"로 대답한 피험자를 전체 100퍼센트로 기준하여 거짓된 전제 집단은 29.2퍼센트, 직접질문 집단은 15.6퍼센트, 통제집단은 8.4퍼센트가 있었다고 대답했다. 각 항목에서 직접질문 집단과 거짓된 전제 집단 사이의 차이는 각 항목에서뿐만 아니라 모든 항목의 합계에서도 통계적으로 유의미했다. 그러나 통제집단에 비교하여 직접질문 집단이 유사한 유의미한 효과를 나타내는 경향이 있는 반면에 이러한 차이들은 통계적으로 유의미할 정도로 충분히 크지는 않았다.

표 1. 사고 필름에서 존재하지 않는 물체의 출현에 대한 회상

직접 질문	거짓된 전제	1주 후 직접질문에 "있어요" 반응률(%)		
		C	D	F
통학 버스를 필름에서 보았는가?	아이들이 통학버스를 타고 가는 것을 보았는가?	6	12	26
필름의 시작부분에서 트럭을 보았는가?	필름의 시작부분에서 트럭은 그 차 옆에 주차되었는가?	0	8	22
국도에서 중앙선을 보았는가?	다른 차가 국도의 중앙선을 가로질렀는가?	8	14	26
유모차를 밀고 가는 여자를 보았는가?	여자가 길을 가로질러 유모차를 밀었는가?	26	36	54
필름에서 헛간을 보았는가?	헛간 앞에 주차된 마차의 위치를 보았는가?	2	8	18

C=통제집단, D=직접질문 집단, F=거짓된 전제 집단(p. 568 인용)

논 의

이 연구와 다른 연구를 토대로 로프투스는 기억의 정확한 이론과 회상이 새로운 정보가 사건의 원래 기억에 통합되어 일어나는 재구성 과정에 반드시 포함되어야 한다고 주장했다. 단지 사건에 대한 재창조를 수반하는 회상으로 단순히 가정하는 것은 정확성의 정도를 다양하게 함에 따라서 이러한 연구결과들을 설명할 수 없다. 이를 증명하기 위하여 그림 1은 회상에 대한 전통적인 견해와 로프투스에 의해 제안된 재형성된 과정을 비교하였다. 여기서 보는 것처럼 기억에 새로운 정보를 통합하는 여분의 단계가 더해졌다. 결국 이런 새로운 정보는 원래 기억에 대한 표상을 변경하거나 재구성을 야기하게 된다. 만약 이후에 그 사건에 대하여 재질문한다면 당신의 회상은 실재의 원래 사건이 아니라 그것에 대한 당신의 재구성이다.

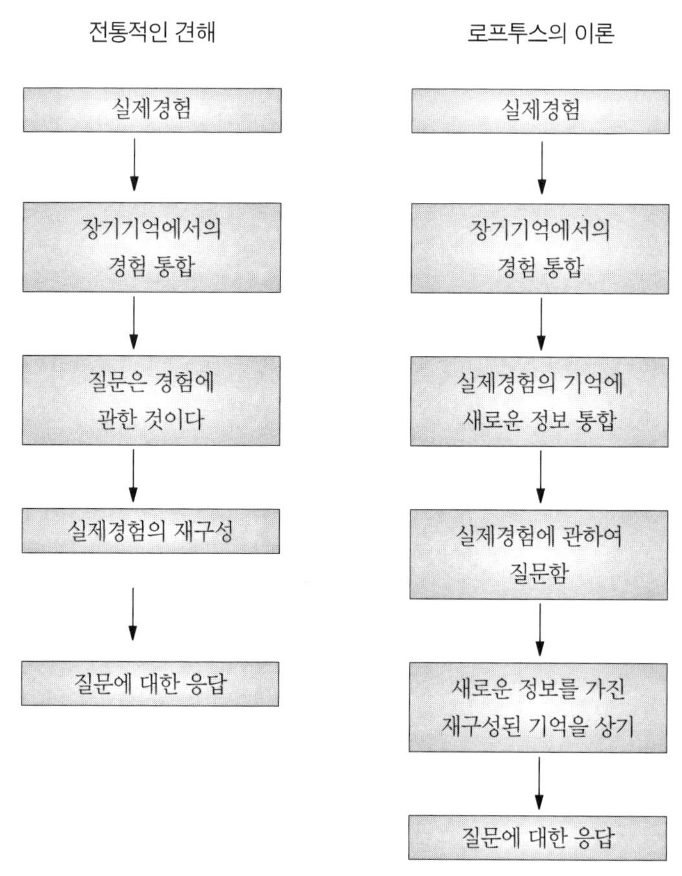

그림 1. 사건 회상에서 질문에 대한 반응

로프투스는 이러한 재구성 과정을 헛간, 통학버스, 트럭, 아기 유모차를 미는 여자, 그리고 도로의 중앙선은 실제경험의 일부분이 아닐 때 피험자의 기억 속에서 모두 생각해낸 것에 근거를 두고 있다고 주장했다. 질문에서 거짓된 전제의 질문들은 의도하지 않은 채 사건에 대한 실제기억에 통합되면서 새로운 정보의 특별한 형태를 제공하였다.

범죄 조사에서 목격자에게 이를 적용함에 있어서 로프투스는 목격자는 한 번 이상 질문을 받는다고 지적했다. 그들은 경찰로부터 범죄장면에 관한 질문을 받고 사건에 배당된 검사로부터 또다시 질문을 받고 그들이 법정에서 증언한다면 다시 조사받게 된다. 다양한 질문 활동 동안에 아마도 무심코 거짓된 전제가 만들어지지 않을 가능성은 거의 없는 것 같다. 이러한 거짓된 전제가 발생할 수 있는 길은 셀 수 없이 많다. 일반적으로 "무엇이 그 사내의 총같이 보였나?" 또는 "그 도주 차량을 어디에 주차하였는가?"처럼 무구하게 들리는 질문은 총이나 도주 차량이 실제 있든 없든 간에 목격자가 기억할 수 있는 기회가 증가되는 것을 보여주었다(Smith & Ellsworth, 1987). 그래서 변호사, 판사, 배심원들은 증인이 실제로 본 것을 재창조할 수 있다는 가정을 만드는 동안에, 로프투스는 증인에 의해 기억되는 실체는 "변경된 기억의 표상에 기초한 재생된 심상"이라고 주장한다(p. 571).

결 론

엘리자베스 로프투스는 기억 재구성과 목격자의 부정확성 분야에서 가장 선도적인 연구자로 평가되었다. 이들 분야에서 그녀의 연구는 계속되고 있다(Loftus & Hoffman, 1989 참조). 여러 해가 거듭되면서 잘 정립된 그녀의 연구는 이 분야의 다른 연구자들에 의해 지지받았다.

그녀의 연구에 대한 비판이 없는 것은 아니다. 일부 연구자들은 새로운 정보의 통합은 증언을 부정확한 대답으로 이끌고, 그러나 실제 정확한 기억이 소멸되는 것이 아니라 정확한 조건하에서 접근될 수 있을 것이라고 주장했다(Bekerian & Bowers, 1983 참조). 다른 연구자들은 만약 매우 주의 깊게 생각하라고 요청한다면 목격자는 실제로 보았던 대상들과 실제 사건 이후에 그들에 의해 만들어진 제안들을 변별할 수 있다고 시사한다(Lindsay & Johnson, 1989).

그러나 범죄 기소 동안에 목격자의 보고는 사건 이후의 정보를 통합하는 것처럼 실수를 야기하는 많은 정보원에 의해 영향받기 쉽다. 로프투스와 다른 연구자들에 의한 연구체계 때문에 재판의 절차에서 목격자의 능력과 신뢰도에 대해 매우 심각하게 의문이 제기되고 있다. 목격자의 증언을 평가할 때 배심원들이 반드시 사용하는 심문을 증명하기 위하여 필요로 하는 가장 숙련된 증인(일반적으로 피고로서) 중의 한 명이 로프투스가 된 셈이다.

BEKERIAN, D., & BOWERS. J. (1983) Eyewitness testimony: Were we misled? Journal of Experimental Psychology: *Learning Memory and Cognition, 9,* 139~145.

LINDSAY, D., & JOHNSON, M. (1989) The eyewitness suggestibility effect and memory of source. *Memory and Cognition, 17,* 349~358.

LOFTUS, E. & HOFFMAN, H. (1989) Misinformation and memory: The creation of new memories. *Journal of Experimental Psychology: General, 118,* 100~104.

SMITH, V., & ELLSWORTH, P. (1987) The social psychology of eyewitness accuracy: Leading questions and communicator expertise. *Journal of Applied Psychology, 72,* 294~300.

제 5 부

인간발달

심리학의 하위분야에서는 모든 사람들이 출생에서 죽음에 이르기까지 진행되는 변화들에 관여한다. 이것이 전부다. 이 분야는 행동과학에서 가장 크고 가장 복잡한 전문영역 중 하나이다. 비록 우리는 독특한 개체로 성장하지만, 발달의 상당부분은 유사하며 예측가능하며 비교적 고정된 계획에 따라 일어난다. 발달심리학의 가장 영향력 있는 연구들은 유아와 어머니 사이의 애착 또는 유대과정, 지적 능력의 발달, 노화과정과 관련된 변화들을 포함한다.

이 부에서는 지금까지 심리학에서 연구된 가장 유명하고 영향력 있는 일부 연구들이 논의된다. 원숭이와 관련된 해리 할로우(Harry Harlow) 박사의 업적은 후기의 심리적 적응에 있어서 초기 유아기 애착의 중요성을 증명하였다. 피아제(Piaget)의 광범위한 발견들은 오늘날 인지발달의 전체적인 토대를 형성하였다. 그의 정교한 연구방법과 간결한 결과를 간단하게나마 살펴보기 위해 그의 연구의 작은 표본들이 여기에서 상세히 다루어질 것이다. 또한 지능에서의 환경적인 영향에 관한 로버트 자종크(Robert Zajonc)에 의한 영향력 있는 연구도 살펴볼 것이다. 덧붙여 인간발달은 전 생애발달과정으로, 엘렌 랑게르(Ellen Langer)와 주디트 로딘(Judith Rodin, 종종 '식물연구' 로 유명한)에 의해 이루어진 이와 관련한 연구 또한 여기서 살펴볼 것이다. 이 연구에서는 사람들이 나이가 많은 것에 관계없이 자신의 삶, 활동, 운명 등의 통제에 대하여 어떻게 느끼는가에 대하여 예증하고 있다.

사랑의 발견 17

가끔은 심리학자의 연구가 너무 멀리 있는 것처럼 여겨진다. 사랑과 같은 것도 과학적으로 연구될 수 있는가? 글쎄, 그렇지만 당신이 사랑을 정의한다면 사랑이 우리의 행동에 엄청난 영향을 미친다는 것에 동의할 것이다. 만약 우리가 이러한 가정을 하면 그 다음 심리학자들이 그것이 무엇인지, 어디에서 얻는지, 어떻게 작동하는지 등에 관심을 가지게 된다.

발달심리학자인 해리 할로우(Harry Harlow)는 초기 삶의 경험이 성인기의 삶에 어떤 영향을 줄 수 있는가에 대해 많은 연구를 한 사람이다. 따라서 일반적으로 프로이트 이후 이 분야에 가장 위대한 공헌을 세운 사람으로 평가받고 있다. 대부분의 심리학자들은 유아가 갖는 어머니(또는 최초의 양육자)와의 친밀감, 접촉, 애착의 경험은 나중에 다른 사람을 사랑하고 친밀할 수 있는 능력에 중요한 영향을 미친다는 것에 동의한다. 아무튼 만약에 당신이 사랑에 관해 생각을 한다면 사랑과 관련된 당신의 첫번째 경험

Harlow, Harry F. (1958) The nature of love. *American Psychologist, 13,* 673~685.

은 무엇인가? 그것은 출생 순간부터 시작하는 당신과 어머니 사이에 발생하는 유대관계이다. 그러나 그러한 관계에 있어서 정말로 중요한 것은 무엇인가? 프로이트 신봉자들은 생후 첫 1년 동안('구강기')은 수유와 본능적인 구강 성향의 중요성에 초점을 둔다. 나중에 행동주의자들은 모든 인간의 행동이 소위 본능 욕구라고 불리는 배고픔, 갈증, 고통의 회피 등과 관련되어 있다는 견해에 반대했다. 어머니가 이러한 욕구를 채워줄 수 있기 때문에, 어머니와 유아들의 친밀감은 어머니가 유아를 위해 음식을 제공하고 있다는 사실에 의하여 끊임없이 강화된다. 결과적으로 어머니는 즐거운 사태와 함께 연합되므로 사랑이 발달한다. 이러한 두 가지 개념적 측면에서 사랑은 다른 본능적인 또는 생존적인 욕구에 대하여 이차적인 어떤 것으로 보여진다. 그러나 할로우는 사랑과 정서의 욕구는 배고픔, 갈증만큼이나 강한 욕구이며 심지어 그것보다 더 강한 일차적 욕구라고 말한다.

유아와 어머니 사이의 사랑의 구성요소를 밝히기 위한 한 가지 방법은 어머니가 유아를 그들의 모든 욕구를 채워주지 않는 어떤 상황에 놓아두는 것이다. 이 장소는 환경의 여러 가지 요소들을 과학적으로 조작할 수 있는 곳이다. 종전의 이론에 따르면 유아의 일차적인 욕구에 반응하는 어머니의 능력을 변화시킴으로써 유아와 어머니 사이에 형성된 유대관계의 질과 강도를 막거나 변화시킬 수 있었다. 그러나 윤리적인 이유로 그러한 연구가 인간에게 행해질 수 없다는 것은 자명하다. 할로우가 학습에 관한 연구에서 수년 동안 북인도산 원숭이를 연구하였기에 이 대상과 함께 사랑과 애착에 관한 연구를 시작하는 것은 간단한 과정이었다. 생물학적으로 북인도산 원숭이는 인간과 매우 유사하다. 할로우는 또한 유아기에 있어 유대와 정서(보살핌, 접촉, 매달리는 것 등)에 관련된 북인도산 원숭이의 기본적인 반응은 두 종에 있어 동일하다고 믿었다. 인간이 아닌 피험자를 이용한 연구가 윤리적인지 아닌지는 나중에 언급하겠다.

이론적 제안

할로우의 이전 연구에서는 새끼원숭이들이 우유병으로 먹는 것을 더 좋아하도록 실험실에서 인간에 의해 조심스럽게 양육되었으며, 균형잡힌 영양을 섭취했고, 그들 어미원숭이에게 양육되는 것보다 더 효과적으로 질병으로부터도 보호되었다. 할로우는 이러한 새끼원숭이들이 우리 바닥을 덮는 데 사용되는 천조각(면 기저귀)에 매우 집착하는 것에 주목하였다. 그들은 이 천조각에 거의 매달려 있었으며, 청소하려고 천조각을 치우자 극도로 화를 내며 흥분하였다. 이러한 애착은 생후 하루밖에 안 된 새끼원숭이에게서도 관찰되며, 심지어 생애의 첫 몇 달 동안 더 강해지는 것처럼 보였다. 외형상 할로우가 언급한 것처럼 "유아나 새끼원숭이는 만약 생존하기 위해서 지푸라기라도 움켜잡아야만 한다"(p. 675). 만약에 이러한 연약한 새끼원숭이는 비록 완전한 영양과 의학적인 치료를 받았더라도 매우 빈약하게 성장할 것이다. 천조각이 주어졌을 때 새끼원숭이는 더 건강해졌고 만족해하는 것처럼 보였다. 따라서 할로우는 새끼원숭이에 있어 배고픔이나 갈증과 같은 일차적인 생리적 욕구에 덧붙여 편안하고 부드러운 어떤 것에 밀접하게 접촉하려는 몇 가지 기본적인 욕구가 있다고 이론화하였다. 이 이론을 검증하기 위하여 할로우와 그의 동료들은 다른 종류의 실험용 어미원숭이를 '만들기' 로 하였다.

방 법

그들이 만든 첫번째 대리모는 매끈한 나무 물체 위에 고무 스펀지와 테리천(보풀을 고르게 짠 두터운 직물)으로 싸여졌다. 우유를 주기 위해 가슴에 수유병을 매달았고, 따뜻하게 하기 위해 내부에는 밝은 전등을 켜두었다. 다음에는 부드러운 위안이 덜 제공되는 다른 종류의 대리모를 만들었다. 이 엄마는 나무로 된 형태와 같은 모양이지만 철사 그물망으로 만들어졌다. 그래서 새끼원숭이들이 천엄마에게 하는 것과 유사한 방법으로 그것에 매달릴 수 있도록 하였다. 이 철사엄마에게 또한 수유병을 장치하였고 따뜻함을 제공할 수 있도록 여러 장치가 고안되었다. 바꾸어 말하면 철사엄마는 할로우가 '접촉 위안' 이라 명명하는 능력을 제공하는 것을 제외하고는 모든 방식에서 천엄마와 동일했다.

그 다음 이렇게 제작된 엄마는 새끼원숭이가 사는 우리에 고정되어 있는 분리된 작은 칸막이에 놓여졌다. 여덟 마리의 새끼원숭이가 무선적으로 두 집단에 할당되었다. 한 집단에게는 천엄마가 제공하는 우유병이 제공되었고 다른 집단의 철사엄마도 우유를 제공하였다. 이미 할로우가 여기서 검증하려는 것을 확실히 알 수 있을 것이다. 그는 엄마를 향한 원숭이의 행동에 대하여 접촉 위안의 영향으로부터 양육의 영향을 분리시키려는 시도를 하고 있었다. 원숭이들을 우리 안에 두고 생후 5개월 동안 각각의 엄마와 직접적인 접촉으로 보낸 시간을 기록하였다. 결과는 놀라운 것이었으나 여기서는 간단히 기술할 것이다.

예비연구들에 의하면 할로우는 매우 상세히 애착과 접촉 위안의 효과를 살펴보고자 했다. 상식적으로 아이가 불안을 느낄 때 그들의 엄마(또는 다른 최초의 양육자)로부터 위안을 찾을 것이다. 철사엄마와 천엄마와 함께 있던 새끼원숭이들이 어떻게 이러한 상황에서 반응을 하는지 알기 위해서, 할로우는 우리 안에 북을 두드리는 태엽 곰인형과 같은(새끼원숭이에게 있어서 이 곰은 그 자신의 몸만큼 크고 매우 무섭게 생겼다) 그들에게 공포 반응을 일으키는 여러 가지 사물을 두었다. 이러한 상황에서 원숭이의 반응을 세심하게 관찰하고 기록하였다.

할로우가 개발한 또 다른 연구는 '열린–공간 검사' (open field test)라 부르는 것으로, 새끼원숭이를 여러 가지 사물(나무로 된 블록, 담요, 뚜껑이 있는 그릇, 접혀진 종이 조각)이 포함된 작고 낯선 방에 두는 것이다. 정상적인 조건에서 원숭이들은 이 사물들과 함께 놀며 조작하는 것을 좋아했다. 천엄마와 철사엄마에게 양육된 원숭이들은 천엄마가 방에 있을 때, 없을 때 또는 철사엄마가 방에 있을 때 그곳에 두었다. 여기서는 새끼원숭이가 엄마가 있는 또는 없는 낯선 상황에서도 적응하고 탐색하는 경향을 조사하기 위한 것이다.

마침내 할로우는 원숭이와 대리모 사이에서 형성된 애착이 격리기간 이후에도 계속 지속되는지의 여부를 알아보고자 했다. 원숭이들이 생후 6개월이 되어 딱딱한 음식을 먹을 수 있었을 때 엄마로부터 짧은 기간 격리되었다. 그리고 그 다음 '열린-공간' 상황에 재배치되었다.

결 과

최초의 실험에서 모든 원숭이들이 천엄마와 철사엄마 모두에게 접근한다는 것을 기억할 것이다. 원숭이들 중 절반은 천엄마로부터 우유를 제공받았고, 다른 절반은 철사엄마로부터 우유를 제공받았다. 원숭이들은 천엄마를 더 선호한다는 것을 아마 지금까지의 상황으로 보아 추측할 수 있을 것이다. 그러나 매우 놀라운 것은 철사엄마로부터 우유를 제공받았던 원숭이들에게조차 이러한 선호는 매우 강하게 나타났다는 것이다. 이 연구는 그 당시에 널리 알려진 이론과는 반대되는 것으로, 배고픔이나 갈증과 같은 생물학적 욕구의 충족은 원숭이가 엄마를 선택하는 데 거의 중요하지 않았다. 새끼원숭이와 새끼원숭이 사이의 애착을 일으키는 접촉 위안의 엄청난 영향은 분명하게 증명되었다. 그림 1은 이러한 효과를 보여주고 있다. 적응한 며칠 후에 어느 엄마에게서 수유를 받았는지 관계없이 모든 원숭이들은 천엄마에게서 매일 거의 모든 시간을 보내고 있었다. 심지어 철사엄마로부터 수유를 받았던 원숭이들조차도 수유를 받기 위해 단지 짧게 천엄마의 편안함을 떠나 있었고, 그 다음 곧장 천으로 싸여진 대리모에게로 되돌아왔다.

오직 천엄마 또는 철사엄마에만 의해 양육되었던 두 집단의 원숭이는 접촉 위안의 중요성을 더 보여주었다. 이러한 두 집단의 새끼원숭이들은

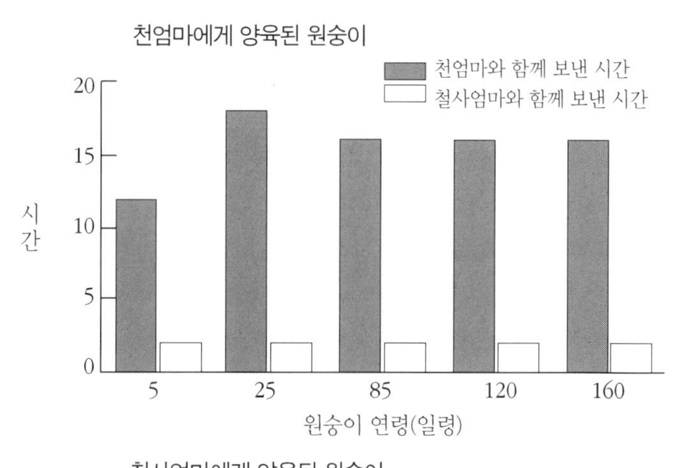

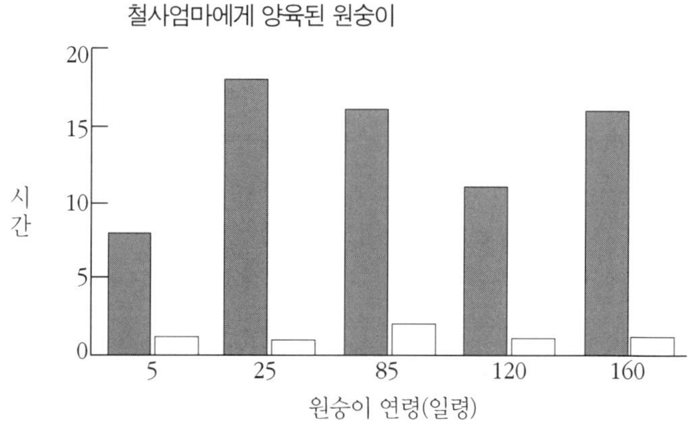

그림 1. 천엄마와 철사엄마와 함께 보낸 1일 시간량

같은 양을 먹고 동일한 비율로 몸무게가 증가하였다. 철사엄마의 조건에서의 원숭이들은 우유를 소화하지 못할 뿐만 아니라 빈번히 설사를 하였다. 이것은 부드러운 촉감의 엄마의 결핍이 이들 새끼원숭이에게 심리적으로 긴장감을 준다는 것을 의미한다.

공포감을 주는 대상 검사에서 결과는 천엄마에 대한 새끼원숭이의 애착에 대한 부가적인 증거를 제공하였다. 원숭이들이 두려움을 야기하는 상황에 직면하게 될 때마다 천엄마에게 달려갔으며 위안과 보호를 얻기 위해 천엄마에게 매달려 있었다. 원숭이의 연령이 증가함에 따라 이러한 반응은 더욱더 강해졌다. 다시 한번 그것은 원숭이가 우유를 철사엄마에게 받았든지 천엄마에게 받았든지 간에 아무런 차이가 없음을 보여주었다. 두려울 때 그들 모두는 부드러운 천으로 싸여진 대리모에게서 안전을 구했다.

우리는 이제 인간에게 있어, 아동은 부모가 곁에 있기 때문에 편안하고, 안전하게 느끼며, 그들은 환경에 더 호기심을 보이고, 탐색하려는 경향이 있다는 사실에 주목할 것이다. 자주 그들은 부모가 곁에 여전히 존재한다는 것을 알게 되면 주위의 모든 것을 탐색할 것이다. 할로우의 낯선 상황 또는 열린 공간 검사는 원숭이들에게 대리모와 연관지어 이러한 행동을 조작하여 알아보기 위해 설계되었다. 이러한 낯선 방에 배치되었을 때 원숭이들 모두 즉시 천엄마에게 달려가 엄마를 움켜잡고 그들의 몸을 문질렀으며 몸과 얼굴을 만졌다. 잠시 후에 이 원숭이들은 "조작 기지인 안전의 근원으로서 대리모를 이용했다……. 그들은 자극을 탐색하고 조작하였으며 그 다음에는 낯선 새로운 세계에 다시 도전하기 전에 엄마에게로 돌아갔다(p. 679)".

그러나 새끼원숭이들이 부드러운 엄마 없이 동일한 방안에 배치되었을 때 그들의 반응은 완전히 달랐다. 그들은 공포로 얼어붙었고 울고 웅크리고 손가락을 빠는 등 민감한 정서적 행동을 보였다. 가끔 그들은 엄마가 항상 있었던 그 자리에 달려가기도 하고 그 다음 이 사물에서 저 사물로 뛰어다니고 큰 소리를 지르며 울부짖었다. 철사엄마가 있을 때도 그들은 엄마가 없는 조건에서와 같이 정확하게 똑같은 행동을 했다. 이것은 다시 한번 그들이 양육되었던 조건(천엄마 대 철사엄마)과는 무관하게 모든 원숭이에게서 나타난 반응이었다.

이전에 언급된 이 연구의 마지막 부분으로 돌아가면, 원숭이에게 수유가 중단되고 딱딱한 음식이 제공된(약 5~6개월) 이후부터 많은 변화의 시기 동안 엄마로부터 격리되었다. 가장 긴 격리기간(30일)이 지난 후 원숭이들은 동일한 열린-공간 상황에서 천엄마와 재결합하였다. 이 재결합이 일어났을 때 원숭이들은 엄마에게 달려가서 엄마 위를 올라탔으며 엄마를 꼭 움켜잡았고 그들의 머리와 얼굴을 엄마의 몸 위에 문질렀다. 그 다음 그들은 그 대리모와 함께 놀았으며 겉천을 물어뜯고 찢는 행동들을 하였다. 중요한 차이는 원숭이들은 그 전처럼 방에서 사물들을 가지고 놀거나 탐색하였으나 엄마 곁을 떠나지 않는다는 것이다. 할로우에 따르면 외형상으로 접촉 위안에 대한 욕구는 탐색에 대한 타고난 성향보다 더 간절한 것이었다. 그러나 이러한 재결합이 불과 3분간 지속되었으며 만약에 이러한 횟수가 많아졌다면 그러한 탐색은 일어나지 않았을지 모른다고 하였다.

논 의

할로우가 매우 명백하게 지적했듯이, 이 논문에 보고된 연구들은 새끼 원숭이와 그들 어미와의 애착 발달에 있어 접촉 위안이 압도적으로 중요함을 증명하였다. 실제로 유대관계에서 이러한 요인들은 유아들에게 생명을 유지하기 위해 우유를 제공하는 엄마의 능력보다도 더 중요하게 고려되어야 할 것이다.

이 연구가 심리학을 변화시킨 많은 이유 중의 하나는 결과물들이 그 당시 행동주의자들의 일반적인 믿음과 반대되었기 때문이다. 왜냐하면 행동주의자들은 유아-엄마 유대관계의 이면에 동기인으로 수유의 질 강화에 초점을 맞추었다. 그러나 할로우가 그의 결과에 관해 언급한 것처럼 “정서적 변인으로서 양육의 일차적 기능은 어머니가 유아와 빈번하게 친밀한 신체접촉을 하는 것이다. 분명히 인간은 우유만으로는 살 수 없다”(p. 677).

할로우의 연구결과들이 인간에게 적용될 수 있다는 사실에는 의문의 여지가 없다. 이 의문은 간략하게 논의될 것이다. 실제로 그의 연구는 인간에게 실제적인 적용의 가능성을 제공했다. 그의 연구 당시, 가정에 대한 사회경제적 요구가 증가되면서 여자들도 일터에 나가게 되었다. 양육에 있어서 엄마의 존재는 애착과 적합한 유아-양육에 필연적이라고 널리 인식되어 있었기 때문에 그의 연구는 많은 사람의 관심을 끌었다. 그는 계속된 진술에서 성공적인 양육의 열쇠는 여성의 포유동물적 능력이 아니라 접촉 위안이기 때문에 미국의 남자들은 유아의 양육에 있어서 동등한 측면에서 참여할 수 있다고 했다. 이런 견해는 오늘날 널리 수용되고 있지만 할로우가 1958년 이렇게 진술했을 때만 해도 그러한 생각은 혁명적인 것이었다.

비판과 공헌

할로우의 주장에도 불구하고 인간이 원숭이와 동일한 애착(혹은 사랑) 과정을 가진다는 견해는 적절할까? 일부 연구에서는 유아와 양육자간의 애착이 단순히 생물학적 욕구를 충족시켜 주는 그 이상이라는 견해를 지지한다. 그 결과는 엄마와 매우 어린 유아들간에 피부 접촉이 많을수록 애착이 증가됨을 보여주었다(Klaus & Kennell, 1976). 그러나 인간에게 있어 애착 과정은 훨씬 더 천천히 진행된다. 원숭이에게 있어 생후 며칠 동안은 인간에 있어 생후 6개월 이상의 시간이다. 약 70퍼센트의 유아만이 1세경에 안정적으로 성인과 애착되는 것으로 보여진다(Sroufe, 1985).

과거와 현재의 많은 사람들은 할로우 연구에서 새끼원숭이에게 그와 같은 실험을 수행했다는 것을 윤리적인 차원에서 비판한다. 제기된 문제는 이것이다. 우리가 인간 연구를 위해 동물들에게 잠정적으로 해를 끼칠 수밖에 없는 상황에서 원숭이(어떤 동물이라도)들을 피험자로 사용할 권리를 가지고 있는가? 할로우 연구의 경우에 두 가지 측면에서 두드러진 논쟁이 있다. 과학이 이런 연구의 윤리성을 판단하는 방법 중의 하나는 연구가 사람들과 사회에 잠정적으로 이익을 가져다주는지에 대한 조사를 하는 것이다. 이러한 연구가 윤리적이든 아니든 간에 그 결과들은 몇 가지 긍정적인 측면에서 인간에게 영향을 미친다. 이들 중 일부는 수용시설에 있는 아동의 전반적인 문제나, 입양, 아동학대 등의 문제와 관련된다.

불행하게도 우리의 문화에서 많은 아동들은 시설환경에서 그들의 삶의 일부분을 보내도록 강요받고 있다. 잘 알다시피 그들의 부모가 그들을 보호하고 돌볼 수 없거나 고아 또는 그들 자신의 질병과 다른 신체적인 결함 때문이다. 할로우의 연구는 이러한 아동들에게 제공되어야 하는 보살핌의 종류에 영향을 주었다. 이제 시설환경은 기본적인 생물학적 보살핌만으로는 부족하며, 유아들에게 다른 사람들과 신체적 접촉이 요구되어짐을 널리 수용하고 있다. 그러므로 시설아동은 가능한 많은 시설원의 구성원, 간호사, 자원봉사자들에 의해 보살펴지고 보호받아야 한다. 또한 의학적인 처치를 받지 못하는 조건에서는 서로 볼 수 있고 만질 수 있는 상황에 자주 배치되므로 부가적인 접촉 위안을 얻는다. 애착의 욕구를 충족시키기 위한 이러한 시도가 부모의 보살핌을 결코 대체할 수 없다면 보호관리적 보살핌 차원을 뛰어넘어 다른 많은 개선책이 필요하다.

할로우의 연구는 자신의 자녀를 가질 수 없는 양육자가 효능적인 부모가 될 수 있다는 낙관을 가져다주었다. 수유가 유아의 적응과 발달에 있어 접촉 위안보다 이차적인 것이라는 연구결과가 있고 나서 유아의 친엄마만이 보살핌을 제공하는 유일한 사람이라는 인식은 점차 사라져가고 있다. 이제 위에서 언급했듯이 아버지는 이 과정에서 보다 큰 역할을 담당해야 할 것으로 여겨진다. 이러한 차원을 넘어서서 필요하다면 부모가 아닌 양육자인 아기를 돌보아주는 사람, 탁아센터 종사자들 모두에게 이러한 인식이 수용되어야 한다는 견해이다. 더구나 이러한 발견은 입양에 대한 전망을 상당히 호전시켰다. 당연히 양부모도 아동에게 생물학적 부모가 할 수 있는 만큼의 접촉 위안을 제공할 수 있다는 인식 때문이다.

마침내 할로우의 연구는 아동학대라는 소름끼치는 문제에 빛을 비추었다. 이러한 학대관계에서 놀라운 측면은 거의 모든 경우에 학대받는 아동은 학대를 하는 부모를 그래도 사랑하며 더욱 확고한 애착을 가지고 있다는 것이다. 엄격한 행동주의자의 해석에 따르면 이것은 이해하기 어려운 일이다. 그러나 할로우가 제시했듯이, 만약에 애착이 가장 강력한 기본 욕구라면 이것은 학대적 처벌의 효과를 훨씬 더 증대시킬 것이다. 실제로 할로우는 후속 연구에서 이것을 검증하였다. 그는 자녀인 새끼원숭이를 거부할 수 있는 대리모 원숭이를 만들었다. 일부 원숭이는 공기를 강하게 내뿜었고, 반면 일부는 무딘 못을 가지고 새끼원숭이들을 찔러 그들을 멀리 도망가도록 했다. 새끼원숭이들이 이러한 처치에 반응하는 방법은 어미의 거부가 종결될 때까지 짧은 거리를 유지하면서 움직이는 것이다. 그 다음 그들은 다시 돌아와 지금까지 했던 그 방식대로 단단하게 엄마에게 매달렸다 (Rosenblum & Harlow, 1963).

결 론

할로우가 사랑의 본질에 대한 정의를 독점했다고 가정하는 것은 실수가 될지 모른다. 그러나 그의 발견이 우리에게 유아와 엄마간의 유대관계에 대한 견해를 변화시켰다는 것은 확실하다. 아마도 만약 이러한 연구가 우리의 문화에 약간만이라도 흡수된다면 여러가지 좋은 결과가 나타날 것이다. 예를 들어 할로우는 한 여성을 언급하였다. 그녀는 할로우의 현재 연구를 다 들은 후에 그에게 와서 "이제 나는 내가 무엇을 잘못했는지 안다. 나는 철사엄마였다"(p. 677)고 했다.

KLAUS, M. H., & KENNELL, J. H. (1976) *Maternal infant bonding*. St. Louis: Mosby.

ROSENBLUM, L. A. & Harlow, H. (1963) Approach-avoidance conflict in the mother surrogate situation. *Psychological Reports, 12,* 83~85.

SROUFE, A. (1985) Attachment classification from the perspective of the infant-caregiver relationships and infant temperament. *Child Development. 56,* 1~14.

눈앞에서 사라진 것이 마음에서 사라진 것은 아니다 18

이 연구에서 초점을 두고 있는 의문은 이것이다. 성인인 당신이 약간의 기본적인 사고기술을 가진 유아로부터 언어, 상징, 논리를 포함하는 다양하고 복잡한 방식으로 세상을 분석하고 추론하는 능력을 가진 현재에 이르기까지 어떻게 진보하였는가? 이 의문에 대한 첫번째 반응으로 당신은 매우 그럴듯하게 다음과 같이 말할 것이다. "학습을 통해서 이러한 지적인 능력을 획득하였다. 나의 환경과의 상호작용 과정과 성인으로부터 받았던 가르침에 따라 발달했다." 이런 설명이 대부분의 사람들에게 직관적으로 옳은 것으로 보이는 반면에 많은 발달심리학자들은 지적인 능력을 획득하는 데에는 단순한 학습과정보다는 훨씬 더 많은 것이 있다는 것을 믿는다. 지적 발달에 관해 널리 알려진 견해는 그것은 신체적 발달과 같은 성숙의 과정이며, 이는 출생으로부터 성인기까지의 예측가능한 유형내에서 일어난다는 것이다.

Piaget, Jean (1954) The development of object concept. *The construction of reality in the child*. New York: Basic Books Inc., 3~96.

충분히 학습을 한 유아라고 해서 성인처럼 신체적 행동을 할 수 있다고 보는가? 물론 아니다. 시간의 흐름에 따라 아동들이 점점 더 복잡한 방식으로 행동할 수 있게 하는 신체적 성숙 과정은 따로 있다. 아동들이 주어진 수준에 이르기까지 세상의 모든 학습은 어떠한 행동도 야기시킬 수 없다. 예를 들어 걷기 행동을 고려해보자. 아마도 걷기를 학습된 행동으로서 생각할 것이다. 그러나 6개월 된 아동에게 걷는 것을 가르치려고 애쓰는 것을 상상해보자. 매일 8시간의 연습을 필요로 하는 올림픽 계획표에 아동을 맞출 수 있지만 아동은 걷는 것을 학습하지는 않을 것이다. 이는 아동이 걷기 행동을 수행할 수 있는 신체적 성숙에 도달해 있지 않기 때문이다.

대부분의 연구자들은 지적 혹은 인지적 발달은 많은 부분에서 유사한 것으로 본다. 아무리 많은 학습을 한다 하더라도 적합한 인지발달의 단계에 도달해서야 특정 사고수준과 추론능력을 이해할 수 있다. 심리학에서 인지발달의 현실화와 개념적 이해는 스위스 심리학자인 장 피아제(Jean Piaget)의 업적 덕분이다.

피아제는 심리학 역사에서 가장 영향력 있는 인물 중의 한 사람이다. 그의 업적은 발달심리학의 혁명일 뿐만 아니라 지적인 능력의 형성 분야에서 모든 후속 연구의 토대가 되었다. 피아제는 처음에는 생물학자로 출발하여, 이후 새로운 환경에 적응하는 동물의 생득적 능력에 대해 연구하였다. 피아제가 파리의 소르본에서 공부할 때 그는 알프레드 비네(Alfred Binet) 실험실에서 일하였다(여분의 돈을 마련하기 위해). 여기에서 첫번째 지능검사가 개발되었다. 그는 영어로 개발된 추론검사를 프랑스어 편으로 표준화하기 위해 고용되었는데, 이 검사를 표준화하는 이유는 검사를 받는 아동들이 같은 질문을 받을 수 있도록 하기 위해서이다. 이 방법에서 점수 차이는 검사의 변화가 아니라 아동 탓으로 돌릴 수 있다는 것이다. 파리에서 일을 하는 동안 피아제는 인지발달에 관한 그의 이론을 형식화하기 시작했다.

이론적 제안

비네 실험실에서의 작업들은 처음에는 피아제에게는 매우 지루하고 흥미롭지 않은 일이었다. 그러나 곧 그는 검사 질문에 대하여 여러 연령층의 아동이 제시한 대답에서 몇 가지 재미있는 유형을 주목하기 시작했다. 비슷한 연령대의 아동들은 같은 실수를 하는 것으로 보였다. 그들은 동일한 대답을 하기 위해 같은 추론을 사용하고 있었다. 그런데 피아제를 사로잡은 것은 정답이 아니라 오답을 만들어내는 사고였다. 이러한 관찰에 기초하여 그는 나이든 아동들이 어린 아동들보다 단지 더 잘 학습한 것이 아니라 문제에 관한 사고를 다르게 한다는 사실을 발견하였다. 이것은 그에게 검사 점수에 기초한 지능에 대한 그 당시의 일반적 정의에 관해 의문을 가지게 했다. 지능은 다양한 연령층의 아동들이 사용한 인지적 방략을 더 구체적으로 이해하는 측면에서 고려되어야 한다고 생각했다(Ginzburg & Opper, 1979).

피아제는 그의 50년의 생애와 경력을 아동의 지적 발달 연구에 바쳤다. 그의 작업은 인지발달의 유명한 이론들을 도출하였으며 그것은 수십년 동안 실제로 어떻게 인간이 복잡한 사고기술을 획득하는지에 대한 논의를 발달시켰다. 그의 이론은 모든 인간은 인지발달의 4단계를 통해 발달하며, 단계는 동일한 순서와 대략적으로 동일한 연령에서 항상 진행된다고 주장한다. 간략하게 이것을 표 1에 요약하였다.

그의 이론만큼이나 중요한 것은 아동들의 사고능력을 연구하기 위해 피아제가 사용했던 기법이었다. 그는 지능에 대한 새로운 개념정립이 필요하다면 이는 새롭게 개발된 방법에 의해서 가능하다고 생각했으며 이를 마침내 현실화했다. 그는 일반적이고 지나치게 엄격한 표준화 검사 대신에 아동의 대답이 질문의 방향에 영향을 받는 면접기법을 제안하였다. 이런 방법에서는 아동의 대답 기저에 있는 과정들을 최대한 탐구할 수 있었다.

피아제 연구의 가장 주목할 만한 측면 중의 하나는 그가 많은 결론을 이

표 1. 피아제의 인지발달 단계

단 계(연령)	주요 특징
감각 운동기 (0~2세)	• 모든 지식은 감각과 운동을 통해 획득됨(예: 보기, 잡기) • 사고는 신체적 움직임의 속도와 같음 • 대상 영속성이 발달함
전조작기 (2~7세)	• 사고는 운동으로부터 분리되고 그 속도가 점점 증가함 • 상징을 이용하는 사고능력 • 비논리적 '마술적' 사고 • 물활론: 모든 물체는 사고와 감정이 있음 • 자기 중심적 사고: 타인의 입장에서 세상을 볼 수 없음
구체적 조작기 (7~11세)	• 대상 분류, 수학적 원리를 이용하는 논리적 사고가 발달하나 이들을 실제적이고 구체적인 대상에만 적용함 • 액체, 면적, 부피에 대한 보존 개념 • 타인의 감정과 사고를 추론할 수 있는 능력
형식적 조작기 (11세 이상)	• 가설적이고 추상적인 개념에 논리적 사고를 적용함 • 은유와 유추에 의한 추론 가능 • 가치, 신념, 철학 탐색 • 과거와 미래에 관해 사고 • 모든 사람이 동일한 정도로 형식적 조직을 사용하는 것이 아님. 일부는 전혀 사용하지 못할 수도 있음.

(p. 39 인용)

끌어내는 데 있어 자신의 자녀 뤼시엔, 자클린, 그리고 로랑을 대상으로 연구했다는 점이다. 오늘날의 과학적인 표준에 의하면 이 방법은 다소 극단적인 편견의 가능성과 객관성의 부족으로 인해 의문의 여지가 많이 있을 수 있다. 그러나 항상 규칙에는 예외가 있듯이 그의 자녀로부터의 얻은 피아제의 결과들은 보편적으로 모든 아동들에게 성공적으로 적용되었다.

분명히 이 연구는 피아제의 연구방법을 경험할 수 있는 충분한 기회를 제공하나 그 업적을 온전히 탐구하기에는 불충분한 공간이다. 그러므로 여기서 우리는 '대상 영속성'이라 불리는 핵심 지적인 기술에 대한 그의 발견에만 초점을 둘 것이다. 다시 말하지만 이것은 피아제의 연구방법을 경험할 수 있는 좋은 기회이며 가장 중요하면서도 우수한 실험 사례들이다.

대상 영속성은 심지어 대상이 우리의 감각이 미치지 못하는 곳에 있을 때조차도 대상이 존재한다는 것을 인식하는 능력을 말한다. 만약에 지금 누군가가 당신 앞에 뛰어와서 당신 손에 있는 책을 가지고 다른 방으로 간다면 책 또는 책을 가져간 사람의 존재는 없어지는가? 아니다. 비록 그것을 볼 수 없고 들을 수 없고 만질 수 없지만, 당신은 마음속에 책과 사람에 대한 개념을 가지고 있다. 그러나 피아제에 따르면 이것은 우리들에게 있어 항상 참은 아니다. 그는 영속적인 대상으로서 사물을 이해하는 인지능력은 모든 사람들에게 있어 약 8개월경에 발달되기 시작한다고 기술하였다. 이 능력이 중요한 이유는 이것 없이는 문제해결과 내적 사고는 불가능하기 때문이다. 그러므로 유아가 감각운동기(0~2세, 표 1 참조)를 떠나 전조작기(2~7세)에 들어가기 전에 대상 영속성이 반드시 숙달되어야 한다.

방법과 결과

대상 영속성의 인지기술이 발달하는 과정은 피아제가 비구조화된 평가 방법을 사용하여 연구하였다. 유아와 아주 어린 아동들에게 있어 이 방법은 종종 그가 이들 아동들과 함께 놀 수 있는 게임의 형태를 취하였다. 그들의 문제해결 능력과 게임에서 만들어진 오류들을 관찰함으로써 피아제는 대상개념의 형성이 개입되어 있는 감각운동기 동안에 일어나는 6개의 하위 발달단계를 구분하였다. 그의 연구의 운치를 경험하도록 하기 위해 이 6단계를 그의 관찰일기에서 자녀들과 상호작용한 보기들과 함께 요약해 보겠다.

1단계(출생~1개월) 이 단계는 우선적으로 빨기와 만지기의 원초적 반사와 관련된다. 생후 1개월 동안은 대상 영속성에 대한 증거는 없다.

2단계(1~4개월) 2단계 동안에 여전히 대상개념에 대한 신호는 없지만 피아제는 이런 능력을 위한 유아의 준비로서의 행동을 설명하고 있다. 유아는 의도적으로 자신의 몸에 집중하는 행동을 반복적으로 하기 시작한다. 예를 들어 만약에 유아의 손이 우연히 자신의 발에 닿게 되면 그 사건이 반복되기를 원하면서 같은 운동을 재생산할 것이다. 피아제는 이를 1차 순환반응이라 부른다. 또한 이 단계에서 유아들은 그들의 눈으로 움직이는 대상을 따라갈 수 있다. 종종 대상이 유아의 시각적 영역에 남게 된다면 유아의 응시는 마치 그것이 다시 되돌아오기를 기대하듯이 그것이 사라진 지점에 고정될 것이다. 이것은 대상 영속성의 개념이 나타나는 것처럼 보이지만 피아제는 유아가 적극적으로 사라진 대상을 찾는 것은 아니고, 만약에 대상이 다시 나타나지 않는다면 유아는 그의 관심을 다른 대상으로 돌릴 것이라고 주장하였다. 피아제는 이러한 행동을 '수동적인 기대' 라고 하였다. 다음은 피아제와 그의 아들 로랑과의 상호작용으로 이를 예증하고 있다.

> 관찰 2: 로랑(2개월) 나는 유모차의 덮개 사이로 그애를 본다. 그리고 때때로 나는 다소 고정된 지점에 나타난다. 그때 로랑은 내가 그의 시야에서 벗어나면 그 지점을 쳐다본다. 분명히 내가 다시 나타나리라고 기대하는 것이다(p. 9).
>
> 유아의 반응은 대상이 사라진 장소를 응시하는 것으로 제한된다. 단지 초기에는 지각하는 태도를 유지하지만 만약에 아무것도 다시 나타나지 않는다면 곧 포기한다. 만약에 대상개념을 가졌다면… 그는 대상이 있던 그 장소에서 적극적으로 찾았을 것이다. 그러나 사라진 대상이 옮겨진 영속적인 대상이라는 것을 알지 못하므로 유아는 정확하게 어떻게 해야 할지 모른다. 사라지자마자 공간으로 다시 들어가는 이미지에 불과하다. 그리고 객관적인 추론 없이 이미지가 나타난다.

3단계(4~10개월) 유아들은 직면하고 있는 환경에서 대상을 의도적으로 그리고 반복적으로 조작하기 시작한다(2차 순환반응). 유아는 그것에 손을 뻗어 잡기도 하고 흔들기도 하고 무심히 쳐다보기도 하고 입에 넣기도 하고 움직이고 떨어지는 대상을 재빨리 따라가기 위해 빠르게 눈을 움직이는 능력을 획득하기 시작한다. 예를 들어 만약에 대상의 작은 부분이라도 보인다면 그들의 시야로부터 희미한 대상을 찾기 시작한다.

관찰 23: 뤼시엔(9개월) 나는 뤼시엔에게 전에 한번도 본 적이 없는 셀룰로이드 거위를 준다. 그애는 당장 그것을 움켜잡고 전체를 살펴본다. 나는 거위를 그애의 곁에 두고 그것을 그애가 보기 전 가끔은 완전하게, 가끔은 머리가 보이게 덮는다. 두 가지 뚜렷한 반응, 거위가 완전히 사라졌을 때, 뤼시엔은 그것을 잡을 수 있는 지점인데도 불구하고 즉각적으로 찾는 것을 멈춘다. 부리가 보일 때, 그애는 보이는 부분을 잡아서 동물을 자기 쪽으로 당길 뿐만 아니라 가끔 전체를 잡기 위하여 가린 천자락을 들어올린다! 심지어 부리를 내민 것이 보이자마자 몇 번이나 가린 천을 올렸지만 거위가 완전히 가려 있을 때는 결코 올리려고 시도하지 않는다! 여기서 전체성의 재구조화는 보이지 않는 대상을 찾는 것보다 훨씬 더 용이하다는 사실이 증명된다(p. 29~30).

여전히 대상개념이 완전히 형성된 것은 아니라고 피아제는 주장한다. 이 단계의 유아에게 대상은 독립적인 실체를 가지는 것이 아니라 유아 자신의 행위와 감각적 지각에 연결되어 있다. 다시 말하면 "스크린에 의해 가려져 있다고 생각하는 것은 불가능하다. 단순히 사라지는 과정으로써 지각된다" (p. 35).

4단계(10~12개월) 3단계 후기와 4단계 초기에 유아들은 심지어 대상이 시야에서 더 이상 보이지 않더라도 계속 존재한다는 것을 학습한다. 유아는 시야로부터 완전히 숨겨진 대상을 적극적으로, 창의적으로 찾을 것이다. 이것은 표면적으로는 대상개념이 완전히 발달한 듯 보이지만 피아제는 유아가 '가시적 이동'을 이해하는 능력이 아직 부족하기 때문에 인지능력은 여전히 불완전하다고 본다. 피아제가 의미하는 것을 이해하기 위해서는 다음의 보기를 고려해보자. 만약에 당신이 11개월 된 유아와 앉아서 수건 아래(장소 A)에 장난감을 완전히 숨긴다면, 유아는 그것을 찾으려고 의도하고 찾을 것이다. 유아는 분명히 대상이 계속 존재한다는 것을 알기 때문에 빈 공간으로 들어가지 않을 것이다. 그러나 만약에 당신이 보이는 곳에서 장난감을 담요 아래(장소 B)에 숨긴다면 유아는 아마도 그것이 이전에 발견되었던 곳인 장소 A에 되돌아가서 찾을 것이다. 더구나 당신은 이 과정을 계속해서 반복할 수 있고, 유아는 같은 실수를 계속 할 것이다. 이 실수를 A가 아닌 B효과라고 명명했다.

> 관찰 40 : 자클린(10개월) 자클린은 침대 위에 앉아 있다. 나는 그애의 손에 있는 앵무새를 빼앗아 침대의 왼쪽 아래(장소 A)에 연속해서 두 번 숨겼다. 두 번 모두 그애는 즉시 그 대상을 찾아서 붙잡았다. 그 다음 나는 그애 손에 있는 것을 그애가 보는 앞에서 침대 오른쪽 아래(장소 B)로, 즉 일정한 장소로 천천히 이동시켰다. 자클린은 매우 관심있게 그 이동을 지켜본다. 그러나 앵무새가 B라는 장소에서 사라진 순간, 아이는 왼쪽으로 몸을 돌려 그것이 전에 있었던 그 장소(장소 A)에서 찾는다(p. 51).

4단계에서의 이러한 오류에 대한 피아제의 해석은 유아가 멍한 상태가 아니라 유아의 대상개념은 실제로 성인의 것과는 다르다는 것이다. 10개월 된 자클린에게 앵무새는 그애의 활동과는 무관하게 존재하는 개별적이고 영속적이고 분리된 것은 아니다. 그것이 숨겨졌다가 A에서 성공적으로 찾았을 때 이는 '장소 A에 있는 앵무새'가 된다. 이 대상은 '앵무새화' 되었을 뿐 아니라 그것이 숨겨진 장소에 의해 정의되었다. 다시 말하면 앵무새는 유아의 마음에서 전체 그림의 한 부분이지 분리된 대상은 아니다.

5단계(12～18개월) 생후 1년쯤에 유아는 가시적이며 연속적인 이동을 따라갈 수 있는 능력을 얻게 되며, 대상을 마지막으로 숨겨진 장소에서 찾는다. 이러한 현상이 나타날 때 피아제는 유아가 감각운동기의 5단계에 접어든다고 주장했다.

> 관찰 54 : 로랑(11개월) 로랑은 두 개의 방석 A와 B 사이에 앉아 있다. 나는 시계를 교대로 두 방석 아래에 숨겼다. 로랑은 그것이 막 사라진 곳인 가끔은 A, 가끔은 B에서 대상을 지속적으로 찾는다(p. 67).

그러나 피아제는 진정한 대상 영속성은 불완전한 상태로 남아 있다고 지적한다. 왜냐하면 유아는 피아제가 '비가시적 이동'이라 명명하는 것을 이해할 수 없기 때문이다. 다음 예를 상상해보자. 당신은 누군가가 작은 상자에 동전을 두었다가 등을 돌려 옷장으로 걸어가서 서랍을 여는 것을 보았다. 그들이 되돌아왔을 때 당신은 그 상자가 비어 있다는 것을 알게 된다. 이것은 대상의 비가시적 이동이다. 당연히 당신은 옷장으로 가서 서랍을 뒤질 것이다. 글쎄, 피아제가 주장했듯이 아마도 그것은 그렇게 당연한 것은 아니다.

> 관찰 55 : 자클린(1년 6개월) 자클린은 녹색 깔개에 앉아 감자를 가지고 놀고 있다. 그 감자는 그애가 매우 관심을 두는 것이다(그것은 그애에게는 새로운 대상이다). 그애는 그것을 비어 있는 상자에 넣었다 뺐다 하면서 즐겁게 놀고 있다. 그때 자클린이 지켜보는 동안에 나는 감자를 상자 안에 넣는다. 그 다음 깔개 아래에 상자를 두고 흔든다. 나는 아이가 나의 방략을 보지 못하도록 하면서 대상을 깔개 아래에 숨겨두고 빈 상자를 아이에게 가져다준다. 나는 자클린에게 "아빠에게 감자를 다오"라고 말한다. 그애는 깔개 보는 것을 멈추지 않는다. 그애는 내가 그 아래에서 무언가를 했다는 것을 인식하고 있었다. 상자 안에서 대상을 찾고, 나를 보며, 다시 자세히 상자를 보며, 깔개를 보았다. 그러나 감자를 찾기 위해 깔개를 들어올리는 일은 일어나지 않는다. 다섯 번의 연속적인 시도 동안 반응은 한결같이 부정적이다(p. 68).

6단계(18~24개월) 마침내 유아는 감각운동기의 말기 무렵에 대상 영속성의 개념을 완전히 이해하게 된다(표 1 다시 참조). 이 단계에 들어가는 것은 유아가 비가시적 이동을 이해함으로써 대상을 정신적으로 표상할 수 있는 능력에 의하여 판단된다.

> 관찰 66 : 자클린(1년 7개월) 자클린은 스스로 포개놓은 칸막이 커튼 아래에 대상이 있음을 인식할 수 있다는 것을 나타낸다. 나는 연필을 상자에 넣고 상자 주변을 종이로 두르고 이것을 손수건으로 싸고 그 다음에 전체를 베레모와 덮개로 덮는다. 자클린은 마지막 두 가지 눈가림을 제거한 후 손수건을 펼친다. 그녀는 당장 상자를 찾지 못한다. 그러나 계속해서 찾고 있다. 분명히 그것이 존재하고 있음을 확신하면서 그 다음 그녀는 종이를 지각하고 즉시 알아채고 종이를 펼치고 상자를 연다. 그리고 연필을 움켜쥔다(p. 81).

피아제는 대상 영속성의 인지적 기술이 진정한 사고 문제를 해결하기 위해 통찰과 정신적 상징을 사용하는 능력에서 시작이 된다고 간주했다. 유아는 다음의 완전한 인지발달 단계로 나아가는 것을 준비한다. 행위로부터 사고가 분리되는 전조작기 동안에 정신적 조작의 속도를 크게 증대되도록 한다. 다시 말하면 대상 영속성은 차후 진보된 모든 지적 능력의 토대가 된다. 피아제가 언급했듯이, 일상 사물들 사이에서의 대상에 대한 보존은 그 대상의 위치에 의한 기능이다. 즉 유아는 대상이 사라졌을 때 그것이 존재한다는 것과 그것이 어디로 갔는지를 동시에 안다. 이러한 사실은 영속적인 대상에 대한 도식 형성은 실제 세계에 대한 전체의 시공간적 조직화와 인과적 조직화와 밀접히 관련된다는 것을 보여준다(Piaget & Inhelder, 1969).

논 의

행동을 시행하고 관찰하는 이 방법은 피아제의 인지발달 네 단계를 이론화하였다. 피아제는 네 단계는 문화나 가정배경과는 관계없이 모든 유아에게 보편적으로 적용된다고 주장했다. 부가적으로 그는 감각운동기 동안에 대상개념의 발달 단계와 관련하여 몇 가지 중요한 측면을 강조했다 (Ginzburg & Opper, 1979 참조).

1. 각각의 단계와 연계된 연령은 대략적인 것이다. 피아제의 초기 작업은 단지 3명의 아동만이 포함되었으므로 그가 많은 확신을 가지고 연령 범위를 예측한다는 것은 어려웠다. 예를 들어 1년 7개월 된 자클린에게 관찰되었던 어떤 능력은 뤼시엔에게서는 1년 3개월에 나타났다. 그러나 해가 거듭되고 연구가 진행됨에 따라 피아제에 의해 기술된 연령은 평균적으로 아주 정확하게 증명되었다.
2. 그러나 피아제는 단계의 순서는 불변적이라고 주장하였다. 모든 아동들은 다음 단계로 진행되기 전에 각각의 단계를 통과해야만 하고 어떤 단계도 건너뛸 수 없다.
3. 어떤 단계에서 다음 단계로의 변화가 시간의 흐름에 따라 점진적으로 일어나므로 어떤 단계에서 만들어지는 오류는 새로운 지적 능력의 성숙으로 인해 천천히 감소되기 시작한다. 피아제는 단계간에 있어 아동들이 동시에 초기 단계와 후기 단계의 능력을 보여주는 것은 아주 흔한 일이며 정상적인 것이라고 믿었다.
4. 아동이 다음의 상위 단계로 이행함에 따라 하위 단계와 관련된 행동이 반드시 완전히 사라진 것은 아니다. 6단계에서의 아동이 5단계에서 사용했던 지적 방략을 적용하는 것은 이상하지 않다. 그리고 이것이 성공적이지 못할 때는 아동은 6단계의 추리에 해당하는 전형적인 문제를 해결하기 위해 새로운 방법을 찾아낼 것이다.

피아제 이론에 대한 비판

비록 피아제의 인지발달 개념화가 지난 40년 동안 발달심리학의 분야를 지배하였지만 확실하게 비판이 없는 것은 아니었다. 그들 중 일부는 우선적으로 인지발달이 구별된 단계에서 일어난다는 피아제의 기본적 개념에 의문을 제기했다. 많은 학습이론가들은 피아제의 이러한 주제에 관해 동의하지 않으며, 지적 발달은 어떤 특수한 순서 과정 없이 연속적이라고 주장하였다. 그들은 다른 행동처럼 인지 능력은 모델링의 결과이며 인간의 학습과 조건화된 결과라고 믿는다.

피아제의 개념에 대한 다른 비판은 그가 주장했던 연령 범위에서 생득적인 능력을 제외하고 어떤 능력은 틀린 것처럼 보이며, 심지어 어떤 능력은 전혀 발달되지 않는다는 주장 등이다. 대상 영속성은 이러한 의문을 야기하는 능력 중의 하나이다. 최근 새로 개발된 방법을 통해 레느 벨리에종(Rene Baillargeon)은 3개월 된 어린 유아도 대상 영속성의 개념을 가지고 있다고(Baillargeon, 1987) 보고하였다. 그녀와 다른 연구자들은 피아제에 의해 사용되었던 방법들로 어린 아동의 능력을 정확하게 측정하는 것은 부적절하다고 주장한다.

결 론

유아의 인지능력을 연구하기 위하여 응시-선호도, 습관화-탈습관화 기법 같은 새로운 방법이 개발됨에 따라 피아제의 논리에는 몇 가지 의문이 제기된다(Dworetzky, 1990, pp. 126~127 참조). 사실 인지발달에 관한 그의 이론을 둘러싸고 지금도 수많은 논란이 제기되고 있으나 이러한 논박은 연구의 자극제가 된다는 점에서 유익하며 지적 능력에 관한 과학적 지식을 크게 향상시켜 줄 것으로 기대된다.

어쨌든 피아제의 이론은 모든 관련연구들의 촉매와 초석이 되었으며 아동 연구자들에게는 개념의 교화, 교육방법 그리고 부모의 양육방식 등을 위한 좋은 자료가 되었다. 피아제의 공헌은 과거나 현재나 헤아릴 수 없을 정도로 지대하다.

BAILLARGEON, R. (1987) Object permanence in 3-and-a-half- and 4-and-a-half-month-old infants. *Developmental Psychology, 23,* 655~664.

DWORETZKY, J. (1990) *Introduction to child development,* 4th ed. New York:

West.

GINZBURG, H., & OPPER, S. (1979) *Piaget's theory of intellectual development.* Englewood Cliffs, NJ: Prentice Hall.

PIAGET, J., & INHELDER, B. (1969) *The psychology of the child.* New York: Basic Books.

출생순위가 빠를수록 더 똑똑한가? 19

형제나 자매가 있습니까? 출생순위에서 당신은 몇째입니까? 첫째, 막내, 중간 어디쯤입니까? 아마도 출생순위가 성장 발달에 어떠한 방식으로 영향을 주는가에 대한 이론을 많이 들었을 것이다. 실제로 인간의 전반적인 성격이 가족의 출생순위에 바탕을 두고 있다고 주장하는 책들이 많이 있다. 분명히 이것은 성장발달 과정에서 나타나는 출생순위의 영향에 관하여 과대진술한 것이다. 그러나 첫아이는 어떤 특성을 갖는다는 일부 연구들도 있다. 첫아이는 언어적으로 더 명확하고 덜 충동적이며 더 활동적이고 학업수행이 높고 대학에 가기를 더 좋아하고 성취에 대한 욕구가 강한 경향이 있다(출생순위의 효과에 대한 논의는 Ernst & Angst, 1983 참조). 자주 인용되는 사례 중의 하나는 미국의 우주 비행사 23명 중에 21명이 첫아이라는 사실이다. 이러한 연구결과들은 일반적인 경향이며 분명히 모든 가족의 구성원들에게 적용되지는 않는다.

Zajonc, Robert B., and Markus, Gregory B. (1975) Birth order and intellectual development. *Psychological Review*. *82*. 74~88.

이러한 연구선상에서 다소 일관된 결과 중의 하나는 출생순위와 지능과의 관계이다. 일반적으로 먼저 태어난 아동은 나중에 태어난 아동보다 지능과 적성검사에서 높은 점수를 얻는 경향이 있음이 자주 발견되었다. 만약 첫아이가 나중에 태어난 형제들보다 지적 능력이 더 우수하다면 사회과학자와 행동과학자에게 가장 큰 흥미로운 질문은 바로 '왜' 인가이다. 가능한 대답 중 하나는 유전적 조합은 생물학적 요인에 의한 것으로 출생순위가 변화되는 원인이다. 생물학적 요인으로는 이전의 출산에 의해 야기된 화학적 변화나 엄마의 연령이다. 그러나 과학자들은 환경적인 측면을 토대로 한 양육이론을 선호하므로 천성의 측면에 대한 설명을 거부했다. 아동이 발달하는 곳인 환경은 아동의 지적 역량에 강력한 영향을 미친다는 데에는 의문의 여지가 없다(Rosenzweig et al., 1972; Rosenthal & Jacobson, 1968 참조).

모든 아동의 발달에 있어 제시되는 환경적 요인은 출생순위이다. 이 요인의 잠정적인 능력을 이해하기 위해서 첫아이가 단지 두 성인의 부모만으로 가족이 구성되어 있는 세상을 접한다고 고려해보자. 이제 두 성인과 작은 한 명의 아동으로 구성된 환경에서 태어나는 둘째아이의 환경과 비교해보라. 비록 모든 영향이 동등하지만, 둘째아이의 발달조건은 단순히 첫아이가 있다는 것 때문에 다르다. 이러한 차이는 다음의 아이가 출생함에 따라 더 커지고 복잡해진다.

이 견해에 기초하여 심리학 역사의 가장 주요한 연구자들 중의 한 사람인 로버트 자종크(Robert Zajonc)와 그의 동료 그레고리 마르쿠스(Gregory Markus)는 출생순위와 지능과의 관계를 설명하기 위해 독창적인 이론을 개발하였다. 그들의 논문은 여전히 출생순위의 문헌에서 획기적인 출판물 중의 하나였고 지금도 그러하다. 그들의 논문은 연구자들이 어떤 피험자도 결코 만나지 않았으며, 어떤 피험자도 결코 관찰하지 않았으며, 피험자에게 결코 어떤 것을 하라고도 요구하지 않은 독특한 연구였다. 실제로 사람들은 심지어 그들은 피험자를 가지지 않았다고 말했을 것이다. 대신에 사

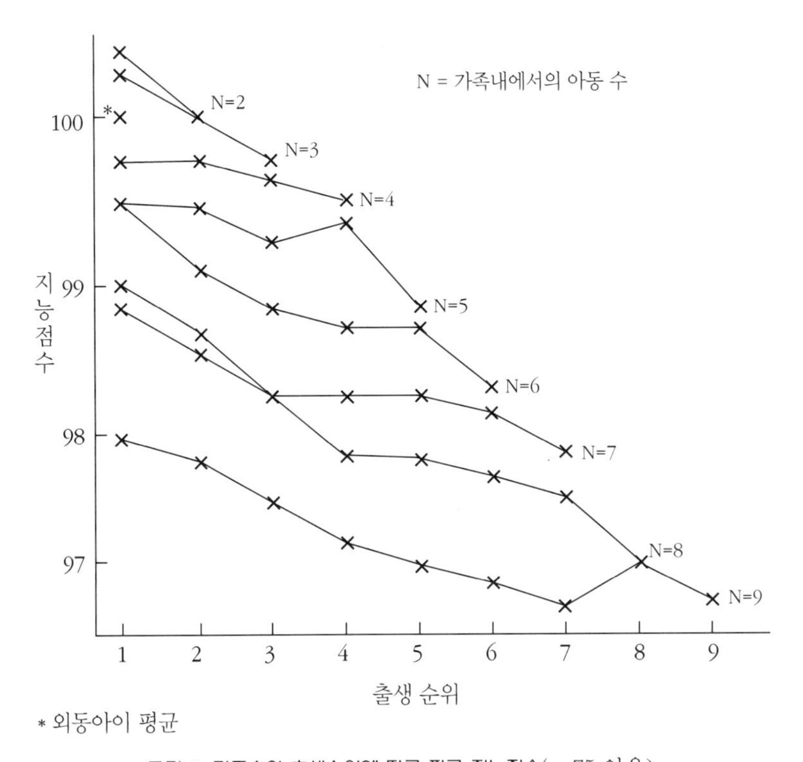

그림 1. 가족수와 출생순위에 따른 평균 지능점수(p. 75 인용)

람들은 그들의 이론을 다른 연구자들에 의해 발표되고 수집된 자료들에 적용했다. 아마도 더 정확하게 그들은 다른 연구자들의 자료들에 그들의 이론을 적용했을 것이다.

1960년 말과 1970년 초에 광범위한 연구계획이 네덜란드에서 수행되었다. 그것은 2차 세계대전 말에 태어난 아동들의 지적 능력에 미치는 영양실조의 영향을 연구하기 위해 설계되었다. 이 연구의 일부분으로서 지능검사(우리의 IQ검사와 유사한 Raven 검사)가 19세인 35만 명 이상의 네덜란드 남자에게 실시되었다. 두 명의 연구자들은 다음의 연구계획에서 예기치 못한 것을 발견하였다. 그들은 출생순위와 라번(Raven) 검사 점수의 자료간에 높은 상관관계가 있음을 발견했다(Belmont & Marolla, 1973 참조). 놀랍게도 점수는 가족수가 증가할수록 감소하였고, 출생순위에 따라 감소하였다. 네덜란드 연구로부터의 나온 자료는 그림 1에 나타나 있다.

자종크는 "풍부한 자료들을 가진 벨몬트(Belmont)와 마롤라(Marolla)는 출생순위 영향에서 의미 있는 요인으로서 사회경제적 지위를 제거할 수 있었으나, 그들은 흥미있는 결과를 설명할 수 있는 과정이나 요인들은 제시하지 못했다"(p. 76)고 서술한다. 그와 같은 설명을 자종크과 마르쿠스의 논문에서 제시하였다.

이론적 제안

연구자들은 만약에 아이들이 보다 큰 지적 자극을 제공해주는 환경에서 자란다면 더 높은 지적 역량을 가질 것이라는 것을 이론화하였다. 그들이 주장하는 이 자극은 부모와 아이들 사이에 결속된 지적인 영향력의 한 부분(이 상호영향을 '융합'이라 한다)이다. 그들 이론의 핵심은 가족의 지적 환경은 모든 가족 구성원들의 평균 지적 기여도로 계산될 수 있다는 것이다. 게다가 이 평균은 아이가 발달하고 새로운 가족 구성원이 태어날 때마다 필연적으로 변한다. 그래서 당신은 가족의 수가 증가할수록 지적 환경이 더 풍부해질 것이라고 생각할지도 모른다. 이는 나중에 태어난 아이가 더 향상된 지적 기술을 소유하게 된다는 예측을 할 수 있게 한다. 그러나 이것은 네덜란드 연구결과와는 반대이다. 이것을 설명하기 위해서 자종크와 마르쿠스는 가족의 수가 증가할수록 가족의 지적 분위기 평균 점수는 감소할 것이라는 이론을 제안하였다.

그들의 추론은 구체적으로 다음과 같다. 부부들이 그들의 첫아이를 가질 때 지적인 분위기는 두 성인과 한 명의 유아로 구성된다. 이 가족의 실제적인 융합 점수를 찾기 위해서 지적 가치를 가족의 구성원들 모두에게 할당할 수 있다. 각각의 성인은 지적인 가치가 100으로 할당되고 태어난 아기는 0의 가치를 가진다면, 가족의 평균 지적 수준은 67(100 + 100 + 0 =

200 ÷ 3 =67)이다. 이것은 IQ 점수가 아니라 단순한 임의적 가치임을 명심하라. 이제, 가족의 지적인 분위기에 대한 아이의 기여도는 매년 5점씩 증가한다고 가정해보자. 만약에 이 가족이 첫아이를 출산한 2년 후에 둘째아이를 가진다면 첫째아이는 이제 10점을 기여한다. 그러나 가족의 평균 지적 수준은 52.5(100+100+10+0=210÷4=52.5)로 떨어질 것이다. 만약에 2년 후에 셋째아이가 태어난다면 가족의 평균은 46(100+100+20+10+0=230÷5=46)으로 떨어질 것이다. 연구자는 만약에 이 이론이 벨몬트와 마롤라의 연구에 적용되었더라면 그것은 그들의 결과를 설명할 수 있었을 것이라고 주장했다.

방법과 결과

표 1은 자종크와 마르쿠스에 의해 개발된 융합모형에 따라서 10명의 아이를 가진 가상적인 대가족의 지적인 풍토가 해마다 얼마나 변하는지를 요약한 것이다. 아이들간에는 2년의 터울을 가정하고 있다.

이 표의 세 번째 칸을 검토해 보면 평균 지적 분위기는 다섯째아이까지는 꾸준히 감소하고 그 이후에 천천히 다시 증가하기 시작한다. 만약에 이것을 그림 1에서의 자료와 비교한다면 대가족에서는 다소 차이가 없거나 상당히 점수가 떨어진 막내아이을 제외하고 심지어 아주 마지막 가까이에 태어난 아이들의 점수가 증가하였다. 저자들은 벨몬트와 마롤라로부터의 자료들 대부분은 그들의 이론을 확증하였다고 주장했다.

그러나 자종크와 마르쿠스는 또한 네덜란드 연구에서 놀랄 만한 '외동아이 영향' 에 주목하였다. 융합이론을 바탕으로 형제가 없는 아이는 가능한 최고의 지적인 분위기에서 성장하므로 결국 지능점수에서 가장 높은 평균을 달성할 것이라는 가정은 논리적이다. 그러나 벨몬트와 마롤라의 결과에서 외동아이는 단지 네 명의 아이로 구성된 가족에서 첫아이의 수준이었다고 지적하였다(그림 1에서 눈표(*)로 제시).

논의에서 연구자들은 이상하게 보이는 외동아이와 막내아이의 영향, 대가족에서 나중에 태어난 아이들의 향상, 그리고 지적 발달과 가족 간격 측면에서 그들의 결과에 대한 함의를 설명한다.

논 의

연구자들은 그들의 이론적 모델은 벨몬트와 마롤라 자료에서 출생순위와 가족 크기의 영향 관계를 설명하였다고 결론지었다. 근본적인 이유는 나중에 태어난 각각의 아이는 보다 낮은 평균 지적 분위기를 접하기 때문이다. 이 영향은 태어난 아이들의 터울이 가까울수록 강도는 증가한다. 표 1에서 아이들 사이의 터울은 2년이다. 만약에 간격이 1년으로 감소한다면 평균 지적 수준의 감소는 훨씬 더 급격하게 떨어진다. 극단적인 경우에는 간격 없이 태어난 쌍둥이와 세쌍둥이는 쌍둥이 형제가 없는 아이들보다 지능검사에서 수행 능력이 더 낮게 나타난다. 일부 연구에서 쌍둥이와 세쌍둥이는 실제로 그 같은 검사에서 더 낮은 점수를 받았다. 자종크와 마르쿠스가 지적한 것처럼 쌍둥이의 출생은 지적 발달에 많은 영향을 미칠 수 있다. 그러나 그들은 이러한 차이가 나타나는 이유는 쌍둥이(두 명의 아이로 구성된 가족에서)에 대한 평균 지적 수준은 50(100+100+0+0÷4=50)이기 때문이라 한다. 두 아이를 가진 비쌍둥이 가족에서 첫아이에게는 평균 67(100+100+0=200÷3=67)이다. 3년 터울을 가정하면 둘째아이는 54(100+100+15+0=215÷4=54)이다.

또한 표 1에서 다섯째아이 이후 평균은 증가하기 시작하고 부가적으로 아이의 수가 증가할 때마다 꾸준히 증가함을 알 수 있다(비록 그것이 첫아이가 좋아했던 그 수준까지는 아닐지라도). 자종크와 마르쿠스는 보다 먼저 태어난 아이는 지금 새로 태어난 아이의 가족의 지적 분위기를 상승시키기에 충분한 연령이기 때문이라고 주장했다. 즉, 구성원이 아주 많은 가족에서 늦게 출생한 아이들은 그들의 형제와 자매들의 지적인 기여로 혜택을 받는

표 1. 2년 터울로 아이를 가진 대가족의 지적 분위기

아이의 수	지적 분위기 공식	지적 분위기 평균
1	어머니(100)+아버지(100)+유아(0) / 가족수(3)	= 67.0
2	어머니(100)+아버지(100)+2세(10)+유아(0) / 가족수(4)	= 52.5
3	230÷5	= 46.0
4	260÷6	= 43.3
5	300÷7	= 42.9
6	360÷8	= 45.0
7	480÷9	= 53.3
8	560÷10	= 56.0
9	650÷11	= 59.1
10	750÷12	= 62.5

성인=100점
아이=5점/연령

다. 덧붙여 4년 터울을 지닌 아이들로 구성된 대가족의 아동을 상상해 보자. 물론 전체 가족의 크기는 더 작을 것이다. 왜냐하면 부모들은 아동을 양육하는 연수를 다 써버렸기 때문이다. 그러나 각각의 아동에 대한 평균 지적 분위기는 첫아이에서는 훨씬 감소하나 두 명의 아이 이후에는 다시 증가할 것이다. 만약에 이러한 논리를 관철시키려면, 한 부부가 첫아이를 가지고 15년이 지나서 둘째아이를 가졌다고 고려해 보자(이것은 매우 특이한 일이지만 불가능한 일은 아니다). 둘째아이는 대부분의 첫아이들보다 더 높은 지적 분위기를 만날 것이다. 이는 첫아이가 지적 분위기를 낮추기보다는 전반적으로 수준을 높이는 연령대에 있기 때문이다. 자종크와 마르쿠스가 지적한 것처럼 출생 터울이 큰 것은 어린 아이들이 나이든 아이들을 능가할 수 있도록 도와준다. 그리고 그것은 그들이 출생순위와 지능과의 관계에서 역전의 원인이 된다(p. 81).

네덜란드 연구 자료에서 두 가지 결과는 자종크와 마르쿠스에 의해서

개발된 모형의 논리와 유형을 부인하는 듯 보인다. 이들 중 하나는 단지 외동아이는 네 명의 아이로 구성된 가족에서 첫아이보다 더 빈약하게 수행하였다. 또한 외동아이도 첫아이이기 때문에 지적인 분위기는 높다(67). 따라서 이 이론에 따르면 이 아이가 가장 높은 점수를 얻어야 된다. 그러나 분명히 그렇지는 않았다. 다른 뜻밖의 연구결과는 가족의 크기와는 관계없이 막내아이의 경우이다. 그림 1을 다시 참조한다면 둘째, 셋째, 막내아이에 이르기까지의 점수가 증가하거나 비슷하거나 증가한 후 연달아 막내아이에서는 점수가 큰 폭으로 떨어졌음을 주목할 수 있다. 자종크와 마르쿠스는 네덜란드의 자료에서 그들의 이론을 완전히 적용시키기 위해 이러한 뜻밖의 결과에 대한 설명이 필요했다.

이러한 딜레마를 해결하기 위해 그들은 외동아이와 막내아이가 비슷해 보이는 지적 환경에서 그 요인들을 찾아냈다. 만약에 이에 대해 잠시 생각해본다면, 사실상 비슷한 것이 하나도 없는 것처럼 보인다. 지적 융합의 측면에서 외동아이의 환경은 대가족에서 막내아이의 환경과는 완전히 다른 것으로 보인다. 그러나 연구자들은 중요한 한 가지 공통점을 밝혔다. 그들은 결코 '교사'가 될 수 없다. 자종크와 마르쿠스는 그것을 명쾌하게 설명한다.

> 만약에 아이가 특별한 문제를 어떻게 풀어야 할지를 모른다면, 그는 제일 어린아이에게는 묻지 않을 것이다. 만약에 그가 단어를 떠올려야 한다면 단어를 제공해줄 수 있는 사람은 제일 어린아이는 아니다. 만약에 게임의 규칙에 관해 애매한 것이 있다면, 가장 어린아이에 의해 문제가 해결되지는 않을 것이다. 요약하면 막내아이는 교사도 아니고 외동아이도 아니다. 만약에 이러한 교수 기능을 수행할 기회가 지적 발달에서 유익한 효과를 가져다주지 않는다면 그것은 매우 놀라운 일이다.

이 연구결과들은 예비부모들과 가족을 구성하는 최선의 방법을 결정하는 데 있어서 무엇을 의미하는가? 여기에는 부모의 갈등이 있을 수밖에 없다. 분명히 첫아이를 위해서는 만약에 둘째아이를 아주 짧은 터울로 낳는다면 첫아이에게는 최상이 될 것이다. 이것은 첫아이가 교수 기회 부족(막내아이 영향)으로부터 겪는 시간이 감소되기 때문이다. 그러나 그때 둘째아이는 열등한 지적 환경을 접하게 된다. 둘째아이를 위해서는 가능한 가장 긴 터울을 가진 후 출산하는 것이 좋으나 이것은 첫아이에게 막내아이 결함을 증가시킨다. 대가족에 있어서 연구자들은 보다 긴 터울이 일반적으로 유리하다는 결론을 도출한다. 그러나(항상 '그러나'가 있다) 터울이 크면 클수록 형제들은 함께 보낼 수 있는 시간이 더 적다. 왜냐하면 그들은 공통된 관심사가 적으며 나이든 아이들은 형제들이 어릴 때 집을 떠나기 때문이다.

마침내 자종크와 마르쿠스는 가족의 크기와 출생순위가 지적 능력을 결정하는 유일한 것이라고 주장하지 않게 된다. 분명하게 유전적인 소산, 아동 양육 방식, 태내 환경 등과 같은 다른 요인들 모두가 지적 발달에 기여한다.

비판과 후속 연구

아마도 자종크와 마르쿠스의 모형에 있어서 가장 중요한 비판은 첫아이와 나중에 태어난 아이 사이에서의 IQ 점수가 의미를 지닐 정도로 차이가 있는지에 대한 의문이다. 두 명의 아이로 구성된 가족에서 첫아이의 평균 지능(Raven) 점수는 9명의 아이로 구성된 가족의 막내아이보다 단지 약 5점 정도 높다. 이러한 차이는 일상생활에서는 개인의 실제 능력이 거의 없음을 의미한다.

부가적으로 지능에 있어 출생순위 영향이 있다는 것을 논박하는 다른 저명한 연구자들은 그들에 반대되는 견해를 지지하는 연구들을 수행하였다(Galbraith, 1982). 그러나 자종크와 마르쿠스를 변호하기 위하여 많은 피험자를 포함한 대부분의 연구들은 일반적으로 그들의 평균 지적 분위기 이론을 지지한다.

당신이 나중에 태어난 아이라서 우울해하거나 첫아이라서 만족해하기 전에 첫아이가 된다는 것에는 하강부분이 있으며 나중에 태어난 아이에게는 어떤 이점이 있다는 것을 인식하는 것이 중요하다. 비록 첫아이는 나중에 태어난 아이에 비해 지적 능력이 우세한 경향이 있는 반면에 더 불안하고 신경질적으로 되기 쉽다. 게다가 나중에 태어난 아이는 사회생활에서 더 사교적이고 애정적이고 우호적이고 편안한 것으로 밝혀졌다. 결과적으로 그들은 또래들에게 더 인기가 있고 낯선 사람들과의 상호작용을 더 쉽게 한다. 마지막으로 막내아이는 일반적으로 더 창의적이고 독창적인 사고를 보여준다(Ickes & Turner, 1983).

이러한 비판과 조사에도 불구하고 자종크와 마르쿠스의 연구는 지적능력의 차이를 이해하기 위한 행동주의 과학자들의 시도에 영향을 계속 미치고 있다. 예를 들어 1980년 이전에는 이 나라에서 학력적성 검사에서 고등학교 학생의 평균 점수가 감소하는 것으로 나타났다. 1980년 이후에는 점수가 증가하기 시작했다. 이 분야의 다른 연구자들과 함께 자종크는 출생순위의 영향을 토대로 이러한 경향을 다음과 같이 설명했다. 1980년 이전에는 나중에 태어난 아이들이 더 많이 시험을 치렀다. 1980년대 동안에 베이비붐 세대인 부모의 첫아이가 고등학생 나이가 되었고 SAT 시험을 치르기 시작했다. 자종크와 마르쿠스에 의해 개발된 모형은 SAT 점수는 대략적으로 2000년까지는 증가할 것으로 예측한다. 2000년쯤에는 나중에 태어난 아이의 점수가 평균 점수에 포함됨에 따라 비슷하게 유지되거나 다시 감소하게 된다. 이러한 예측이 옳은 것으로 입증된다면 이것은 자종크와 마르쿠스의 지적 발달에 대한 융합모형을 더욱 타당성 있는 이론으로 만들어 줄 것이다.

Belmont, L., & MAROLLA, F. (1973) Birth order, family size, and intelligence.

Science, 182, 1096~1101.

ERNST, C., & ANGST, J. (1983) *Birth order: Its influence on personality.* New York: Springer-Verlag.

ICKES, W., & TURNER, M. (1983) On the social advantage of having an older, opposite sex sibling: Birth order influences in mixed-sex pairs. *Journal of Personality and Social Psychology, 45,* 210~222.

ZAJONC, R. B. (1986) The decline and rise of scholastic aptitude scores: A prediction derived from the confluence model. *American Psychologist, 41,* 862~867.

통제의 기쁨 20

통제, 이 작은 심리학적 개념은 모든 인간행동의 단일요소로 가장 중요한 영향력을 미친다. 여기서 우리가 얘기하려는 것은 다른 사람들의 행동을 통제하려는 능력보다는 우리의 삶과 일상사건들을 통해서 우리 자신이 소유하는 개인적인 힘이다. 이 능력과 관련된 것은 유능성과 개인적인 힘, 주어진 상황에서 선택의 유용성에 관한 감정이다. 우리 중 대부분은 개인적인 운명에 대해 최소한 약간의 통제력을 가지고 있다고 느낀다. 우리는 일상생활에서 좋은 것과 좋지 않은 것을 선택한다. 그것이 오늘날의 우리 자신을 만들어왔다. 우리가 의식적으로 그것에 관해 생각을 하지 않는 동안에도 일상생활에서 훨씬 더 많은 선택을 할 것이다. 매일 자신의 행동에 관해 선택을 하고 결정을 한다. 자신의 통제감이 위협받게 되면, 부정적인 감정(분노, 격분, 분개)을 경험하며 개인적인 자유에 대한 자신의 지각을 회

Langer, Ellen J., and Rodin, Judith (1976) The effects of choice and enhanced personal responsibility for the aged: A field experiment in an institutional setting. *Journal of Personality and Social Psychology, 34,* 191~198.

복시키는 방법으로 행동함으로써 반항할 것이다. 만약 누군가가 당신에게 어떤 것을 해야 한다고 말한다면, 당신은 매우 그럴듯하게 거절하거나 또는 정확하게 반대할 것이라고 생각하는가? 그렇지 않으면 반대로 누군가가 무엇하는 것을 금지한다면 그들은 금지되기 전에 했던 것보다 더 매력적인 활동을 찾게 될 것이다(기억하라, 로미오와 줄리엣?). 우리의 자유를 제한하려는 어떤 시도에 대해 저항하는 경향을 '유도저항' 이라 한다.

만약에 우리의 개인적인 환경을 통제하려는 것은 인간의 기본적인 것으로 스스로 통제할 수 없고 그 상태로 되돌아갈 수 없다면 어떤 일이 일어나겠는가? 불안, 분노, 격분, 무기력 그리고 심지어 신체적 질병의 형태로 심리적 고통을 경험하게 될 것이다. 여러 연구들은 사람들이 스트레스 상황에 처했을 때, 스트레스에 대한 부정적인 효과는 피험자가 스트레스를 받는 사태에 대해 그들이 약간의 통제력을 가진다고 믿는다면 감소될 수 있다고 제시하고 있다. 예를 들어 복잡한 엘리베이터에서 통제판 가까이에서 있는다면 엘리베이터가 덜 복잡하다고 지각하고 불안을 덜 느낀다. 그들은 자신이 환경에 대하여 많은 통제감을 가지고 있다고 믿는다(Rodin, Solomon, & Metcalf, 1979). 다른 잘 알려진 연구에서는 피험자들을 소음에 노출한 후 문제해결 과제를 수행하라고 했다. 한 집단은 소음을 통제할 수 없었다. 다른 집단은 언제라도 소음을 멈추기 위해 단추를 누를 수 있었다. 그러나 만약에 그들이 소음을 피할 수 있다면 굳이 단추를 누르지 말라고 요청받았다. 비통제 집단에서 피험자들은 소음에 대하여 통제를 발휘할 수 있다고 믿었던 피험자들보다 과제를 더 잘 수행하지 못했다. 그런데 통제집단의 어떤 피험자도 실제로 단추를 누르지 않았다. 따라서 그들은 통제에 대한 지각을 하지 않았던 집단과 똑같이 많은 소음에 노출되었다.

이 모두를 요약하면 우리는 우리가 선택할 수 있는 힘을 소유했을 때 더 효능적인 사람이 된다. 불행하게도 우리 사회에서는 많은 사람에게 이 힘을 잃게 되는 삶의 단계, 심지어 가장 단순한 선택조차도 더 이상 허용되지 않을 때가 온다. 노년기가 바로 그 단계이다. 은퇴하여 가정에 있거나 요양원에서 보낼 때, 건강과 노인으로서의 조심성에 있어서 비극적으로 갑작스런 쇠퇴가 일어난다는 것을 직접적으로 경험하거나 듣게 된다. 대장염, 심장병, 우울증 같은 많은 질병은 무기력감과 이전의 질병에서 일어난 통제의 상실과 관련이 있다. 노인이 집에 들어갔을 때 겪어야 하는 가장 힘든 변화 중의 하나는 그들의 일상활동을 통제하고 자신의 운명에 영향을 미치는 개인적인 힘의 상실이다. 랑게르(Langer)와 로딘(Rodin)은 우리가 여기서 고려하고자 하는 힘과 통제에 대한 주제를 이전부터 연구해오면서 이를 실제로 요양원에서 검증하기로 했다.

이론적 제안

만약에 자신의 삶에 대한 책임감의 상실이 사람을 불행하고 건강하지 않게 하는 원인이 된다면 통제와 힘의 증가는 반대효과를 가질 것이다. 랑게르와 로딘은 요양원의 거주자들을 대상으로 개인적인 책임감과 선택을 증가시킴으로써 이 이론적인 생각을 직접적으로 검증하고자 했다. 이전의 문헌과 그들 자신의 초기연구를 토대로, 이러한 통제가 주어진 환자들은 정신적인 경계, 활동 수준, 삶의 만족도, 행동과 태도의 다른 측정치에서 향상을 보여줄 것이라고 예측했다.

방 법

피험자 랑게르와 로딘은 앨던의 집이라 불리는 케네디컷에 위치한 요양원의 협력을 얻었다. 이 시설은 질 좋은 의학치료, 오락시설, 주거조건이 제공되어 있는 주정부 최상의 보호시설 중 하나이다. 4개의 주거층이 있는 크고 현대적인 집이다. 이곳 거주자는 일반적으로 신체적, 심리적으로 건강상태가 유사하며 사회경제적 배경도 유사하다. 새로운 거주자가 이곳에 들어왔을 때 유용성을 기초로 각각의 방에 배정된다. 결과적으로 모든 층의 거주자들의 특성은 평균적으로 동등해졌다. 두 개의 층은 무선적으로 두 가지 처치조건에 배당되었다. 4층의 거주자(8명의 남자와 39명의 여자)는 '증가된 책임감' 처치를 받았다. 2층은 비교 또는 통제집단으로 9명의 남자와 35명의 여자로 구성되었다. 여기에 있는 91명의 피험자는 65~90세의 연령범위이다.

절 차 요양원의 감독자는 두 가지 실험조건을 이행하기 위해 연구자들과 함께 일하는 것에 동의하였다. 그는 매일 거주자들과 상호접촉하는 33세의 개방적이고 우호적인 사람이다. 그는 두 층에서 모임을 가졌고 이곳에 관한 몇 가지 새로운 정보를 그들에게 전달하기 위해 이야기를 나누었다. 가능한 한 편안하고 유쾌한 삶이 되기를 바라는 거주자에게 두 가지 요구사항을 전달하였고, 그들이 이용할 수 있는 여러 가지 서비스를 논의했다. 그러나 이러한 전달사항에는 두 집단간에 몇 가지 중요한 차이가 있었다.

책임성 유도 집단(4층)은 그들 스스로를 관리하는 책임감을 가지고 또 어떻게 시간을 보낼지에 대해서 결정하라는 사항을 듣는다. 그는 다음과 같은 설명을 계속했다.

> 당신은 방을 어떻게 정돈하기를 원하는지를 결정해야 한다. 당신이 그것을 있던 그대로 배치하든가, 가구를 재배치하기 위해 도움을 주는 직원을 원한다든가, 당신이 무엇을 바꾸기를 원하는지, 무엇을 하기를 원하는지를 우리에게 말해주는 것이 당신이 할 일이다. 또한 당신들에게 선물을 주기를 원한다(작은 식물 상자가 차례로 돌려지고 환자들에게 두 가지 결정이 주어진다. 첫째, 식물을 원하느냐, 원하지 않느냐. 둘째, 그들이 원하는 것을 선택하는 것이다. 모든 거주자들은 식물을 선택했다). 식물은 당신이 가지며, 당신이 좋을대로 관리하라.
>
> 마지막 하나, 나는 다음 주 목요일과 금요일에 영화를 보여줄 예정이라고 말했다. 만약에 당신이 그것을 보겠다고 하면 어느 날 밤에 보러 가기를 원하는지 선택해야 한다(p. 194).

비교집단(2층)에게는 거주자의 삶을 더 풍요롭고 재미있게 하기 위해 요양원에서 어떻게 할지 들려주었다. 그는 그들에게 다음과 같이 설명하였다.

> 우리는 당신의 방을 당신이 원하는 방식으로 꾸미려고 한다. 여기서 당신이 행복해지기를 원하며, 우리는 당신이 자신감을 갖도록, 행복해지도록 하기위해 이 집을 꾸미는 것은 우리의 책임이라고 느낀다. 당신을 도울 수 있는 모든 일을 할 것이다.
>
> 또한 당신들에게 선물을 주고자 한다(간호사들이 식물 상자를 가지고 걸어와서 각각의 환자들에게 하나씩 건네주었다). 식물은 당신 것이다. 간호사는 당신을 위해 물을 주고 관리할 것이다.
>
> 마지막 하나, 나는 다음 주 이틀, 그러니까 목요일과 금요일에 영화를 보여줄 예정이라고 말했다. 우리는 당신이 어느 날 그 영화를 보게 될지 나중에 알려줄 것이다(p. 194).

3일 후에 감독자는 각각 거주자의 방을 둘러보면서 같은 전달사항을 되풀이했다.

이러한 두 가지 전달사항 사이에 어느 것이 더 중요한 것인가를 살펴보는 것은 어렵지 않다. 4층 집단에게는 다양한 방식으로 그들의 삶을 선택하고 통제할 수 있는 기회가 주어졌다. 2층 집단은 다른 요인들은 기본적으로 동일한 반면에, 대부분의 결정들은 그들을 위해서 한 것이라는 사항을 전달하였다. 이러한 정책을 다음 3주 동안 두 층의 거주자들이 준수했다(4층 거주자에게 주어진 통제의 수준은 이곳에 있는 모든 거주자에게 항상 유용했다. 이 실험을 위해 그것은 단순히 반복되었고 실험집단에게 더욱더 명확하게 수행되었다).

산출 측정 이 연구에 사용된 측정(독립변인)의 일부 방법은 상이한 책임조건이 차이가 있는지 결정하기 위해 사용되었다. 감독자가 말하기 1주일 전과 다시 3주가 지난 후에 두 가지 질문조사가 실시되었다. 한 질문조사는 거주자들에게 실시되었다. 얼마나 많은 통제를 그들이 느끼는지, 통제는 얼마나 되는지, 그리고 이곳에서 얼마나 활동적이고 행복했는지에 관한 것이었다. 다른 질문조사는 각 층의 간호사(연구가 수행되고 있다는 것을 알지 못하는)에게 실시되었다. 10점 척도로 환자들이 행복한지, 민첩한지, 의존적인지, 사교적인지, 능동적인지 그리고 수면과 식사습관은 어떠한지 평가해 달라고 요청했다. 또한 거주자들의 실제 행동에 대해 두 가지를 측정하였다. 기록은 다음 주에 보여주기로 한 영화를 본 것인가의 여부였다. 또한 큰 병에 얼마나 많은 젤리 콩이 있는가를 추측하는 대회가 열렸다. 만약에 거주자들이 대회에 참가하기를 원한다면 응모지에 결과 추측과 이름을 쓰고 병 옆에 있는 상자 안에 넣도록 했다.

결 과

표 1에 두 질문지의 결과가 요약되었다. 명확히 보여지듯이 두 집단간의 차이는 현저하며, 선택의 긍정적인 효과와 개인적인 힘에 관한 랑게르와 로딘의 예측을 지지하였다. 증가된 책임감 집단의 거주자는 비교집단의 거주자보다 더 행복하고 활동적이라고 느꼈다고 보고했다. 또한 조심성에 대하여는 면접자의 4층 거주자가 더 높았다. 이 모든 차이는 통계적으로 유의미하다. 심지어 보다 큰 차이는 간호사의 평가에서 보여진다. 환자들을 평가했던 간호사들은 편견을 피하기 위해 두 가지 처치조건의 정보를 알려주지 않았다. 그들은 전체적으로 증가된 책임감 조건의 집단에서는 연구가 행해지는 3주에 걸쳐서 눈에 띄게 향상되었다고 보고하였다. 반면에 일반적으로 비교집단은 감소하는 추세를 보여준다고 한다. 실제로 실험집단의 93퍼센트(한 피험자를 제외하고)는 상당히 향상된 것으로 보여지는 반면에 비교집단의 21퍼센트만이 긍정적인 변화를 나타냈다(p. 196). 4층 거주자는 다른 사람을 더 자주 방문하고 다양한 직원 구성원들과 상당히 많

표 1. 질문지 반응에 대한 요약

질문지 항목	첫번째와 두 번째 시행간의 차이		
	책임집단	비교집단	유의미한 차이
거주자의 자기보고			
• 행복감	+0.28	−0.12	있음
• 능동성	+0.20	−1.28	있음
• 민첩성에 대한 면접자 평정	+0.29	−0.37	있음
간호사 평정			
• 일반적 증가	+3.97	−2.39	있음
• 소요시간			
−다른 환자 방문	+6.78	−3.30	있음
−타인 방문	+2.14	−4.16	있음
−의료진과 대화	+8.21	+1.61	있음
−의료진을 쳐다봄	−2.14	+4.64	있음

(p. 195 인용)

은 시간을 이야기하면서 보냈다. 한편 증가된 책임감 거주자는 단순히 구성원을 지켜보는 것 같은 수동적인 활동에서는 더 적은 시간을 보내기 시작했다.

부가된 행동측정은 통제의 긍정적 효과를 지닌다. 유의미하게 실험집단의 피험자들이 영화를 보기 위해 더 많이 참석하였다. 출석에서의 이런 차이는 한달 전에 보여준 영화에서는 나타나지 않았다. 젤리콩 추측대회가 과학적인 연구를 위해 다소 우스꽝스러운 측정처럼 보였지만 결과는 아주 흥미로웠다. 4층에 거주하는 10명이 게임에 참가하였으나 단지 2층에 거주하는 환자는 한 명만이 참가하였다.

논 의

랑게르와 로딘은 다른 이전 연구와 결합하여 그들의 연구에서 통제와 의사결정의 힘을 포기해야 했던 사람들에게 더 큰 개인적인 책임감이 주어지면 그들의 삶과 태도가 향상되었다는 것을 증명하였다. 이 연구의 실제적인 적용에 대하여 연구자는 간결하게 진술한다.

> 노인에게 실제 또는 지각된 책임을 감소시키는 상황적 요인을 변화시킬 수 있는 기제를 만들어야 한다. 게다가 이 연구는 노화와 감소된 민첩성은 불가피한 노화의 결과가 아님을 제시하는 문헌에 덧붙여졌다. 실제로 노화의 일부 부정적인 결과는 노인에게 결정을 할 권리와 능력을 되돌려 줌으로써 퇴색되거나 반전되거나 또한 가능한 저지된다(p. 197).

결과의 중요성과 후속 연구

아마도 이 연구결과의 유의미성을 나타내는 최고의 사례는 연구자들에 의해 같은 요양원에서 함께 보낸 거주자를 대상으로 한 후속 연구에서 제공된다(Rodin & Langer, 1977). 처음 연구한 지 18개월 후에, 랑게르와 로딘은 증가된 책임감 조건이 장기적으로 효과가 있는지 그 여부를 살펴보고자 하는 후속 연구를 수행하기 위해 앨던의 집으로 왔다. 처음 피험자의 약 절반만이 요양원에 여전히 있었고, 일부는 사망하였고, 일부는 다른 시설로 이동하였고, 일부는 퇴원하였다. 대략적으로 처음 실험집단과 통제집단에서 동일한 수가 퇴원하거나 이동하였다. 여전히 거기에 있는 환자에 대해 의사나 간호사가 평정하였고, 연구자 중 한 사람(J. Rodin)은 심리학과 노화에 관해 거주자들에게 강연하였다. 강연에서 처음 조건들의 거주자 수를 기록하고 질의받았던 질문의 빈도와 유형을 적었다.

간호사로부터의 평정은 증가된 책임감 집단에서는 우수한 조건이 계속되고 있다고 진술했다. 평균 전체 평점은 실험집단에서는 352.33 대 비교집단은 262.00(매우 유의미한 통계적 차이)이다. 의사로부터의 건강 평점은 통제집단 거주자의 건강은 약간 감소했지만 실험집단은 전반적으로 건강 상태가 좋아졌다. 강연에 참석한 거주자 수에는 유의미한 차이가 없었으나, 대부분의 질문은 증가된 책임감 집단의 피험자에 의해서 이루어졌고 질문의 내용은 자율과 독립에 관한 것이었다. 아마도 전체에서 가장 중요한 결과는 비교집단의 30퍼센트의 피험자가 18개월 동안 사망하였고, 실험집단에서는 단지 15퍼센트만이 그 기간에 사망하였다는 것이다. 이 차이에 대한 다른 이유가 있을 수 있지만 두 집단은 증가된 책임감 처치를 제외하고 다른 모든 유용한 특성은 동등하였다.

이 연구의 중요한 비판 중의 하나는 랑게르와 로딘 그들 자신에 의해 지적되었다. 참가자의 안녕과 관련된 어떠한 장면에서라도 연구자들에 의한 중재 결과는 매우 조심스럽게 고려되어야 한다. 예를 들면 연구를 마친 후 노인들의 책임을 상실하게 하는 종류의 힘과 통제를 제공하는 것은 위험스럽고 분명히 비윤리적이다. 슐츠(Schulz, 1976)의 연구에서는 지역 대학생이 요양원의 거주자를 방문했을 때 다양한 통제를 허용하였다. 방문시기와 기간을 통제받은 사람들은 랑게르와 로딘이 발견한 것처럼 유의미하게 증가된 기능을 보였다. 그러나 연구가 끝나고 학생들이 방문을 중단했을 때 이것은(연구자들의 입장에서 고의적이 아닌) 증가된 통제상황에 결코 노출된 적 없는 거주자들보다 실험집단 거주자의 건강을 더 쇠약하게 했다. 랑게르와 로딘의 연구에서는 이런 일은 나타나지 않았다. 정상적으로 매일매일의 의사 결정에 대한 일반적인 통제 감정이 거주자들 사이에 조성되었기 때문이다. 이것은 긍정적인 변화로 시간의 흐름에 따라 지속적인 긍적적 결과를 동반하며 계속될 수 있다.

결 론

서두에서 언급하였듯이, 자신의 삶에 대한 개인적인 힘과 통제는 행복과 생산적인 삶의 핵심적 요인이다. 노년기는 이러한 힘에 대한 잠정적 존재가 상실되는 시기이다. 랑게르와 로딘의 연구와 로딘이 진행하고 있는 연구에서는 통제감을 많이 가질수록 더 건강해지고 행복해지고 따라서 더 순탄한 노화과정을 밟는다는 사실을 명백히 밝혔다. 이러한 인식은 오늘날 요양원, 병원 등 다른 시설환경에서도 노인들 스스로 선택하고 개인적인 힘을 발휘하도록 더 나아가 통제를 증가시키도록 하는 방안이 검토되도록 하고 있다.

RODIN, J. (1986) Aging and health: Effects of the sense of control. *Science, 233,* 1271~1276.

RODIN, J., & LANGER, E. J. (1977) Long-term effects of a control relevant intervention with the institutionalized aged. *Journal of Personality and Social Psychology, 35,* 897~902.

RODIN, J., SOLOMONS, S., & METCALF, J. (1979) Role of control in mediating perceptions of density. *Journal of Personality and Social Psychology, 36,* 998~999.

SCHULZ, R. (1976) Effects of control and predictability on the psychological well-being of the institutionalized aged. *Journal of Personality and Social Psychology, 33,* 563~573.

제 6 부

정서와 동기

이 부에서는 정서와 동기라는 우리의 내적 경험에 대해 다룬다. 심리학자가 아닌 많은 사람들은 이러한 주제에 대해 과학적으로 탐구한다는 것을 잘 이해하지 못한다. 대부분 사람들은 정서나 동기는 거의 통제할 수 없이 순간적으로 일어나는 것이며, 우리가 태어날 때부터 가지는 '기본 능력'의 한 부분이라고 믿고 있다. 그러나 심리학자들은 정서가 어디에서부터 오는가, 우리가 행동하는 방식의 원인은 무엇인가 하는 문제에 항상 매료되었다. 정서와 동기는 행동에 기본적이며 강력한 영향을 미치며 이를 더 잘 이해하기 위한 많은 연구들이 이루어졌다.

정서에 대한 첫번째 연구는 특정 정서경험이 어떻게 잠정적인 정서 사건들로부터 전개되는지에 대한 심리학자들의 사고를 바꾼 유명한 연구이다. 예를 들어 이 연구는 우는 것이 왜 슬픔이나 행복의 기호가 될 수 있는지 설명하도록 도와준다. 두 번째는 정서를 나타내는 얼굴 표현에 대한 흥미진진한 연구를 살펴보고, 전세계 모든 문화권에서 모든 사람들의 기본 정서 표현은 동일하다는 것을 증명하였다. 세 번째 연구는 극단적인 정서나 스트레스가 우리 건강에 어떻게 영향을 미칠 수 있는가를 보여준다. 네 번째 연구는 동기 영역의 가장 유명한 연구 중 하나인 '인지적 부조화'라 불리는 심리적 사건의 원자료를 통해 동기과정을 경험할 수 있을 것이다.

정서와 정서적 상황 21

심리학자들이 정서에 대해 연구하기 시작한 것은 20세기 전환기에 최초의 심리학자 중 한 사람인 윌리엄 제임스(William James)가 대중적인 믿음이나 상식에 정면으로 도전하는 정서이론을 제안하면서다. 그는 정서적 경험은 오직 우리의 신체적 반응에 기초한다고 제안하였다. 예를 들어 숲속을 걷다가 커다란 방울뱀에 걸려 넘어졌다고 가정해 보자. 그 뱀은 당신이 가야 할 길에 공격할 자세로 몸을 틀고 있다. 이를 본 순간 심장은 빨리 뛰기 시작하고, 호흡은 가빠지고, 땀이 흐르고, 몸은 바싹 얼어버릴 것이다. 당신은 천천히 뒷걸음질하다가 되돌아서서 최고의 속도로 도망칠 것이다. 제임스의 이론에서는 이러한 신체반응(심장박동, 호흡, 달리기 등)을 깨닫게 되고 이러한 것들로부터 당신이 느끼는 것이 공포를 결정하게 된다고 한다. 다시 말하면 신체가 마음에 정보를 주고 그 다음 마음은 적절한 정서를

Schachter, S., and Singer, J. E., (1962) Cognitive, social and physiological determinants of emotional state. *Physiological Review, 69*, 379~399

결정한다. 나중에 이 이론은 여러 가지 정서가 거의 동일한 신체 반응을 동반한다는 사실이 밝혀지면서 의문이 제기되었다. 즉, 방울뱀을 만났을 때나 혹은 5만 달러를 땄을 경우에 신체적 반응은 거의 동일하지만 정서 경험은 상당히 다르다는 것이다.

제임스의 연구 이후에 우리가 정서를 어떻게 경험하느냐에 대한 새로운 이론이 제시된 것은 60년쯤 후의 일이다. 1960년대 초에 스탠리 삭스터(Stanley Schachter)는 인간은 사고하는 존재로서 상황을 분석하고 자신의 정서에 대한 판단을 내릴 수 있는 능력이 있다는 견해를 가지고 연구를 했다. 그는 그 당시까지 정서 반응을 설명한 이론들은 개인을 수동적인 참여자, 즉 정서가 단순히 그들에게 일어나는 것으로 보고 있다고 주장하였다. 삭스터는 이런 견해를 거부하고 인간은 지적인 존재, 즉 생각하고 판단할 수 있는 존재라는 것을 우리에게 상기시켜 주었다. 따라서 일상생활에서 접하게 되는 상황들에 대한 우리 자신의 정서 반응에 왜 우리들 자신이 참여할 수 없다는 것인가? 삭스터는 제롬 징어(Jerome Singer)와 함께 신체적 각성이 단순히 정서 경험을 유발하는 것이 아니라 그 각성을 어떻게 해석하느냐에 따라 정서 경험이 유발된다고 제안하였다. 여러분이 누군가가 우는 것을 본다면 그 사람이 슬픈지 행복한지 좌절했는지 혹은 화가 나는지 어떻게 알 수 있는가? 아마도 당신은 그 정서 행동이 일어난 상황을 보고 말할 수 있을 것이다. 결혼식장인지? 장례식장인지? 운동경기장인지? 삭스터와 징어는 실험적으로 정서 반응에 있어서의 참여 개념을 검증하기 위하여 다음과 같이 연구에 착수하였다.

이론적 제안

삭스터가 정서에 있어 신체적 반응의 중요성을 부인한 것은 아니지만 환경, 상황에 대한 해석(인지)과 같은 다른 요인들이 우리 인간이 경험하는 다양하고도 많은 정서를 형성하는 데 결정적인 역할을 한다고 제안하였다. 다시 말하면 우리는 정서를 일으킨 사건이 발생한 맥락을 고려하여 그것을 근거로 정서를 명명한다. 이 생각을 검증하기 위하여 삭스터와 징어는 행동과학자들의 인간정서를 보는 방식을 변화시킨 훌륭한 연구를 수행하였다.

방 법

이 연구의 피험자들은 미네소타 대학교에 재학중인 남학생 185명이었다. 피험자들은 세 집단으로 나누어졌다. 옛날이나 지금이나 심리학 과목을 수강하는 대학 학부생들은 수강과목 과제의 일부로써 연구에 피험자로 참여한다. 이러한 참여는 자발적으로 이루어지며 참여하지 않은 학생들에게는 다른 과제가 주어진다. 또한 실험에 있어 위험한 절차는 사용되지 않으며, 피험자들은 어떤 실험에서든 자신의 의사에 따라 실험 참여를 철회할 수 있다.

세 집단 중 두 집단은 에피네프린(합성 아드레날린) 주사를 맞는데 이 주사는 강력한 정서 경험에 의해 야기되는 신체반응을 일으킨다. 실험의 진짜 의도를 숨기기 위하여 피험자들에게 그 주사는 복합비타민이며 시력에 미치는 비타민 효과를 연구하기 위해서라고 말해준다. 세 번째 집단은 가약으로 단순히 식염수를 주사한다. 우리는 이 마지막 집단을 통제집단을 의미하는 C집단이라고 하였다.

아드레날린을 주사한 집단 중 한 집단에는 주사의 신체적 영향에 대한 올바른 정보를 주었다(즉, "심장박동과 호흡이 빨라지고 덥고, 얼굴이 붉어짐을 느낄 것이며, 땀을 많이 흘리는 등 전반적으로 생리적 각성이 느껴질 것이다"). 이 집단은 '정보가 주어진' 을 뜻하는 I집단이라 하였다. 다른 집단에게는 주사의 영향에 대한 어떠한 정보도 주지 않았다. 우리는 이 집단을 N집단이라 하였다. 이제 두 번째 연구가 이어지며 이 연구의 핵심적인 부분이 나타난다.

각 피험자는 주사를 맞은 직후 똑같은 주사를 맞은 또 다른 피험자임을 가장한 다른 한 사람과 같은 방에 있게 된다(실제로 이 사람은 협력자의 역할을 하는 실험자편의 사람). 두 사람은 질문지에 응답하도록 요구받는다. I집단, N집단, C집단 피험자들의 절반과 함께 한 협력자들은 자신들이 마치 극단적으로 행동하거나 무시무시한 시간을 보냈던 것처럼 행동했다. 협력자들은 종이 비행기를 만들거나 훌라후프를 돌리거나 아주 많이 웃거나 쓰레기통을 이용한 농구게임을 피험자에게 같이 하자고 한다. 각 집단의 나머지 절반과 함께 있는 협력자들은 질문지에 대해 몹시 화가 난 것처럼 행동하면서 점점 적대적으로 행동하며 마침내는 문을 박차고 나간다.

각 집단의 절반은 행복한 협력자들과 함께 있었고 나머지 절반은 화가 난 협력자들과 함께 있었다는 것을 기억하라. 각 집단들간의 유일한 차이는 자신들이 맞은 주사에 대한 정보뿐이다. 삭스터와 징어가 관찰하고자 했던 것은 이들 집단들 간의 정서 반응에 어떠한 차이가 있는가 하는 것이다.

결 과

피험자들은 협력자들과 상호작용하는 동안 관찰되며 그들이 보여주는 분노나 행복의 양이 기록되었다. 피험자들은 자신이 느낀 분노나 행복의 정도를 평가하도록 요구받았다.

결과는 삭스터와 징어의 이론을 지지해 주었다. 행복한 협력자에게 노출된 아무런 정보도 받지 못한 피험자들(N집단)은 점차 행복해지고, 화가 난 협력자와 함께 한 역시 아무 정보도 받지 못한 피험자들은 점점 화가 났다. 주사의 효과에 대한 정확한 정보를 얻은 I집단 피험자들 그리고 통제집단 피험자들에게는 어떠한 결과가 나왔을까? 글쎄, 그들은 특별히 화가 나거나 행복해하지 않았다! 표 1에 이 연구결과가 요약되어 있다. 여러분이 알 수 있듯이 에피네프린 때문에 생리적 각성을 경험했고 각성에 대한

표 1. 실험 협력자의 정서 상태에 대한 피험자의 반응

	피험자 집단		
	N: 약효과에 대한 정보 제공 않음	I: 약효과에 대한 정보 제공	C: 통제집단 피험자
행복한 협력자	피험자들이 점차 행복해함	정서 경험 없음	정서 경험 없음
화가 난 협력자	피험자들이 점차 화가 남.	정서 경험 없음	정서 경험 없음

적절한 설명도 듣지 못한 피험자들이 협력자들을 모방한 정서를 경험한 것이다. 각성에 대한 적절한 설명(약의 효과에 대한 정확한 정보)이나 신체적 각성에 문제가 있는 경우에는 피험자들은 협력자들의 정서적 상태를 그대로 흡수하지 않았다. 그런데 이러한 결과가 어떻게 삭스터와 징어의 이론을 지지해 주는가?

논 의

사람들은 보통 자신들의 정서 경험을 명명하기 위하여 신체 반응을 일으킨 사건의 환경적 요인을 고려한다는 저자들의 주장을 기억할 것이다. 먼저 주사로 인해 생리적 각성을 경험하게 될 것이라는 것을 미리 알았던 피험자들을 고려해 보자. 그들에게는 자신들이 느낀 아드레날린이 야기한 각성은 주사 때문이라고 쉽게 설명이 된다. 그들은 연구의 상황에 근거해서(협력자들과의 접촉) 자신들의 각성에 대해 부가적인 설명을 할 필요가 없다. 그래서 그들은 정서 경험을 하지 않았다.

반면 주사의 효과에 대해 아무런 정보도 듣지 못한 피험자들은 약의 효과를 느꼈으나 자신들의 각성 상태에 대해 아무런 즉각적인 설명도 할 수 없었다. 삭스터가 예측한 대로 그들은 자신들의 각성 이유를 설명하기 위하여 상황에 눈을 돌렸고 협력자의 행동에서 이유를 찾았다. 그들은 협력

자의 행동—행복해하거나 화가 났거나—에 근거한 정서를 경험하였다.

마지막으로 통제집단은 주사에 대한 잘못된 정보를 받았더라도 협력자의 행동에 근거한 정서를 경험하지 않았다. 왜냐하면 가약을 받았으므로 생리적인 각성이 일어나지 않았기 때문이다.

이 연구결과에 근거하여 삭스터와 징어는 정서에는 두 단계 과정이 있다고 결론지었다. 정서가 부과된 상황에서 우리는 먼저 생리적 각성을 경험한다. 그리고 그 상황에 대해 정보를 끌어내고 이 정보에 기초하여 우리가 경험한 정서에 이름을 붙인다. 물론 이것은 매우 빠르게 일어난다. 이것의 직관적인 의미를 알겠는가? 아마 일상생활의 전형적인 예를 들면 더 분명해질 것이다.

당신이 극장 앞에서 45분 동안이나 긴 줄을 서서 기다리고 있다고 생각해 보라. 갑자기 어떤 사람이 걸어와서는 등을 당신 쪽으로 향한 채 당신 바로 앞에 섰다. 당신은 누군가가 무례하게 줄에 끼어든 상황에 근거하여 이것에 대한 생리적 반응이 일어나고, 당신은 이러한 각성을 분노라고 명명할 것이다. 이 과정은 매우 빨리 일어나기 때문에 당신은 아마도 이 정신 과정을 알아채지 못할 것이다. 이제 똑같은 상황을 다시 생각해 보자. 그런데 이번에는 당신 앞에 끼어든 사람이 당신이 몇 달 동안이나 만나지 못했던 오랜 친구라고 해 보자. 당신은 이번에도 똑같이 심장박동과 호흡이 증가하고 근육이 긴장되는 등의 반응이 일어날 것이다. 그러나 상황이 매우 다르므로 당신의 정서적 경험은 행복함이 될 것이다!

삭스터와 징어는 이를 정서의 이요인 이론이라고 한다. 이것은 곱셈 법칙에 근거한 것이다. 즉 각성과 상황적 요인이 정서를 일으키는 데 모두 필요하다. 둘 중 하나로는 불충분하다. 이것을 다음과 같이 나타낼 수 있다.

생리적 각성 × 환경적 단서 = 정서 경험

이들 요인들은 더해지는 것이 아니라 곱해지므로 각성이나 인지적 단서 중 등식의 한 요인이 0이 되면 결과(정서) 또한 0이 된다.

결과의 중요성

이 연구와 이 연구로부터 나온 더 형식적이고 완전한 연구들은 인간 정서 경험을 가장 잘 설명해 주는 것으로 널리 인정받고 있다. 이것은 분노, 행복, 슬픔, 공포, 혐오, 놀람과 이것들의 모든 강도 및 조합들을 포함한 인간의 모든 정서 경험을 설명해 주고 있다. 후속 연구들은 삭스터와 징어의 결과 대부분을 지지해 주고 있으며 인간 정서에 대한 행동과학의 관점을 영원히 바꾸어 놓았다. 하지만 모든 것에 대한 새로운 접근이 다 그러하듯이 약간의 수정 및 비판 또한 제기되었다.

비판과 후속 연구

정서에 대한 삭스터의 이론은 사건들이 일관된 순서로 일어난다는 것에 기초를 두고 있다. 즉 각성이 있고, 상황에 대한 평가가 일어나고, 그 다음에는 정서경험이 온다. 다른 연구자들은 어떤 정서 경험의 경우에는 각성과 평가가 너무나 가까이 일어나기 때문에 이 순서가 항상 옳다고 할 수 없다고 주장한다. 때로는 상황을 먼저 해석하고 그 다음 생리적 반응이 일어나며 그 다음에 정서를 명명하는 경우도 생각할 수 있다(Lazarus, 1984 참조)는 것이다.

또 다른 비판은 신체 반응의 지각에 근거하여 정서를 규명한다는 제임스의 입장에 대해 삭스터가 거부한 것에 집중되었다. 상이한 정서 상황에 대한 신체 반응이 언제나 동일한 것은 아니라는 것을 보여주는 증거가 있다. 예를 들어 공포, 슬픔이나 분노에 대한 생리적 반응(심장 박동수, 혈압 등)의 유형간에는 명확한 차이점이 발견되었다(Sehwartz, Weinberger & Singer, 1981 참조). 이것은 결국 윌리엄 제임스가 제안했던 것처럼, 우리가 경험한 정서는 그 상황을 언제나 고려해야 할 필요 없이 미묘한 생리적 반응의 차이로부터 알 수 있다는 것을 뜻한다.

마지막으로 최근의 몇몇 연구들에서 아드레날린이 무엇인지 모르고 또한 아무런 환경적 단서 없이 주사를 맞았을 때에는, 사람들은 그들의 신체적 각성을 분노, 스트레스 또는 일반적 불편함과 같은 부정적 정서 용어로 표현하는 경향이 있다는 것이 밝혀졌다(Maslach, 1979 참조).

비록 삭스터와 징어의 정서 연구에 대한 비판과 논쟁이 계속되고 있기는 하지만, 그들의 공헌은 인간 정서에 대한 심리학적 견해에 있어서 여전히 강력한 영향력을 발휘하고 있다. 더욱이 이 부에서 논의된 연구는 그 자체로서도 매우 중요하며 심리학의 이 분야에서 여전히 수많은 후속 연구들을 창출하고 있다.

LAZARUS, R. (1984) On the primacy of cognition. *American Psychologist, 39,* 124~129.

MASLACH, C. (1979) Negative emotional biasing of unexplained physiological arousal. *Journal of Personality and Social Psychology, 37,* 953~969.

SCHWARTZ, G., WEINBERGER, C., & SINGER, J. (1981) Cardiovascular differentiation of happiness, sadness, anger, and fear following imagery and exercise. *Psychosomatic Medicine, 43,* 343~364.

얼굴을 보면 모든 것을 알 수 있다 22

우스운 무엇인가를 생각해보라. 당신 얼굴에 무슨 표정이 나타나는가? 이제 과거에 당신을 슬프게 했던 어떤 사건을 생각해보라. 얼굴 표정이 변했는가? 아마 그랬을 것이다. 의심할 것도 없이 당신은 특정 얼굴표정이 특정 정서와 일치한다는 것을 알고 있을 것이다. 그리고 대부분의 경우 다른 사람의 안면 표정을 보고 그 사람이 어떤 정서를 느끼고 있는지 말할 수 있을 것이다. 만약 어떤 사람이 다른 문화권-예컨대 루마니아, 수마트라, 몽골리아-의 사람이라면 그 사람의 안면 표정을 근거로 그의 정서 상태를 똑같이 성공적으로 판단할 수 있을까? 다른 말로 하면 이것은 정서의 안면 표정이 보편적인 것인가라는 질문이다. 대부분의 사람들이 멈추어 서서 그들 자신의 문화와 다른 사람들의 문화가 얼마나 근본적으로 다른지를 생각해보기 전까지는 그렇다고 믿는다. 몸짓, 필요로 하는 개인 공간, 대인간

Ekman, Paul, and Friesen, Wallace V. (1971) Constants across cultures in the face and emotion. *Journal of Social Psychology, 17,* 124~129.

행동의 법칙과 예절, 종교적 신념, 태도 등에 있어서 얼마나 많은 문화적 차이가 있는지 한번 생각해보라. 행동에 영향을 미치는 이러한 모든 차이점들과 함께 만약 정서 표현을 포함한 모든 인간 특징들이 전 문화권에 걸쳐 똑같다면 오히려 더 놀랄만한 일이다.

폴 에크만(Paul Ekman)은 정서에 의한 얼굴 표정 분야의 선도적인 연구자이다. 이 초기 논문은 그와 그의 동료 월리스 프리즌(Wallace Friesen)의 연구를 상술한 것인데 이것은 얼굴 표정의 보편성을 증명하기 위한 것이다. 이전의 연구자들이 얼굴 표정이 문화적으로 다양한 학습에 의해 결정된다는 증거를 밝혔다는 것을 저자들의 서문에서 인정했지만, 그들은 이러한 증거가 빈약하며 기본 정서의 표정은 모든 문화권에 걸쳐 동일하다고 주장했다.

이 연구가 있기 몇 년 전 에크만과 프리즌은 아르헨티나, 브라질, 칠레, 일본과 미국에서 대학 교육을 받은 사람들에게 얼굴 사진을 보여주는 연구를 했다. 모든 나라의 피험자들은 같은 정서에 대응하는 것으로서 같은 얼굴 표정을 성공적으로 구분하였다. 연구자들은 이 결과를 얼굴 표정의 보편성에 대한 증거로서 제시하였다. 그러나 에크만과 프리즌 자신들이 지적했던 것처럼 이러한 결과는 비판에 공공연히 노출된다. 왜냐하면 연구된 문화의 구성원들이 모두 국제적인 대중 매체(영화, 잡지, TV)에 노출되었기 때문이다. 이 대중매체에는 얼굴 표정으로 가득 차 있었다. 정서 표현의 보편성을 증명하기 위해 필요했던 것은 이러한 것들 중 어떠한 것에도 노출된 적이 없는 문화권이다. 오늘날 그러한 문화권을 찾는다는 것이 얼마나 어려운(아마도 불가능하다!) 일인지 상상해 보라. 1971년에서조차도 그것은 쉽지 않았다.

에크만과 프리즌은 그들 연구의 피험자들을 아직까지 고립된 석기시대 사회에 살고 있는 포르(Fore)족에서 찾고자 뉴기니아 남동쪽의 산간고지를 여행했다. 이 집단 구성원의 대부분은 서양이나 동양의 현대 문화를 접촉한 적이 거의 혹은 완전히 없었다(동일한 이유로 Eleanor Rosch의 파푸아 뉴기니아 원주민을 연구한 논문의 논의 부분 참조). 그래서 그들은 그들 자신의 부족들 외에는 다른 문화권의 정서 얼굴 표정에 노출된 적이 없었다.

이론적 제안

에크만과 프리즌의 연구에 내재되어 있는 이론은 기본 정서에 대응하는 특정 얼굴 표정은 보편적이라는 것이다. 에크만과 프리즌은 이것을 매우 단순하게 진술했다. "이 논문의 목적은 문자문화로부터 최대한 시각적으로 고정된 것을 보장하기 위해, 선택된 문자를 사용하지 않은 문화권의 구성원들도 서양이나 동양문화의 문자를 사용하는 사람들과 같이 동일한 얼굴 표정에 대하여 동일한 정서 개념을 가질 것이라는 가설을 검증하는 것이다"(p. 125).

방 법

가장 고립된 포르족의 하위 집단은 사우스 포르(South Fore)라고 불리는 사람들이다. 이 연구에 참가하기 위해 선별된 사람들은 영화를 본 적이 없고 영어나 피진영어를 모르고 서양인들을 위해 일해본 적이 없으며 그 지역의 서양인 거주지역에 살아본 적도 없었다. 그들은 약 1만 1천 명의 사우스 포르 주민들 중에서 연구에 참가하기 위해 선별된 189명의 성인과 10명의 아동이었다. 비교하기 위하여 영화를 보거나 서양인 거주지에 살았거나 선교학교에 다녔던 것을 통해 서양사회와 많이 접해 본 경험이 있는 23명의 성인들 역시 선별되었다.

시행착오를 거쳐 연구자들은 정서를 판정하도록 피험자에게 질문하는 가장 효과적인 방법은 서로 다른 얼굴 표정으로 구성된 세 장의 사진을 그들에게 보여주고 그 사진들 중 하나에 상응하는 정서를 유발하는 영화나 간략한 내용의 이야기를 읽어주는 것이다. 그러면 피험자들은 그 이야기와

표 1. 여섯 정서에 대응하는 에크만과 프리즌의 여섯 이야기

정서	이야기
1. 행복	그(그녀)의 친구가 와서 그(그녀)는 행복하다.
2. 슬픔	그(그녀)의 아이(어머니)가 죽어서 그(그녀)는 매우 슬프다.
3. 분노	그(그녀)는 화가 나서 싸우려고 한다.
4. 놀람	그(그녀)는 지금 새롭고 기대하지 않았던 것을 단지 보고 있다.
5. 혐오	그(그녀)는 그(그녀)가 싫어하는 것을 보고 있다. 혹은 그(그녀)는 나쁜 냄새가 나는 것을 단지 보고 있다.
6. 공포	그(그녀)는 혼자 그(그녀)의 집에 앉아 있으며 그 마을에는 다른 사람은 아무도 없다. 집에는 칼도 도끼도 활이나 화살도 없다. 야생 돼지 한 마리가 그 집 문앞에 서 있고 그(그녀)는 그 돼지를 보고 매우 두려워하며 보고 있다. 그 돼지는 문에서 물러서려고 하지 않고 그(그녀)는 돼지가 그(그녀)를 물까봐 두렵다.

(p. 126 인용)

가장 잘 맞는 표정을 지적하기만 하면 된다. 그 이야기들은 각 장면들이 단지 하나의 정서에만 관련되도록, 그리고 포르족들이 인지할 수 있도록 매우 신중히 선택되었다. 표 1에서 에크만과 프리즌이 개발한 여섯 가지의 이야기가 열거되어 있다. 저자들은 공포에 관한 이야기를 피험자들이 놀람이나 분노와 혼동하지 않도록 더 길게 해야만 했다고 설명했다.

남성, 여성, 소년, 소녀를 포함한 24명의 각기 다른 사람의 사진 40장이 여섯 개의 정서 표현의 예로서 사용되었다. 이 사진들은 다양한 여러 문화권의 사람들에게 보여주었고 이미 타당한 것으로 나타났다. 각각의 사진은 문자를 사용하는 동양이나 서양문화들 중 최소한 두 개의 문화권에서 최소한 70퍼센트의 관찰자가 표현한 정서를 나타낸 것이다.

실제 실험은 연구집단의 한 사람과 과제를 설명하고 이야기를 번역해주는 사우스 포르족 주민 한 사람으로 구성된 팀에 의해 진행되었다. 각 성인 피험자들에게는 세 장의 사진(하나는 맞고 둘은 틀린)을 보여주고 그 사진들 중 하나에 대응하는 이야기를 들려주고 그 이야기와 가장 잘맞는 표정

을 고르도록 했다. 절차는 아동들에게도 동일하였으나 단지 아동들에게는 하나는 맞고 하나는 틀린 단 두 장의 사진들 중에서 고르도록 했다. 피험자들에게는 사진을 다양하게 제시하여 어떠한 사진도 두 번 반복하여 제시되지 않았다.

통역하는 사람들은 그들이 피험자들에게 어떠한 영향도 주지 않도록 세심하게 훈련받았다. 통역하는 사람들에게 이 질문에는 어떠한 절대적 정답이 없다고 이야기하고 피험자들을 자극하지 않도록 했다. 또한 이야기를 어떻게 매번 아주 똑같은 방식으로 통역하는지 가르쳤고 그 이야기들을 정교화시키거나 각색하지 않도록 지시했다. 비의도적 편견을 피하기 위해 연구팀의 서양인들은 피험자들을 보지 않고 단순히 그들의 대답을 기록하기만 했다.

이 사진들은 서양인들의 정서에 대한 얼굴 표정 사진이라는 것을 기억하라. 포르족들은 비록 이전에 서양인들의 얼굴을 한번도 본 적이 없더라도 사진에서 정서를 정확하게 알아낼 수 있을 것인가?

결 과

먼저 남성과 여성 혹은 성인과 아동 간의 차이를 알아보았다. 성인 여자들은 참여하는 데 더 많이 주저하였고 남성들보다 서양인들과의 접촉이 더 적었다. 그러나 사진에서 정서를 정확히 알아내는 데는 어떠한 집단간에 유의한 차이는 없었다.

표 2와 표 3은 가장 덜 서양화된 성인과 아동의 여섯 정서에 대한 정확한 반응의 백분율이 요약되어 있다. 모든 피험자들이 모든 정서에 노출된 것은 아니며, 때때로 피험자들은 같은 정서에 한 번 이상 노출되기도 하였다. 그러므로 표에 나타난 피험자 수는 전체 참여자 수와 같지는 않다. 모든 백분율은 피험자들에게 놀람과 공포를 구별하라고 요구했을 때를 제외하고는 통계적으로 유의미하다. 놀람과 공포를 구별하라는 상황에서 많은

표 2. 사진에서 이야기 정서를 정확하게 구분한 성인의 비율

이야기의 정서	피험자 수	정확한 사진을 선택한 백분율
행복	220	92.3
분노	98	85.3
슬픔	191	79.0
혐오	101	83.0
놀람	62	68.0
공포	184	80.5
공포(놀람과 함께)	153	42.7

(p. 127 인용)

표 3. 사진에서 이야기 정서를 정확하게 구분한 아동의 비율

이야기의 정서	피험자 수	정확한 사진을 선택한 백분율
행복	135	92.8
분노	69	85.3
슬픔	145	81.5
혐오	46	86.5
놀람	47	98.3
공포	64	93.3

(p. 127 인용)

실수가 있었다. 한 집단에서는 공포를 기술한 이야기에 대해 유의미한 67 퍼센트의 피험자가 놀람을 선택했다.

서양화된 성인과 비서양화된 성인들간의 비교도 있었다. 정서 이야기에 상응하는 정확한 사진을 선택한 사람의 수에 있어서 두 집단간에 유의미한 차이는 없었다. 어린 아동과 좀더 나이든 아동간에도 또한 차이가 없었다. 표 3에서 보는 것처럼 아동들은 성인들보다 더 잘한 것으로 나타났는데, 에크만과 프리즌은 이것은 아동들에게는 세 장의 사진이 아니라 두 장의 사진들 중에서 선택하도록 했기 때문이라고 설명했다.

논 의

에크만과 프리즌은 그들의 자료로부터 확신에 찬 결론을 내리는데 주저하지 않았다. "성인과 아동들의 결과는 특정 얼굴행동이 특정 정서와 보편적으로 관련이 있다는 우리의 가설을 명확히 지지해준다"(p. 128). 이 결론은 사우스 포르족이 서양인의 표정에 대해 학습할 기회가 전혀 없었으므로 만약 표정이 보편적이지 않다면 그것들을 알 수 있는 방법이 없다는 사실을 바탕에 두고 있다.

그들의 결과를 이중으로 확인하기 위하여, 연구자들은 똑같은 여섯 가지 얼굴 표정을 묘사하는 고립된 포르족 사람들을 녹화하였다. 나중에 이 테이프를 미국의 대학생들에게 보여주었을 때 학생들은 각각의 정서에 대응하는 표정을 정확하게 구분하였다.

"두 연구에서 나온 증거들은 정서와 관련된 모든 얼굴 표정이 문화 특수적이며 문화와 관습에 근거한 독특한 것으로 다른 문화 구성원들에게는 이해될 수 없는 것이라는 견해와는 반대된다"(p. 128).

그들의 일관된 결과에 한 가지 예외가 있었는데 피험자들은 공포와 놀람의 감정을 구분할 때 혼동을 느끼는 것 같았다. 에크만과 프리즌은 정서 표정에 있어 분명히 약간의 문화적 차이가 있다는 것을 인정함으로써 이것을 설명하였다. 그러나 이것은 거의 모든 다른 표정이 다른 문화권에서도 정확하게 해석된다는 우세한 증거를 손상시키지는 않는다고 하였다. 그들은 공포와 놀람이 혼동된 것은 아마 "이 문화에서는 공포스러운 사건은 거의 언제나 또한 놀라운 것이기 때문이다. 즉, 다른 마을의 적대적인 사람의 갑작스런 출현이나 귀신 혹은 마법사와 뜻하지 않게 만나는 것 등"(p. 129)이기 때문이라고 추측하였다.

함의와 후속 연구

이렇게 에크만과 프리즌의 연구는 기존에 의문스럽던 문제-정서를 나타내는 얼굴 표정은 보편적이라는-를 과학적으로 증명하였다. 그러나 여전히 이 정보의 중요성은 무엇인가라고 의문을 가질 것이다. 이 의문에 대한 대답의 한 부분은 인간 행동이 태어날 때부터 가지고 있는 것이냐 아니면 학습에 의해 획득되느냐 하는 천성-양육 논쟁과 관련이 있다. 이 연구에 사용된 여섯 가지 정서에 대한 얼굴 표정은 문화적 차이에 의해 영향을 거의 받지 않는 것으로 나타났기 때문에 이는 반드시 타고나는 것이라고 결론내리는 것이 가능하다. 즉, 생물학적으로 출생 때에 '단단하게 고정된' 것이다.

여기에서 이러한 여섯 개의 정서(행복, 분노, 슬픔, 놀람, 혐오, 공포)는 여러 연구에서 일관되게 보편적인 것이라고 밝혀진 유일한 정서들이라는 것을 반드시 반복해야만 하겠다. 대부분의 연구자들은 이들 정서가 우리의 가장 기본적인 정서라는 데에 있어서는 에크만과 프리즌의 견해에 동의한다. 이는 이들 정서가 유일한 정서라거나 인간이 경험하는 유일한 정서 표현이라는 것을 의미하지는 않는다. 1분 정도 생각해보면 당신은 아마도 여섯 가지의 기본적인 정서의 강도를 조합하거나 변화시킨 20~30개의 다른 정서 이름들을 댈 수 있을 것이다. 예를 들어 극단적인 행복은 환희라 하고 놀람과 슬픔의 조합은 아마도 충격을 유발할 것이라고 한다.

보편적 정서 표현에 대한 의견이 행동과학자들의 흥미를 끄는 또 다른 이유는 인간의 진화 과정과 관련이 있기 때문이다. 1872년에 다윈(Darwin)은 『인간과 동물들에서의 정서 표현』(*The Expression of Emotion in Man and Animal*)이라는 유명한 책을 출판하였다. 그는 얼굴 표정은 적응기제이며 이는 동물들을 자신들의 환경에 적응하도록 도와주며 따라서 그들의 생존능력을 증가시켜 준다고 주장하였다. 이러한 주장에는 만약 얼굴 표정을 통해 동일한 종의 동물들과 다른 종의 동물들간에 어떤 뜻이 전달될 수 있다면, 생존 기회는 증가할 것이라는 생각을 바탕에 두고 있다. 예를 들어 공포의 표현은 침입자의 공격이 임박했다는 것을 알리는 침묵의 경고가 될 수 있고, 분노의 표현은 집단내의 낮은 지위의 구성원들에게 힘센 구성원으로부터 도망가라는 경고가 될 수 있으며, 혐오의 표현은 "당신이 무엇을 하든지 그것을 먹지는 마라"라는 뜻을 전달해 잠정적인 중독의 가능성을 예방할 수 있다. 그러나 이러한 표현은 만약 여러 종을 구성하는 각 개체들간에 보편적이지 않으면 동물들에게는 유용하지 않게 된다. 비록 지금은 이러한 표현들이 인간들에게 생존증가의 가치면에서 덜 중요하다고 하더라도, 이러한 것들이 보편적이라는 사실은 이러한 표현들이 우리의 조상들로부터 진화되어 왔으며 진화의 사다리에서 인류를 오늘날의 위치에 있게끔 도와줬다는 것을 대변한다.

최근의 한 흥미진진한 연구는 인류에 있어 얼굴 표정이 '잔존하는' 생존가치를 밝혀주었다. 연구자들(Hansen & Hansen, 1988)은 만약 얼굴 표정이 임박한 위험에 대해 경고를 한다면 분노와 같은 특정 표현은 덜 위협적인 다른 표현보다 더 빨리 인식할 수 있을 것이라고 추론하였다. 이를 검증하기 위하여 각기 다른 얼굴 표정을 하고 있는 아홉 사람의 사진 묶음을 피험자에게 보여주었다. 일부 사진묶음에서는 여덟 명은 행복한 표정이었고 단지 한 사람만이 화난 표정이었다. 또 다른 사진 묶음에서는 행복한 표정을 한 한 사람 외에 다른 사람들은 모두 화난 표정이었다. 피험자들에게 주어진 과제는 다른 얼굴을 찾아내는 것이었다. 피험자들이 과제를 수행하는 데 걸린 시간이 기록되었다. 사진 묶음에서 화난 얼굴들 사이에 있는 행복한 하나의 얼굴을 찾아내는 데 걸린 평균 시간은 1.45초였다. 그러나 행복한 얼굴들 사이에 있는 하나의 화난 얼굴을 찾아내는 데 걸린 시간은 단지 평균 0.91초로 유의미하게 적었다. 더욱이 사진 속의 군중의 수가 증가할수록 행복한 얼굴을 찾는 데 걸리는 시간은 증가하는 데 반하여, 화난 얼굴을 찾는 데 걸리는 시간은 유의미하게 증가하지 않았다. 이와 또 다른 유사한 결과들은 인간에게는 적응적인 생존 정보를 주는 특정 표정이 제공하는 정보에 대해 다른 표정들보다도 더 잘 반응하도록 생물학적으로 프로그램화되어 있다는 것을 시사해준다.

결 론

정서 표현에 대한 초기의 비교 문화 연구 이후에 20년 동안 에크만과 프리즌은 정서 연구를 개인적으로 또는 프리즌과 다른 연구자들과 공동으로 계속해오고 있다. 이 연구체계 내에서 많은 흥미로운 발견이 이루어졌다. 에크만의 최근 연구의 한 예는 정서 표현의 '얼굴 피드백 이론'이라 불리는 것과 관계가 있다. 이 이론에서는 당신의 얼굴 표정이 실제로 뇌에 정보를 주어 당신이 경험하고 있는 정서를 해석하도록 한다고 주장한다. 에크만은 여섯 가지의 기본 정서에 각각 관여하는 정확한 얼굴 근육을 구분함으로써 이 견해를 검증하였다. 그리고 피험자에게 다양한 정서와 닮은 표정이 되도록 근육을 당기라고 지시하였다. 피험자들이 이렇게 했을 때 에크만은 실제 현존하는 정서 그 자체로부터가 아니라 오직 정서 표현으로부터 나오는 적절한 정서에 대응하는 피험자들의 생리적 반응을 측정할 수 있었다(Ekman, Levensen, & Friesen, 1983).

에크만은 그의 연구를 속임수의 영역과, 어떻게 사람의 얼굴과 신체가 그 사람이 진실을 말하는지 여부에 관하여 다른 사람에게 정보를 흘리는지에 대한 것까지 넓혀갔다. 일반적으로 그의 결과는 사람들은 다른 사람의 얼굴 표정을 관찰하여 우연보다 약간 높은 수준으로 다른 사람이 거짓말을 한다는 것을 감지할 수 있다고 밝힌다. 그러나 다른 사람의 신체 전체를 관찰하도록 하면 피험자들은 거짓말을 훨씬 더 성공적으로 탐지할 수 있다. 이는 얼굴 하나보다도 몸 전체가 마음의 어떤 상태를 알아차리는 데 더 많은 단서를 제공함을 의미한다.

에크만과 그의 동료들은 얼굴 표정에 의해 제공되는 비언어적 의사소통에 대한 많은 문헌을 제공해주었다. 그리고 이 분야에 대한 연구는 계속되고 있다. 에크만과 프리즌이 1975년 저술한 책의 제목 『얼굴의 가면을 벗기자』(*Unmasking the Face*)라는 목표를 성공적으로 이룰 때까지 연구들이 계속될 것이라는 데에는 의심의 여지가 없다.

EKMAN, P. (1985) *Telling lies,* New York: Norton.

EKMAN, P., & FRIESEN, W. (1975) *Unmasking the face.* Englewood Cliffs, NJ: Prentice Hall.

EKMAN, P., LEVENSEN, R., & FRIESEN, W. (1983) Autonomic nervous system activity distinguishes between emotions. *Science, 164,* 86~88.

HANSEN, C., & HANSEN, R. (1988) Finding the face in the crowd: An anger superiority effect. *Journal of Personality and Social Psychology, 54,* 917~924.

인생과 스트레스 23

스트레스, 누구에게나 스트레스는 불쾌하고 부정적인 경험이다. 스트레스를 정의하기가 쉽지 않지만 그것을 보는 한 가지 방법은 모든 정서의 극단적인 형태로서의 정서를 스트레스라고 생각하는 것이다. 이러한 의미에서 극단적인 공포, 분노, 슬픔 혹은 행복조차도 스트레스를 유발할 수 있다. 최근에 매우 심한 스트레스, 즉 몇 시간이나 혹은 며칠 동안 계속해서 스트레스를 받았을 때를 생각해보라. 아마 새로운 도시로 이사를 해야 했다든지, 법적인 문제가 있었다든지, 다른 사람과의 관계에 어려움이 있었다든지, 직업에 변화가 있었거나 직업을 잃었든지, 당신과 가까운 사람이 죽었거나 다쳤다든지, 혹은 다른 중요한 스트레스적인 변화가 있었을 것이다. 여기서 의미하는 스트레스의 종류, 즉 얼마간 지속되며 매일 대처해야 하는 스트레스를 당신은 알 것이다. 당신에게 어떤 일이 일어났는가? 어떻

Holmes, Thomas H., and Rahe, Richard H. (1967) The social readjustment rating scale. *Journal of Psychosomatic Research, 11,* 213~218.

게 극복했는가? 건강은 또 얼마나 저하되었는가?

스트레스와 질병과의 관계는 토머스 호움즈(Thomas Holmes)와 리처드 라어(Richard Rahe)가 쓴 이 유명한 논문의 초점이다. 잠시 이 질문에 대해 생각해보자. 당신은 스트레스와 질병간에 정말로 관계가 있다고 생각하는가? 나는 당신이 큰 소리로 "예"라고 대답할 것이라고 확신한다. 그러나 똑같은 질문을 20~30년 전에 했다면 소수의 사람들만이 그러한 관계가 존재한다고 믿었을 것이다. 심리학과 의학분야에서는 수십 년 동안 이러한 관계가 실제로 존재한다는 데 확신을 가지고 그 관계를 이해하고 그것을 조정하기 위한 연구를 함께 해오고 있다. 행동과학 분야에서 이 문제에 대해 주로 관심을 가지는 사람들을 건강심리학자라 한다. 이 논문이 실린 학술잡지는 정신신체적 병을 다루는 잡지이다. 정신신체적 병이란 신체적 원인보다는 주로 심리적 요인에 의한 건강문제를 말한다. 이러한 질병은 실제로 나타난다. 즉 불안, 통증과 고통이 의학적으로 실제로 나타난다. 정신신체적 문제의 피해자들은 상상의 질병 때문에 고통받는 '건강 염려증(hypochondriacs)' 과 혼동되어서는 안 된다.

건강심리학자들에 의한 많은 연구는 내적이고 심리적인 적응이 요구되는 일상생활에서 특정한 외적 변화가 일어날 때, 높은 발병률이 일어날 가능성이 있음을 밝혔다. 이러한 변화를 '인생 스트레스' 라 한다. 개인이 경험하는 인생 스트레스의 양은 시간에 따라 다르다. 과거(혹은 현재)에 많은 변화가 일어났던 때도 있었을 것이고 비교적 안정적이었던 때도 있었을 것이다. 인생 스트레스는 또한 사람마다 굉장히 다르고 인생에서 일어나는 전체변화의 수는 각자 서로 다르다. 만약 내가 당신에게 과거에 당신은 얼마나 많은 인생 스트레스를 경험했느냐고 묻는다면 무엇이라고 대답하겠는가? 많이? 많지 않게? 적당히? 이러한 종류의 모호한 판단은 인생 스트레스와 질병간의 관계를 연구하고자 하는 과학자들에게는 그다지 적용되지 않는다. 그러므로 이 분야의 연구에서 대답이 필요한 첫번째 질문은 이것이다. 인생 스트레스는 어떻게 측정될 수 있는가?

연구자들이 사람들을 실험실로 데리고 와서는 짧은 시간 동안 스트레스적인 사태에 노출시키고 갑자기 나타나는 질병을 관찰하기를 명백히 기대할 수는 없다. 첫째로 이것은 비윤리적이고, 둘째로 이것은 실제생활에서 스트레스가 어떻게 작용하는지 나타내주지 않는다. 이 문제를 해결하기 위하여 호움즈와 라어는 인생 스트레스를 측정하는 필기식 척도를 개발하기로 했다. 그들은 논문에서 과거에 인간의 스트레스 수준을 측정하고자 했던 시도들은 단지 스트레스적 사건의 수와 종류만을 규명한 것이라고 인정하였다. 그들은 이러한 추론을 한 단계 더 진전시켜 개인이 경험하는 다양한 스트레스의 크기나 양을 측정할 수 있는 방법을 개발하자고 했다. 이 제안의 이면에는 만약 그러한 척도가 개발될 수 있다면 개인의 인생 스트레스 점수를 얻어서 이것을 개인의 건강 상태와 연관시킬 수 있다는 생각이 었다.

방 법

호움즈와 라어는 임상적 경험을 통해 사람들이 공통적으로 스트레스라고 느끼는 43가지 생활 사건의 목록을 만들었는데 이 사건들은 사람들이 여기에 적응하기 위하여 심리적 적응이 필요한 것들이다. 이 목록을 약 394명의 피험자들에게 제시하여 각 사건들에 의해 야기되는 스트레스의 양을 평가하도록 하였다. 피험자들이 읽도록 주어진 실제 지시문의 한 부분이다.

> "점수를 기록할 때 당신의 모든 경험을 다 사용하세요." 이는 거기에 적용되는 개인적 경험뿐만 아니라 다른 사람의 경우에 대해 들은 것도 포함된다는 것을 뜻한다. 어떤 사람은 다른 사람보다 변화에 쉽게 적응한다. 또한 어떤 사람들은 특정한 사건에 대해서만 특별히 쉽게 혹은 어렵게 적응한다. 그러므로 극단적인 경우보다는 적응하는 데 필요한 평균적인 정도를 생각해서 대답해야 한다. '결혼'에 500이라는 점수를 임의로 주었다. 나머지 다른 사

> 건들에 대해 답할 때 여러분 자신에 대해 생각해보라. 이것은 결혼보다 더 많은 혹은 더 적은 재적응을 필요로 하는가? 이것은 재적응하는 데 결혼보다 더 긴 혹은 더 짧은 시간이 걸리는가?(p. 213)

피험자들은 500점이 주어진 결혼과 비교하여 각 사건에 점수를 매기도록 지시받았다. 만약 주어진 사건이 결혼보다 더 많은 재적응을 필요로 한다면 점수는 더 높을 것이고 그렇지 않으면 점수는 더 낮을 것이다. 각 항목에 대한 모든 피험자들의 점수를 평균내어 개별항목에 대한 점수가 되도록 10으로 나누었다.

당신이 보는 것처럼 이것은 다소 단순하고 직접적인 방법을 사용한 연구이다. 이 연구의 중요성과 가치는 '사회 재적응 평정척도'(SRRS)라는 측정 도구의 결과와 적용에 있다.

결 과

표 1은 43개의 생활 사건들이 순위와 연구에서 피험자에 의해 얻은 각 사건들의 평균 점수이다. '배우자의 죽음'이 가장 스트레스가 많다고 평가되었고, '가벼운 법률 위반'이 목록에 있는 항목들 중에서 가장 스트레스가 적다고 평가되어 있는 것을 볼 수 있다. 이 목록을 자세히 살펴보면 두 개의 항목 '만 달러 이상의 저당 혹은 대부'와 '만 달러 이하의 저당 혹은 대부'는 1967년 이후의 경제적 변화를 반영하기 위해서는 다시 수정되어야 할 필요가 있다. 당신은 또한 모든 항목들이 부정적인 것이 아니라는 것을 알 수 있을 것이다. 그러나 크리스마스, 결혼, 심지어는 휴가와 같은 항목도 호움즈와 라어의 스트레스 정의 관점-사건에 대한 심리적 재적응의 필요성-에서는 스트레스가 될 수 있다.

평점에서의 일관성을 확인하기 위하여 연구자들은 피험자들을 몇 개의 하위 집단으로 나누어 각 항목의 평점에 대한 상관관계를 측정해보았다.

비교된 이들 하위집단들 중에는 남성 대 여성, 독신 대 기혼, 대졸자 대 대학교육을 받지 않은 자, 흑인 대 백인, 젊은이 대 노인, 고소득층 대 저소득층, 종교인 대 비종교인 등이 있었다. 비교한 모든 하위 집단에 있어서 상관관계는 매우 높았는데, 이는 피험자들간에 일치의 정도가 매우 높음을 나타내는 것이다. 이것을 호움즈와 라어가 합리적인 확신감을 가지고 이 척도를 거의 같은 정도의 정확성을 가지고 모든 사람들에게 적용할 수 있다고 가정함을 의미한다.

논 의

호움즈와 라어는 논의에서 이 척도에 열거된 모든 생활 사건들에 분명한 공통 주제가 있다고 지적하였다. 일상생활에서 이러한 스트레스적 사건이 일어날 때마다 그들은 설명하기를, 어느 정도의 적응, 변화 또는 대처가 필요하다. 그들은 여기서 중요한 것은 현존하는 안정적 상태로부터의 변화에 있는 것이지 심리적 의미, 정서 혹은 사회적 바람직성에 있는 것은 아니라고 쓰고 있다. 이것은 왜 어떤 항목은 어떤 사람에게는 긍정적으로 해석되고 어떤 사람에게는 부정적으로 해석되는지에 대한 설명이 되며, 여하튼 변화가 요구되고 스트레스가 야기된다.

이 논문은 연구 이면에 일상생활 스트레스를 측정하는 방법을 개발하는 것에 대해 설명하고 있음을 기억하라. 만약 당신 자신에게 시도해본다면 목록을 한번 훑어보고 지난 12개월 동안 당신에게 일어났던 변화에 동그라미를 쳐보라. 각 변화는 '인생변화 단위'(life change units: LCUs)라고 하는 할당된 특정 점수를 가지고 있다. 당신의 LCU를 모두 더하라. 이 점수는 당신의 생활 스트레스의 양을 말한다. 지금 잠시 시간을 내어 당신의 점수를 알아보라. 이제 그것을 끝내고 나면 당신은 아마도 허전한 느낌이 들 것이다. 그렇지 않은가? 글쎄, 허전함은 도대체 점수가 건강의 정도를 얼마나 나타내는가이다. 결국, 이것이 척도 개발을 시작하면서부터 연구자

표 1. 사회 재적응 평정 척도

순위	생활 사건	평균값	순위	생활 사건	평균값
1	배우자의 죽음	100	23	자녀의 가출	29
2	이혼	73	24	처가나 시집 식구와의 갈등	29
3	부부의 별거	65	25	자신의 뛰어난 업적	28
4	수험기간	63	26	아내의 취직이나 퇴직	26
5	가족의 죽음	63	27	입학 또는 졸업	26
6	자신의 부상 또는 질환	53	28	생활 조건의 변화	25
7	결혼	50	29	자신의 습관 교정	24
8	해고	47	30	상사와의 문제	23
9	부부 화해	45	31	노동시간 또는 작업조건의 변화	20
10	퇴직	45	32	거주지 변화	20
11	가족의 건강 상태 변화	44	33	전학	20
12	임신	40	34	오락의 변화	19
13	성 장애	39	35	교회활동의 변화	19
14	가족(수)의 증가	39	36	사회활동의 변화	18
15	사업의 재적응	39	37	만 달러 이하의 저당 혹은 대부	17
16	재산의 변화	38	38	수면 습관의 변화	16
17	친한 친구의 죽음	37	39	사교단체 회원수의 변화	15
18	부서 이동	36	40	식성의 변화	15
19	배우자와의 언쟁 횟수 변화	35	41	휴가	13
20	만 달러 이상의 저당 혹은 대부	31	42	크리스마스	12
21	저당 혹은 대부금의 회수 불능	30	43	가벼운 법률 위반	11
22	직장에서의 책임변화	29			

(p. 216 인용)

의 전적인 관심이었다.

호움즈와 라어는 SRRS를 개발하는 것을 멈추지 않았지만, 그들은 공동으로 혹은 각자 그들의 척도와 질병의 가능성간의 관계에 대해 계속해서 조사하고 있다.

후속 연구

1960년대 후반에 SRRS은 스트레스-질병간의 관계를 조사하기 위한 도구로 많은 연구에 사용되었다. 척도의 가치는 사람들의 전체 LCU 점수에 근거하여 질병을 예측할 수 있는 능력에 달려 있다.

초기 연구들에서는 수천 명의 사람들에게 SRRS를 완성하고 자신들의 병력을 보고하도록 하였다. 그림 1에 이러한 연구들의 전체적인 결과가 도표로 제시되어 있다(Holmes & Masuda, 1974 참조). 2천 5백 명의 해군 병사를 대상으로 한 다른 연구에서 과거 6개월간의 LCUs를 승선 당일 바로 전에 SRRS를 사용하여 기록하였다. 6개월 동안의 항해 동안 100점 이하의 LCUs 점수를 받은 사람들은 평균 1.4번의 질병을, 300~400점 사이의 사람들은 1.9번의 질병을 보고했으며, 500~600점 사이의 사람들은 2.1번의 질병을 보고했다. 여러 해 동안 이러한 연구와 다른 연구들은 SRRS가 스트레스 관련 질병을 예측하는 데 도움을 줄 수 있다는 호움즈와 라어의 주장을 일반적으로 지지해 주었다. 여기 보고된 결과들은 또한 척도상 당신의 점수가 무엇을 의미하는지 알려줄 것이다.

당신의 점수가(특히, 당신의 점수가 높다면) 인생에서 얼마나 스트레스가 많은지, 이 스트레스가 당신의 건강에 어떤 영향을 미치는지를 알려주는 중요한 지침이라고 생각해보라. 그러나 너무 걱정하기 전에 SRRS에 대한 일부 중요한 의미를 지닌 비판들이 있고, SRRS가 질병을 예측하는 능력에 대해서는 좀더 논의되어야 할 필요가 있다.

연구의 비판

호움즈와 라어가 SRRS를 개발한 이래로 많은 연구자들이 그것의 정확성과 유용성에 대한 심각한 우려를 표명해왔다(이들 비판에 대한 완전한 내용은 Taylor, 1991, pp. 214~216 참조). 가장 많은 비판 중의 하나는 개인이 통제할 수 있는 사건(결혼과 같은 선택할 수 있는 사건)과 개인의 통제범위를 넘어서는 사건(친구의 죽음과 같은)뿐만 아니라 긍정적인 생활 사건과 부정적 생활 사건을 같은 척도 안에 함께 포함시켰다는 것이다. 연구에서 특정사건인 갑작스러운, 부정적인, 그리고 통제할 수 없는 사건들은 긍정적이고 통제할 수 있는 생활변화보다 질병을 더 잘 예측할 수 있다고 증명하였다.

또한 다른 비판은 이 척도가 특정 사건에 대한 개인의 해석을 고려하지 않았는 데 결점이 있다고 주장하고 있다. 예를 들어 어떤 사람에게 있어 퇴직은 '목장에서 강제로 밀려난' 직업의 끝을 의미하는 반면에 어떤 사람에게는 고된 일로부터의 자유를 향한 탈출이 되기도 한다. 이것과 관련된 것은 많은 문항들인 '자신의 부상 또는 질환'(얼마나 심각하게? 얼마나 꼼짝할 수 없게?) 혹은 '생활조건의 변화'(좋게? 나쁘게? 어떤 조건?) 등이 애매모호하다는 비판이다. 좀더 정확한 척도는 사람들이 사건을 선택하고 또한 심각성의 정도를 평가하도록 하는 것이어야 한다고 제안되었다(Cohen은 1983년에 실제로 이를 이행한 척도 '지각된 스트레스 척도'를 개발하였다).

마지막으로 SRRS를 질병과 연계시키는 방법이 의문시되었다. 통계적으로 주의깊게 분석해보면 LCU 점수와 질병과의 예측적 관계는 매우 미약한 것이다. 사실 질병을 앓는 사람들 중에서 전체 변화의 약 10퍼센트에 대해서만 설명해준다. 다시 말하면 당신이 6개월 후에 누가 병에 걸리는지 알아보기 위해 1,000명의 사람을 조사한다면 질병에 걸리거나 걸리지 않게 하는 개인적 요인에서 매우 큰 변화가 있다는 것이다. 당신이 그들 모두에게 SRRS를 완성하도록 한다면 당신은 건강변화에 대한 모든 가능한 원인을 찾아낼 것이고 그들의 LCU 점수는 단지 10퍼센트만이 이를 설명해준다. 이것은 질병 예언에 대한 SRRS의 능력을 확인해주는 통계적으로 의미있는 상관이다. 그러나 또한 이러한 설명력은 매우 좋지는 않다는 것을 말해준다. 또 다른 방법은 만약 당신이 누군가의 LCU 점수를 안다면 점수를 모를 때보다 그 사람의 앞으로의 건강을 더 잘 예측할 수 있다는 것이다. 그러나 단지 아주 조금만 더 잘 예측할 수 있을 뿐이다! 마침

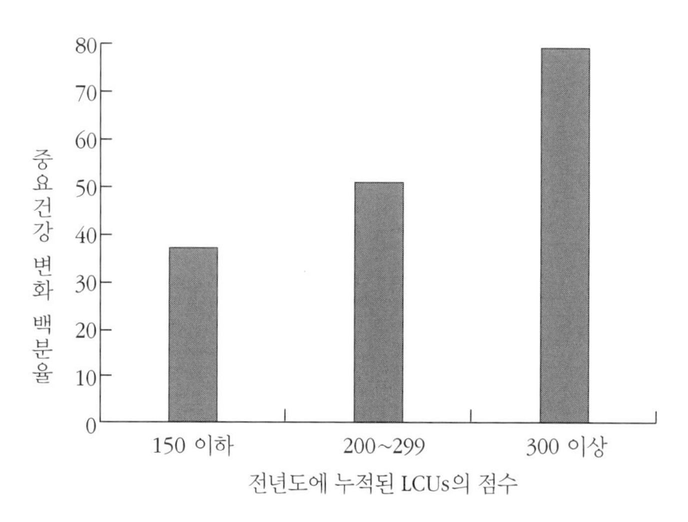

그림 1. 인생변화 단위와 질병간의 관계
(Homles & Masuda, 1974 인용)

내 SRRS를 이용한 연구들은 질병의 수나 심각성 혹은 지속기간에 대해 설명하지 않았다.

그렇다면 분명히 SRRS가 그토록 심하게 비판받고 있다면 왜 그것이 그렇게 중요하고 또 왜 이 책에 실렸는지 궁금할 것이다. 심리학의 역사에서 몇몇 획기적인 사건들은 어떤 면에서의 결점이 계속해서 밝혀지지만 그렇다고 해서 인간행동에 대한 우리의 관점에 끼친 영향이 감소하지는 않는다. 호움즈와 라어의 연구에 대하여 건강 심리학 분야의 선도적인 연구자인 셜리 테일러(Shelly Taylor)는 그녀의 글에서 이를 가장 잘 설명하고 있다. "SRRS는 스트레스에 대한 연구에서 방법론적으로 획기적인 사건 중의 하나이다. 만약 SRRS의 한계가 점차 더 명백해진다면 그것은 우선적으로 SRRS가 즐겨 널리 사용된 잘못된 연구에 대한 도구이기 때문이다"(Taylor, 1991, p. 216).

결 론

스트레스와 질병간의 관계는 실제로 존재하기는 하지만 매우 복잡하다. 위의 논의에서 살펴본 것처럼 그것은 연구하기에는 단순한 문제가 아니다. 라어 자신은 단순한 LCU 점수에 덧붙여 사람에게서 일어나는 여러 가지 과정이 정신 신체적 질병을 예측하기 위해 고려되어야 한다고 제안하였다.

1. 당신은 과거에 스트레스적인 사건을 얼마나 많이 경험했는가?
2. 당신의 대처 기술, 즉 생활 스트레스가 있을 때 자신을 심리적으로 방어할 수 있는 능력.
3. 당신이 심리적으로 극복할 수 없는 생활 스트레스에 대해 방어할 수 있는 생리체계(면역체계 같은)의 강도.
4. 실제로 질병에 걸렸을 때 그것을 다루는 방법(건강을 회복할 수 있는 운동을 함께 하거나 의료적 도움을 구하는 것 등).

심리학과 의학은 함께 작용하며 질병의 심리학적 요인을 이해하는 데에 있어 서로 매우 밀접한 관계에 있다. 질병을 성공적으로 치료하는 데는 사람 전체, 즉 신체와 정신을 모두 고려해야 한다는 것이 두 분야의 공통된 생각이다.

COHEN, S., KAMARCK, T., & MERMELSTEIN, R. (1983) A global measure of perceived stress. *Journal of Health and Social Behavior, 24,* 385~396.

HOLMES, T. H., & MASUDA, M. (1974) Life change and illness susceptibility. In B. S. DOHRENWEND & B. P. DOHRENWEND(eds.), *Stressful life events: Their nature and effects.* New York: Wiley.

RAHE, R. H., MAHAN, J., and ARTHUR, R. (1970) Prediction of near-future health change from subjects' preceding life changes. *Journal of Psychosomatic Research, 14,* 401~406.

TAYLOR, S. (1991) *Health Psychology.* New York: McGraw-Hill.

조화를 이루지 못하는 사고 24

자신의 태도나 개인적인 의견과는 반대되는 일을 하거나 말을 해야 하는 위치에 있어본 적이 있는가? 아마 있었을 것이다. 누구나 때론 그렇다. 당신이 그런 식으로 행동할 때 당신의 진짜 태도나 의견에 어떤 일이 일어나는가? 아무런 일도? 글쎄, 아무런 변화가 없을 수도 있다. 하지만 많은 연구들은 당신의 행동이 자신의 태도와 반대일 경우에 행동에 맞추기 위하여 태도가 변화한다고 말하고 있다. 예를 들어 만약 어떤 사람이 자신이 의견에 반대되는 관점이나 입장을 지지하는 연설을 하도록 강요받으면(실험에서의 요구에 의해) 연설자의 태도는 연설에 주어진 태도로 옮겨갈 것이다.

1950년대 초에 많은 연구들은 이러한 의견 변화를 첫째, 연설을 마음속으로 시연해보거나 둘째, 강요된 지위편에서의 논쟁을 생각하는 과정의 결과로 설명하였다. 초기의 이론들은 피험자들이 그러한 정신적 과제를 수행

Festinger, Leon, and Carlsmith, James M. (1959) Cognitive consequence of forced compliance. *Journal of Abnormal and Social Psychology, 58,* 203~210.

하면서 자신들이 맡은 지위에 맞게 자신들을 설득시킨다고 주장하였다. 이러한 추론을 따르는 부가적인 연구에서 자신의 견해와 다른 연설을 하는 피험자에게 긍정적 보상을 제공하였다. 보상이 클수록 연설하는 사람의 의견 변화가 더 클 것이라고 예상했다(논리적으로 보이지 않는가?). 그러나 상식이 인간의 행동을 잘 예측해주지 못하는 많은 사례에서처럼 그 반대가 참인 것으로 밝혀졌다. 보상이 클수록 보상이 적을 때보다 더 적은 태도 변화가 일어났다. 그 당시에 유행했던 학습이론에 근거(조작적 조건형성, 강화이론 등)해서는 더 이상 이러한 결과를 설명하기 어려웠다.

몇 년 후 스탠퍼드 대학교의 연구심리학자 레옹 페스팅어(Leon Festinger)는 그 유명한 인지부조화 이론을 제안했는데, 이것이 이렇게 외관상 어긋난 결과에 대해 설명할 수 있었다. 인지라는 단어는 사고, 관념, 지식의 단위, 태도나 신념과 같은 정신과정을 나타내는 것이며, 부조화란 단지 조화되지 않음을 뜻한다. 그래서 페스팅어는 개인이 심리적으로 일치되지 않는 둘 혹은 그 이상의 인지를 동시에 유지할 때 인지 부조화를 경험하게 된다고 하였다. 이러한 상태가 되면 일상생활과의 부조화의 중요성에 따라 다양한 정도의 불쾌감과 스트레스가 야기된다. 이러한 불쾌감이 생기면 그것을 해소하기 위하여 무언가를 하게 된다. 행동을 변화시킬 수는 없기 때문에(이미 행동을 해버렸거나 상황적 압력이 너무 크기 때문에) 태도를 변화시키는 것이다.

페스팅어의 이론은 1934년 인디아에서 지진이 일어난 뒤로 그곳에 널리 퍼진 소문에 대한 신문기사에 의해 재난지역 밖에서는 더 큰 규모의 그리고 더 넓은 지역에까지 지진이 한번 더 발생할 것이라는 소문이 나돌았다. 그 소문들은 아무런 과학적 근거가 없는 것이었다. 페스팅어는 사람들이 왜 그러한 대재난과 불안을 가중시키는 생각들을 퍼뜨리는지 의문스러웠다. 시간이 지나면서 그는 아마도 그 소문들은 불안을 증가시키는 것이 아니라 불안을 정당화하려는 것이라는 생각이 들었다. 그 사람들은 비록 위험한 지역 밖에서 살더라도 매우 겁에 질려 있었다. 이것이 인지부조화를 만들었다. 공포에 대한 인지는 그 공포에 대한 과학적 근거의 무관함과는 조화되지 않은 것이었다. 그래서 더 큰 재난에 대한 소문을 퍼뜨리는 것은 그들의 공포를 정당화하고 부조화를 감소시켰다. 그들은 세계에 대한 관점을 자신들이 느끼고 행동하는 것에 맞추었다.

이론적 제안

페스팅어는 일반적으로 우리 사회에서 당신이 공식적으로 말하는 것은 사실상 당신의 의견이나 신념과 같아진다는 것을 이론화하였다. 그래서 만약 당신이 'X'를 믿지만 공적으로는 "X가 아니다"라고 말한다면, 인지부조화의 불쾌함을 경험할 것이다. 그러나 당신이 "X가 아니다"라고 말한 이유가 압력이나 보상에 대한 약속 또는 처벌의 위협에 의해 명확히 정당화된다면 부조화는 감소되거나 없어질 것이다. 따라서 불일치된 행동이 자신의 선택 때문이라고 생각할수록 당신의 부조화는 더 커지게 된다.

이런 불쾌한 부조화를 감소시키는 한 가지 방법은 당신의 행동(당신이 한 진술)에 일치되거나 조화를 이루도록 개인적 의견을 바꾸는 것이다. 페스팅어는 태도나 의견의 변화는 부조화가 클 때 최대가 된다고 주장했다. 이에 대해 잠시 생각해보자. 어떤 사람이 당신에게 당신의 원래 견해와 반대되는 견해를 공식적으로 밝히면, 아주 많은 돈을 제공하겠다고 하고 당신도 그렇게 하는 데 동의했다고 가정해보자. 그 다음에는 다른 사람이 똑같은 요구를 당신에게 하면서 이번에는 돈을 아주 조금만, 비록 그럴 만한 가치가 없다고 할지라도, 제공하겠다고 하여 여기에 어쨌든 동의했다고 가정해보자. 논리적으로 돈을 더 적게 받는 상황에서 더 많은 부조화를 경험할 것이다. 왜냐하면 당신의 태도와 반대되는 행동에 대해 충분히 정당화가 되지 않기 때문이다. 그래서 페스팅어의 이론에 따르면 개인의 의견은 돈이 적은 조건에서 더 많이 변화할 것이다. 페스팅어(동료 James Carlsmith의 도움으로)가 이 이론을 검증하기 위하여 어떻게 하였는지 살펴보자.

방 법

당신이 심리학개론 과목을 수강하고 있는 대학생이라고 가정해보자. 과제 중 하나는 이번 학기 동안 심리학 실험에 피험자로 세 시간 동안 참여하는 것이다. 당신은 교수와 대학원생들에 의해 행해지는 다양한 연구들이 나열되어 있는 게시판을 살펴보고 두 시간 동안 진행되는 이 수행측정 실험에 참여하기로 한다. 페스팅어와 칼스미스에 의한 이 연구에서 다른 많은 심리학 실험들처럼 연구의 진짜 목적은 피험자의 반응에 심각한 선입관을 주어 결과의 타당성을 저해할 수 있기 때문에 피험자들에게 알릴 수 없었다. 실제로 원래 피험자 집단은 심리학과 저학년 남학생 71명으로 구성되었다.

당신은 약속한 시간에 실험실에 도착한다(여기서 실험실은 단순히 방이다). 이 실험은 한 시간 이상 소요되기 때문에 두 시간으로 계획을 세워야만 했다는 이야기를 듣는다. 시간이 남아 있기 때문에 실험자는 심리학과에서 나온 어떤 사람이 피험자로서의 경험에 대해 면접하고 있다고 알려주고, 이 실험에 참여한 후 그들에게 당신의 경험을 말해주라고 요청한다. 그리고 당신에게 첫번째 과제가 주어진다.

12개의 실패가 담겨진 쟁반이 당신 앞에 놓여 있고, 당신은 그 쟁반을 책상 위에 쏟아 비우고 다시 쟁반에 실패를 담고 다시 비우고 다시 담고를 계속하라고 지시받는다. 당신은 한 손으로 자신의 속도로 과제를 한다. 실험자가 초시계를 보면서 기록하는 동안 당신은 30분 동안 이 일을 계속 반복한다. 그리고 쟁반은 치워지고 48개의 사각 못이 있는 판을 받는다. 지금 주어진 과제는 각각의 못을 시계방향으로 1/4씩 돌리는 것이고 이것을 30분 더 계속 반복하는 것이다! 만약 이 소리가 믿을 수 없을 만큼 지루하게 느껴진다면, 그것이 바로 연구자의 정확한 의도이다. 연구의 이 부분은 연구자의 말에 의하면 각 피험자들이 똑같이 다소 부정적인 견해를 가지는데 대한 경험을 제공하기 위해 의도된 것이다. 의심할 것도 없이 당신은 이 목적이 달성되었다는 데 동의할 것이다. 이 과제를 마친 뒤에 진짜 실험이 시작된다.

피험자들은 세 가지 조건 중 하나에 무선적으로 할당된다. 통제조건에서 피험자들은 과제를 완성한 후에 다른 방에서 자신들이 방금 '완성한' 실험에 관한 반응에 대해 면접을 받았다. 나머지 피험자들은 실험적 조작으로 조금 더 속임을 당한다. 과제 수행에 연달아 실험자들은 각각의 피험자에게 A집단에 속한다고 하고, 이 집단의 피험자들은 아무런 사전정보 없이 과제를 수행하였다고 했다. 반면에 B집단의 피험자들은 항상 실험실에 들어오기 전에 과제에 대하여 설명적 정보를 받았다고 말해준다. 또한 실험자는 계속해서 B집단의 피험자들이 받은 정보는 과제가 즐겁고 재미있다는 것이며, 이 내용은 학부생이 과제를 이미 마친 피험자인 척하며 전달해주었다는 정보를 그들에게 말해주었다. 여기서 이것들 중 어떤 것도 사실이 아니라는 것을 기억해두는 것이 중요하다. 이것은 연구의 다음 핵심적인 부분을 실감나며 신뢰롭게 만들기 위해 의도적으로 꾸민 것이다. 이것은 바로 '꾸민 이야기'이다.

그러고 나서 실험자는 몇 분 동안 그 방을 떠난다. 돌아오자마자 그는 계속해서 말을 하지만 이번에는 다소 혼돈되고 불확실하게 보인다. 그는 약간 당황해하며 B집단 피험자에게 늘 정보를 주었던 학부생이 아프다고 전화를 했고, B집단 피험자들은 기다리고 있으며, 그 학생을 대신해 그 일을 해줄 사람을 찾는 데 어려움을 겪고 있다고 정보를 준다. 그리고 피험자에게 실험에 기꺼이 참여하여 기다리고 있는 피험자들에게 정보를 주는 사람이 되어주겠느냐고 매우 공손히 부탁을 했다.

실험자는 일부 피험자에게는 협조해주는 대가로 1달러를 주고 다른 피험자에게는 20달러를 주었다. 피험자가 동의한 후 'B집단에게'라는 제목에 "그것은 매우 재미있었다. 나는 매우 유쾌했고 즐거웠다. 흥미로웠고 흥분되는 것이었다"라고 씌어진 종이를 한 장 받는다. 그리고 나서 피험자들은 1달러나 20달러를 받고 대기실로 가서 들어오는 피험자를 만난다. 그들은 대기실에 2분간 혼자 있게 되고, 그후 실험자가 돌아와서 도움에 감사하다고 말하고 그들을 면접실로 데리고 간다. 여기에서 피험자들은 통제조건의 피험자들에게 질문한 것처럼 과제에 대한 정확한 그들의 견해에 대한 질문을 받는다.

만약 이러한 전체적인 절차가 약간 복잡해 보였다면 그것은 실제로는 그렇지 않다. 기본적으로 세 집단이 있었다. 과제에 대해 거짓말을 하는 대가로 1달러를 받은 집단, 과제에 대해 거짓말을 하는 대가로 20달러를 받은 집단, 그리고 거짓말을 전혀 하지 않은 통제집단이다. 11명 피험자의 자료는 절차상의 오류로 인해 최종 분석에 포함되지 않았고 따라서 각 집단에는 20명의 피험자가 있었다.

결 과

이 연구의 결과는 최종 면접 단계에서 지루한 과제에 대해 각 피험자가 실제로 어떻게 느꼈는가를 반영하고 있다. 피험자들은 실험에 대해 다음과 같은 기준으로 평점을 매기도록 했다.

1. 과제가 흥미롭고 즐거웠습니까? −5(대단히 지루하고 따분함)에서 +5(대단히 흥미롭고 즐거움)까지의 척도에 표시하시오. 0점은 그 과제가 흥미롭지도 혹은 흥미롭지도 않은 중립적인 것임을 뜻합니다.
2. 이와 같은 과제를 수행하면서 당신은 얼마나 많은 것을 학습하였습니까? 0~10까지의 척도에 표시하시오. 0은 학습한 것이 없다는 것을 뜻하고 10은 매우 많이 학습한 것을 뜻합니다.
3. 그 실험이나 과제가 뭔가 중요한 것을 측정하고 있다고 믿습니까? 0~10까지의 척도에 표시하시오. 0은 아무런 과학적 가치도 없다는 것을, 10은 과학적 가치가 매우 크다는 것을 뜻합니다.
4. 이것과 비슷한 다른 실험에 참여하기를 원합니까? −5(절대로 참여하기 원치 않음)에서 +5(대단히 참여하기 원함)까지의 척도에 표시하시오. 0은 중립적인 것을 뜻합니다.

면접질문에 대한 응답들의 평균이 표 1에 제시되어 있다. 질문 1과 질문 4는 페스팅어의 인지부조화 이론에 관해 알아보기 위해 설계된 것이며 차이는 명백히 유의미하게 나타났다. 이 분야에 대한 이전의 연구해석과는 반대로, 또한 우리들 대부분이 상식으로 생각해서 기대하는 것과는 반대로, 과제에 대한 거짓말의 대가로 1달러를 받은 피험자가 20달러를 받은 피험자나 거짓말을 하지 않은 피험자와 비교하여 그 과제를 더 많이 좋아한다는 결과가 나왔다. 이러한 결과는 처음 직접 질문한 경우와 1달러 집단에서 다른 유사한 실험에 더 많이 기꺼이 참여하겠다는(질문 4) 응답에 반영되어 있다.

논 의

이러한 결과들이 페스팅어의 이론을 어떻게 지지해주는지 살펴보자.

1. 만약 어떤 사람이 자신의 사적인 견해와 반대되는 것을 하거나 말하도록 설득되었다면, 그가 말했거나 행했던 것에 일치되도록 자신의 견해를 변화시키는 경향이 있다.
2. 외현적 행동을 유발하기 위해 사용된 압력이 클수록 위에 언급한 경향성은 더 작아진다.

페스팅어의 연구에서 피험자들은 극단적으로 지루한 과제에 참여해야만 하고 자신의 견해와 달리 과제가 즐겁고 재미있다고 이야기해야 한다. 그런 진술을 한 후 피험자들은 진술을 하지 않은 통제집단의 피험자들보다 자신의 의견과 반대되는 과제를 더 재미있다고(혹은 최소한 덜 지루하다고) 평가하였다. 더욱이 거짓말의 대가로 1달러를 받은 피험자들은 20달러를 받은 피험자들보다 과제가 더 재미있다고 보고하였다.

이에 대한 페스팅어의 설명은 사람들이 태도와는 불일치되는 행동(거짓말)을 했으나 그렇게 한 것에 대해 강력하게 정당화(20달러)되므로 아주 작

표 1. 각 실험조건에서 면접 질문에 대한 평균 측정치

질 문	통제 집단	1달러 집단	20달러 집단
1. 과제가 얼마나 흥미로운가? (−5에서 +5)*	−0.45	+1.35	−0.05
2. 얼마나 많이 학습하였는가? (0에서 10)	3.08	2.80	3.15
3. 과학적 중요성 (0에서 10)	5.60	6.45	5.18
4. 작은경험에의 참여 (−5에서 +5)*	−0.62	+1.20	−0.25

* 페스팅어와 칼스미스의 가설과 관련된 질문(p. 207 인용)

은 양의 부조화만을 경험하게 되어 자신의 의견을 변화시켜야 할 특별한 동기를 느끼지 않는다.

반대로 자신의 태도와 불일치하는 행동에 대한 정당화가 불충분(1달러)하면 더 큰 수준의 부조화를 하므로 그로 인한 결과적인 불쾌감을 줄이기 위하여 자신의 의견을 더 급진적으로 변화시키게 된다. 이 이론은 다음과 같이 나타낼 수 있다.

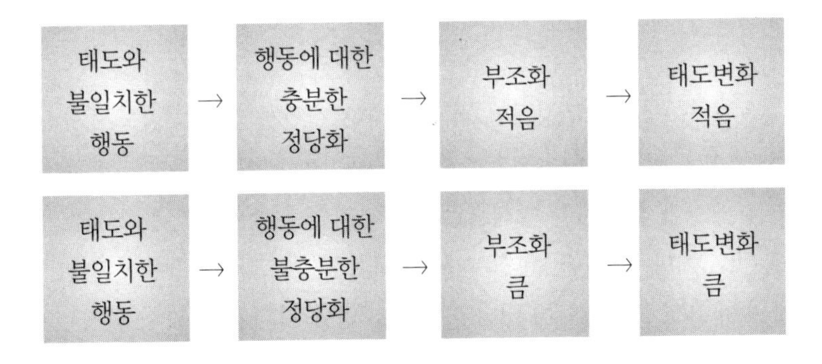

의문과 비판

페스팅어 자신은 이 새로운 개념에 의해 자신들의 이론이 도전받던 이

전 연구자들은 이러한 결과를 비판하고 그것에 대한 다른 대안적 설명(정신적 시연, 더 좋은 논쟁을 생각하는 것 등 연구)을 제공할 것이라고 예상했다. 이러한 비판에 대응하기 위하여 피험자들이 들어오는 피험자에게 거짓말을 하는 부분을 녹음하여 두 명의 독립적인 평가자들에게 피험자들이 어떤 조건에 있는지를(1달러 대 20달러) 모르게 하고 평가하도록 하였다. 이러한 평가에 대한 통계적 분석결과, 두 집단간 거짓말의 주장이나 설득에 아무런 차이도 없었다. 그러므로 이 결과에 대해 유일하게 남아 있는 명백한 설명은 페스팅어가 인지 부조화라고 한 것뿐이었다.

인지 부조화가 페스팅어와 칼스미스에 의해 증명된 후 몇 년 동안 다른 연구자들은 이 이론을 더 정교화했다. 이것을 쿠퍼와 파지오(Cooper & Fazio, 1984)가 정리하였는데, 그들은 인지 부조화를 통하여 태도변화가 일어나는 네 가지 필수 단계를 설명했다. 첫번째 단계는 태도와 불일치한 행동은 원치 않는 부정적 결과를 반드시 초래한다는 것이다. 페스팅어와 칼스미스의 피험자들은 동료학생들에게 거짓말을 하였고 매우 지루한 실험에 참가하도록 동료학생들을 확신시켜야만 했다. 이것은 요구된 부정적 결과를 초래했다. 이것은 또한 당신이 누군가의 옷이 무척 싫더라도 그에 대해 칭찬할 때, 그 옷에 대한 당신의 태도가 변하지 않는 이유를 설명해 준다.

두 번째 단계는 부정적인 결과에 대한 개인의 책임이 반드시 주어진다는 것이다. 이것은 일반적으로 선택을 포함한다. 만약 부정적 결과를 초래하는 태도와 불일치한 방식으로 행동하기를 선택한다면 부조화를 경험하게 될 것이다. 그러나 만약 누군가가 당신에게 그렇게 행동하기를 강요한다면 개인적으로 책임이 있다고 느끼지 않을 것이고, 따라서 인지부조화는 결과적으로 일어나지 않을 것이다. 비록 페스팅어와 칼스미스가 그들의 논문 제목에 '강요된 동조'라는 구절을 사용했지만 피험자들은 실제로 자신들의 행동이 자발적이었다고 믿었다.

또한 생리적 각성(3단계)이 인지 부조화의 과정에 필수적 요소라는 것도 설명되었다. 페스팅어는 부조화가 우리의 태도를 변화시키도록 동기화시키는 불쾌한 긴장의 상태라고 느꼈다. 피험자들이 태도와 불일치하는 방식으로 자유롭게 행동할 때 신체적 각성을 경험한다는 것이 연구에서 밝혀졌다. 페스팅어와 칼스미스는 이것을 자신들의 피험자를 대상으로 측정하지는 않았지만, 신체적 각성이 있었다고 가정하는 것이 당연하다.

마지막으로 네 번째 단계는 경험된 각성이 태도와 불일치하는 행동 때문이라는 것을 인식해야만 한다. 페스팅어와 칼스미스의 연구에서 피험자들이 반드시 느껴야만 하는 불쾌함을 동료학생들에게 실험에 대해서 거짓말했던 사실로 쉽고 분명하게 원인을 돌릴 수 있었다.

페스팅어와 칼스미스의 인지 부조화 이론은 널리 수용되고 잘 기록된 심리학적 사건이었다. 대부분의 실험자들은 의견과 태도를 바뀌게 하는 두 가지 기본적인 과정이 있다는 데 동의한다. 하나는 설득-다른 사람이 당신에게 실제로 당신의 관점을 변화시키기 위해 능동적으로 확신시키는 것-이고 다른 하나는 인지 부조화이다.

COOPER, J., & FAZIO, R. (1984) A new look at dissonance theory. In L. BERKOWITZ(ed.), *Advances in experimental social psychology*. New York: Academic Press.

제 7 부

성 격

당신이 만약 "나는 누구인가?"라고 자문하고 있다면 당신은 성격심리학자들이 하는 것과 똑같은 질문을 던지고 있는 것이다. 성격에 관한 연구는 각 개인을 독특한 존재로 만드는 인간의 특성을 밝히고 그 기원을 찾아내어 규명하고자 한다. 행동과학자들이 성격에 대해 말할 때, 그들은 대개 상황에 따라 비교적 안정적이고 시간에 따라 일치하는 특성을 언급한다. 당신의 사람됨은 매일, 매주, 심지어 매년 바뀌는 것도 아니다. 대신 일관성 있고 예측가능한 무언가가 당신에게 존재한다. 이 예측가능성이야말로 성격을 연구하는 사람들에게 있어 가장 큰 관심거리이다. 수십 년 동안 심리학자들은 수많은 성격 특질들을 이론화했다. 이들 대부분에 대해 수많은 논쟁이 있어 왔으므로 그들이 개인차를 정확히 측정하는가는 의문이다. 그러나 몇몇 특성은 의미 있는 행동을 예측한다고 알려져 있다. 이것이 바로 이 부의 초점이다.

이 부의 첫 연구에서는 사람들이 자신의 일상생활에서 힘의 소재를 보는 상이한 관점을 논의한다. 어떤 사람들은 자신의 삶이 운명과 같은 외부요인에 의해 통제된다고 믿으며, 다른 사람들은 그 통제력이 내부에, 즉 자신 안에 있다고 생각한다. 이러한 외부 대 내부의 특성은 그 사람됨에 있어 일관성 있는 중요한 요인이다. 다음으로 도덕성이 어떻게 발달하며 왜 어떤 사람은 다른 사람보다 도덕적으로 행동하는가를 설명하고자 했던 유명한 실험을 살펴볼 것이다. 세 번째 연구는 개를 이용한 실험인데 '학습된 무력감'이라 불리는 현상을 증명한다. 이는 인간의 우울증을 유발하는 가능요인을 설명하고 있는 이론으로 성격과 관련되어 있다. 마지막으로 A유형과 B유형의 행동양식을 지닌 사람의 성격 특성과 A유형의 사람이 관상동맥성 심장질환에 더 잘 걸리는 이유를 처음으로 규명한 연구이다.

내 운명의 주인은 25

행동의 결과는 개인적 통제하에 있는가, 아니면 외부의 어떤 힘에 의해 결정되는가? 잠시 생각해보자. 당신에게 뭔가 좋은 일이 생겼을 때 그것을 당신의 노력으로 돌리는가 아니면 운이 좋았다고 생각하는가? 나쁜 일이 생겼을 때 그것은 당신의 책임인가 아니면 운명의 탓인가? 똑같은 질문이 좀더 형식적인 심리학 용어로 제시될지 모른다. 당신은 행동과 그 결과간에 인과적 관계가 존재한다는 사실을 믿는가?

심리학 역사상 가장 영향력 있는 인물 중의 한 사람인 줄리앙 로터(Julian Rotter)는 자신에게 일어난 사건의 책임을 어디에 두느냐는 사람마다 매우 다르다고 주장했다. 자신의 행동 결과가 운, 운명 또는 힘있는 누군가의 통제하에 있다고 해석한다면 이는 로터가 말한 '통제의 외부적 소재' 를 가리킨다(소재는 단순히 위치를 의미한다). 반대로 만약 사람들이 자신

Rotter, Julian B. (1966) Generalized expectancies for internal vs external control for reinforcement. *Psychological Monographs, 80,* 1~28.

의 행동과 성격적 특성이 행동의 결과에 책임이 있다고 해석한다면 그들은 통제의 내부적 소재를 믿는 것이라고 그는 주장했다. 그가 자주 인용하였으며 이 연구의 기초가 되기도 했던 1966년의 논문에서 로터는 내부적 혹은 외부적 통제소재로부터 사건을 보는 개인적 경향성은 사회학습이론의 관점에서 설명될 수 있다고 한다.

이러한 관점에서 볼 때 한 사람은 유아로부터 아동기를 거쳐 성장하면서 특정 형태의 강화에 의해 행동을 학습하게 된다. 이러한 강화는 특정 행동이 자신이 바라는 강화를 이끌어낼 것이라는 아동의 기대를 증가시킨다. 일단 이러한 기대가 생기면 강화의 제거는 행동과 강화 사이에 생긴 그러한 관계에 대한 기대를 사라지게 만들 것이다. 그러므로 가끔은 강화는 행동에 수반되는 것으로 보여지기도 하며 가끔은 그렇지 않다. 어떤 아이들은 성장하면서 자신의 행동이 직접적으로 강화에 영향을 미치는 경우를 자주 경험할 것이며, 반면에 다른 아이들에게 있어서 강화는 자기 외부로부터의 행동의 결과로 나타날 것이다. 로터는 특정 학습경험은 강화가 내부에서 혹은 외부에서 통제되는가에 대한 일반화된 기대감을 당신에게 불러일으킨다고 주장했다.

로터는 서술하기를 "이러한 일반화된 기대감은 문화적으로 우연에 의해 결정된 혹은 기술에 의해 결정된 상황에서 특성이 다른 행동을 초래하며, 이는 아마도 특정 상황에서의 개인차를 일으키도록 한다"(p. 2). 다시 말해 당신은 당신의 행동결과에 대한 내부적 혹은 외부적 해석 방법을 개발해 왔으며, 이는 거의 모든 상황에서 앞으로의 행동에 영향을 미칠 것이다. 로터는 통제소재가 내부이든 외부이든 간에 이는 당신 사람됨의 중요한 일부, 당신 성격의 일부라고 믿었다.

그러면 이 연구의 앞부분에서 제시했던 질문을 상기해 보자. 당신은 내부적인가 아니면 외부적인가? 로터는 이러한 차원에서의 개인차를 연구하고자 했으며 단순히 사람들에게 묻는 방법이 아니라 사람들의 통제소재를 측정할 수 있는 검사방법을 개발하였다. 사람들의 이러한 특성을 측정할 수 있게 됨으로써 그것이 그들의 행동에 어떤 영향을 미치는가를 연구할 수 있었다.

이론적 제안

로터는 자신의 연구에서 두 가지 중요한 점을 제안했다. 첫째로 그는 사람들이 삶에 대해 지니고 있는 내부적 혹은 외부적 통제소재 방향의 정도를 측정하는 믿을만한 검사를 개발해낼 수 있다고 예측하였다. 둘째로 사람들은 같은 상황에서 강화인을 해석하는 데 안정적인 개인차를 보일 것이라고 가정하였다. 그는 여러 맥락에서 내부적 요인에 의한 행동과 외부적 요인에 의한 행동을 비교한 연구를 제시하면서 그의 가설을 증명해 보고자 했다.

방 법

로터는 쌍으로 된 일련의 진술문으로 이루어진 척도를 만들어냈다. 각 쌍은 내부 통제소재를 반영하는 진술문 하나와 외부 통제소재를 반영하는 진술문 하나로 구성되어 있다. 그 검사를 받은 사람에게 다음과 같은 지시문을 주었다. "당신이 생각하기에 당신의 경우에 가장 가까운 진술문을 하나만 선택하라는 지시를 받는다면, 당신이 생각하기에 바람직하다거나 사실일 것 같다고 생각되는 문장을 선택하는 것이 아니고 반드시 당신이 실제로 사실이라고 믿는 문장을 선택해야 한다. 이것은 개인의 신념을 측정하는 도구다. 명확히 말해서 여기엔 정답이나 오답이 없다"(p. 26). 이 검사는 피험자들이 각 쌍의 진술문 중에서 반드시 하나를 선택하며, 두 진술문 중 어느 것도 선택하지 않거나 혹은 둘 다 선택하는 일이 없도록 되어 있다.

로터의 측정도구는 여러 차례 수정되고 개선되었다. 원래는 60쌍의 진

표 1. 로터의 I-E 척도에서의 항목과 보충항목의 예들

항목 번호	진술문
2a.	인생의 나쁜 일들 중에서 다수는 불운 탓이다.
2b.	사람들의 불행은 그들 자신의 실수로부터 초래된 결과이다.
11a.	성공하는 것은 열심히 일하는 것에 달려 있다. 운은 그것과 거의 관련이 없다.
11b.	좋은 직업을 얻는 것은 정확한 시간에 정확한 장소에 달려 있다.
18a.	대부분의 사람들은 그들의 삶이 우연히 일어난 일들로 인해 통제받고 있다는 사실을 깨닫지 못한다.
18b.	실제로 운이라는 것은 없다.
23a.	때때로 나는 선생님이 어떻게 내 성적을 매겼는지 이해할 수가 없다.
23b.	내가 얼마나 열심히 공부하였는가와 내 성적은 직접적으로 관련있다.
보충항목	
1a.	아동들은 그들의 부모가 너무 심하게 처벌하기 때문에 문제가 생긴다.
1b.	오늘날 대부분의 아이들이 가진 문제점은 그들의 부모가 그들을 너무 쉽게 다룬다는 것이다.
14a.	세상에는 그저 나쁘기만 한 사람들이 있다.
14b.	모든 사람에게는 일부 좋은 점들이 있다.

(pp. 13~14 인용)

술문으로 되어 있었으나 다양한 신뢰도와 타당도 검사를 거쳐 결국 23항목으로 간소화되고 정교해졌다. 여기에 6개의 보충항목이 추가되었는데 이는 그 검사의 실제 목적을 숨기기 위해 고안되었다. 이러한 보충항목들은 이와 같은 검사에 종종 사용되는데, 그 이유는 만약 피험자들이 그 검사가 측정하고자 하는 바가 무엇인가 짐작할 수 있다면 그들은 더 잘 해내려는 의도로 어떤 식으로든 자신의 답을 바꿀지도 모르기 때문이다.

로터는 자신의 검사를 'I-E 척도'라고 명명했으며 이 명칭은 오늘날까지도 유효하다. 표 1에는 I-E 척도의 전형적인 항목들과 더불어 보충 항목들의 예가 제시되어 있다. 그 항목들을 살펴보면 어느 진술문이 내적 혹은 외적 경향을 반영하고 있는가를 명확히 알아볼 수 있도록 되어 있다. 로터

는 자신의 검사가 한 사람이 지니고 있는 내부적 혹은 외부적 통제소재 경향의 성격적 특성까지도 측정할 수 있는 도구라고 주장했다.

로터는 다음 단계로 이 특성이 특정 상황에서 사람들의 행동을 예측하는 데 실제로 이용될 수 있음을 증명해야 했다. 이를 위해 그는 I–E 척도(다양한 형태)에서의 점수는 삶에서 겪는 다양한 사건들과의 개인의 상호작용의 연계 속에서 획득된 것임을 여러 연구들(로터와 그 외 다른 연구자들이 행한)에서 보고하였다. 이들 연구에서 I–E 점수와 다양한 여러 상황들, 즉 도박이나 입원, 정치활동, 설득, 흡연, 성취동기, 동조 등과 관련 있는 상황들간에는 유의미한 상관이 있음이 밝혀졌다.

결 과

다음은 여러 분야에서 로터가 보고한 연구결과들을 간단히 요약한 것이다.

도 박 로터는 내기 행동과 통제소재를 연관지어 살펴보았다. 이에 의하면 I-E 척도에 내부적인 경향으로 밝혀진 사람들은 '확실한 것' 에 돈을 거는 것을 선호하며 중간 정도의 승산을 좋아했다. 반면에 외부적인 경향으로 밝혀진 사람들은 위험부담이 있는 승부에 더 많은 돈을 걸었다. 또한 그들은 돈을 걸 때 '노름꾼의 오류' 라 불리는 특이한 속임수를 더 많이 사용하는 경향이 있었다(반드시 나오리라는 생각에 한참 동안 나오지 않는 숫자에 더 많은 돈을 거는 행위와 같이).

입 원 로터는 통제소재를 외부에 둔 사람일수록 무력감을 더 많이 느끼리라 믿었다. 이를 설명하기 위해 인용된 한 연구에서 연구자들은 결핵병원에 입원한 환자들에게 I–E 검사를 실시하였다. 내부 통제소재를 지닌 것으로 밝혀진 43명의 환자들과 같은 수의 외부 통제소재를 지닌 환자들을 비교하였다. 두 집단의 피험자들은 평균적으로 수입, 교육, 건강상태 등의 요인들에 있어서 동등했다. 실험결과, 통제소재를 내부에 둔 사람들은 자신의 신체 상태에 대해 더 많이 알고 있었고, 의사나 간호사에게 더 많이 묻고 그들과 더 많이 상담했으며, 자신의 상태에 대해 병원 의료진들이 주는 피드백 양에 보다 덜 만족하였다. 통제의 소재와 건강간의 관계는 곧 더 자세히 논의될 것이다.

정치활동 로터와 다른 연구자들은 1960년대에 미국 남부 지역에 소재한 대학을 다니고 있는 아프리카계 미국 학생들에게 시민권 운동과 관련된 그들의 활동에 대해 물었다. 연구결과에서 시민권 단체나 시위에 참가했던 학생들은 더 많이 내부 통제소재 경향을 현저하게 띠고 있음이 밝혀졌다.

설 득 로터가 인용한 한 흥미로운 연구에서 그는 통제소재를 내부에 높이 둔 학생집단과 통제소재를 외부에 높이 둔 학생집단을 선별하기 위해 I-E 척도를 사용하였다. 두 집단은 교내의 남학생 사교클럽과 여학생 사교클럽에 대해 평균적으로 비슷한 태도를 가지고 있었다. 연구자는 이 두 집단에게 다른 학생들이 이들 단체에 대한 자신의 태도를 바꾸도록 설득해보라고 지시했다. 다른 사람의 태도를 변화시키는 데 있어 통제소재를 내부에 둔 사람은 통제소재를 외부에 둔 사람에 비해 성공하는 비율이 현저히 높았다. 다른 연구에서는 통제소재를 내부에 둔 사람은 다른 사람이 자신의 태도를 조정하려는 데는 훨씬 더 저항적인 것으로 나타났다.

흡 연 내부 통제소재는 자기통제와도 관련있는 것으로 드러났다. 로터가 논의한 두 연구에서 다음의 사항들을 밝혔다. 첫째, 담배 피우는 사람은 담배를 피우지 않는 사람보다 훨씬 더 통제소재를 외부에 두는 경향이 있으며, 둘째, 통제소재를 내부에 두는 사람이나 외부에 두는 사람이나 담뱃갑에 쓰인 문구를 보고 보건부 장관의 경고를 사실이라 믿었지만 그 문구를 보고 담배를 끊은 사람은 좀더 내부적 경향을 띠고 있었다.

성취 동기 만약 당신의 성공이 당신 자신의 행동에 달려 있다고 믿는다면 성공이 운명에 달려 있다고 믿는 사람들보다 당신이 더 성취동기가 높다고 가정하는 것은 당연하다. 로터는 고등학생 1,000명을 대상으로 실시한 연구에서 I-E 척도에서의 내적 통제 점수와 17개의 성취동기 지표 중에서 15개가 정적 관계임을 발견하였다. 여기에는 대학입학 계획과 과제에 할애하는 시간, 부모의 자녀 성적에 대한 관심 등이 포함되어 있다. 이들 각각의 성취 지향적 요소들은 내부 통제소재를 가진 학생들에게서 더 많이 발견되었다.

동 조 우리가 인용한 연구에서 솔로몬 아쉬(Solomon Asch)가 개발한 동조검사를 받았는데 이 실험에서 다수의 잘못된 편견에 동의하고자 하는 피험자의 의지는 동조행동의 증거가 되었다(Asch의 동조 연구에 대한 읽을거리 참고). 아쉬의 방법을 약간 바꿔서 이번에는 피험자가 자신의 판단이 옳다는 데 내기를 걸도록 하였다(실험자가 준 돈으로). 이러한 상황에서 통제소재를 내부에 둔 사람들이 외부에 둔 사람들보다 덜 동조하였으며 다수와 반대되는 판단을 내렸을 때 자신에게 더 많은 돈을 걸었다.

논 의

논의 부분에 로터는 통제의 내부-외부소재 차원에서 자신이 발견한 개인차에 대하여 그 정보원이 될 만한 몇 가지를 제시하였다. 그는 이유들을 규명하고 있는 일부 연구들을 언급하였다. 내부적 혹은 외부적 성향의 발달을 가져오는 세 가지 가능한 정보원이 제시되었다. 이는 문화적 차이, 사회경제적 차이 그리고 양육 방식의 차이이다.

인용된 연구 중의 하나는 다양한 문화권에서의 통제소재의 차이를 발견하였다. 미국의 한 격리된 사회에서 서로 구분되는 세 집단인 유타 인디언, 멕시코계 미국인, 백인을 비교하였다. 대체로 유타 인디언들은 가장 외부적이었고 백인들은 가장 내부적이었다. 멕시코계 미국인은 I-E 척도에서 두 집단의 중간 점수를 얻었다. 이러한 결과는 사회경제적 수준과는 무관한 것으로 나타났으며 통제의 소재에 민족적 차이가 있음을 제안하였다.

로터는 일부 초기의 일시적인 연구결과들도 언급하고 있는데 여기서 그는 하나의 문화권 내에서도 사회경제적 수준은 통제소재와 관련이 있을지도 모른다고 하였다. 이 연구결과에 의하면 사회경제적 수준이 낮을수록 더 높은 외부성을 보인다고 한다.

로터는 양육 방식이 내부 혹은 외부통제를 학습하는 데 명백한 정보원이라 했다. 그 당시에는 이 결과를 지지하는 연구를 제공하지는 않았지만 그는 예측 불가능하고 일관성 없는 방식으로 아이를 보상하거나 처벌하는 부모는 외적 통제소재의 발달을 촉진시키는 것 같다고 주장하였다(곧 논의하게 될 후속 연구에서 자세히 이 문제를 규명했다).

일관된 실험결과는 통제소재는 다양한 상황에서도 비교적 일관성 있게 작동하는, 정의할 수 있는 개인 특성이라는 결론을 이끌어냈다고 지적하면서 로터는 자신의 실험결과들을 요약하였다. 또한 내부-외부 차원에서 산출한 행동에 대한 영향은 사람들이 같은 상황에 직면할 때 서로 다르게 행동하는 것에 영향을 미치는 것 같다. 로터는 통제소재는 측정될 수 있으며 I-E 척도는 이를 위한 효과적인 도구라고 주장했다.

마지막으로 로터는 보고된 연구를 토대로 다음과 같은 가설을 세웠다. 내부 통제소재를 가진 사람은(즉, 스스로 자신의 운명을 통제할 수 있다고 굳게 믿는 사람) 외부 통제소재를 가진 사람에 비해 자신의 삶 속의 여러 상황으로부터 더 많은 정보를 수집하여, 앞으로 상황 혹은 그 외 유사한 상황에 직면했을 때 보다 나은 행동을 하기 위해서이며, 자신의 생활환경을 바꾸고 향상시키는 데 더 선도적이며, 내부 기술이나 목표 달성에 더 큰 가치를 두며, 다른 사람이 자신을 조정하려고 하는 것에 더욱 저항적이다.

후속 연구

로터가 통제소재와 다양한 행동들간의 관계를 검사해 온 I-E 척도를 개발해낸 이후 수백 편의 연구논문이 나왔다. 다음은 다양한 인간행동과 관련된 연구들 중에 간단한 사례들이다.

1966년 논문에서 로터는 통제소재가 건강행동과 어떤 관련이 있을지도 모른다고 언급하였고, 그후 다른 연구들이 이들 관계를 조사하였다. 스트릭랜드(Strickland, 1978)는 통제소재를 내부에 두는 사람이 대개 자기 자신의 건강에 대해 더 책임지려 한다는 사실을 발견하였다. 그들은 건강을 위한 활동에 더 많이 참가하는 경향이 있으며(예를 들면 금연이나 보다 이로운 습관) 사고를 피하기 위해 더 많이 조심하는 것 같다. 또한 통제소재를 내부에 둔 사람은 대체로 스트레스 수준이 낮으며 스트레스와 연계된 병에 덜 관련된 것 같다는 연구결과도 있다.

양육 방식과 통제소재간의 관계에 대한 로터의 가설은 적어도 부분적으로는 인정받았다. 연구결과는 통제소재를 내부에 둔 아동의 부모는 보다 애정이 많았고 훈육에 있어 일관성이 있었으며 아동에게 자신의 행동에 대한 책임을 져야 한다는 사실을 가르치는 데 더 많은 신경을 쓰는 경향이 있는 것으로 나타났다. 통제소재를 외부에 둔 아동의 부모는 보다 권위주의적이고 엄격하며 아동 스스로 통제할 많은 기회를 허용하지 않는 것으로 나타났다(결과에 대한 논의를 위해 Davis & Phares, 1969 참조).

한 흥미로운 연구는 통제소재의 개념이 사회적으로 그리고 심지어 천재지변과 관련되어 어떤 의미를 가지는지 증명해 보였다. 심스와 바우만(Sims & Baumann, 1972)은 왜 일리노이 주에서보다 앨라배마 주에서 더 많은 사람들이 회오리 바람 때문에 사망하는가를 설명하기 위해 로터의 이론을 적용시켰다. 이들은 회오리 바람으로 인한 사망률이 중서부보다 남부에서 5배나 더 높다는 사실을 발견하였으며 그 이유를 규명하기 위해 연구에 착수했다. 그들은 물리적 위치와 관련된 모든 설명 요인들, 예를 들어 폭풍우 강도와 격렬함(폭풍우는 실제로 일리노이 주에서 더 강하다), 그리고 폭풍우가 일어나는 시간대(두 지역 모두 밤에 같은 일 수의 폭풍우가 발생한다), 산업과 주거지 형태(이유는 다르지만 석조 건물 역시 목조 건물만큼이나 위험하다), 경고체계 상태(심지어 경고체계가 있기 이전에도 앨라배마(주에서)는 동일한 높은 사망률을 보였다) 등을 하나하나씩 점검해 나갔다.

명백한 환경적 요인들을 모두 제거한 상태에서, 심스와 바우만은 그 차이가 심리적 변인 때문일지도 모른다고 주장하고 통제소재에 관한 개념을 가능성 있는 요인으로 제안했다. 로터는 I-E 척도를 수정한 설문지가 일리노이 주와 앨라배마 주의 4개 주민들에게 주어졌는데, 이들은 회오리 바람에 의한 사고나 그와 관련된 죽음을 곁에서 겪은 사람들이었다. 연구자들은 앨라배마 주에서 얻은 응답들이 일리노이 주에서 얻은 응답보다 훨씬 더 통제소재를 외부에 둔다는 사실을 발견하였다. 태풍에 대처하는 행동에 관한 설문지로부터 얻은 응답에서 뿐만 아니라, 이 연구결과로부터 연구자들은 내부적 성향이 허리케인 등과 같은 사고를 겪었을 때 생명을 구하는 데 더 도움이 되는 행동(뉴스 매체에 귀를 기울인다거나 다른 사람에게 경보를 알린다거나 하는 행위)을 촉진한다는 결론을 얻어냈다. 이는 자신의 행동이 사건의 결과를 효과적으로 바꿀 것이라는 통제소재를 내부에 둔 사람의 신념과 직접적으로 연관되어 있다. 이 연구에서 "앨라배마 사람들은 인과관계의 책임자로서 자신감이 낮은 편이었으며, 자신이 효과적으로 행동을 취할 수 있을지에 대해 확신이 낮은 것 같았다. 그 자료는 한 사람의 성격이 그와 자연과 상호작용의 질을 결정하는 데 얼마나 적극적으로 작용하는가를 암묵적으로 설명하고 있다"(Sims & Baumann, 1972, p. 1391).

결 론

내부-외부 통제소재 차원은 일반적으로 비교적 안정된 인간성격의 측면으로, 다양한 상황에서의 행동을 예측하는 데 중요한 의미를 함축하고 있다고 받아들인 '비교적 안정된' 이라는 문구가 사용되었는데 그 이유는 한 사람의 통제소재가 특정상황에서 변화될 수 있기 때문이다. 외부적 성향을 가진 사람들은 권위와 책임이 더 많이 따르는 직업적 위치에 있으면 종종 더욱더 내부적이 될 것이다. 높은 내부적 성향을 지닌 사람들은 굉장한 스트레스를 겪거나 고도로 불확실한 상황에 놓이게 되면 좀더 외부적이 될지도 모른다. 게다가 기회가 주어지면 더 내부적인 사람이 될 수도 있다.

로터의 통제소재 개념에는 통제소재를 내부에 둔 사람이 삶에 더 잘 적응하고 더 효과적으로 살아간다는 가정이 내재되어 있다. 대부분의 연구들은 이 가정을 확증하였지만, 로터는 후기 저서에서는 이에 신중해야 한다고 하고 있다(Rotter, 1975 참조).

모든 사람들, 특히 통제소재를 내부에 둔 사람은 그들을 둘러싸고 있는 주위환경에 관심을 가져야만 한다. 만약 어떤 사람이 변화할 수 없는 상황을 바꾸고자 한다면 좌절, 실망, 우울이 잠정적인 결과가 될 것이다. 개인의 외부에 존재하는 힘이 실제로 행동의 결과를 통제하고 있을 때 가장 현실적이고 바람직한 접근법은 아마도 외부적 성향 중의 하나를 선택하는 것일 것이다.

DAVIS, W., & PHARES, E. (1969) Parental antecedents of internal-external control of reinforcement. *Psychogical Report, 24,* 427~436.

ROTTER, J. (1975) Some problems and misconceptions related to the construct of internal vs. exernal reinforcement. *Journal of Consulting and Clinical Psychology, 43,* 56~67.

SIMS, J., & BAUMANN, D. (1972) The tornado threat: Coping styles in the North and South. *Science, 176,* 1386~1392.

STRICKLAND, B. (1977) Internal-external control of reinforcement. In T. BLASS(ed.), *Personality variables in social behaivor.* Hillsdale, NJ: Erlbaum.

얼마나 도덕적인가 26

개인적 도덕성에 대해 한번이라도 진정으로 생각해본 적이 있는가? 일상생활의 판단에서 도덕적 원칙은 무엇인가? 사고와 행동의 도덕성 차원에 있어서 사람들은 매우 다르다는 것을 당신은 경험으로도 알고 있을 것이다. 도덕성은 일반적으로 심리학자들에 의해 무엇이 옳고 그른지를 판단하도록 돕는 아동이나 성인이 가지고 있는 태도나 신념이라고 정의된다. 도덕성의 개념은 문화에 의해 규정된 규칙과 규범에 의해 형성된다. 이 문화 내에서 여러분이 양육되고 여러분에 의해 내면화된다. 도덕성은 태어날 때부터 가지고 있는 '기본적 도구'의 일부가 아니다. 사람들은 도덕성을 가지지 않고 태어난다. 이후 아동기, 청년기, 성인기를 통해 성장하듯이 옳고 그른 것에 대한 사고를 발달시켜 나간다. 모든 정상적인 성인은 도덕성 개념을 가지고 있다. 그러나 이러한 개념의 근원은 어디인가? 도덕성이 일련

Kohlberg, Lawrence (1963) The development of children's orientations toward a moral order: Sequence in the development of moral thought. *Vita Humana, 6,* 11~33.

의 문화적 규칙에서 개인의 한 부분으로 형성되어가는 과정은 무엇인가?

도덕성 형성에 대한 연구 역사에 있어 가장 유명하고 영향력 있는 두 인물은 아마도 장 피아제(Jean Piaget)와 로렌스 콜베르크(Lawrence Kohlberg)이다. 피아제의 연구 이후와 콜베르크의 연구 이전 20~30년 동안 아동 심리학자들은 도덕성에 관해 거의 관심을 두지 않았다. 시카고 대학교에서 콜베르크의 연구는 피아제의 인지발달에 대한 많은 연구의 토대 위에서 이를 확장시키고 통합했다. 다른 사람들이 과거에 그랬던 것처럼 콜베르크도 이러한 질문을 던졌다. "도덕적이지 않은 유아가 어떻게 도덕 개념을 형성시켜 나가는가?"

피아제의 연구를 출발점으로 하면서, 콜베르크는 예측할 수 있는 방법을 통하여 아동기 동안 도덕적 판단을 가능하게 하는 인간의 고유한 능력의 발달을 이론화하였다. 더구나 그는 피아제의 인지발달 단계의 개념과 유사하면서도 관련있는 특정한 단계가 있다고 믿었다. 콜베르크의 설명에 따르면 "아동은 부모나 사회의 도덕적 가치를 내면화할 수 있고, 이는 아동이 자신의 가치와 이해된 사회적 질서와 사회적 자아로서의 자신의 목표와 관련될 때에만 자신의 것으로 만들 수 있다"(Kohlberg, 1964). 다시 말하면 아동이 특정단계의 도덕적 수준으로 발달하기 위해서는 지적 능력이 특정단계에 도달해야만 한다.

이러한 개념을 가지고 콜베르크는 도덕적 판단을 하는 아동의 능력을 연구하는 방법을 고안하는 것에 착수하였다. 도덕성 발달에 대해 널리 인정받고 있는 그의 이론은 이 연구로부터 나왔다.

이론적 제안

도덕성이 발달단계를 통해 획득된다고 콜베르크가 주장하였을 때 그는 단계 개념을 정교화하면서 형식적인 방법을 사용하였다. 모든 능력이 단계적으로 거의 이루어진다고 생각하기 쉽지만, 심리학자들은 시간에 따라 점진적으로 발달하는 변화와 뚜렷하고 독립된 단계내에서 변화하는 것을 분명히 구분하고 있다. 따라서 콜베르크가 "아동기와 성인기에 있어서 구조적 도덕 단계"라고 했을 때 다음과 같은 것을 의미하였다. 첫째, 각 단계는 도덕적 사고의 독특하고 상이한 종류를 의미하는 것이지 도덕적 개념에 대한 성인의 증가된 이해를 의미하는 것이 아니며, 둘째, 각 단계는 항상 똑같은 순서에 따라 나타나므로 어떤 단계도 뛰어넘거나 혹은 뒤로 갈 수 없고, 셋째, 단계는 우세성을 지닌다. 즉, 아동은 자신의 단계보다 낮은 모든 단계들을 이해할 수 있고 아마도 자신보다 한 단계 이상 높은 단계에 대하여는 이해하지 못한다. 아동은 격려, 교수, 연습과 관계없이 더 높은 단계를 이해할 수 없다. 더욱이 아동들은 자신이 도달한 제일 높은 도덕 단계에서 기능하기를 좋아한다. 또한 도덕성 발달의 이러한 단계형성에서 의미하는 것은 이러한 단계가 경험이나 문화에 따른 개인차와 관계없이 보편적이며 동일한 순서로 일어난다는 것을 의미한다.

콜베르크는 도덕성 형성에 대한 자신의 이론이 다양한 연령층의 아동에게 도덕적 판단을 할 기회를 줌으로써 조사될 수 있다고 믿었다. 만약 아동이 도덕적 판단을 할 때 연령이 증가함에 따라 사용한 추론이 향상됨을 예측할 수 있다면 그것은 그의 단계 이론이 본질적으로 옳다는 증거이다.

방 법

콜베르크의 연구방법은 매우 단순하다. 그는 다양한 연령의 아동들에게 10가지 가상적인 도덕적 갈등상황에 나타난 도덕적 문제에 대해 질문했다. 면접은 추후에 도덕적 추론의 분석을 위하여 녹음되었다. 가장 널리 인용되고 있는 콜베르크의 도덕적 갈등 상황 두 가지는 다음과 같다.

형제 갈등상황 조의 아버지는 조에게 50달러를 벌면 캠프를 보내주겠다고 약속했다. 그러나 아버지는 마음이 바뀌어 조에게 그가 번 돈을 달라고 했다. 조는 자신이 단지 10달러밖에 벌지 못했다고 거짓말을 하고는 자신이 번 나머지 40달러로 캠프를 갔다. 조는 캠프를 가기 전에 그 돈에 대해 그리고 아버지에게 거짓말을 한 사실을 동생 알렉스에게 이야기했다. 알렉스는 이 사실을 아버지에게 말하여야만 하는가?(p. 12)

하인츠 갈등상황 유럽에 특수한 종류의 암으로 거의 죽음에 임박한 여인이 있었다. 의사들의 생각으로는 그 여인을 구할 수 있는 약은 오직 한 가지뿐이었다. 그것은 라듐의 일종으로서 같은 마을에 사는 약사가 최근에 발견해낸 것이었다. 그 약을 개발하는 비용이 꽤 많이 들었는데 약사는 그 비용의 10배나 되는 돈을 약값으로 요구하였다. 약사는 라듐을 개발하기 위해 200달러를 썼는데 조그만 약 한 알에 2천 달러를 요구했다. 병든 여인의 남편인 하인츠는 그가 알고 있는 모든 사람을 찾아가 돈을 빌리려고 하였으나, 약값의 절반밖에 안 되는 1천 달러밖에 구하지 못했다. 그는 약사를 찾아가 자신의 아내가 죽어가고 있다고 말하고 약값을 좀 싸게 해주든지 아니면 나중에 지불할 수 있게 해달라고 부탁하였다. 그러나 약사는 "안 됩니다. 나는 이 약을 개발해냈고 이것으로 돈을 벌려고 합니다"라고 말하였다. 그래서 하인츠는 너무나 절망해서 약사의 가게를 부수고 들어가 아내를 위해 약을 훔쳤다. 이 남편의 행동은 옳았을까? (p. 17)

콜베르크의 원래 연구의 표집대상은 시카고 지역에 사는 72명의 소년들이었다. 소년들은 상이한 연령집단, 10세, 13세 및 16세였다. 각 집단의 절반은 사회경제적 수준이 중하류층, 나머지 절반은 중상류층 출신이었다. 두 시간의 면접을 통하여 아동들은 50개에서 150개의 도덕적 생각에 대해 설명했다.

다음의 네 가지 사례는 이들 갈등상황에 대한 각 연령층 아동들의 반응을 콜베르크가 인용한 것이다.

대니, 10세, 형제 갈등상황.
한편으로 그의 형을 아버지에게 고자질한 것은 옳다. 만약 그렇게 하지 않으면 아버지는 몹시 화가 나서 그를 때릴 것이다. 한편으로는 비밀을 지키는 것이 옳다. 그렇지 않으면 형이 그를 때릴 것이다(p. 12).

돈, 13세, 하인츠 갈등상황.
이건 정말 약사의 잘못이다. 그는 지나치게 비싼 값을 매겼고 다른 사람을 죽도록 내버려두었으므로 정당하지 않다. 하인츠는 아내를 사랑했고 그녀를 살리고 싶었다. 누구라도 그렇게 하리라고 생각한다. 누구라도 그를 감옥에 넣지는 않을 것이라고 생각한다. 판사는 모든 면을 고려할 것이고 약사가 너무 많은 돈을 요구했다는 것을 알게 될 것이다(p. 19).

앤디, 13세, 형제 갈등상황.
만약 우리 아버지가 나중에 그 사실을 알게 되면 나를 믿으려 하지 않을 것이다. 형도 나를 믿지 않을 것이지만 형이 나를 믿지 않는다 해도 나는 그다지 기분이 나쁘지 않을 것이다(p. 20).

조지, 16세, 하인츠 갈등상황.
나는 그렇게 생각하지 않는다. 왜냐하면 그 약사가 약값을 책정할 권리가 있기 때문이다. 그가 실제로 옳다고 말할 수는 없다. 그러나 누구라도 자신의 아내를 위하여 그렇게 할 것이라고 생각한다. 그는 아내가 죽는 것보다 차라리 자신이 감옥에 가는 편을 택했다. 내가 보기에 그는 단지 그렇게 할 이유를 가지고 있을 뿐이지만 법적인 입장에서 볼 때에는 그가 잘못한 것이다. 그것이 나쁜지 옳은지에 대해서 나는 더 이상 말할 수 없다(p. 21).

이러한 진술들을 바탕으로 콜베르크와 그의 동료들은 도덕성 발달의 여섯 단계를 설정하고 여섯 단계 중 하나씩에 그 진술들을 부여하였다. 더욱이 피험자들이 자신의 추론을 정당화하기 위해 사용하는 여섯 유형의 동기가 있었는데 이것은 그 여섯 단계에 상응하는 것이었다. 도덕적 추론의 각 여섯 단계는 아동이 겪을 수 있는 어떤 상황하에서도 보편적으로 적용될 수 있도록 콜베르크가 기술한 것이다. 단계들은 아동이 실제 갈등상황에서

표 1. 콜베르크의 도덕발달의 여섯 단계

수준 1. 전도덕적 수준	
단계 1	처벌과 복종 지향(행동의 결과에 관해 옳고 그름을 판단)
단계 2	연약한 도구적 쾌락주의(개인적 욕구에 대한 만족이 옳다고 규정함)
수준 2. 인습적 역할–동조 도덕성	
단계 3	'착한 소년–착한 소녀' 지향(무엇이 다른 사람을 기쁘게 하는가)
단계 4	권위 유지적인 도덕성(법과 질서의 유지, 개인의 의무를 다하는 것)
수준 3. 자기 수용적인 도덕적 원칙의 도덕성	
단계 5	합의와 민주적으로 규정된 법의 도덕성(사회적 가치와 개인의 권리가 옳고 그름을 결정)
단계 6	개인의 의식에 따른 개인적인 원칙의 도덕성(옳고 그름은 보편적 법칙에 따른 개인의 철학 문제)

(p. 13 인용)

특정행동을 할 것이라는 것을 예측하기보다는 행동의 방향을 결정하는 데 사용하는 추론을 알 수 있게 해 준다.

결 과

콜베르크는 표 1에 나타난 것처럼 그가 발견한 여섯 단계를 세 가지 수준으로 나누었다.

콜베르크가 전도덕적 수준이라 명명한 도덕성의 초기단계는 자기 중심성과 개인적 흥미가 특징이다. 이 단계에서 아동은 다른 사람의 관심을 고려하지 못하고 나쁜 행동에 대한 처벌의 두려움을 벗어나기 위해 도덕적으로 행동한다. 단계 2에서 아동은 다른 사람의 관심과 욕구를 고려하기 시작하지만 원래의 도덕적 행동을 얻기 위해 도덕적으로 행동한다. 좋은 행동은 본질적으로 아동 자신의 욕구를 충족시키기 위한 상황을 조작하는 것이다.

수준 2에서는 개인간 관계에서 자신의 역할을 인식하는 인습적 도덕성이 등장한다. 단계 3에서 아동은 타인의 기대를 충족시키고 신뢰와 충성의 관계를 유지하기 위하여 도덕적으로 행동한다. 콜베르크에 의하면 이 시기 동안에 '황금률' 의 사고가 시작되고 아동은 타인의 감정에 관심을 갖기 시작한다. 단계 4는 '법과 질서' 에 대한 인식과 존경이 생기기 시작한다. 더 큰 사회체계에 대한 견해를 지니고 법을 준수하는 시민의 입장에서 올바른 행동을 한다. 확립된 사회질서에 대해 의문의 여지 없이 법에 대해 무조건적인 신뢰를 한다.

수준 3에 이르면 도덕성에 대한 판단은 형식적 사회의 법을 초월하기 시작한다. 5단계에는 어떤 법은 다른 법들보다 좋다는 것에 대한 인식이 시작된다. 때때로 무엇이 도덕적이냐 하는 것은 법적인 것이 아닐 수도 있으며 그 반대일 수도 있다. 법은 사회의 조화를 유지하기 위해 존중되어야 한다고 생각하지만 정당한 절차를 통하여 법을 바꿀 수도 있다고 생각한다. 이 단계에서 콜베르크가 주장한 것처럼 개인은 도덕성과 법을 통합하려는 데 갈등을 경험하게 된다. 마지막으로 6단계에 도달하면 개인의 도덕적 판단은 보편적 윤리 원칙의 신념에 바탕을 두게 된다. 법이 이러한 원칙에 위배되면 개인은 법과 관계없이 자신의 윤리적 원칙에 따라 행동한다. 도덕성은 개인의 양심에 의해 결정된다. 콜베르크는 이 연구와 추후연구를 통해 극히 소수의 사람만이 6단계에 도달할 수 있다는 것을 밝혀냈다. 콜베르크는 결국 이 단계의 도덕적 추론은 간디, 소로, 마틴 루터 킹과 같은 위대한 지도자들만이 도달할 수 있다고 하였다.

콜베르크는 다음과 같이 주장하였다.

> 도덕성의 동기적 측면은 유기체가 도덕적 행동을 정당화하기 위해 언급한 동기에 의해 규정된다. 동기의 여섯 수준은 독립되어 있고, 각각은 발달적 유형에 하나씩 일치한다. 그것들은 다음과 같다. 1. 타인에 의한 처벌 2. 선의 조작 또는 타인에 의한 보상 3. 타인의 비난 4. 죄책감이 따르는 법적 권위에 대한 질책 5. 사회적 존경과 무례 6. 자기 문책(p. 13)

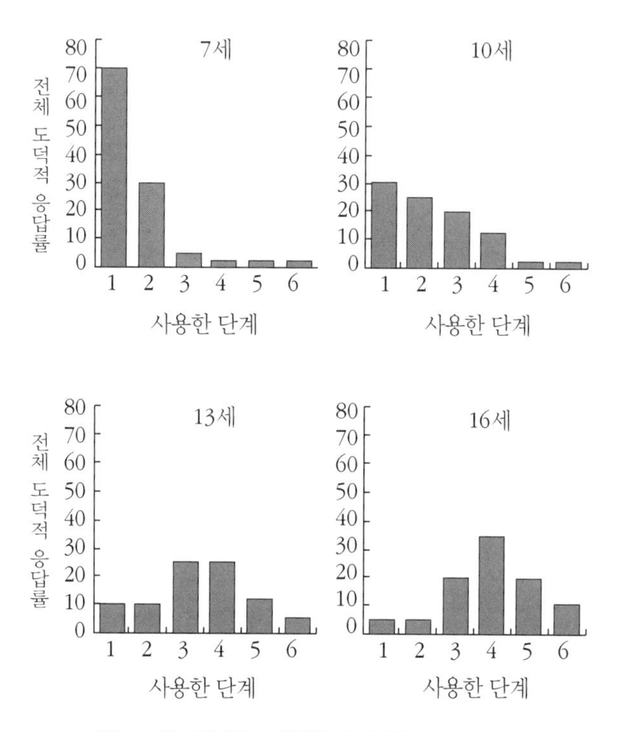

그림 1. 연령에 따른 도덕적 추론단계(p. 15 인용)

마지막으로 도덕적 추론의 단계들은 연령이 증가함에 따라 상위 단계로 올라간다는 것은 콜베르크의 단계이론에 있어 중요한 점이다. 이것을 검증하기 위하여 콜베르크는 아동의 연령에 따라 각각의 단계와 아동의 대답을 대응시켜 보았다. 그림 1은 이 결과를 요약한 것이다. 이것을 보면 아동들은 연령이 증가함에 따라 갈등상황에 응답하기 위하여 상위단계의 도덕적 추론을 점점 더 많이 사용한다는 것이 명백하게 나타나 있다. 다른 통계적 분석들을 보면 각 단계를 사용하는 능력은 다음의 높은 단계로 옮겨가기 위한 필수요소임이 드러난다.

논 의

콜베르크가 밝힌 결과들의 함의에 대한 논의에서 이러한 새로운 개념화는 아동이 그를 둘러싸고 있는 세계에 대한 도덕성을 예언가능하고 순차적인 단계에 따라 실제로 어떻게 조직화하는가를 명확히 한 것이라고 지적하였다. 아동에게 있어 이것은 언어적 설명이나 처벌을 통한 성인의 도덕적 가르침을 단순히 동화하거나 내면화시키는 것이 아니라 아동이 사회 및 문화적 환경과 상호작용한 결과로 발달시킨 인지적이고 도덕적 구조의 출현을 의미한다. 이러한 관점에서 볼 때 아동은 단순히 도덕성을 배우는 것이 아니라 도덕성을 구성한다. 이것은 아동이 단계 1, 단계 2를 통과하기 전에는 단계 3의 도덕적 추론을 이해하거나 사용할 능력이 없다는 것을 뜻한다. 또한 이것은 개인이 처음 단계 4에서 포함된 도덕성 유형을 경험하고 구성하기 전에는 갈등상황을 해결하기 위해 단계 5의 인간의 기본적 권리에 대한 도덕적 개념을 적용할 수 없다는 것을 뜻한다. 이에 대한 함의를 콜베르크의 후기 연구에서 간단하게 논의할 것이다.

비판과 후속 연구

콜베르크가 그의 도덕발달 단계이론을 거의 30년 동안 확장하고 수정하는 동안 그의 이론은 여러 측면에서 비판을 받아왔다. 가장 자주 인용되는 것은 도덕적 추론에 대한 콜베르크의 견해가 옳다 하더라도 그것을 도덕적 행동에 적용할 수 있다는 것을 의미하지는 않는다는 것이다. 다시 말하면 사람들이 도덕성이라고 말하는 것이 개인의 도덕적 행동에 반영되지는 않는다는 것이다. 많은 연구들은 도덕적 추론과 도덕적 행동간의 일치가 부족함을 밝혀낸 반면, 또 다른 연구들에서는 이들 사이에 일치관계가 있다는 증거를 찾았다. 이러한 비판에 관련된 일련의 흥미있는 연구들은 콜베르크가 적절하게 언급하지 못했던 상황적 요인들의 중요성에 초점을 맞추었다. 이들 상황적 요인에 따라 개인이 자신의 도덕적 추론 단계에 맞게 행동할 것인지 아닌지 결정한다(Kurtiues, 1986 참조). 이러한 비판들이 타당하였으므로, 콜베르크는 그의 이론은 도덕적 추론에 적용하기 위한 것이라고 인정하였다. 상황적 힘이 때로는 도덕적 행동을 변화시킬 수 있다는 사실은 도덕적 추론이 그가 기술한 단계를 통하여 발달하지 않는다는 것을 뜻하지는 않는다.

콜베르크 이론에 대한 또 다른 비판은 도덕 추론의 여섯 단계가 보편적이라는 그의 주장에 초점을 두고 있다. 이러한 비판들은 콜베르크의 단계가 서구 민주사회에서의 도덕적 해석들만을 대표하므로 따라서 세계인구의 대부분을 차지하는 비서구 문화에는 적용될 수 없다고 주장한다. 이러한 비판들 중 하나는 다음과 같이 지적한다. "도식이 보편적으로 적용된다는 견해를 포함한 단계의 정의와 그 기저의 가정들은 민족 중심적이며 문화적으로 편견이 있다"(Simpson, 1974, p. 82). 콜베르크 이론의 보편성을 옹호하기 위하여 최근의 연구는 27개 문화권에서 행해진 45개의 연구들을 분석하였다(Snarey, 1987 참조). 각 연구에서 연구자들은 모든 피험자들이 똑같은 순서에 따라 단계들을 통과했고, 단계 1부터 단계 5까지는 연구가 행해진 모든 문화권에서 존재한다는 것을 밝혀냈다. 그러나 흥미롭게도 몇몇 문화권에서(타이완, 파푸아 뉴기니, 이스라엘) 도덕적 판단의 일부는 콜베르크의 여섯 단계에 맞지 않았다. 이들은 전체 사회의 안녕에 근거한 판단을 하였다. 이 같은 추론은 미국 남성 피험자들에서는 발견되지 않았다.

마지막으로 세 번째 비판은 콜베르크의 도덕성 발달단계가 남성과 여성에게 똑같이 적용되지 않을 수도 있다는 것이다. 이러한 의문선상에 선 선도적인 연구자는 캐롤 길리건(Carol Gilligan)이다(Gilligan, 1982 참조). 그녀는 남성과 여성이 도덕성을 똑같은 방식으로 생각하지 않는다고 주장한다. 도덕적 판단을 할 때 여성은 남성보다 대인관계, 타인에 대한 책임, 타인에게 상처 주는 것에 대한 회피, 인간 관계에 대한 중요성 등에 대해 더 많이 이야기한다는 것을 그녀 자신의 연구에서 밝혔다. 그녀는 이러한 성차에 기초하여 콜베르크의 척도에서는 낮은 단계에서 이러한 관계들을 더 많이 다루기 때문에 여성들은 콜베르크의 척도에서 낮은 점수를 받게 된다고 주장하였다(단계 3은 관계에서의 믿음과 충성을 확립하는 데 기초를 둔다). 반면 길리건은 남성들은 정의에 기초한 도덕적 판단을 하기 때문에 콜베르크의 최상의 단계에 쉽게 도달할 수 있다고 주장한다. 그녀는 도덕성에 대한 이들 접근법 중 어떤 것도 더 우수한 것은 아니며, 만약 도덕성 수준에 있어서 여성이 남성보다 낮다면 이것은 그 이론에 비의도적인 성적 편견이 개입되었기 때문이라고 한다.

대부분의 경우 연구자들은 길리건의 주장을 지지할 만한 증거를 찾아내지 못했다. 일부 연구에서는 콜베르크의 방법을 사용한 도덕적 추론 연구에서 의미있는 성차를 발견하지 못했다. 길리건은 여성들은 비록 도덕적 추론의 모든 수준을 사용할 능력은 있지만 일상생활에서 이를 선택하지는 않는다고 함으로써 위와 같은 부정적 결과들에 대해 응답했다. 대신 여성들은 앞서 말한 것처럼 인간관계 측면에 초점을 둔다. 이것은 소녀들이 도움을 필요로 하는 타인들을 돕기 위해 더 많이 노력하고 정서 공감 검사에서 더 높은 점수를 받는 경향이 있다는 것을 보여준 연구(Kohlberg의 방법을 사용하지 않은)를 통해서도 밝혀졌다(성차에 대한 완벽한 논의를 위하여, Hoffman, 1977 참조).

결 론

행동과학에서 콜베르크의 연구에 대한 논쟁은 현재까지도 계속되고 있으며 앞으로도 활발히 계속 이어질 것이다. 콜베르크 연구의 궁극적인 타당성과 중요성은 아직 명확히 규정되지 않은 채로 남아 있다. 그러나 인간발달에 대한 소수의 새로운 개념화는 콜베르크의 도덕성 발달 이론을 둘러싸고 수많은 연구와 논쟁을 불러일으켰다. 어떤 점에서 이 이론의 유용성은 콜베르크가 1964년에 한 진술에 잘 예견되어 있다.

도덕교육에서는 부모가 아동에 대해 어떤 행동을 요구하거나 도덕적 판단을 직접 부과하는 것은 피할 수 없지만 기본적으로 아동 자신의 도덕 판단의 발달과 행동의 통제를 자극하는 것으로 정의할 수는 있다.

나는 교사들이 13세 아동들에게 "네가 베끼려고 하는 학생도 틀렸을 수 있기 때문에 너에게 아무런 도움이 되지 않을 테니 컨닝하지마"라고 말하는 것을 발견했다. 대부분의 아동들은 컨닝하지 말아야 하는 더 성숙한 이유를 생각할 만한 능력이 있다. 아동들은 자신의 수준보다 훨씬 높은 추론을 하지 못하는 것처럼 자신의 수준보다 낮은 도덕적 추론을 거부하는 경향이 있다(Kohlberg, 1964, p. 425).

GILLIGAN, G. (1982) *In A different voice: Psychogical theory and woman's development.* Cambridge: Harvard University Press.

HOFFMAN, M. L. (1977) Sex differences in empathy and related behavior. *Psychological Bulletin, 84,* 712~722.

KOHLBERG, L. (1964) Development of moral character and moral ideology. In H. HOFFMAN and L. HOFFMAN(eds.), *Review of Child Development Research* (VOL. 1). New York: Russell Sage.

KURTINES, W. (1986) Moral behavior as rule-governed behavior: Person and situation effect on moral decision making. *Journal of Presonality and Social Psychology, 50,* 784~791.

SIMPSON, E. (1974) Moral development research: A case of scintific cultural bias. *Human Development, 17,* 81~106.

SNAREY, J. (1987) A question of morality. *Psychological Bulletin, 97,* 202~232.

우울 학습 27

대부분의 사람들처럼 당신은 당신의 행위가 어떤 결과를 가져올 것이라고 기대한다. 당신의 기대는 원하는 결과를 가져올 수 있도록 하고 원하지 않는 결과를 피하도록 하는 방식으로 행동하게 하는 원인이 된다. 다시 말하면 당신의 행위는 최소한 부분적으로 특정한 결과를 가져올 수 있다는 신념에 의해서 결정된다. 당신의 행위들은 특정한 결과를 수반한다(행동 수반성에 대한 논의는 B. F. Skinner와 J. Rotter에 대한 기사 참조).

잠시 동안 당신이 현재 직업이 불만족스러워 행복하지 않아 변화를 시도하려고 한다고 가정해 보자. 같은 분야의 다른 사람들을 만나고 관심이 있는 직장을 소개하는 광고물을 읽고 저녁에는 새로운 기술을 획득하기 위해 훈련하기 시작한다. 그러한 모든 행위들은 노력을 통해 마침내 더 좋은 직업을 얻게 되고 이로 인해 더 행복한 생활을 영위할 수 있다는 신념에 의

Seligman, Martin E. P., and Maier, Steven F. (1967) Failure to escape traumatic shock. *Journal of Experimental Psychology, 74*, 1~9.

해서 동기화된다. 대인관계에서도 이는 동일하게 적용된다. 불행한 대인 관계에 당신이 처해 있다면 그것을 변화시키거나 종결짓기 위해 필수적인 행동을 취할 것이다. 왜냐하면 원하는 방향으로 변화를 가져올 수 있다고 기대하기 때문이다.

이러한 것은 힘과 통제의 문제이다. 대부분의 사람들은 잠시 동안 개인적으로 강해서 그들에게 일어나는 것을 통제할 수 있다고 믿는다. 왜냐하면 그들은 과거에 통제력을 발휘했고 성공적이었기 때문이다. 그들은 목적을 성취하는 데 스스로 도움이 될 수 있다고 믿는다. 이러한 힘과 통제의 지각이 결여된다면 남는 것은 무기력이다. 불만족스러운 직업에 꼼짝못하게 되었고 다른 직업을 찾지 못하거나 직업적 환경을 개선시키는 새로운 기술을 배우지 못한다고 느낀다면, 변화하는 데 필요한 노력을 하지 않을 것이다. 당신에게 상처를 입히는 사람에게 너무나 의존적이어서 관계를 바꾸거나 끝내려고 하지만 무기력하게 그렇게 할 수 없을 때 그저 그러한 관계를 유지하고 고통을 참아야 한다.

힘과 통제의 지각은 심리적 · 신체적 건강에 중요하다(양로원에 거주하는 노인들의 통제의 문제에 대한 Langer와 Rodin의 연구에 대한 논의 참고). 갑자기 당신의 생활에서 더 이상 변화시킬 힘 혹은 통제력이 없음을 알았다면, 어떻게 느껴질지 상상해 보라. 당신에게 발생되었던 것은 당신의 행위와는 무관하다. 아마 무기력과 절망감을 느낄 것이고 매사에 노력하는 것을 포기한다. 즉, 당신은 우울해진 것이다.

유명한 행동주의 심리학자인 마틴 셀리그먼(Martin Seligman)은 힘과 통제의 지각은 경험으로부터 학습된다고 주장한다. 그는 사람들이 일상생활 사태를 통제하려는 노력이 반복해서 실패했을 때, 사람들은 통제하려는 노력을 완전히 그만둘 것이라고 생각한다. 이러한 실패들이 너무나 자주 일어난다면 사람은 모든 상황에서, 심지어 실제적으로 통제가 가능할 때조차도 통제 부족의 지각을 일반화할 것이다. 그 다음 사람들은 운명의 볼모처럼 느끼기 시작하고 무기력해지고 우울해진다. 셀리그먼은 이러한 우울증의 원인을 학습된 무기력이라고 하였다. 그는 펜실베이니아 대학교에서 개를 대상으로 일련의 고전적 실험을 통해 그의 이론을 발전시켰다. 여기에서 논의되는 연구는 셀리그먼이 스티븐 마이어(Steven Maier)와 함께 실시했던 것으로 그의 이론을 증명하기 위한 최초의 시도이다.

이론적 제안

셀리그먼은 학습에 대한 초기 실험에서 개가 통제할 수도 도피할 수도 없는 전기충격에 노출되었을 때, 개들은 이후에 도피가 쉽게 가능해도 충격으로부터 도피하는 것을 학습하는 데 실패했음을 밝혔다. 이것이 행동주의자들에게 얼마나 이상하게 보였는지를 상상해 보라. 실험실에서 개들은 처벌받는 것으로 충격을 경험했지만 해로울 정도는 아니었다. 이후에 개들을 왕복 가능한 상자에 두었다. 그것은 칸막이를 통해 두 부분으로 나뉘어진 큰 상자이다. 상자의 한쪽 바닥에는 전류를 흐르게 할 수 있다. 개가 한쪽에 있다가 전류를 느꼈을 때 충격을 피하기 위해서 칸막이를 뛰어넘어 다른 쪽으로 가야 했다. 정상적으로 개와 다른 동물들은 이러한 도피 행동을 매우 빨리 학습한다(이유를 아는 것은 어렵지 않다!). 사실 신호(번쩍이는 불빛 혹은 부저와 같은)가 개에게 임박한 전류 흐름을 경고하면, 충격이 있기 전에 칸막이를 넘는 것을 학습하여 성공적으로 그것을 피할 것이다. 그러나 셀리그먼의 실험에서 그들이 도피할 수 없었던 전기 충격을 이미 경험했던 개들을 왕복 가능한 상자에 넣어두었을 때 그들은 이러한 도피-회피 행동을 학습하지 못했다.

셀리그먼은 동물들이 이후의 학습을 결정짓는 불유쾌한 자극을 통제하는 것에 관하여 학습한다고 이론화했다. 다시 말하면 이러한 개들은 전기 충격이 있은 이전의 경험으로부터 그들의 행위가 충격의 결과를 변화시키는 데 비효과적이었음을 학습했다. 그리고 그들이 도피할 수 있는 새로운 상황을 통제할 수 있는 힘을 가졌음에도 불구하고 그 상황에서 그들은 다만 포기했다. 그들은 무기력해지는 것을 학습한 것이다.

이 이론을 검증하기 위해서 셀리그먼과 마이어는 통제 가능한 충격과 통제 불가능한 충격이 충격을 회피하는 것을 학습하는 이후 능력에 미치는 효과에 대해 연구하였다.

방 법

이 연구는 이 책에서 피험자로서 동물을 사용했던 일부 고전적 연구들 중 하나다. 그러나 이 연구도 아마 다른 어떤 연구 이상으로 동물 연구의 윤리성에 대한 의문을 제기했다. 심리학적 이론을 검증하기 위해서 개들은 고통스러움이 주어지는(비록 신체적으로 해롭지 않지만) 전기 충격을 받았다. 그러한 처치가 윤리적으로 정당했는지의 여부는 심리학의 모든 연구자와 학생들이 직면하는 문제이다.

이 실험에서 피험자들은 24마리의 "잡종 개로 어깨까지 높이는 15~19 인치이고 25~29파운드 사이의 무게가 나간다"(p. 2). 이들을 여덟 마리씩 세 집단으로 나누었다. 한 집단은 '도피 집단', 두 번째 집단은 '비도피 집단', 세 번째는 '구금장치 없는 통제집단'이었다.

도피와 비도피 집단의 개들은 파블로프가 개발했던 것과 유사한 구금장치에 개별적으로 두었다. 즉 개들은 제한되었지만 완전히 움직일 수 없는 것은 아니었다. 개의 한쪽 머리에는 머리를 앞으로 향하게 유지시키는 판자가 있었다. 피험자는 머리를 움직여서 다른 쪽으로 판자를 누를 수 있었다. 도피 집단의 개에게 전기 충격이 전달되었을 때 개의 머리로 한쪽 판자를 누르면 충격을 종결시킬 수 있다. 비도피 집단에서 각 개는 도피 집단의 개와 짝지어졌다(이것은 '멍에'라 불리는 실험절차이다). 동일한 충격이 동시에 각 쌍의 개들에게 전해지지만 비도피 집단은 충격이 지속되었고 도피 집단의 개가 판자를 누르면 충격은 종결되었다. 이것은 두 집단의 개들이 정확히 동일한 기간과 동일한 강도의 충격을 받았고, 유일한 차이는 한 집단은 그것을 멈출 수 있는 힘을 가졌고 다른 집단은 그렇지 않았음이다. 구금장치 없는 통제집단의 여덟 마리 개들은 실험단계 동안 충격을 받지 않았다.

도피와 비도피 집단의 피험자들은 약 90초 간격 동안 64번의 충격을 받았다. 도피 집단은 빨리 판자 한쪽을 눌러서 충격을 종결시키는 것을 학습했다(자신을 위해서 그리고 비도피 집단을 위해서). 그 다음 24시간 이후에 위에서 기술했던 것과 유사한 왕복 가능한 상자에서 모든 개들을 실험했다. 상자의 어느 한쪽에는 불빛이 있었다. 한쪽에서 불빛이 꺼졌을 때 전류가 10초 후에 상자의 바닥으로 흐르도록 했다. 만약 개가 그 10초 내에 장애물을 넘는다면 완벽하게 충격에서 도피된다. 그렇지 않으면 장애물을 넘을 때까지 혹은 충격이 중단되는 60초 동안 전류가 흘러서 계속해서 충격을 느낄 것이다. 개들은 개별적으로 왕복 가능한 상자에서 10번 시행을 받았다.

학습은 다음과 같이 측정하였다. 첫째, 상자에서 불빛이 꺼진 시간부터 개가 장애물을 넘을 때까지 걸린 평균시간. 둘째, 충격을 도피하는 것을 학습하는 데 완전히 실패한 각 집단에서의 개의 백분율. 또한 비도피 집단의 개들은 왕복 가능한 상자에서 10번의 부가적인 시행을 받았고 7일 후에 실험처치의 지속적인 효과를 평가하였다.

결 과

도피 집단에서 개들이 판자를 눌러서 충격을 중단시키는 데 걸리는 시간은 64번의 충격이 진행되는 동안 매우 감소하였다. 비도피 집단에서 판자를 누르는 것은 30번 시행 후 완전히 중단되었다.

그림 1은 왕복 가능한 상자에서 모든 시행 동안 세 집단의 피험자들이 도피하는 데 걸린 평균 시간을 보여준다. 이것은 불빛이 꺼졌을 때와 동물이 장애물을 넘었을 때 사이의 시간이었음을 기억하라. 비도피 집단과 다

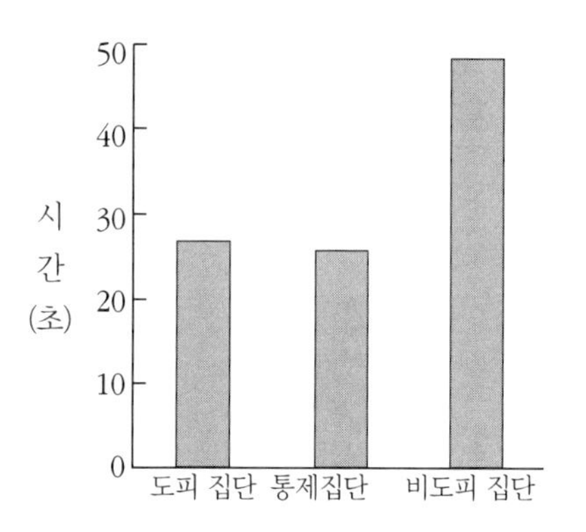

그림 1. 도피하는 데 걸린 평균시간(p. 3 인용)

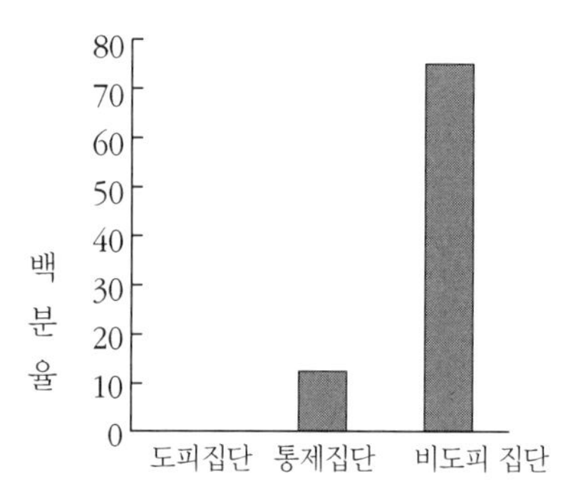

그림 2. 충격 도피 학습 실패율(p. 3 인용)

른 두 집단간의 차이는 통계적으로 유의미했지만 도피 집단과 구금장치 없는 집단간의 작은 차이는 무의미하였다. 그림 2는 10번의 시행 중에서 최소한 9번 동안 왕복 가능한 상자에서 장애물을 넘어서 충격을 도피하는 데 실패했던 각 집단 피험자들의 백분율을 나타낸다. 도피와 비도피 집단간의 차이는 또한 매우 유의미했다. 비도피 집단의 피험자 중 여섯은 9번 혹은 10번의 모든 시행에서 도피하는 데 완전히 실패했다. 그러한 여섯 마리 개들은 7일 후에 왕복 가능한 상자에서 다시 시험받았다. 지연 검사에서 여섯 중 다섯 마리는 각 시행에서 도피하는 데 실패했다.

논 의

도피와 비도피 집단간의 유일한 차이는 충격을 능동적으로 종결시키는 개들의 능력이었기 때문에, 셀리그먼과 마이어는 왕복 가능한 상자에서 충격으로부터 도피하는 두 집단의 이후 학습에서 분명한 차이를 설명할 수 있는 것은 이러한 통제요인이 틀림없다고 결론내렸다. 다시 말하면 왕복 가능한 상자에서 도피 집단 피험자들이 정상적으로 수행했던 이유는 구금장치가 되어 있었던 동안 그들의 행위가 충격의 종결과 관련되어 있다는 것을 학습했기 때문이다. 그러므로 그들은 장애물을 뛰어넘어서 충격에서 도피하도록 동기화되었다. 비도피 집단에서는 구금장치가 되어 있었던 동안 충격의 종결은 그들의 행위와는 무관하였다. 그러므로 왕복 가능한 상자에서 그들의 행위가 충격을 종결시킬 것이라는 기대를 가지지 않았기 때문에 그들은 도피하려고 노력하는 데 어떤 동기도 없었다. 셀리그먼과 마이어가 예측했던 것처럼 그들은 무기력해지는 것을 학습했다.

때때로 비도피 집단의 개가 왕복 가능한 상자에서 성공적으로 도피하였다. 그러나 이후의 시행에서 곧 무기력해졌다. 셀리그먼과 마이어는 이것은 심지어 성공적인 경험을 한 후에도 구금장치에서의 이전의 비효과적인 행동이 새로운 상황(왕복 가능)에서 충격을 종결시키기 위하여 새로운 행동(장애를 넘는 것)을 형성하는 것을 방해함을 의미한다고 해석하였다.

그들의 논문에서 셀리그먼과 마이어는 몇 가지 흥미로운 부가적 결과들을 제공한 일련의 실험결과를 보고했다. 두 번째 연구에서 개들을 먼저 판자로 충격을 종결시키는 구금장치-도피조건에 두었다. 다음 왕복 가능한 상자에서 10번의 시행을 받기 전에 비도피-구금장치 조건으로 바꾸었다. 이러한 피험자들은 비도피-구금장치에서의 모든 시행 동안 판자 누르기를 계속 시도하였고 첫번째 연구에서 그들이 했던 것만큼 그렇게 빨리는 포기하지 않았다. 게다가 그들 모두는 왕복 가능한 상자에서 도피하여 충격을 피하는 것을 성공적으로 학습하였다. 이는 동물들이 그들의 행동이 효과적일 수 있다는 것을 한번 학습했으면, 실패의 연속된 경험이 그들의 운명을 변화시키려는 그들의 동기를 소진시키는 데 적절하지 않았음을 나타냈다.

후속 연구

물론 셀리그먼은 이미 우리가 이행하고 있는 것처럼 이들 결과를 인간에 적용하기를 원했다. 후속 연구에서 그는 인간의 우울증의 발달은 동물에서의 학습된 무기력의 발달과 유사한 과정을 포함한다고 주장하였다. 두 상황 모두에서 수동성, 포기, '단지 앉아 있기', 공격성의 결여, 특정 행동이 성공적이라는 것을 학습함에 있어 느릿함, 몸무게 감소, 그리고 사회적 철회가 있다. 무기력한 개와 우울한 인간 환자 모두는 그들의 행위가 쓸모없다는 구체적인 과거 경험에서 학습하였다. 개는 무엇을 하려고 하던지 간에 충격을 도피할 수 없었고, 인간은 사랑하는 사람의 죽음, 학대하는 부모, 실직, 중병과 같은 사건을 통제할 수 없었다(Seligman, 1975 참조).

인간을 우울하게 하는 학습된 무기력은 우울증 그 이상으로 심각한 결과를 가져올 수 있다. 연구는 양로원 생활과 같은 다양한 이유 때문에 그들의 일상생활을 통제하는 것을 포기해야만 하는 노인이 개인적 통제감을 유지할 수 있었던 사람들보다 더 건강이 나쁘고 사망할 가능성도 높다고 설명하였다(Langer와 Rodin의 관련연구 논의 참조). 그리고 일부 연구들은 통제 불가능한 스트레스를 주는 사건들은 암과 같은 중병을 유발하는 역할을 할 수 있음을 증명했다.

그러한 연구 중의 하나는 배우자의 상실, 직업 상실, 명성의 상실로 고생했던 사람들에게서 암에 걸릴 위험이 증가했음을 밝혔다(Horne & Picard, 1979). 병원에서 의사와 의료진에 의해 환자는 협력하고 조용하고 의료진들의 수중에 그들의 운명을 내맡길 것이라고 기대한다. 환자들은 가능한 빨리 회복하기 위해서 의문 없이 의사들과 간호사의 지시에 따라야만 한다고 믿는다. 저명한 건강심리학자는 좋은 병원 환자가 된다는 것은 수동적이고 모든 통제의 기대를 포기해야만 한다는 것을 의미한다고 하였다. 이는 실제적으로 환자를 학습된 무기력의 조건을 만들어서 회복을 지속시키기 위해 통제가 가능하고 바람직할 때도 이후에 통제력을 발휘하는 데 실패하게 한다(Taylor, 1979).

학습된 무기력 효과에 대한 더 많은 증거로 핀켈스타인과 라메(Finkelstein & Ramey, 1977)의 다음의 유명한 연구를 고려해 보자. 유아의 집단에게 침대 위에 회전하는 모빌을 장치하였다. 한 집단의 유아들은 특수한 압력을 감지하는 베개가 있어서 그들의 머리를 움직여 모빌의 회전을 통제할 수 있었다. 다른 집단의 유아는 동일한 모빌을 가졌지만 이것이 유아의 어떠한 통제와 관계 없이 무작위로 회전하도록 프로그램되었다. 2주 동안 매일 10분씩 모빌에 노출한 후, 통제-베개 집단은 그들의 머리를 움직여서 모빌을 회전하게 하는 데 매우 숙련되었다. 그러나 가장 중요한 결과는 비통제 집단의 유아에게 이후 동일한 통제 베개가 주어졌고 첫번째 집단보다 심지어 더 많은 학습시간이 소요되었다. 유아는 모빌의 회전을 통제하는 학습에 전적으로 실패했다. 첫번째 상황에서 그들의 경험은 그들의 행동이 비효과적이라고 학습했고 이러한 지식은 통제가 가능했던 새로운 상황으로 전이되었다. 움직이는 모빌에서 유아는 무기력하게 되는 것을 학습한 것이다.

결 론

결론적으로 실험적 윤리의 문제로 돌아가는 것이 중요하다. 우리들 대부분에게 심리학 실험에서 고통스런 충격에 피험자가 되는 동물들, 특별히 개에 대해서 읽는 것은 힘들다. 수년 동안 실험실 동물을 인도적으로 다루어야 한다는 것을 확증하는 규준이 발달되었다. 그러나 과학적인 전문가들 입장에서 이러한 규준들은 적합하지 못하다고 생각하는 사람들이 많다. 일부 과학자들은 일반 심리학, 의학 그리고 모든 과학에서 동물연구를 완전히 배제할 것을 주장한다. 이 문제에 대한 개인적 입장이 어떻든 간에 이러한 질문이 주어진다. 연구결과들이 우리의 지식을 확장하고 인간 고통을 감소시키고 연구를 수행하기 위해서 사용했던 방법을 정당화할 만큼 충분히 삶의 질을 개선시키는가?

당신 자신에게 셀리그먼과 마이어의 연구에 대하여 이러한 질문을 해보라. 그들이 발견했던 것은 왜 일부 인간들이 무기력하고 희망이 없고 우울하게 되는지 그 이유를 설명하기 위한 이론의 시작이었다. 셀리그먼은 우울의 근원과 우울증의 치료에 대하여 폭넓게 수용되는 모형을 발달시켰다. 세월이 지나면서 그의 이론은 다듬어지고 상세화되어서 그것은 우울증의 유형이 잘 정의된 조건 아래서 발생하는 우울증에 더 정확하게 적용되었다. 가령 사람들은 그들이 일시적이기보다는 영구적으로 그들 자신의 성격 내의 요인과 관련되어(상황적 요인 대신에) 그들 생활의 많은 범위에 전반적으로 야기되는 통제 부족에 기인하는 것을 학습한다면 더 우울해지는 것 같았다(Abramson, Seligman & Teasdale, 1978 참조). 이를 이해함으로써 치료자들과 상담원들은 심한 우울증을 이해하고 개입해서 치료를 더 잘할 수 있게 된다.

이러한 지식이 학습된 무기력에 대한 초기 연구에서 사용했던 방법을 정당화시킬 수 있는가? 당신이 결정하라!

ABRAMSON, L., SELIGMAN, M., & TEASDALE, J. (1978) Learned helplessness in humans: Critique and reformulation. *Journal of Abnormal Psychology, 87,* 49~74.

FINKELSTEIN, N., & RAMEY, G. (1977) Learning to control the environment in infancy. *Child Development, 48,* 806~819.

HORN, R., & PICARD, R. (1979) Psychosoical risk factors for lung cancer. *Psychosomatic Medicine, 41,* 503~514.

SELIGMAN, M. (1975) *Helplessness: On depression, development, and death.* San

Francisco: Freeman.
TAYLOR, S. (1979) Hospital patient behavior: Reactance, helplessness, or control? *Journal of Social Issues, 35,* 156~184.

마구 뛰는 심장 28

당신은 누구십니까? 누군가 이런 질문을 하면 당신은 보다 명확하거나 지배적인 특성을 기술함으로써 대답한다. 종종 특질로 불리는 이러한 특성은 현재 독특한 사람이 되게 하는 데 있어 중요하다. 특질은 상황과 시간이 바뀌어도 일관된다고 가정한다. 성격의 특질이론을 지지하는 일부 심리학자들은 모든 사람이 서로 다른 정도로 지니고 있는 다양한 특질을 제안했다. 우리의 행동에 상당한 영향을 주는 것으로 보이는 특질의 예는 내향성–외향성의 특질이다. 내향성은 내성적이고 철회되어 있고 사회적 관계보다는 생각에 몰두한다. 외향성은 더 사교적이고 우호적이며 자기 자신 밖의 사건에 더 관여한다. 당신은 아마 자신이 어느 유형인지 느끼고 가족이나 친구들을 이 중 한 범주에 둘 수 있을 것이다. 이 특질은 많은 특질 중 하나이지만 그 사람이 주어진 상황에서 어떻게 행동할 것인지 예측할 수

Friedman, Meyer, and Rosenman, Ray H. (1959) Association of specific overt behavior pattern with blood and cardiovascular findings. *Journal of the American Medical Association, 169,* 1286~1296.

있도록 해준다. 성격 특질에 의한 예측할 수 있는 능력에 대부분의 심리학자들이 관심을 갖는다. 그러므로 만약 어떤 특정한 성격 특성이 당신의 건강이나 심지어 심장마비로 죽을 가능성을 예측할 수 있다면 이에 대한 관심은 극적으로 증가하는 것을 쉽게 상상할 수 있다.

아마 여러분은 건강과 관련된 특성, 흔히 'A유형 성격'으로 알려진 특징을 알고 있을 것이다. 그러나 이 이름은 부정확한 것이다. 왜냐하면 과학적 연구에서 A유형은 한 사람의 전체적인 성격을 나타내는 것이 아니라 특정 행동유형을 언급하는 것이기 때문이다. 이 행동유형은 1950년대 후반에 두 명의 심장학자인 마이어 프리드만(Meyer Friedman)과 레이 로젠만(Ray Rosenman)이 처음으로 보고한 것으로서 이는 특정 질병의 원인에 대한 우리의 관점에 지대한 영향을 주었다.

이 연구에서 이들 의사들이 획득한 개념은 작은 것을 신중히 관찰함으로써 주요 과학적 돌파구를 찾을 수 있다는 것을 보여준다. 프리드만 박사는 자신의 병원 대기실의 가구를 재장식했다. 장식가는 소파와 의자가 흔하지 않은 방식으로 닳았다고 지적했다. 대신 좌석 쿠션의 앞쪽 가장자리가 다른 부분보다 빨리 닳았다. 마치 프리드만 박사의 심장병 환자들이 말 그대로 좌석의 가장자리에 앉아 있는 것처럼 보였다. 이러한 관찰로 인해 그는 건강한 사람과 비교해서 그의 환자들(심장질환이 있는 사람들)의 전반적인 행동에 다른 점이 있는지를 궁금하게 여기게 되었다.

조사자와 의사들의 조사를 거쳐 프리드만과 로젠만은 장시간의 운전, 마감시간에 대한 압박, 경쟁적인 상황, 경제적 좌절로 인해 장기간 동안 만성 스트레스에 노출된 사람은 심장질환에 걸릴 가능성이 더 높을 것이라는 공통적인 생각을 발견할 수 있었다. 그들은 이러한 생각에 대해 과학적 검증을 하기로 결정했다.

이론적 제안

초기연구와 임상관찰을 이용해서 두 심장학자는 특정 외현적(관찰 가능한) 행동유형에 관한 모형 혹은 일련의 특성을 개발했다. 특정 외현적 행동유형은 증가된 콜레스테롤 수준과 그에 따른 관상성 심장질환(CHD)과 관련있다는 것이다. 이 유형은 A유형이라 명명하고 다음과 같은 특성으로 구성된다(원래 연구의 p. 1286 참조). (1) 개인의 목적을 달성하고자 하는 강하고 지속적인 동기, (2) 모든 상황에서 경쟁하려고 하는 경향성, (3) 인정과 진보에 대한 지속적인 욕구, (4) 항상 마감시간에 여러 가지 일에 계속 관여함, (5) 일을 빨리 끝내기 위해 습관적으로 서두르는 경향, (6) 독특한 정신적, 신체적 경계.

그 다음 연구자들은 두 번째 외현적 행동인 B유형이라 명명한 일련의 행동을 개발하였다. B유형은 본질적으로 A유형과 상반되고 다음의 특성이 상대적으로 없는 것이 특징이다: 동기, 야망, 시간의 긴박성에 대한 느낌, 경쟁욕구, 마감시간에 대한 압박감.

세 번째 일련의 행동인 C유형은 이 연구를 위해 만들어졌다. B와 유사한 유형이면서 만성적인 불안 또는 불안정된 상태를 포함한다. 연구자들은 46명의 고용되지 않은 맹인 남성을 표집하여 이 집단을 구성했다. 이 집단은 다른 두 집단과 많은 면에서 차이가 난다 (잠시 후 자세히 논의할 것이다). A와 B유형에 중요하고 의미있는 연구결과가 집중되어 있기 때문에 C유형에 관한 연구 부분은 논의에서 제외시킬 것이다.

다음으로 프리드만과 로젠만은 그들의 연구들 때문에 기술한 A와 B유형에 적합한 피험자를 찾아야 했다. 이를 위해 그들은 큰 공장과 대기업의 경영자 및 관리자와 접촉하였다. 이들에게 각 행동유형을 설명해주고 특정유형에 가장 적합한 고용인을 선정해 달라고 요청했다. 마침내 각 집단은 다양한 직급의 실무자와 비실무자로 모두 남성으로 구성되었다. 각 집단에 83명의 남성이 포함되었고, 집단의 평균 연령은 A유형이 45세이고

B유형이 43세였다. 모든 피험자에게 연구목적과 관련된 몇 개의 검사를 실시했다.

개인면담 면담은 피험자 부모의 CHD의 병력을 살펴보고 피험자 자신의 심장과 관련된 병력, 일주일의 작업, 수면, 운동시간 그리고 흡연, 음주, 식이 습관 등에 관해 평가하도록 고안했다. 또한 면담 동안 피험자가 A 또는 B유형의 행동을 완전히 혹은 단지 부분적으로 나타냈는지를 신체의 움직임, 대화하는 목소리의 음색, 이를 무는 것 , 몸짓, 참을성, 그리고 피험자가 자신의 욕구, 경쟁심, 시간에 대한 강박감에 대해 설명하는 것을 근거로 결정했다. A집단의 83명 중 69명은 완전한 A유형이었고, B집단의 83명 중 53명은 완전한 B유형인 것으로 판단되었다.

식사 및 음주 조사 모든 피험자는 일주일 동안 먹고 마신 것을 모두 기록해 두도록 했다. 피험자에게 코드 숫자를 배정해 줌으로써 음주에 대해 정직하게 보고하는 것을 꺼리지 않도록 했다. 피험자의 식이 기록은 각 피험자의 신원이나 소속되어 있는 집단을 모르는 병원의 영양학자에 의해 항목으로 나누어서 분석했다.

혈액과 심장혈관 검사 모든 피험자의 혈액을 채취하여 콜레스테롤 수준과 응결시간을 측정했다. 관상성 심장질환의 경우에는 피험자에게 과거 관상 건강에 대하여 상세한 질문과 표준 심전도 기록을 보고 결정했다. 심전도 기록은 로젠만과 본연구에 참여하지 않은 다른 심장학자가 판독했다. 한 경우를 제외하고 이들의 모든 피험자에 대한 해석이 일치했다.

피험자의 눈에 조명을 비추어서 노인환이 있는 피험자를 결정했다. 노인환은 눈의 각막 주위에 불투명한 고리가 형성되는 것을 말하는데 이것은 혈루의 지방 침전물이 흘러나오면서 발생되는 것이다. 이제 프리드만과 로젠만의 자료를 살펴보고 그들이 무엇을 발견했는지 알아보도록 하자.

결 과

면담결과 각 집단의 남성들은 연구자가 개발한 목록에 매우 적합한 것으로 나타났다. A집단의 피험자들은 실행, 야망, 동기에 의해 만성적으로 괴로움을 겪었다. 또한 이들은 분명히 그들이 하는 모든 활동은 전문가답게 창의적으로 완벽하게 해내기를 열망했다. 또한 이기려고 하는 욕구가 강하다는 것도 시인했다. B집단의 남성들은 A집단과 완전히 달랐고 특히 시간에 대한 강박관념이 없었다. B집단의 남성은 현재 자신의 삶의 지위에 만족했고 여러 가지 목표와 경쟁적인 상황을 피하려고 했다. 그들은 승진에 관심이 적었고 주로 가족과 시간을 보내거나 비경쟁적인 여가활동을 했다.

표 1은 검사와 조사결과에서 두 집단의 특징을 비교한 것을 요약했다. 표 2는 혈압과 질병 관계를 측정한 결과를 요약한 것이다. 표 1에서 알 수 있듯이 두 집단은 평가한 모든 특성이 거의 유사했다. A집단에 소속된 남성들이 모든 측정치에서 수치가 조금 높았지만 통계적으로 유의미한 차이가 있는 항목은 1일 흡연량과 부모가 관상성 심장질환을 앓은 비율이었다.

그렇지만 표 2에서 콜레스테롤과 질병 수준을 보면 확실한 차이가 있음을 알 수 있다. 첫째, 표에서 전반적인 결과를 고려할 때 두 집단간의 혈액응결시간에 대한 의미있는 차이가 없는 것으로 보인다. 당신의 혈액이 응결되는 속도는 심장질환 및 다른 혈관질환 가능성과 관련있다. 응결시간이 느릴수록 위험률이 낮아진다. 이 통계치를 더 정확히 조사하기 위해 프리드만과 로젠만은 A유형 양식에 완전히 일치하는 피험자의 응결시간(6.8분)과 B유형 양식에 완전히 일치하는 피험자의 응결시간(7.2분)을 비교했다. 응결시간의 차이는 통계적으로 유의미했다.

표 2에 나타난 다른 결과들은 의문의 여지가 없다. 콜레스테롤 수준은 A집단 피험자가 분명히 유의미하게 더 높았다. 이 차이는 각 유형이 완전히

표 1. A집단과 B집단의 특성비교(평균)

분 류		집단 A	집단 B
특성 비교	체중	176	172
(평균)	근로시간(주)	51	45
	운동시간(주)	10	7
	흡연자	67	56
	흡연량(일)	23	15
	알코올 열량(일)	194	149
	전체 열량	2,049	2,134
	지방열량	944	978
	부모가 관상성 심장질환을 앓은 수	36	27

표 2. A집단과 B집단의 혈액과 질병 비교

분 류		집단 A	집단 B
혈액과 질병	평균 혈액응결시간(분)	6.9	7.0
비교	평균 혈청 콜레스테롤	253	215
	노인환(%)	38	11
	관상성 심장질환(%)	28	4

나타난 피험자들을 비교했을 때는 더 컸다. 노인환의 발병률은 집단 A가 3배나 높았고 완전히 일치하는 피험자간의 비교에서는 5배에 이르렀다.

끝으로, 전체 연구에서 핵심적인 결과이며 역사적인 연구로 자리가 보장된 것은 두 집단간에 나타나는 임상적 관상성 심장질환의 발병의 차이였다. A집단의 경우 23명의 피험자(28퍼센트)가 CHD의 확실한 증상을 보였으나 B집단은 3명(4퍼센트)에 불과했다. 각 유형에 완전히 일치하는 하위 집단들을 비교했을 때 이러한 증거는 더욱더 확증적이다. A집단에서 23명의 CHD 경우는 모두 A유형 양식에 완전히 일치하는 피험자들이었다. B집단의 경우 세 명이 B유형 양식에 불완전하게 일치하는 피험자들이었다.

결과에 대한 논의

이러한 결과는 연구자들에 의해 A유형 행동양식이 CHD의 주요 원인이고 혈액이상과 관련되어 있음을 의미한다. 하지만 표에 제시된 자료를 주의깊게 살펴보면 이러한 결과에 대해 두 가지 대안적인 설명이 가능할 수 있다. 하나는 A집단에 속한 남성의 경우 부모의 CHD 발병률이 높은 점이다. 그러므로 이런 차이는 행동양식 때문이 아니라 유전적인 요인 때문일 수 있다. 또 다른 눈에 띄는 차이는 A집단의 1일 흡연량이었다. 오늘날 흡연이 CHD에 영향을 준다는 것은 다 알고 있는 사실이다. 그래서 아마도 이러한 결과를 초래한 것은 A유형 행동양식이 아니라 과도한 흡연량 때문일 수도 있다.

프리드만과 로젠만은 결과에 대한 논의에서 이런 가능한 비판에 모두 답변했다. 첫째, A집단 내에서 CHD에 걸린 사람의 수는 경미한 흡연가(10일에 10개피 이하)와 심한 흡연가(1일에 10개피 이상)나 동일하였다. 둘째, B집단에도 46명이 심한 흡연가였지만 2명만 CHD를 나타냈다. 이러한 결과로 인해 연구자들은 흡연이 CHD를 유발한 직접적인 원인이 아니라 A유형 행동양식의 특징이라고 했다. 여기서 다시 상기해야 하는 것은 이 연구는 30여 년 전에 오늘날처럼 흡연과 CHD간의 관계가 명확히 밝혀지지 않았을 때 이루어졌다는 사실이다.

부모의 병력이 차이를 가져왔다는 가능성에 대해 "자료에 보면 A집단의 30명은 부모가 병력이 있었지만 8명(27퍼센트)만이 심장병이 있었고 부모가 병력이 없는 53명 중 15명(28퍼센트)이 심장병이 있었다. B집단의 23명은 부모가 병력이 있었지만 임상적인 심장질환은 없었다"(p. 1293)고 설명한다. 또다시 더 최근에 이루어진 연구에서는 이 요인을 주의깊게 통제했는데 CHD와 가족력간의 연관성이 밝혀졌다. 그러나 이것이 심장질환에 대한 경향 때문인지 특정 행동유형(A유형과 같은) 때문인지 명확하지 않다.

연구의 중요성과 후속 연구 결과

프리드만과 로젠만의 연구는 세 가지 기본적인 이유에서 심리연구 역사에서 매우 중요하다. 첫째, 이 연구는 개인의 특정 행동양식의 특성이 심각한 질병을 극적으로 초래할 수 있다는 것을 보여준 체계적인 연구이다. 이 연구는 의사들에게 질병을 생리학적인 측면으로만 고려함으로써 성공적인 치료나 개입, 예방하는 것은 전적으로 부적합하다는 메시지를 주었다. 둘째, 이 연구는 행동과 CHD 관계에 관한 다수의 연구논문을 산출하게 하는 새로운 과학적 조사를 시작하게 했다. A유형 행동양식의 개념과 CHD와의 관련성은 더 정밀해져 심장마비 위험률이 높은 사람에게 심장마비가 오기 전에 예방할 수 있다는 점까지 도달했다.

프리드만과 로젠만의 연구에서 넓은 영역에 걸쳐 나타난 세 번째 결과는 건강심리학이라는 행동과학의 비교적 새로운 영역이 만들어지고 성장하는 데 중요한 역할을 하였다. 건강심리학은 심리학적 영향의 관점에서 건강과 의학에 관한 모든 측면과 건강을 증진시키고 유지하거나 질병을 예방하고 치료하거나 질병의 원인이나 건강 보호 체계내의 심리학적 영향을 연구하는 것이다.

한 후속연구는 여기서 언급할 만큼 중요하다. 1976년에 프리드만과 로젠만은 8년간 3천 명의 남성을 대상으로 한 연구결과를 출판했는데, 연구가 처음 시작됐을 때는 심장질환이 없다고 진단받았고 A유형 행동양식에 들어맞았다. B유형 행동양식에 맞는 사람들에 비해 CHD에 걸리는 비율이 2배였고 치명적인 심장마비도 더 많이 겪었고 관상문제도 5배나 더 많이 보고되었다. 하지만 이것보다도 더 중요한 것은 A유형 행동양식은 연령, 콜레스테롤 수준, 혈압, 흡연 습관과는 무관하게 CHD에 걸린 사람을 예측했다는 사실이다(Rosenman 등, 1976).

이런 사실을 보고 당신은 왜, 무엇이 A유형 양식으로 하여금 CHD를 발병하게 하는지 의문을 가질 것이다. 이런 질문에 대해 가장 널리 수용되는 답변은 A유형의 사람들은 스트레스를 받는 사건에 생리적 각성수준이 극단적이라는 것이다. 이렇게 극단적인 각성상태로 인해 신체는 에피네프린(아드레날린)과 같은 호르몬을 더 분비시키고 심장 박동률과 혈압이 증가한다. 시간이 경과됨에 따라 스트레스에 대한 극단적인 반응은 동맥에 손상을 주고 결국 심장질환을 초래한다(Matthews, 1982).

결 론

당신은 A유형 양식에 해당하는 행동을 하는가? 이것은 어떻게 알 수 있는가? 이 연구의 앞부분에서 내향성과 외향성 수준에 대해 언급했듯이, A유형 경향 대 B유형 경향은 당신이 어떤 사람인지 말해 주는 한 부분이다. 사람들의 A유형이나 B유형 행동양식을 평가하기 위한 검사들이 개발되었다. 아래에 있는 A유형 특징 목록 중에서 당신에게 해당되는 것이 얼마나 있는지 살펴봄으로써 대략 알 수 있을 것이다.

1. 빈번히 한 가지 이상의 일을 동시에 한다.
2. 다른 사람들을 독촉하며 그들이 말하는 것을 빨리 끝내도록 한다.
3. 차가 막히거나 줄서서 기다릴 때 애를 태운다.
4. 이야기하면서 몸짓을 많이 한다.
5. 아무것도 하지 않고서는 가만히 앉아 있지를 못한다.
6. 폭발적으로 이야기하고 음담패설을 자주 한다.
7. 항상 이기려고 하고 심지어 어린아이에게도 이기려고 한다.
8. 다른 사람이 어떤 일을 하고 있는 것을 가만히 보고 있지 못한다.

당신이 A유형에 해당되는 것 같다면 의사나 심리학자에게 더 정밀한 검진을 받고 싶을 것이다. 프리드만과 로젠만의 업적으로 인해 A유형 행동과 심각한 질병 간의 관계에서 조정할 수 있는 성공적인 다수의 프로그램이 개발되었다.

MATTHEWS, K. A. (1982) Psychological perspectives on the Type A behavior pattern. *Psychological Bulletin, 91,* 293~323.

ROSENMAN, R. H., BROND, R. SHOLTZ, R., & FRIEDMAN, M. (1976) Multivariate prediction of CHD during 8.5-year follow-up in the Western Collaborative group study. *American Journal of Cardiology, 37,* 903~910.

제 8 부

정 신 병 리

심리학을 조금이라도 공부해보지 않은 대부분의 사람들은 심리학이 정신병리 또는 정신병만을 주로 다루는 학문이라고 생각한다(정신병을 연구하는 하위 영역을 이상심리학이라 함). 하지만 여러분이 이미 살펴보았듯이 앞에서 살펴본 모든 연구는 정상행동에 초점을 두고 있다. 전반적으로 심리학자들은 이상행동보다는 정상행동에 관심이 더 많다. 왜냐하면 인간의 행동 대부분은 정상적이기 때문이다. 그러므로 만약 일부분인 이상행동만을 연구한다면 인간 본성에 관해 많은 것을 알 수 없을 것이다. 앞에서 언급한 것처럼 정신병에 관한 연구는 많은 사람들의 관심을 받는 가장 흥미로운 심리학 분야 중의 하나이다. 중요한 역사적 의미를 지닌 다양한 연구들이 여기에 포함되어 있다.

첫번째 연구는 정신건강 전문가가 거의 20여 년 동안 이야기하는 것이다. 이 연구에서 정신병 환자인 체하는 사람들은 의사나 의료진이 자신들과 실제로 정신병을 앓고 있는 사람과 구별할 수 있는지 알기 위해 정신병원에 온다. 둘째, 심리학 연구의 역사에 관한 그 어떤 책도 지그문트 프로이트를 언급하지 않고서는 완성될 수 없다. 따라서 그의 딸인 안나 프로이트(Anna Freud)의 저서에 있는 자아 방어기제 이론에 관한 그의 논의도 여기에 포함된다. 이는 심리장애에 관한 그의 업적과도 관련있기 때문이다. 그 다음은 유명한 로르샤흐(Rorschach) 잉크 반점 검사에 관한 연구로서 이 검사는 다른 목적보다도 정신병리를 진단하는 목적으로 사용되고 있다. 마지막으로 상당히 흥미롭고 잘 알려진 연구로 밀집한 쥐를 대상으로 한 그들의 결과적인 일탈행동에 관한 실험이며, 이는 인간에 대해 중요한 시사점을 던진다.

도대체 누가 미쳤는가 29

정상과 이상행동을 어떻게 구분하는가에 관한 질문은 심리학에서 기본이다. 이상에 관한 정의는 정신적으로 질병이 있다는 진단을 내리는 데 중요한 역할을 하며 대체로 이 진단은 환자가 받을 치료를 결정한다. 정상과 이상을 구분하는 선은 분명하지 않다. 오히려 모든 행동은 정상 또는 효율적인 심리적 기능이라 일컫는 한끝과 비정상 또는 정신병인 성격분열의 또 다른 한끝으로 이어지는 연속선상에 있다고 할 수 있다.

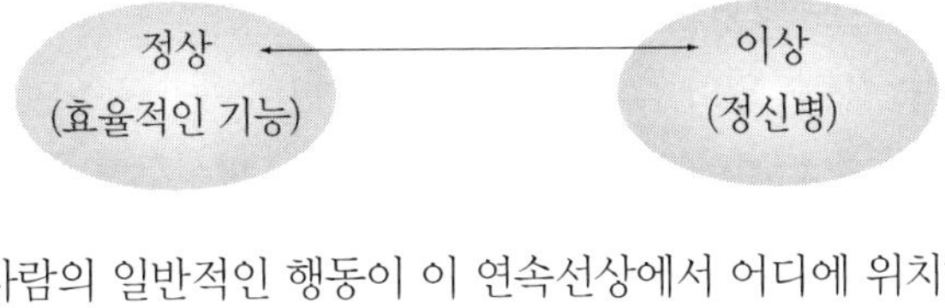

정상 (효율적인 기능) ↔ 이상 (정신병)

어떤 사람의 일반적인 행동이 이 연속선상에서 어디에 위치하는지를 결정하는 것은 정신건강 전문가에 달려 있다. 심리학자, 정신과 의사 및 다른

Rosenhan, D. L. (1973) On being sane in insane places. *Science, 179,* 250~258.

심리치료사들은 다음과 같은 준거 중 하나 이상을 사용할 것이다.

행동의 기괴성 이것은 주관적 판단이지만 우리가 아는 것처럼 주어진 상황에서 분명히 기괴한 행동들이 있다. 예컨대 폭풍우가 치는데 정원에 물을 주려고 밖에 서 있는 경우만 아니라면 정원에 물을 주기 위해 밖에 서 있는 행동은 괴상할 것 없다. 따라서 기괴성에 대한 판단은 행동 또는 행동유형이 일어나는 맥락을 신중히 고려해야 한다.

행동의 지속성 우리들 모두는 정도는 다르겠지만 미친 것처럼 보이는 순간을 경험한다. 필연적으로 정신병이 없어도 때때로 이상적인 행동을 보일 수 있다. 예컨대 당신은 복잡한 시내를 걷다가 굉장히 기쁜 소식을 듣고 춤을 추며 길을 지날 수 있다. 물론 이 행동은 이상하지만 일주일 혹은 하루 단위로 거리에서 춤을 추는 것이 아니라면 정신병이 있다는 것을 뜻하지는 않는다. 따라서 정신병은 시간이 경과해도 지속된다.

사회적 일탈 어떤 사람의 행동이 기대하는 가정이나 규준을 위반하여 다른 사람을 혼란스럽게 했다면 이는 사회적으로 벗어난 행동으로 간주한다. 이러한 일탈행동이 환청 혹은 환시처럼 극단적이고 지속적이라면 이는 심리적 문제가 있음을 보여주는 증거이다.

주관적 고통 이성적인 존재로서 우리는 자주 자신의 심리적 어려움과 고통을 인식할 수 있다. 폐쇄된 공간을 상당히 두려워하여 엘리베이터를 탈 수 없거나 다른 사람과 의미있는 관계를 형성하지 못할 때에 전문가에게 심리적 고통이 있다고 말할 필요는 없다. 이러한 주관적 고통은 정신건강 전문가가 심리적 진단을 내리는 데 상당히 도움이 된다.

심리적 결함 심리적 문제로 인해 삶에 만족할 수 없다면 이는 심리적 결함으로 간주해야 한다. 예를 들어 어떤 사람이 성공을 두려워하여 인생에서 새로운 시도를 할 때 장애를 가지는 것은 심리적인 결함으로 인해 고통받고 있다는 것이다.

기능의 효율성 이 준거는 심리적 진단의 최저선에 해당한다. 문제의 행동이 그들이 원하고 사회가 수용할 수 있는 삶을 영위할 수 있는 인간의 능력을 방해하는 정도이다. 행동이 기괴하고 지속적이더라도 삶에서 기능할 수 있는 능력을 손상시키지 않았다면 진정으로 정신병리는 아니다. 예컨대 당신은 매일 밤 잠자리에 들기 전에 침대 위에 서서 국가를 불러야 하는 통제할 수 없는 욕구가 있다고 가정하자. 이는 분명히 기괴하고 지속적이지만 이웃을 깨우지 않거나 다른 식구에게 방해가 되지 않는다면 당신의 행동은 일반적 기능에 거의 영향를 끼치지 않는다. 그러므로 이는 임상적 문제가 되지는 않는다.

정신병에 대한 이러한 정의와 특징은 심리학자, 정신과 의사, 다른 정신건강 전문가의 판단이 요구되는 부분이다. 따라서 위와 같은 지침들이 있지만 여전히 두 가지 질문이 남아 있다. 정신건강 전문가들이 정말로 정신병이 있는 사람과 정신적으로 건강한 사람을 구분할 수 있는가? 또한 판단에 있어 실수의 결과는 어떠한가? 이는 데이비드 로젠한(David Rosenhan)의 정신병원에 관한 연구에서 언급된 질문이다.

이론적 제안

로젠한은 심리진단을 이끄는 특징들이 단지 자신에게 있는 것인지 또는 관찰자(진단을 내리는 사람)가 환자를 발견한 상황이나 맥락에 있는 것인지에 관한 의문을 가졌다.

그는 설정한 기준이 적절하고 정신건강 전문가가 정신병의 진단을 위해 받은 수련이 적절하다면, 전문가는 제정신인 사람과 미친 사람을 구분할 수 있을 것이라고 추론했다(기술적으로 '제정신'과 '미친'이라는 용어는 법적 용어이고 심리적 맥락에서는 잘 쓰이지 않는 용어임에 주의하라. 로젠한이 그의 연구에서 이 용어를 사용했기 때문에 여기에서 사용한다).

로젠한은 정신건강 전문가들이 정확하게 범주화할 수 있는 능력을 검증하는 한 가지 방법은 정상인이 정신과 기관에서 실제로 정신적으로 건강한지 확인해보는 것이라고 제안한다. 이들 유사환자가 실제로 밖에서 행동하듯이 병원에서 행동했다면, 그리고 그들이 정상인으로 확인되지 않았다면 이는 정신병을 진단할 때 이들 환자보다는 상황에 더 의존한다는 것을 보여주는 것이다.

방 법

로젠한은 자신을 포함해서 8명의 피험자를 모집하여 유사환자 역할을 하도록 했다. 8명의 참가자는(3명의 여자와 5명의 남자) 대학원생 1명, 심리학자 3명, 소아과 의사 1명, 정신과 의사 1명, 화가 1명, 그리고 주부 1명으로 구성되었다. 피험자들의 첫번째 임무는 미국의 동서해안에 걸쳐 있는 5개 주에 위치한 12개 정신병원에 입원하기 위하여 그들 자신을 소개해야 했다.

모든 유사환자들은 동일한 지시사항을 따랐다. 그들은 병원에 전화를 걸어 약속시간을 정했다. 병원에 도착하자마자 "공허하다", "속이 텅 비었다", "쿵" 하는 목소리가 들린다고 호소했다. 이러한 한 가지 증상 이외에는 모든 피험자들이 완전히 정상적으로 행동했고 면접자에게 전적으로 신뢰할 만한 정보를 주었다(자신의 이름과 직업을 바꾼 것을 제외하고는). 피험자는 여러 병원에 입원되었고 한 명을 제외하고는 모두 '정신분열증'으로 진단되었다.

병원에서 유사환자들은 어떤 증상도 보이지 않았고 정상적으로 행동했다. 피험자들은 자신이 언제 퇴원할 수 있는지 전혀 알 수 없었다. 병원 의료진이 퇴원할 만큼 건강하다는 확신에 따라 퇴원할 수 있었다. 피험자 모두는 그들의 경험을 기록하였다. 처음에는 이런 행동을 숨기려고 했으나 곧 숨길 필요가 없어졌다. 왜냐하면 '기록하는 행동'도 그들의 정신병의 또 다른 증상으로 보였기 때문이다. 그들 모두는 가능한 한 빨리 병원을 퇴원하고 싶어 의료진에게 잘 협조했고 약도 잘 먹음으로써(약을 입에 넣기는 했지만 변기에 버렸다) 모범환자처럼 행동했다.

결 과

유사환자들이 병원에 머무르는 기간은 7~52일이며 평균 19일이었다. 이 연구에서 중요한 결과는 병원 의료진이 한 명의 유사환자도 알아내지 못했다는 것이다. 퇴원할 때 정신건강 상태는 그들의 파일에 '정신분열증 호전상태'로 기록되었다. 이외에도 흥미있는 결과와 관찰들이 있다.

병원측 의료진인 의사, 간호사 및 조무사들은 피험자들을 알아차리지 못했지만 다른 환자들은 쉽게 속지 않았다. 세 명의 유사환자가 입원한 병원에서 118명 중 35명의 실제환자는 피험자가 실제로 정신병이 있는지 의심스럽다고 말했다. 그들은 "당신은 미치지 않았어! 당신은 잡지 편집자이거나 기자야. 당신은 병원을 살펴보러 온 거야!"라고 했다.

환자(피험자이거나 아니거나)와 병원 의료진의 접촉은 최소화하였고 종종 괴상했다. 이 연구 중 검사 하나는 다음과 같이 이루어졌다. 유사환자가 여러 의료진 구성원에게 접근하여 일반적이고 정상적인 질문으로써 언어적인 접촉을 시도했다(예를 들어 "언제 기본적인 권리를 누릴 수 있습니까? 또는 언제 퇴원할 수 있습니까?" 등). 표 1은 질문에 대한 의료진의 반응을 요약한 것이다.

반응이 있을 경우 다음과 같은 형태가 빈번하였다.

유사환자: "실례합니다. ××선생님, 제가 언제쯤이면 기본적인 권리를 누

표 1. 유사환자가 제기한 질문에 대한 의료진의 반응

반 응	정신과 의사	간호사와 조무사
고개를 돌림	71(%)	88(%)
눈을 맞춤	23	10
머뭇거리다가 잡담함	2	2
멈추어 서서 이야기함	4	0.5

(p. 255 인용)

릴 수 있습니까?"

정신과 의사: "안녕하세요. 데이브 씨. 오늘은 기분이 어떤가요?"

의사는 그런 후 대답은 기다리지도 않고 걸어가버린다.

연구에 참여한 병원에서 개인적인 접촉은 심각할 정도로 부족한 반면 약물은 부족하지 않았다. 연구에서 80명의 유사환자들에게 총 2100개의 알약이 처방되었고, 위에서 언급했듯이 이들 환자들은 약을 삼키지는 않았다. 피험자들은 많은 실제환자들도 약을 변기에 몰래 버린다는 것을 발견했다.

유사환자들이 이야기해주는 다른 사건은 간호사에 관한 것이다. 간호사는 남자환자로 가득 찬 오락실 앞에서 속옷을 고쳐 입기 위해 그들 유니폼 단추를 풀었다고 한다. 피험자들의 보고에 따르면 간호사는 환자를 자극시키려는 의도는 없었고 단순히 환자를 실제사람으로 생각하지 않았다고 한다.

논 의

로젠한의 연구는 다소 강력하게 정상적인 환자도 병원 현장에서는 정신병이 있는 사람과 구분되지 않는다는 것을 보여준다. 로젠한에 따르면 이것은 정신과 장면에서 개인의 행동에 대한 부적절한 정도의 중요성을 부과했기 때문이라고 한다. 환자가 이런 기관에 일단 입원하게 되면 환자의 개성이 완전히 무시되는 경향이 강하다. 이를 확인하는 태도는 다음과 같다. "그들이 이곳에 있다면 그들은 미친 것이 분명하다." 더욱더 중요한 것은 로젠한이 '진단병명의 고정'이라고 언급하는 것이다. 즉 환자가 '정신분열증'이라고 명명되면 이는 그 혹은 그녀의 핵심 특성이나 성격 특질이 된다(Ash의 1946년도 연구인 '성격형성 특징' 참조). 진단명이 정해지고 의료진이 그것을 알게 된 순간부터 의료진은 환자의 모든 행동은 그 진단명에 의한 것으로 지각한다. 따라서 유사환자의 기록행동에 대한 관심이나 의심을 하지 않았고 단지 이 행동은 정신 진단병명에 대한 또 다른 행동증상이다.

병원 의료진은 환자가 처해 있는 상황적 압박을 무시하는 경향이 있고 환자들에게 부여된 병리적 특질과 관련된 행동만을 보았다. 피험자 중 한 사람이 기록한 관찰내용에 이런 경향이 나타나 있다.

> 어떤 정신과 의사는 점심시간 30분 전에 카페테리아 출입문 밖에 앉아 있는 여러 명의 환자들을 주목했다. 그는 젊은 정신과 수련인들에게 저런 행동은 '구강-획득' 증후군의 기본적인 특징이라고 지적해 주었다. 정신병원에서 환자들의 먹는 행위를 제외하고 대다수 행해지는 일들이 그에게는 거의 없는 것 같다(p. 253).

이것 이외에도 고정적인 진단병명은 유사환자의 개인사가 어떻게 해석되는가에도 영향을 준다. 피험자들 모두가 그들의 과거사와 가족에 대해 정직하게 설명해 주었음을 기억하라. 로젠한 연구에서 한 유사환자가 말한 개인사와 피험자가 퇴원한 후에 의료진이 보고서에 해석한 내용을 예를 들어보면 다음과 같다. 피험자의 진실된 설명은 다음과 같다.

> 유사환자는 초기 아동기 동안 어머니와는 밀접한 관계를 유지했지만 아버지와는 다소 소원하였다. 그러나 청년기 및 그 이후에는 어머니와의 관계가 냉랭해진 반면에 아버지와는 매우 친한 친구처럼 지내게 되었다. 현재 아내와의

> 관계는 성격상 가깝고 온화하다. 때때로 화를 서로 표출하는 것을 제외하고는 불화는 적은 편이다. 자녀들은 매를 맞은 적이 거의 없다(p. 253).

다소 정상적이고 무구한 이런 과거사에 대해 의료진이 해석한 내용은 다음과 같다.

> 39세 된 백인 남성은 초기 아동기에 시작된 밀접한 관계에서 심각한 양가성에 대해 화난 것으로 보이고 있다. 어머니와의 따뜻한 관계가 청년기 동안에 차가워졌다. 아버지와 멀었던 관계는 상당히 가까워진 것으로 기술했다. 정서적 안정성이 결여되어 있다. 부인 및 자녀에 대한 정서를 통제하려는 그의 시도는 화난 것을 표현하지 않거나 자녀에 대해서는 매질을 중단하는 것이다. 그는 좋은 친구가 몇 명 있다고는 하지만 그 관계에도 심각한 양가성이 내재되어 있다(p. 253).

의료진의 왜곡이 의도적인 것은 어디에도 제시되어 있지 않다는 점을 알아야 한다. 그들은 진단을 확신하고 (이 경우는 정신병) 환자의 개인사와 행동을 진단과 일치되는 방향으로 해석했다.

결과의 중요성

로젠한의 연구는 정신건강 전문가위원회에 충격을 주었다. 연구결과는 두 가지 중요한 요인을 지적했다. 첫째, 정신병원에서 제정신인 사람과 미친 사람을 구분할 수 없다는 것이다. 로젠한 자신이 논문에서 언급했듯이 "병원 그 자체가 특별한 환경을 만들고 그 환경에서 행동의 의미를 쉽게 오해할 수 있다고 말한다. 이런 환경에서 입원한 환자들에 대한 결과들은 의심의 여지 없이 반치료적인 것으로 보인다"(p. 257). 둘째, 로젠한은 진단병명의 위험성을 증명하였다. 일단 특정 심리적 '조건'(예컨대 정신분열증, 조울증 등)을 지닌 것으로 명명되면 그 명칭이 그 또는 그녀의 다른 모든 특징을 상실하게 한다. 모든 행동과 성격 특성은 명명된 진단에 의해 생겨나는 것처럼 보인다. 이런 유형의 치료에 있어 최악의 부분은 이것이 자기확신적으로 될 수 있다는 것이다. 어떤 사람이 시간이 경과함에 따라 일관되게 특정 방식으로 처치를 받으면 그 사람은 그런 식으로 행동하게 된다.

로젠한의 연구를 통해 진단 절차에 신중함이 증가되었고 환자에게 병명을 적용할 때의 위험성을 더 많이 인식하게 하였다. 부가적으로 그의 연구에서 언급된 문제들은 병원에 입원하는 환자가 줄어듦으로써 감소되었다. 입원환자의 이러한 감소는 항정신성 약물이 개발되고 널리 확산되어서이다. 항정신성 약물은 대부분의 환자가 겪는 증상을 감소시켜 주어 병원에 입원하지 않고도 살 수 있도록 해주고 많은 경우에 비교적 정상적인 삶을 살 수 있게 해준다. 동시에 지역 정신건강 시설, 위기중재 센터의 증가와 특정문제와 특징행동에 초점을 두고 전체적으로 병명을 붙이는 것을 피하는 경향을 지닌 행동치료가 증가했다.

그렇다고 해서 정신건강 전문가들이 병명을 배제하였다는 것은 아니다. 그러나 일반적으로 로젠한의 연구와 이와 같은 맥락에 있는 다른 연구들 때문에 이제는 정신과적 명명을 신중히 사용하게 되었다.

의문과 비판

로젠한의 결과가 출판되기 전에 교육을 받고 있는 의료진은 진단에 있어서의 이러한 실수가 자신들의 병원에서 발생할 수도 있을 것이라는 의문을 제기한 연구가 있다. 이를 검증하기 위해 로젠한은 의료진에게 다가오는 석 달 동안에 한 명 이상의 유사환자가 정신병동에 입원할 것이라고 알려주었다. 의료진의 구성원에게 현재의 환자가 유사환자일 가능성을 10점 척도상에서 평정하도록 했다. 3개월이 끝나갈 무렵, 193명의 환자가 입원했다. 최소한 1명의 의료진이 그 중 41명을 유사환자라고 굳게 믿었다. 최소한 1명의 정신과 의사가 23명을 의심했고 1명의 정신과 의사와 다른 1

명의 의료진이 19명을 유사환자로 판단했다. 로젠한(속임수를 쓰는 귀여운 악마)은 3개월 동안 결코 한 명의 유사환자도 보내지 않았다! 로젠한은 "실험은 교육적"이라고 했다. 이 실험은 미친 사람을 제정신인 사람으로 짜맞추는 경향은 이해관계가(이 경우 있어서 권위와 진단능력) 높을 때는 역전될 수 있음을 시사한다. 하지만 한 가지는 확신한다. 이런 유형의 큰 실수를 쉽게 저지를 수 있는 진단과정은 매우 신뢰할 만한 게 못된다(p. 252).

로젠한은 1973년에서 1975년까지 열두 곳의 병원에서 여러 차례 반복 연구를 하였다. 매번 유사한 결과가 나왔다(Greenberg, 1981; Rosenhan, 1975 참조). 그러나 다른 연구자들은 공정성에 있어 로제한이 도출한 연구 결과를 논박했다. 스피처(Spitzer, 1976)는 로젠한이 사용한 방법이 심리진단 체계가 타당하지 않은 것으로 보았으며 실제로는 그렇지 않다고 주장한다. 예컨대 유사환자들이 거짓말을 하여 정신병원에 입원하는 것은 어렵지 않을 것이다. 왜냐하면 대부분의 입원 허가는 언어적인 보고에 근거를 두기 때문이다(그리고 누가 감히 그런 곳에 들어오려고 속임수를 쓴다고 생각이나 하겠는가?). 그 이유는 여기에 있다. 여러분은 응급실로 걸어가 장의 심한 통증을 호소하며 위염이라는 진단을 받아 입원할 수 있다. 비록 의사는 속았지만 진단 방법이 타당하지 않은 것은 아니다. 또한 스피처는 유사환자들이 입원한 후에 정상적으로 행동했다고 해서 의료진이 무능한 것은 아니라고 지적했다. 많은 심리진단은 현재뿐만 아니라 과거 증상에 근거하며 증상이 다양하게 나타나는 것은 가끔씩 일어나는 일이다.

로젠한의 1973년 논문을 시작으로 심리진단의 타당성에 대한 논쟁은 계속되고 있다. 최종적인 결과와 관계없이 로젠한의 연구가 심리학 역사에서 가장 영향력 있는 연구 중 하나라는 것은 의심의 여지가 없다.

GREENBERG, J. (1981, June/July) An interview with David Rosenhan. *APA Monitor*, 4~5.

ROSENHAN, D. L. (1975) The contextual nature of psychiatric diagnosis.

Journal of Abnormal Psychology, 84, 442~452.
SPITZER, R. L. (1976) More on pesudoscience in science and the case of the psychiatric diagnosis: A critique of D. L. Rosenhan' s "On being sane in insane places" and "The contextual nature of psychiatric diagnosis." *Archives of General Psychiatry, 33,* 459~470.

30 또 방어적으로 되어갑니다!

심리학에 변화를 가져온 연구 역사에 관한 책에서 결코 생략할 수 없는 인물은 역시 지그문트 프로이트(Sigmund Freud, 1856~1939)이다. 심리학이 복잡한 형태로 변화되어 왔음에도 불구하고 프로이트의 공헌이 없었다면, 심리학은 오늘날의 모습으로 있을 수 없었을 것이다. 인간행동(특히 이상행동)을 해석함에 있어 신들렸다거나 사악한 영혼에 의한 것이라는 것에서 이성과 과학의 합리적인 사고로 승격시킨 것은 많은 부분에서 그의 공이 크다. 따라서 그의 업적을 살펴보지 않고서 이 책은 완성될 수 없다. 그런데 지그문트 프로이트가 그렇게 중요하다면 이 연구는 왜 그의 딸인 안나 프로이트(Anna Freud)가 저술한 책에 관한 것인가? 이 연구를 선택한 것은 매우 정당한 근거가 있다. 잠시 후 이에 대해 설명할 것이다.

지그문트 프로이트가 심리학사에 있어 빠뜨릴 수 없는 인물이어서 이

Freud, Anna (1946) *The ego and the mechanisms of defense.* New York: International Universities Press.

책에서 반드시 있어야 할 부분이지만 이 책의 모든 다른 연구자들의 연구에 비해 그의 연구는 어렵다. 어려운 이유는 프로이트는 명확히 정의된 과학적 방법으로 자신의 연구결과를 얻어낸 것이 아니기 때문이다. 이 책에 언급된 다른 연구자들이 실험했던 것처럼 단 하나의 연구나 일련의 실험으로 그의 업적을 보여줄 수는 없다. 프로이트의 이론은 수십 년간 임상 분석을 통해 환자들을 면밀히 관찰해서 나온 것이다. 결과적으로 그의 집필은 최소한으로 말해도 수없이 많다. 그의 연구 모음집인 『지그문트 프로이트의 완성된 심리학 업적』(*The Standard Edition of the Complete Psychological Works of Sigmund Freud,* London: Hogarth Press, 1953~1974)만도 24권이었다! 분명히 그의 업적 중 상당히 적은 부분만 짧게나마 여기서 논의될 것이다.

또한 프로이트 이론 중에서 많은 시간이 흘렀음에도 비교적 비판을 많이 받지 않은 부분을 선택했다. 지난 1세기 동안 프로이트의 개념에 초점을 두고 많은 비판이 가해졌고, 특히 지난 40여 년 동안 그의 연구는 과학적 관점에서 심각한 의문을 제기하게 했다. 비판자들은 많은 그의 이론은 과학적으로 검증이 불가능하거나 검증되었다 하더라도 일반적으로 신뢰할 만하지 않다고 증명하였다. 따라서 프로이트가 역사적으로 중요하다는 데는 의심의 여지가 없지만, 성격 구조, 심리성적 단계를 통한 성격발달, 그리고 심리적 문제의 원천에 대한 그의 이론은 오늘날 대부분의 심리학자들이 인정하지 않고 있다. 그러나 그의 연구에서 어떤 측면은 더 긍정적인 평가를 받았고 지금은 널리 수용되고 있다. 이들 중 하나가 '방어기제'에 대한 개념이다. 이것은 자아가 스스로 만들어내는 불안으로부터 스스로를 보호하기 위해 이용하는 무기이다. 그의 업적 중 이러한 요소는 이 책에서 프로이트를 대표하기 위해 선택되었다.

이 연구의 시작에 제시한 참고문헌은 지그문트 프로이트보다는 다소 안나의 것이 많다. 왜냐하면 이들 방어기제를 발견한 것은 그가 심리적 문제를 처리하는 경험이 증진된 것처럼 30여 년 이상 혹은 더 오랜 기간에 걸쳐 점진적으로 일어났기 때문이다. 이 주제에 관한 응집적이고 자기 충족적인 논의는 지그문트 프로이트의 많은 집필 중 어디에도 없었다. 사실상 그는 중요한 정신분석자로서, 특히 아동을 대상으로 한 전문가인 자기 딸에게 그 작업을 돌렸다. 프로이트는 이 사실을 안나의 책인 『자아와 방어기제』(*The ego and the mechanisms of defense*)가 독일어로 출판되기 직전인 1936년에 인식하게 되었다고 밝히고 있다. "자아가 방어기능을 수행하기 위해 사용하는 방법(우리가 말하는 기제)은 상당히 많다. 아동분석가인 나의 딸은 그것에 관한 책을 쓰고 있다"(S. Freud 1936). 방어기제에 관한 아버지의 이론을 한 권의 책으로 종합한 이가 안나 프로이트이기 때문에 지그문트 프로이트의 업적에 관한 논의를 하기 위해 그녀의 책을 선택한 것이다.

이론적 제안

프로이트의 방어기제 개념을 살펴보기 위해 성격구조에 관한 그의 이론을 간략히 설명해야 한다. 프로이트는 성격이 세 가지 요소로 구성되어 있다고 했다. 원욕, 자아, 초자아.

원욕은 배고픔, 갈증 및 성적 충동과 같은 기본적인 생물학적 욕망으로 구성된다. 이러한 욕구들이 충족되지 않을 때마다 원욕은 강한 동기를 유발시켜 그것을 충족시킬 수 있는 방법을 찾도록 하고는 즉각적으로 그렇게 하도록 만든다! 원욕은 프로이트가 '쾌락 원리'라고 명명한 것에 의해 작동되고 이성, 논리, 안전 혹은 도덕에 관계없이 모든 욕망에 대하여 즉각적인 만족을 요구한다. 프로이트는 모든 사람의 원욕에는 어둡고 반사회적이며 위험한 본능적인 충동(특히 성적인 것)이 있고 이런 것들은 끊임없이 표현되려 한다고 믿었다. 원욕은 무의식적인 수준에서 작동하기 때문에 실생활에서 인식하지는 못한다. 그러나 만약 성격의 다른 부분이 없고 단지 원욕만 있다면 행동은 비도덕적이며 놀랄 정도로 일탈될 것이며 심지어 당신과 다른 사람에게 치명적이 될 수 있다.

이런 위험하고 일탈된 방식으로 행동하지 않는 이유는 자아와 초자아가 원욕의 충동에 제한을 가하고 통제하기 때문이다. 프로이트에 따르면 자아는 현실원리에 의해 작동되며 이는 자아가 실생활과 행동의 결과에 주의를 기울임을 의미한다. 자아는 의식적이고 그 역할은 원욕의 욕망을 충족시켜주되, 그러나 이성적으로, 사회적으로 수용할 수 있는 합리적으로 안전한 수단을 사용해서 충족시키는 것이다.

그러나 자아도 역시 초자아에 의해 제한받는다. 초자아는 필수적으로 자아가 원욕의 욕구에 대한 해결방법으로 자신의 선과 악에 대한 내면화된 원칙에 따라서 도덕적이고 윤리적이기를 요구한다. 이 원칙들은 부모로부터 나온 것으로, 만약 초자아에 위배되는 방식으로 행동할 경우 초자아는 초자아 자체의 효과적인 무기로 우리 스스로에게 처벌을 가할 것이다. 죄책감이 바로 그것이다. 여러분도 이것을 인식하는가? 이는 흔히 양심으로 불린다. 프로이트는 초자아가 의식과 무의식적 수준에서 모두 작동한다고 생각한다.

따라서 프로이트의 성격에 대한 개념화는 역동적이다. 이는 자아는 원욕의 요구, 욕망과 당신의 행동을 결정하려는 초자아의 도덕적 요구간에 균형을 맞추려고 끊임없이 노력한다는 것이다. 아래의 예는 이것이 어떻게 작동되는지를 제시한다. 16세 소년이 작은 도시의 거리를 걸어가고 있다고 상상해보자. 현재 시각은 밤 10시이고 그는 집으로 가는 길이다. 갑자기 배고픔을 인식하게 되었다. 식품점을 지나가게 되고 큰 창문 너머로 음식들을 보았다. 그러나 가게는 닫혀 있다. 그의 원욕은 "저것 봐! 음식이다! 유리를 깨고 음식을 가져와라!"(기억하라, 원욕은 결과와는 관계없이 즉각적인 만족을 원한다는 것을) 그는 아마도 원욕의 암시를 알아차리지 못했을 것이다. 왜냐하면 그의 의식 밑에서 일어난 일이기 때문이다. 그렇지만 자아는 그것을 '들었을 것이고,' 소년을 위험에서 보호하는 것이 임무이므로 "아니야, 그것은 위험할 거야. 뒤로 돌아가서 가게 안으로 침입해서 음식을 훔치자!"라고 반응할 것이다. 이때 초자아가 분개하여 "넌 그렇게 할 수 없어! 그것은 비도덕적이고 만약에 그렇게 했다면 내가 벌을 줄 거야!"라고 말할 것이다. 그래서 자아는 재고려하여 원욕과 초자아 모두가 받아들일 만한 새로운 제안을 만들 것이다! "너도 아는 것처럼, 네 블록만 가면 24시간 편의점이 있잖아. 그곳에 가서 음식을 사자." 소년이 심리적으로 건강하다고 가정하면 이 해결 방법은 의식수준에서 일어나는 것이며 그의 행동에도 반영되는 것이다.

프로이트에 의하면 성격의 세 요소간의 점검과 균형체계 때문에 대부분의 사람들은 반사회적으로 또는 일탈된 방식으로 행동하지 않는다. 그러나 이 체계가 제대로 기능하지 않으면 어떤 일이 일어날까? 만약 이들간의 균형이 깨진다면? 이런 경우는 원욕의 요구가 너무 강해져서 자아가 적절하게 통제될 수 없을 때 발생할 수 있다. 만약 원욕이 수용할 수 없는 욕망이 당신의 의식의 가장자리(프로이트는 '전의식'이라 부름)에 위치하고 자아를 능가하기 시작하면 어떻게 될까? 프로이트는 만약 이런 일이 발생하면 불안이라 하는 아주 불쾌한 상태를 경험할 것이라고 했다. 구체적으로 그는 이것을 '유동(free-floating)' 불안이라고 했는데, 불안을 느끼고 무서워하는데도 왜 이런 기분이 드는지 확실히 알 수 없기 때문이다. 이것은 그 원인이 완전히 의식상태에 있지 않기 때문이다.

이런 불안상태에 있으면 그것을 바꾸고자 하는 동기가 생긴다. 이렇게 하기 위해 자아는 방어기제인 '거물'을 등장시킬 것이다. 방어기제의 목적은 원욕의 금지된 충동이 의식에 들어오는 것을 방지하는 것이다. 이것이 성공한다면 충동과 관련된 불안의 불편함은 완화될 것이다. 그렇다면 어떻게 방어기제가 불안을 제거시켰는가? 그것은 자기 기만과 현실 왜곡을 통해 원욕의 욕망이 인식되지 않도록 한 것이다.

방 법

앞서 살펴본 것처럼 프로이트는 수년간 자신의 환자들과 임상적 상호작용을 통하여 점진적으로 방어기제를 발견했다. 이는 안나 프로이트의 책에 더 잘 설명되어 있다.

지그문트 프로이트의 사후 그리고 안나 프로이트의 책이 출간된 이후로 방어기제에 대한 해석이 많이 정교화됨을 밝혀둔다. 다음 부분은 지그문트 프로이트가 명시하고 그의 딸이 정교화시킨 기제만을 선정하여 요약한 것이다.

결과와 논의

안나 프로이트는 그의 아버지가 기술한 10개의 방어기제를 구분했다(p. 44 참조). 여기서 가장 흔히 사용되고 오늘날 잘 알려진 원기제 중 다섯 개의 기제에 대해 논의할 것이다. 억압, 퇴행, 투사, 반동형성 그리고 승화. 방어기제의 주기능은 불안으로부터 자아를 보호하기 위하여 현실을 변경하는 것임을 명심하라.

억 압 억압은 가장 기본적이고 흔히 사용되는 방어기제이다. 그의 초기 저술에서 프로이트는 억압과 방어라는 용어를 호환하여 사용했고 억압만이 실제로 방어기제라고 해석했다. 그러나 그후에 억압은 불안으로부터 스스로를 보호하기 위하여 단지 유용한 많은 심리적 과정 중의 하나임을 인식하게 된다(p. 43). 억압은 혼란스러운 충동을 의식 밖으로 밀어내는 것이다. 만약 이것이 성공적으로 수행된다면 충동과 관련된 불안은 사라진다. 이를 때로는 '동기화된 망각' 이라고 부른다. 프로이트의 관점에서 억압은 수용할 수 없는 성적 욕망을 산출하는 불안에 대항할 때 빈번히 사용된다. 예컨대 자신의 아버지에게 성적인 감정을 가지고 있는 여성은 이런 충동이 의식되면 아마 강한 불안을 느낄 것이다. 이 불안을 피하기 위해서 그녀는 수용할 수 없는 욕망을 무의식 속으로 완전히 밀어넣으므로 이들 욕망을 억압해야 한다. 이것은 그녀의 욕망이 사라졌음을 의미하는 것이 아니고 억압되었기 때문에 불안을 발생시키지 않는 것을 의미한다.

이런 욕망들이 무의식에 남아 있다면 어떻게 발견될 수 있는지에 관해 궁금해할 것이다. 프로이트에 따르면 이렇게 숨겨진 충동들은 실언, 유머, 꿈을 통해 또는 자유연상과 같은 다양한 정신분석학적 기법을 통해 드러난다고 한다. 게다가 억압된 욕망은 신경증 형태로 표현되기도 하는 심리적 문제를 만들어낸다. 예컨대 아버지에 대한 성적 욕망을 억압한 여성을 다시 한번 생각해보자. 그녀는 아버지에 대한 갈등을 해결하려는 무의식적인 노력으로 인해 남자와의 계속적인 관계를 실패함으로써 그 충동을 표현하려는지도 모른다.

퇴 행 퇴행은 불안에서 자아를 지키기 위해 사용된 방어로서 요구사항이 보다 적고 보다 안전한 초기 발달단계의 행동을 하도록 부추긴다. 흔히 둘째아이가 태어나면 나이가 많은 자녀는 생후 초기의 언어형태로 말하거나 젖병을 달라고 하거나 심지어 침대에 오줌을 싸기도 하는 퇴행을 할 수도 있다. 성인 또한 퇴행을 사용할 수 있다. 나이가 많아지고 죽는 것을 두려워하는 중년기 위기를 겪고 있는 사람을 상상해 보자. 무의식적인 두려움과 관련된 불안을 피하기 위해 청년기로 퇴행해서 무책임해지고 스포츠카를 타고 질주하고 어린 여자와 데이트를 하려고 하거나 심지어 10대가 즐겨먹는 음식을 먹기도 한다. 퇴행의 또 다른 예는 결혼한 성인이 결혼생활에 문제가 있을 때마다 "집에 계시는 어머니"에게 가는 것이다.

투 사 잠시 동안 자아가 원욕으로부터 공격받고 있다고 상상해 보

자. 당신은 왜 그런지 정확히 알 수는 없지만 상당한 불안을 경험한다. 불안을 없애기 위해 자아가 투사라는 방어기제를 사용한다면 당신의 무의식적인 욕망을 다른 사람의 행동에서 보게 된다. 즉 당신은 자신의 충동을 다른 사람에게 투사시킬 것이다. 이것은 불안 유발 감정을 겉으로 드러내주고 불안을 감소시켜 준다. 당신은 자신이 이런 일을 하고 있다는 것을 의식하지 못하고, 투사시킨 사람에게 비난을 해도 별로 죄책감을 느끼지 않을 것이다. 안나 프로이트가 제시한 예를 보면 자신의 아내에게 부정해지려는 충동을 경험하는 남편이 있다(p. 120). 그는 이런 욕망을 전혀 의식하지 못하지만 원욕이 살아나면서 불안을 유발시킨다. 불안을 경계하기 위해 그는 자신의 욕망을 부인에게 투사하여, 그는 심하게 질투하고 그의 주장을 지지할 증거가 전혀 없는데도 부인이 부정하다고 비난한다. 또 다른 예로 노화하는 것을 두려워하는 여자로서 그녀는 친구나 이웃들이 얼마나 늙어 보이는지를 지적하기 시작한다. 이와 같은 사례의 사람들은 그런 척하거나 거짓말하는 것이 아니라 자신의 투사를 그대로 믿는다. 그렇지 않으면 불안에 대하여 방어하지 못할 것이다.

반동 형성 프로이트가 밝힌 반동형성 방어는 셰익스피어의 햄릿에서 예를 들었다. 햄릿의 어머니가 연극의 한 장면을 지켜본 후에 햄릿에게 이렇게 말한다. “저 아가씨는 너무 심하게 저항한다. 내가 생각하기에.” 수용할 수 없고 무의식적인 사악한 충동을 경험할 때 그 불안을 피하기 위해 원욕은 원래 욕망과는 정반대의 행동을 하게 된다. 안나 프로이트는 이런 행동들은 흔히 과장되거나 심지어 강박적이라고 지적했다(p. 9). 원욕의 원래 욕망은 완전히 거부하는 것을 표면적으로 보여주는 태도와 행동을 취함으로써 불안을 차단한다. 반동형성은 즉각적으로 나타나는 경향이 있고 원욕-자아갈등이 다소 해결되지 않는 한 일반적으로 개인 성격의 영속적인 일부가 된다. 이런 예로 다른 여자를 무의식적으로 원하는 남편을 다시 생각해보자. 투사보다 반동형성을 사용해서 불안을 방어한다면, 그는 그의 아내에게 지나치게 헌신하고 온갖 선물을 주며 그의 흔들리지 않은 사랑에 대한 찬사를 난발할 것이다. 또 다른 예는 최근 뉴스 기사에 난 것으로 '게이 구타'라 불리는 폭력범죄이다. 프로이트식 해석에서 보면 무의식적으로 동성애적 경향이 있는 남성은 게이 남성을 공격하고 때리는 정반대의 행동을 취함으로써 자신의 불안을 피하고자 한다.

승 화 지그문트와 안나 프로이트 모두 심리적 적응에서의 문제(신경증)를 지적함으로써 위에 기술한 네 개의 방어기제를 고려하였다. 대조적으로 승화기제는 정상일 뿐만 아니라 바람직한 것으로까지 여겨졌다(p. 44). 승화를 하게 되면 사람들은 무의식적으로 욕구를 금지함으로써 생긴 결과인 에너지를 사회적으로 수용되게 할 수 있는 방법을 찾는다. 프로이트는 모든 사람의 원욕이 이런 욕망을 담고 있기 때문에 승화는 생산적이고 건전한 삶을 위해 필요한 부분이라고 주장했다. 게다가 그는 대부분의 강한 욕구들은 다양한 방법으로 승화될 수 있다고 믿었다. 상당히 강한 공격적인 충동을 가지고 있는 사람은 신체적으로 접촉하는 운동을 하거나 외과의사가 됨으로써 승화할 수 있다. 10대 소녀가 승마에 강한 열정을 보이는 것은 수용할 수 없는 성적 욕망이 승화된 것으로 해석할 수 있다. 사람 신체에 대한 에로틱한 고착이 있는 남성은 누드 화가나 조각가가 됨으로써 그의 감정을 승화할 수 있다.

흥미롭게도 프로이트는 우리가 문명이라 부르는 모든 것은 승화기제를 통해 가능한 것이라고 생각한다. 그의 관점에서 볼 때 사람은 그들의 일차적인 생물학적 욕망과 충동을 문명화된 사회를 형성함으로써 승화시킬 수 있다. 때때로 프로이트는 우리의 진정한 무의식적 힘들이 '총체적인' 자아를 능가하고 이러한 일차적인 행동들은 전쟁과 같은 비문명화된 표현으로 터져나온다고 제시한다. 그러나 전반적으로 유일하게 승화를 통해서만 문명이 존재할 수 있다.

프로이트의 방어기제 이론에 대한 함의

비록 안나 프로이트가 그녀의 책에서 방어기제(승화 제외) 사용은 신경증적 행동과 관련이 있다고 분명히 밝혔지만, 항상 그런 것은 아님을 지적해야 한다. 거의 모든 사람이 일상생활에서 때때로 다양한 방어기제를 사용하고 특히 스트레스가 증가된 시기에 도움을 받기 위해 사용한다. 방어기제는 우리의 불안을 감소시키고 긍정적인 자아상을 유지하도록 도와준다. 그렇지만 방어기제는 자기 기만과 현실 왜곡을 포함하고 있어서 과용할 경우 부정적인 결과를 초래할 수도 있다. 예컨대 삶의 문제에 압도될 때마다 억압을 사용하는 사람이라면 문제를 다루고 해결하는 데 필수적인 전략을 결코 발전시킬 수 없을 것이다. 결국 그 사람의 삶은 충분히 효과적일 수 없게 된다. 또한 프로이트와 많은 다른 심리학자들은 특정 갈등에 대한 불안이 억압되면 때때로 다른 방식인 예컨대 공포증, 불안발작 또는 강박장애 등으로 표현될 것이라고 하였다.

결 론

프로이트의 이론은 항상 극단적인 논쟁의 여지가 있다. 방어기제는 정말로 존재하는가? 과연 방어기제가 실제로 의식으로 들어가려는 원욕의 충동을 금지함으로써 생긴 불안을 무의식적으로 차단하는가? 프로이트 업적을 과학적으로 검증하는 것은 최선인 경우는 어렵고, 최악의 경우는 불가능하다고 거의 모든 비판에서 가장 많이 인용되고 있다. 많은 연구에서 다양한 프로이트식의 개념이 있음을 명백히 제시하려고 했다. 그 결과는 혼합적이다. 그의 개념 중 일부는 과학적인 지지를 받은 반면에 일부는 증명해내지 못했고, 그리고 여전히 다른 개념들은 단순히 연구를 할 수 없는 것도 있다(이 문제에 관한 완전한 논의는 Fisher & Greenberg, 1977 참조).

그럼에도 불구하고 모든 사람들이 방어기제에 대한 그의 심리적 근거에 동의하지 않을지라도 사람들이 방어기제를 사용한다는 생각은 널리 지지 받았다. 아마도 가장 의미있는 해석은 방어기제를 인식하고 이해함으로써 사람들의 행동을 일으키는 원인에 대한 중요한 통찰을 획득할 수 있다는 것이다. 이 해석은 인간의 행동은 즉각적으로 관찰할 수 있는 힘에 의해서 보다 다른 힘에 의해 부추겨진다(동기화)는 이론을 제공할 수 있다. 당신이 방어기제에 대한 정신 목록을 염두에 둔다면 다른 사람이나 심지어 당신 자신에게서 그것들을 발견할 수 있을 것이다. 어쨌든 만약 어떤 사람이 방어기제를 사용한다고 생각되면 그 또는 그녀는 불안을 피하기 위해서 그러는 것임을 상기하라. 따라서 그 사람에게 방어기제를 사용하고 있다는 것에 관심을 가지게 하는 것은 아마 좋은 생각이 아니다. 방어기제에 대한 지식은 다른 사람과의 상호작용에서 강력한 도구가 될 수 있지만 신중하고 책임감을 가지고 사용해야만 할 것이다.

FISHER, S., & GREENBERG, R. (1977) *The scientific credibility of Freud's theories and therapy*. New York: Basic Books.

FREUD, S. (1936) *A disturbance of memory on Acropolis*. London: Hogarth Press (original publication in German, 1936).

FREUD, S. (1961) *Civilisation and discontents*. London: Hogarth Press(original publication in German, 1930).

나는 누구인가 31

친구와 함께 따뜻한 여름날에 푸른 초원에서 쉬고 있는 모습을 그려보라. 파란 하늘에는 솜털 같은 하얀 구름이 단지 몇 조각 떠 있을 뿐이다. 구름을 가리키면서 친구에게 말한다. "저것 봐! 저 구름은 마치 긴 면사포를 쓰고 웨딩드레스를 입은 여자처럼 보인다." 이에 대해 친구는 대답한다. "어디? 난 안 보이는데, 나는 꼭대기에서 연기나는 화산처럼 보이는데." 당신이 동일한 현상을 보고 서로 다르게 지각하는구나라고 확신할 때쯤이면 대기상태는 변하고 구름은 완전히 다른 모양으로 바뀐다. 하지만 두 사람이 본 것이 왜 그렇게 다른가? 두 사람은 동일한 형상을 보고 있었지만 두 개의 완전히 무관한 대상으로 해석한 것이다.

모든 사람의 지각이 심리적 요인의 영향을 자주 받기 때문에 구름 형상에서 발견된 상이한 대상은 관찰자의 성격의 일부를 나타낸 것이다. 바꾸

Rorschach, Hermann (1942) Pychodiagnostics: *A diagnostic test based on perception*. New York: Grune and Stratton.

어 말하면 당신과 당신의 친구는 하늘의 형상에 자기자신에 관한 무엇인가를 투사하고 있다. 이것이 바로 로르샤흐(Rorschach)의 '잉크 반점 검사'로 더 잘 알려진 '형태해석 검사' 개발에 내재된 개념이다. 이것은 투사법으로 알려진 최초의 심리검사 유형 중의 하나이다.

투사 검사로 가장 널리 사용되는 검사는 로르샤흐 잉크 반점 검사와 '주제통각 검사'(TAT)이다. 이 두 도구는 모두 임상심리학 역사에 있어 중심축이다. 로르샤흐 검사는 1922년도에 처음 기술된 이래로, 다양한 정신병 집단을 직접적으로 비교하며 심리장애 진단과 관련 있기 때문에 정신병리를 다루는 이 부에서 언급한다. TAT는 심리치료에 관한 다음 부에서 논의할 것이다. 왜냐하면 이 검사는 내담자와의 면담의 일부로 또는 내담자에 대한 처치의 일부로 치료자가 흔히 많이 사용하기 때문이다.

투사 검사는 사람에게 일부 애매모호한 자극을 제시하고는 그 자극에 자신의 무의식적인 과정을 투사시킬 것이라고 가정한다. 로르샤흐 검사의 경우 어떤 종류의 사물로도 지각될 수 있는 대칭적인 잉크 반점뿐이다. 로르샤흐는 사람들이 잉크 반점에서 보이는 그 무엇은 그들의 진실된 심리적 본질을 상당 부분 드러내는 것이라고 한다. 그는 이것을 '우연한 형태에 대한 해석'이라 했다. 이 검사를 내담자에게 실시할 때 심리치료자가 로르샤흐 잉크 반점에 대해 자주 하는 말이 있다. 첫번째 잉크 반점 카드를 가지고 치료자는 "이것을 보면 무엇이 생각납니까?"라고 묻는다. 내담자는 "섹스"(sex)라고 대답한다. 두 번째 카드를 가지고서도 똑같은 질문을 하고 내담자는 또다시 "섹스"(sex)라고 대답한다. 내담자에게 제시된 처음 다섯 카드에 대해 동일한 한 단어로 대답을 할 경우 치료자는 "글쎄요, 당신은 아마도 섹스에 집착하고 있나 봅니다"라고 언급한다. 이에 대해 놀란 내담자는 반응한다. "제가요? 선생님 그 지저분한 그림들을 보여주는 것은 바로 당신입니다!"라고 반응한다. 물론 이 이야기는 로르샤흐 검사를 지나치게 단순화한 것이다. 잉크 반점들 그 자체는 적극적인 해석을 장려하기 위해 사물을 애매모호하게 암시하도록 되어 있을지라도 평균적으로 섹스에 대한 경향도 다른 것 이상으로 나타나지 않는다.

로르샤흐는 자신의 투사 기법은 두 가지 주요 목적을 수행할 수 있다고 믿었다. 첫째는 성격의 무의식적 측면을 밝혀내는 연구도구로 사용될 수 있다는 것이다. 다른 목적은 로르샤흐가 이후에 주장한 것으로서 이 검사는 정신병리의 여러 유형을 진단하는 데 사용될 수 있다는 것이다.

이론적 제안

로르샤흐 기법에 내재되어 있는 이론에 따르면 무선적인 잉크 반점을 해석하는 과정에서 피험자들이 개인의 일상적인 심리적 방어를 줄이기 위해 주의를 분산한다. 결국 이것은 정상적으로 숨겨져 있는 정신세계의 측면을 드러나게 해줄 것이다. 지각하는 자극이 애매모호할 때(즉 실제로 무엇인지를 알 수 있는 단서를 거의 가지지 않으므로) 자극에 대한 해석은 지각하고 있는 개인의 내면에서 출연하게 된다(이 개념과 관련된 논의는 Murry의 주제통각 검사의 해석을 보도록 하라). 로르샤흐의 개념화에서 잉크 반점은 당신이 알 수 있는 한 가장 애매모호하므로 무의식에서 가장 많은 투사가 가능하도록 허용한 것이다.

방 법

잉크 반점 검사에 대한 로르샤흐의 형식에 대한 점검을 크게 두 부분으로 나눌 수 있다. 원래 형태를 개발하기 위해 이용된 과정과 피험자나 내담자의 반응을 해석하고 채점하는 방법이다.

검사개발 형태가 어떻게 만들어졌는가에 대한 로르샤흐의 설명은 어린이들이 하는 재미있는 미술과제에 대한 지시와 매우 유사했다. "이런 우연한 형태의 산출물은 매우 단순하다. 몇 개의 큰 잉크 반점을 종이에 떨어뜨리고 종이를 접으면 잉크는 종이의 두 반쪽 면에 퍼진다"(p. 15). 하지만 단순함은 여기서 끝난다. 로르샤흐는 특정조건에 맞는 디자인만이 사용될 수 있다고 설명한다. 예컨대 그 형태는 비교적 단순해야 한다. 그렇지 않으면 피험자들의 해석은 너무 복잡하여 분석하기 힘들다. 더불어 모양은 피험자들이 단순히 잉크 반점이라고 해석하지 않을 만큼 암시적이어야 한다. 그는 또한 형태는 대칭이어야 한다고 제안했다. 왜냐하면 비대칭적인 잉크 반점은 피험자들이 해석이 불가능하다고 종종 거부했기 때문이다. 상당히 많은 검증을 거친 후에 로르샤흐는 드디어 10가지 형태를 하나의 세트로 한 최초의 검사를 제작하게 되었다. 이들 중 다섯 가지 형태는 흰 바탕에 검은색이고, 두 가지 형태는 검정과 빨강, 그리고 세 가지 형태는 여러 색을 사용했다. 그림 1은 로르샤흐가 사용한 형태 중 세 가지 형태다.

검사 실시 및 채점 로르샤흐 형태해석 검사는 피험자에게 한 번에 하나씩 그림을 제시하고 "이 그림이 무엇으로 보입니까?"라고 질문한다. 피험자들은 카드를 어떠한 방향으로도 자유롭게 돌려보아도 되고 그들이 원하는 만큼 가까이 혹은 멀리 떼어놓고도 볼 수 있다. 검사를 실시하는 연구자나 치료자는 피험자에게 어떠한 암시도 주지 않고 각 그림에 대한 모든 반응을 기록한다. 시간 제한은 없다.

로르샤흐는 피험자들이 거의 언제나 상상력을 연구하기 위해 고안된 검사라고 생각한다고 지적했다. 그러나 그는 상상력 검사가 아니라고 신중히 설명하며, 개인의 상상력에 의한 창의성은 그 결과를 변화시키지는 않는다고 설명한다. 로르샤흐는 이 검사는 감각과 기억과정, 자극 형태와 개인 내의 다른 심리적 힘 사이의 무의식과 의식간의 연관성을 포함하는 지각검사라고 주장했다.

로르샤흐는 10개의 잉크 반점에 대한 피험자의 반응을 채점하는 다음과 같은 지침을 나열했다(원래 연구의 p. 19 참조).

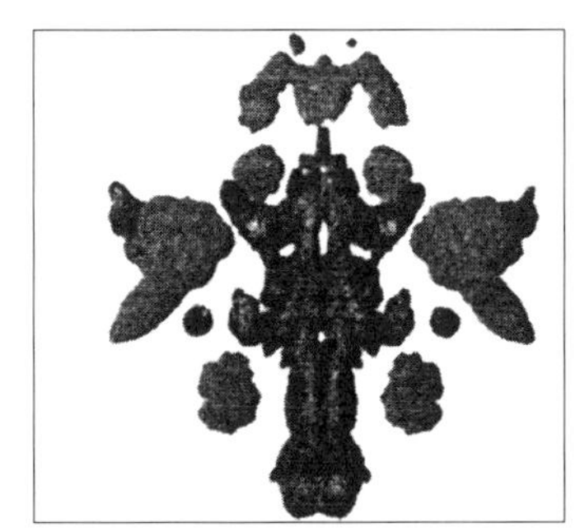
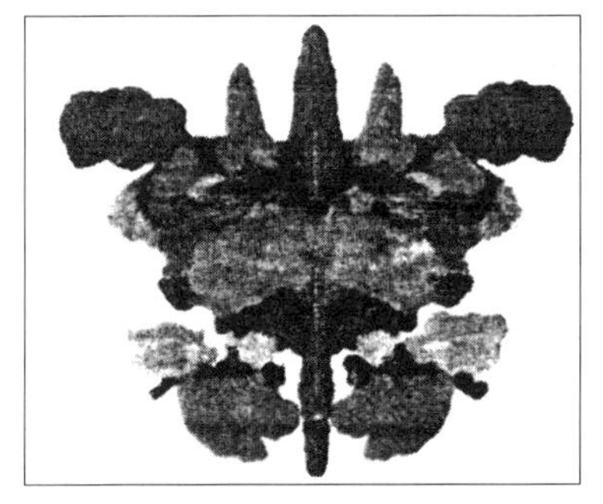

그림 1. 로르샤흐 잉크 반점 형태

1. 반응 수는 몇 개인가? 반응 시간은 얼마인가? 즉 피험자가 반응하기 전에 얼마나 오랫동안 그림을 보았는가? 피험자는 얼마나 자주 그림 해석을 거부했는가?
2. 피험자가 해석을 하는 데 그림 형태만 사용했는가 아니면 색깔이나 움직임도 지각했는가?
3. 그림을 전체로 보았는가 아니면 부분으로 보았는가? 어느 부분을 나누어서 보았으며 어떻게 해석했는가?
4. 피험자는 그림을 무엇으로 보았는가?

흥미로운 점은 로르샤흐가 잉크 반점에 대한 반응에서 피험자의 해석내용을 가장 중요하지 않은 요소로 지적한 점이다. 다음 부분은 위의 네 가지

지침과 관련하여 다양한 심리적 증상이 있는 많은 환자를 대상으로 한 로르샤흐의 관찰내용을 요약하였다.

결 과

잉크 반점 검사에 대해 다양한 집단의 사람들이 어떻게 다르게 반응을 하였는지 알아보기 위해 로르샤흐와 그의 동료들은 일부 심리적 집단의 피험자에게 검사를 실시했다. 이 집단에는 교육 수준이 다른 정상인, 정신분열증 환자 및 조울증으로 진단된 사람들이 포함되어 있으나 이들에게만 제한된 것은 아니었다.

표 1에서 로르샤흐가 보고한 10개의 잉크 반점 그림에 대한 전형적인 반응이 제시되었다. 물론 이것들은 개인마다 다르고 상이한 심리적 집단마다 다르지만 표에 제시된 응답은 보기와 같다.

로르샤흐는 피험자들이 10개의 그림에 대해 전체 반응수가 일반적으로 15개에서 30개에 이른다는 것을 발견했다. 대개 우울한 피험자는 이보다 반응수가 적었고, 즐거운 피험자는 더 많았으며, 정신분열 환자들은 개인마다 반응수가 상당히 달랐다. 반응시간에 있어서 검사를 전부 마치는 데 대략 20~30분 가량 소요되었고 정신분열 환자는 평균적으로 시간이 적게 걸렸다. 정상인은 모두 그림에 반응하기를 거부하지 않았으나 정신분열 환자는 자주 반응하기를 거부했다.

로르샤흐는 피험자가 형태로 해석한 부분, 즉 움직임이 해석에 포함되었는지, 반응에 색채가 포함된 정도는 피험자의 검사수행을 분석하는 데 모두가 매우 중요하다고 여겼다. 그는 이런 요소들에 대한 채점 방법은 꽤 복잡하며 반응을 적절히 분석하기 위한 훈련과 경험이 필요하다고 지적한다. 그러나 유용하고 간략한 전반적인 요약은 글라이트만(Gleitman, 1991)에 의해 제공되었다.

표 1. 정상적인 피험자가 나타낸 잉크 반점에 대한 전형적인 반응

그림 번호	반 응
1	팔에 빗자루를 안고 있는 두 명의 산타클로스
2	나비
3	꼭두각시 모양
4	가구 위의 장식
5	박쥐
6	나방, 나무
7	두 사람의 머리, 두 동물의 머리
8	곰 두 마리
9	두 명의 광대, 확 번지는 불꽃
10	토끼머리, 두 마리 나방, 두 마리 거미

(pp. 126~127 인용)

전체 잉크 반점을 이용하는 것은 통합적이고 개념적인 사고를 나타내는 반면 작고 세밀한 부분이 사용되는 비율이 높은 것은 강박적인 경직성을 암시한다. 흰 공간을 상대적으로 많이 사용하는 것은 반항과 거부의 표현을 암시한다. 움직임 내에서 인간을 기술하는 반응은 상상력과 풍부한 내면 세계를 말하며, 색채반응이 주로 이루어지는 경우는 정서성과 충동성을 암시한다 (Gleitman, 1991, p. 684).

마지막으로 로르샤흐는 반응(피험자가 실제로 잉크 반점에서 본 것)을 분석하는 최종적인 지침을 제안했다. 가장 공통적인 반응범주는 동물과 곤충이다. 동물반응이 차지하는 비율은 25퍼센트에서 50퍼센트까지 분포되어 있다. 흥미롭게도 우울한 피험자들은 동물반응 비율이 가장 많은 반면 예술가가 가장 적은 것으로 보고되었다.

로르샤흐가 제안한 또 다른 범주는 독창적인 반응에 관한 것이다. 이것은 100회의 검사를 통해 나온 비율보다 적게 나온 반응이다. 독창적인 반응은 정신분열증 진단을 받은 사람에게 가장 흔하며, 평균 지능을 가진 정상인에게 가장 적게 나타났다.

논 의

형태해석 검사에 관한 논의에서 로르샤흐는 본질적으로 이것은 인간의 마음과 정신에 작동하는 무의식에 관한 이론적 의문을 연구하기 위해 고안되었다고 지적한다. 이 검사가 진단도구로서 사용될 수 있다는 가능성을 지닌 것은 우연히 발견된 것이다. 로르샤흐는 이 검사를 통해 정신분열증 경향, 드러나지 않는 신경증, 우울증의 가능성, 내향성 대 외향성의 특성 그리고 지능을 알 수 있다고 주장했다. 그러나 그는 잉크 반점 검사가 임상진단의 일반적인 업무를 대체할 수 있다고 제안하지 않고 오히려 그 과정에서 도움이 될 수 있다고 주장했다. 로르샤흐는 검사는 특정 무의식적 경향을 지적할 수는 있으나 무의식의 내용을 자세히 조사하기 위하여 사용할 수는 없다고 말한다. 그는 그 당시 다른 일반적인 방법들인 예컨대 꿈의 해석과 자유연상법이 그러한 목적에는 더 우수하다고 했다.

비판과 후속 연구

로르샤흐가 검사 방법을 개발하고 난 이래로 수십여 년 동안 많은 연구에서 그의 결론에 대해 의문을 제기했다. 가장 중요한 비판 중 하나는 검사의 타당성에 관한 것이다. 로르샤흐는 측정한다고 주장한 것을 실제로 측정했는가? 즉 내재되어 있는 성격 특징을 측정했는가? 이에 대한 문제를 제기하는 연구논문들은 로르샤흐가 성격 요인으로 인해 나타난다고 설명하는 반응 차이는 언어적 능력, 피험자의 연령, 지적 수준, 교육 연한, 검사 실시자의 특징 등으로 더 잘 설명될 수 있다고 밝힌다(이런 비판에 대한 자세한 논의는 Anastasi, 1982 참조).

로르샤흐의 특별한 일부 결과는 과학적 조사에 의해 지지받지 못했다. 예컨대 검사 채점시 인간의 움직임을 포함하는 많은 반응은 높은 수준의 창의성을 나타낸다고 말했다. 그러나 주빈, 에론과 슈머(Zubin, Eron &

Shumer, 1965)의 연구에서 일반적인 사람과 뛰어난 예술가들을 대상으로 로르샤흐 검사결과를 비교했는데 인간의 움직임 반응에서 유의미한 차이를 발견하지 못했다.

종합해 보면 로르샤흐 검사에 대한 과학적 연구는 성격검사 또는 진단 도구로서의 신뢰도나 타당성에 대한 낙관적인 입장을 제공하지는 않았다. 그럼에도 불구하고 이 검사는 여전히 임상심리학자와 심리치료자들간에 널리 사용된다. 이런 분명한 모순은 다음과 같은 사실에 의해 설명될 수 있다. 실제로 사용할 때 로르샤흐 잉크 반점 기법은 공식적인 검사로 사용되는 것이 아니라 치료자가 개별 내담자에 대해 더 잘 이해하기 위한 수단으로 사용된다. 본질적으로 이 검사는 치료자와 내담자간에 정상적으로 발생하는 언어적 상호작용의 확장이다. 검사반응에 대해 경직성을 완화하여 해석함으로써 효과적인 심리치료에 유용한 통찰을 제공할 수 있는 것으로 보인다.

최근에 로르샤흐 검사를 적용하는 흥미로운 예는 한 사람 이상에게 그림 해석을 시키는 것이다. 예컨대 연인, 가족, 공동 작업자, 집단 구성원 등. 참가자들에게 그림이 무엇을 나타내는지에 대해 일치하는 답을 하도록 요구한다. 검사의 이러한 이용은 인간 상호작용을 연구하고 향상시킬 수 있는 방법으로도 유망하다(Aronow & Reznikoff, 1976).

ANASTASI, A. (1982) *Psychological testing*(5th ed.). New York: Macmillan.

ARONOW, E., & REZNIKOFF, M. (1976) *Rorschach content interpretation*. New York: Grune and Stratton.

GLEITMAN, H. (1991) *Psychology* (3rd ed.). New York: Norton.

ZUBIN, J., ERON, L., & SHUMER, F. (1965) *An experimental approach to projective techniques*. New York: Wiley.

행동적 침몰을 야기하는 혼잡함 32

혼잡함이 우리 행동에 미치는 영향에 관하여 심리학자들은 수십 년 동안 관심을 가져왔다. 상당히 혼잡하다고 지각되는 상황에서 정서와 행동이 변화하는지 볼 수 있었을 것이다. 당신은 위축되고 눈에 띄지 않으려고 애쓴다. 도망가려고 하거나 당신 자신이 짜증스럽고 공격적으로 되는 것을 발견할 수 있다. 혼잡함에 대해 어떻게 반응하는지는 많은 요인에 달려 있다.

이 논문의 제목에서 '혼잡함' 이 아니라 '인구밀도' 라는 용어를 사용한 것을 볼 수 있다. 이들 용어가 둘은 매우 유사해 보이지만 심리학자들은 이 두 용어를 명백히 구분한다. 조밀도는 주어진 공간당 사람의 수이다. 20명의 사람이 가로, 세로 12피트 방에 있다면 그 방은 아마 조밀하게 인구가 있는 것처럼 보인다. 혼잡함은 조밀도에 의해 만들어지는 주관적인 심리적

Calhoun, J. B. (1962) Population density and social pathology, *Scientific American, 206,* 139~148.

경험이다. 20명의 사람과 함께 있는 방에서 난해한 과제에 집중하려면 당신은 극도로 혼잡함을 경험한다. 이와 대조적으로 당신이 동일한 방에 20명의 친구와 파티를 하고 있다면 아마 전혀 혼잡함을 느끼지 않을 것이다.

행동과학자가 조밀도와 혼잡함이 사람에게 미치는 영향을 연구할 수 있는 한 가지 방법은 이미 혼잡한 장소인 맨해튼, 멕시코 시, 주거지역, 감옥소 등에서 관찰할 수 있다. 이런 연구방법의 문제점은 이들 모든 장소에는 행동에 영향을 줄 수 있는 많은 요소들이 있다는 것이다. 예컨대 만약 혼잡한 도심 거주지에서 범죄율이 높다는 것으로 혼잡함이 범죄 원인이라고 확실히 말할 수는 없는 것이다. 아마 그곳에 사는 사람들이 가난하고 약물 남용률이 높기 때문에 이 모든 요인과 혼잡함 조건이 연계되어 높은 범죄율을 초래했을 가능성이 있다.

혼잡함을 연구하는 또 다른 방법은 비교적 단기간 동안에 피험자들을 고밀도 조건에 두고 그들의 반응을 연구하는 것이다. 이 방법은 통제를 더 잘 하도록 해주고 이 행동의 원인으로 혼잡함을 분리시켜 주기는 하지만 실생활의 혼잡한 환경이라는 측면에서 그다지 실현 가능성이 있는 것은 아니다. 왜냐하면 이들 환경은 보통 더 오랜 기간 동안 존재하기 때문이다. 그러나 이 두 방법은 혼잡함에 관한 흥미로운 결과를 산출하였고 이 연구 후반부에서 논의될 것이다.

단순히 연구하기 위해 사람을 오랜 기간 동안 혼잡한 조건 속에 둔다는 것은 윤리적으로도 불가능하기 때문에(스트레스와 다른 잠재적인 손상 현상으로 인해) 조밀도 효과를 알아보는 세 번째 방법이 있다. 동물을 피험자로 이용해서 연구한다. 1962년에 존 캘호운(John B. Calhoun)에 의해 가장 최초의 전통적인 이런 유형의 연구가 실시되었다. 캘호운은 가로 10, 세로 14피트 크기의 공간에 적절한 수의 2배로 흰 쥐를 넣어두고는 16개월 동안 그들의 사회적 행동을 관찰했다.

이론적 제안

캘호운은 특히 고밀도가 사회적 행동에 미치는 영향을 밝히고자 했다. 쥐들을 사회적 동물로 생각하는 것이 이상하게 보이겠지만 쥐들도 그들의 자연환경에서는 다양한 방식으로 사회생활을 한다.

이 연구에서 논의될 내용을 평가하기 위해서는 캘호운이 그가 여러 해 동안 수행한 초기 연구들을 살펴볼 필요가 있다. 캘호운은 쥐를 0.25에이커의 밀폐된, 외부공간이 차단된 곳에 넣어두었다. 먹이는 충분했고 안전하고 이상적인 보금자리도 마련되어 있고 천적도 없었으며 질병도 최소로 유지했다. 즉 이 공간은 쥐의 낙원이었다. 캘호운의 초기 연구 초점은 단순히 과잉인구에 대한 일상적인 자연스러운 통제요인(천적, 질병 등)이 없는 공간에서 쥐의 증가율을 연구하는 것이다. 27개월 후에 150마리의 성숙한 쥐만 있었다. 이것은 매우 놀라운 일이었다. 왜냐하면 이상적인 조건에서 성숙한 쥐의 사망률이 낮고 일반적 번식률을 고려해 보았을 때 같은 기간에 5천 마리의 성숙한 쥐가 있어야 하기 때문이다! 이렇게 적은 수의 쥐가 있는 이유는 어린 쥐의 사망률이 극도로 높기 때문이다. 분명히 생식과 모성적 행동은 150마리 쥐들간의 사회적 상호작용에서 발생하는 스트레스로 인해 심각할 정도로 바뀌었고, 어린 쥐들이 살아나서 성숙하는 경우는 거의 없었다. 물론 쥐들의 수(0.24에이커에 150마리)가 특별히 조밀한 것으로 보이지는 않지만 이는 명백히 극단적인 행동상의 변화를 일으키기에는 충분했다.

이런 결과는 캘호운으로 하여금 실험실 내에 더 통제되고 관찰가능한 상황을 설계하여 쥐들이 고밀도 공간에 직면했을 때 어떤 종류의 변화가 있는지 더 자세히 연구하도록 부추겼다. 달리 말하면, 그는 어떤 변화가 일어나는지 관찰했고, 이제는 왜 그러한지 알아보고자 했다.

방 법

세 편의 일련의 연구에서 32마리 또는 56마리의 쥐가 4구획 혹은 우리로 나누어진 가로 10, 세로 14피트 실험실에 배치되었다(그림 1 참조). 구획 1에서 구획 2로, 구획 2에서 구획 3으로, 구획 3에서 구획 4로 쥐가 지나가도록 램프가 놓여 있었다. 구획 1에서 구획 4로 직접적으로 건너갈 수는 없었다. 따라서 이 구획들은 끝쪽이다. 쥐가 구획 1에서 구획 4로 가고 싶을 경우 2와 3을 거쳐서 가야만 한다. 각 구획을 구분하는 격막은 전기가 흐르고 있어서 쥐들은 그 격막을 뛰어넘을 수 없다는 것을 재빨리 학습했다.

이들 구획에서는 먹이통, 식수통 및 보금자리를 마련하기 위해 울타리로 구성되어 있다. 쥐들에게는 먹이, 물, 보금자리를 지을 재료를 충분히 제공해 주었다. 쥐의 행동을 관찰하고 기록하기 위해 실험실의 천장에 조망 창문이 있었다.

캘호운은 쥐에 대한 수년 간의 연구에서 12마리의 성숙한 쥐가 한 거주지에 있을 때 흔히 이러한 특별한 부담이 발생한다는 것을 알 수 있었다. 따라서 관찰실은 각 구획당 12마리로 전체는 48마리를 수용할 수 있는 크기였다. 실험실에 쥐를 넣은 후에 조밀도가 80에 이르러 거의 정상 조밀도의 2배가 될 때까지 번식하도록 두었다. 80마리에 도달했을 때 생존한 어린 쥐들이 이유기를 넘기면 끄집어냄으로써 쥐 숫자가 일정하게 유지되도록 했다.

이런 장소 배치를 해두고 이제 남은 것은 장기간 혼잡해진 동물을 관찰하고 그들의 행동을 기록하는 일이었다. 관찰은 16개월 동안 지속되었다.

결 과

쥐들의 조밀도가 극단치가 아니라는 사실을 명심하는 것이 중요하다.

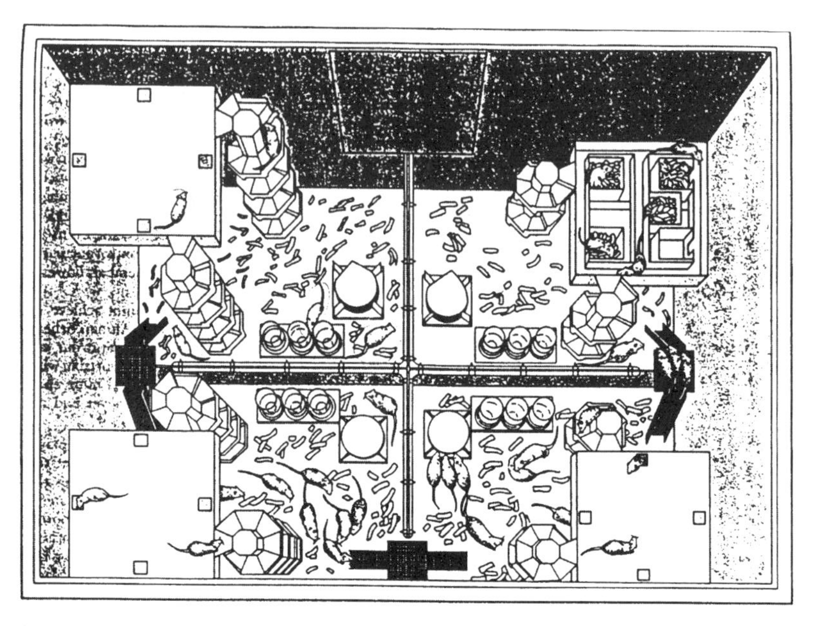

(pp. 140~145)

그림 1. 캘호운의 혼잡함 연구에서 배치된 실험실 도면

사실상 조밀도는 상당히 적절했다. 쥐가 번식하기를 원했다면 각 구획당 20여 마리 정도까지 가능하다. 그러나 이것은 실제로 일어난 것은 아니다. 수컷 쥐가 성숙하면 흔히 그렇듯이 사회적 지위를 획득하기 위해 서로 싸우기 시작했다. 이러한 싸움은 모든 구획에서 발생했지만 그 결과는 모두 동일하지는 않았다. 실험실 배치를 생각해 보면 두 개의 끝쪽 구획은 나가거나 들어오는 문이 하나밖에 없다. 따라서 이 두 구획 중 어느 한 구획에서 지배권 분쟁에 이긴 쥐의 경우, 구획의 입구를 지키거나 램프를 타고 넘어오려는 다른 수컷 쥐를 공격함으로써 그의 지위와 영토(구획 전체)를 유지할 수 있었다. 따라서 각 끝쪽의 구획에는 단지 한 마리의 수컷 쥐가 대장이 되었다. 그러나 그는 혼자가 아니었다. 그가 차지한 암컷 쥐는 네 우리에 걸쳐 대체로 동일한 빈도로 분포하고 있었다. 따라서 구획 1과 4의

대장쥐는 8~12마리의 암컷 쥐를 혼자서 차지했다. 그리고 이들은 어떤 기회도 허용하지 않았다. 다른 쥐의 침투를 방지하기 위해 항상 램프 바로 밑에서 잠자고 경계했다.

때때로 끝쪽 구획에 다른 수컷 쥐가 있었지만 이들은 지극히 복종적이었다. 그들은 대부분의 시간을 보금자리에서 암컷 쥐와 지냈고 먹기 위해 나올 뿐이었다. 암컷 쥐와 교배하려고 시도하지 않았다. 이 구획의 암컷 쥐는 제대로 어미 노릇을 했다. 그들은 편안한 보금자리를 만들고 새끼를 보호하고 양육했다. 이를테면 끝쪽 구획에 있는 대부분의 쥐들은 비교적 정상적인 생활을 했고 번식행동도 성공적이었다. 이 구획에서 태어난 새끼 쥐의 절반은 성인 쥐가 될 때까지 생존했다.

나머지 60여 마리의 쥐는 중간의 두 구획에 혼잡하게 모여 있었다. 이 두 구획에는 중앙집중식 먹이 및 식수 공급장치라서 다른 쥐들과 접촉할 기회가 많았다. 구획 2와 3에 있는 쥐들이 보이는 행동유형은 캘호운이 이름지은 '행동적 침몰'이라는 현상을 보여준다. 행동적 침몰은 "이상할 정도로 많은 숫자의 동물들이 함께 모이게 하는 행동과정에서 발생한 결과이다. 용어상에 나타나는 건전하지 않은 어감은 우연이 아니다. 행동적 침몰은 집단내에서 발견되는 모든 형태의 병리를 악화시킨다"(p. 144). 그가 관찰한 극단적이고 병리적인 행동들을 살펴보자.

1. **공격성** 야생상태에서는 흔히 수컷 쥐간에 사회적 위계내의 지배적 위치를 획득하기 위해 싸움을 한다. 이러한 싸움은 본연구에서도 또한 더 공격적인 쥐들에게서 관찰되었다. 자연환경에서와 달리 상위권의 수컷 쥐는 그들의 지위를 유지하기 위해 자주 싸워야 했고 흔한 소동에 여러 마리의 쥐가 관여했다. 그럼에도 불구하고 가장 강한 수컷 쥐는 중간 구획내에서 가장 정상적인 것으로 관찰되었다. 그러나 이런 동물들도 때때로 '병리의 징후'를 보였다. 미친 듯이 날뛰거나 암컷 쥐나 어린 쥐, 그리고 다소 활발하지 않은 수컷 쥐를 공격하였다. 그리고 다른 쥐의 꼬리를 무는, 쥐들의 흔하지 않은 행동을 보여주는 등 특별한 편애를 보여준다(p. 146).

2. 복종 이런 극단적인 공격성과는 반대로 지배권을 위한 분쟁을 무시하고 피하는 수컷 쥐 무리도 있었다. 이 무리 중 하나는 구획 안에서 가장 건강해 보이는 쥐들로 구성되었다. 이들은 비만했고, 털이 많았으며, 싸움으로 할퀸 자국도 없었다. 그러나 이 쥐들은 완전히 사회적으로는 부적합하다. 그들은 구획에서 다른 쥐들을 무시하고 조는 것처럼 함으로써 결국 다른 쥐도 그들을 무시했다. 그들은 성적 행위에 전혀 관심이 없었고 심지어 교미기에 암컷 쥐 곁으로 가지도 않았다.

극단적인 행위를 하는 또 다른 쥐의 무리는 항상 감수성이 예민한 암컷 쥐를 찾아 배회하였다. 캘호운은 그들을 '탐사가'라 하였다. 그들은 종종 더 지배적인 쥐로부터 공격받았지만 지위를 획득하기 위한 싸움에는 전혀 관심이 없었다. 그들은 과도하게 성행위에 관심이 있었고 대부분 동족을 잡아먹는 성인 쥐로 변했다!

3. 성적 일탈 이 탐사가들은 또한 일상적인 교배형식을 따르려 하지 않았다. 일반적으로 수컷 쥐는 교미기에 있는 암컷 쥐가 우리로 도망갈 때까지 따라간다. 그러면 수컷 쥐는 참을성 있게 기다리고 심지어 암컷쥐의 문 밖에서 직접 교미춤을 추기까지 한다. 마침내 암컷 쥐는 우리 밖에 나타나고 그러면 교미가 이루어진다. 캘호운의 연구에서 이러한 의식은 탐사가 이외의 대부분 성적으로 흥분한 수컷 쥐들에 의해 고수되었다. 탐사가들은 완전히 암컷 쥐를 기다리지 않고 암컷 쥐를 따라 바로 암컷 쥐의 우리로 들어갔다. 때때로 우리에는 살아남지 못한 어린 쥐들이 있었다. 바로 여기서 탐사 쥐들이 식인 쥐로 변한다.

또 다른 수컷 쥐무리는 '범성적'이라 하였다. 왜냐하면 이들은 어떤 쥐와도 무분별하게 교미하려 했기 때문이다. 이들은 다른 수컷 쥐, 어린 쥐 그리고 교미기에 있지 않은 암컷 쥐에게도 성적으로 접근했다. 이 무리는 더 지배적인 수컷 쥐로부터 자주 공격을 받는 복종적인 무리이지만 지배권을 위해 싸우지는 않았다.

4. 번식 이상 쥐는 보금자리를 짓는 본능이 있다. 이 연구에서 보금자리를 짓는 재료로 가늘게 찢은 종이를 무제한으로 제공하였다. 출산시기가 가까이 올수록 암컷 쥐는 보금자리를 짓는 행동을 상당히 많이 한다. 그들은 재료를 모아 엮어서 방석을 만든다. 그 다음 그들은 보금자리를 정리하면서 중간을 움푹하게 해서 어린 쥐를 보호할 수 있도록 했다. 그러나 행동적 침몰에 있는 암컷 쥐는 적합한 보금자리를 짓는 능력(혹은 경향)을 점차로 잃어갔다.

처음에는 중간에 움푹한 부분을 만들 수 없었다. 그러고는 가늘게 찢은 종이 조각을 거의 모으지 못했다. 결국 새끼 쥐는 구획의 바닥에 깔려 있는 모래 위에 바로 출산되었다. 어미 쥐는 또한 새끼 쥐가 위협을 느껴 다른 곳으로 이동시키는 모성 능력을 상실했다. 그들은 새끼 중 일부만 옮기고 나머지는 잊어버리거나 이동하는 중에 바닥에 떨어뜨렸다. 보통 이들 새끼 쥐들은 버려지거나 떨어진 곳에서 죽었다. 이들은 성숙한 쥐들에게 먹혔다. 중간 구획의 새끼 쥐의 사망률은 극도로 높아서 80~96퍼센트에 이르렀다.

이런 모성애 결핍에 더해서 중간 구획의 암컷 쥐들은 교배기가 되면 수컷 쥐 무리들에 의해 더 이상 도망갈 수 없을 때까지 쫓겨다닌다. 이러한 암컷 쥐들은 임신과 출산기간에 합병증에 걸리는 비율이 높다. 연구가 끝날 무렵 이들 중 거의 절반이 죽었다.

논 의

당신은 이러한 연구결과들을 이론적으로 확장시켜 고밀도 환경에 거주하는 인간에게 적용시킬 것이라고 예상할 것이다. 그러나 간략히 논의되었던 이유로 인해 캘호운은 어떠한 결론도 도출하지 않았다. 사실상 그는 그 결과에 대해 거의 논의하지 않았다. 아마 논리적으로 그의 결과 자체가 의미심장한 것으로 가정되기 때문일 것이다. 그는 한 가지 분명한 결과에 대해서는 언급했다. 쥐들의 자연스럽고 사회적이고 생존적인 행동들은 고밀도 환경에서 거주와 관련된 스트레스로 인해 심각할 정도로 바뀌었다고 했다. 또한 향상된 방법과 세련된 결과 해석을 할 수 있는 후속 연구를 통해 그의 연구 및 다른 연구들은 인간이 직면할 유사한 문제를 이해하는 데 아마 공헌할 것이라고 언급했다.

결과의 중요성

이 책에 있는 많은 연구들처럼 캘호운 연구의 가장 중요한 측면 중 하나는 이와 관련된 다른 연구를 가능하게 해준 점이다. 이 경우에는 고밀도의 거주가 인간에게 미치는 영향이다. 이런 거대한 연구를 여기서 상세히 다룰 수는 없겠지만 몇 가지 보기만을 언급하겠다.

인간에게 있어 동등한 행동적 침몰이 존재할 수 있는 환경은 아주 혼잡한 감옥소일 것이다. 정의국립연구소의 후원으로 이루어진 연구에서 각 입소자에게 평균 50제곱피트(가로 7피트, 세로 7피트)가 허용되는 감옥소와 덜 복잡한 감옥소를 비교하게 했다. 혼잡한 감옥소에는 사망률, 살인율, 자살, 질병 및 징계문제가 훨씬 많은 것으로 밝혀졌다(McCain, Cox, & Paulus, 1980). 그러나 다시 한번 생각해야 하는 것은 혼잡한 것 이외의 다른 요인이 이런 행동에 영향을 줄 수도 있다는 것이다.

또 다른 흥미로운 연구결과는 혼잡함이 문제해결 능력에 부정적인 효과를 산출하였다는 것이다. 이 연구에서 작고 극도로 복잡한 방(한 사람당 3제곱피트) 또는 더 크고 덜 복잡한 방에 사람을 배치하였다. 피험자들에게 상당히 복잡한 과제를 실시했다. 나중에 검사한 이야기 내용을 들으면서 그들은 다양한 모양을 여러 범주로 나누는 과제를 부여받았다. 복잡한 조건에 있는 피험자들은 덜 복잡한 조건에 있는 피험자보다 수행 수준이 낮았다(Evans, 1979).

끝으로 복잡한 환경내에서 생리적으로 어떤 변화가 있을까? 연구에 따르면 혈압과 심장박동이 증가된다고 한다. 이러한 영향력과 더불어 조밀도가 증가됨에 따라 다른 사람을 더 공격적으로 그리고 1시간은 더 느리게 흐르는 것처럼 느껴진다(Evans, 1979).

비 판

캘호운의 동물 연구결과는 이후에 실시한 동물 연구에서도 지지되었다(Marsden, 1972 참조). 그러나 이 책 서두에서 언급했듯이, 동물 연구결과는 인간에게 신중하게 적용하여야 한다. 쥐에게 질병을 일으키는 물질이라고 해서 인간의 신체적 건강에도 동일한 영향을 미치지 않는 것처럼, 쥐의 사회적 행동에 영향을 주는 환경요인을 직접적으로 인간에게 적용시킬 수는 없다. 기껏해야 동물은 인간의 특정 측면만을 나타낼 뿐이다. 동물연구는 때때로 인간에 관한 연구를 더 정확하게 할 수 있도록 안내하는 데 유용하다. 어떤 경우에는 아무 소용도 없을 수 있다.

1975년에 뉴욕에서 캘호운의 연구결과 일부를 사람에게 반복하여 실시했다(Freedman, Heshka, & Levy, 1975). 자료는 인구밀도가 각기 다른 지역에서의 사망률, 임신(출생률), 공격행동(법정 기록), 정신병리(정신병동 입원율) 등이었다. 그러나 모든 자료를 분석했을 때 인구밀도와 사회병리의 어떤 유형과도 유의미한 관계를 발견하지 못했다.

그렇지만 1960년대 초에 이루어진 캘호운의 연구는 혼잡함이 심리적 행동에 상당한 영향을 미친다는 데 초점을 두었다. 이러한 연구는 인간과 관련하여 오늘날에도 계속 진행되고 있다.

EVANS, G. W. (1979) Behavioral and psychological consequences of crowding in humans. *Journal of Applied Social Psychology, 9,* 27~46.

FREEDMAN, J. L., HESHKA, S., & LEVY, A. (1975) Population density and social pathology: Is there a relationship? *Journal of Experimental Social Psychology, 11,* 539~552.

MARSDEN, H. M. (1972) Crowding and animal behavior. In J. F. WOHLHILL and D. H. CARSON(eds.), *Environment and the social sciences.* Washington, D.C.: American Psychological Association.

MCCAIN, G., COX, V. C., & PAULUS, P. B. (1976) The relationship between illness, complaints, and degree of crowding in a prison environment. *Environment and Behavior, 8,* 283~290.

제9부

심 리 치 료

심리치료는 대개 치료자와 내담자간의 친밀하고도 치료적인 관계를 포함한다. 심리치료에 관한 역사는 우선적으로 일련의 수없이 많은 치료적 기법들로 구성되며, 각각의 치료법들은 역시 개발한 사람들이 최선을 다한 것이다. 그런데 이러한 방법들의 효능성을 설명하는 연구는 일반적으로 미약하고 매우 과학적이지 못하다. 심리적 문제를 치료하는 데 초점을 두는 심리학의 하위분야를 임상심리학이라 하는데 이들 대부분의 연구들은 본질적으로 일화적이다. 하지만 사람들에게 도움을 주려는 심리학의 시도에서 일부 중요한 진전이 있었다.

심리치료에 대해서 종종 제기되는 의문 가운데 하나는 어떤 방법이 최선인가하는 것이다. 이 부의 첫번째 연구는 다양한 형태의 치료가 동일한 효과를 지님을 설명함으로써 이 의문에 답하였다. 그러나 두 번째 연구에서 논의되는 다른 계열의 연구는 예외를 제안했다. 만약 당신이 공포증(어떤 것에 대한 강하고 비합리적인 공포)에 걸렸다면 '체계적 둔감화'라 불리는 치료형태가 우수한 치료방법이 될 것이다. 여기에 포함된 연구는 그 방법을 제안했던 사람에 의해 수행되었다. 세 번째 연구는 치료자들이 내담자의 민감하고 외상적이고 심지어 드러나지 않는 심리적 문제들을 다루는 것을 돕기 위해 일반적으로 사용했던 치료적 도구의 발전이 포함되어 있다. 그리고 네 번째로 많은 사람들이 불안을 치료하는 데 있어 가장 중요한 진전이라고 생각했던 것은 발리움이다. 우리는 이에 대한 효능성을 설명하는 연구를 계속해서 살펴볼 것이다.

심리치료자 선택하기 33

잠시 동안 일상에서 정서적으로 힘든 때를 경험하고 있다고 상상해 보라. 평소 알고 지낸 친구들과 가족들에게 상의한다. 그러나 그 일은 해결되지 않는다. 결국 충분히 오랫동안 고통을 감내한 후 당신은 전문가의 도움, 즉 심리치료를 받기로 결심한다. 심리치료는 단순히 심리적 문제들에 대한 치료를 의미한다. 심리치료가 필요할 만큼 미치지 않았으나 사실 심리치료사들에게 치료받았던 대부분의 사람들은 정신병이 아닌 단지 그들 삶에 문제가 조금 있을 뿐이다. 당신은 박식하고 지적인 사람이므로 심리치료에 대한 일부 기사를 읽고 거기에서 이용할 수 있는 많은 다양한 접근을 발견한다. 당신은 체계적 둔감화(Wolpe의 연구에 대한 기사 참조)와 행동수정과 같은 다양한 유형의 행동치료들에 대해서 읽었다. 이와 같은 행동치료들은 당신을 행복하지 않게 하는 구체적인 행동

Smith, Mary Lee, and Glass, Gene V. (1977) Meta-analysis of psychotherapy outcome studies. *American Psychologist, 32*, 752~760.

들에 중점을 두고서, 고전적 또는 조작적 조건화에서 차용한 기법들을 사용하여 그러한 행동들을 변화시키도록 당신을 돕는다. 당신은 또한 프로이트 이론에 바탕을 둔 정신 분석적 치료, 교류 분석, 합리적 정서적 치료, 내담자 중심 치료와 같은 일부 비행동적 치료들도 안다. 이러한 치료들은 다른 기법들을 사용하기는 하지만, 불행에 내재하는 심리적 원인과 접촉하게 해서 당신의 내적 자아에 관해 더 많은 통찰을 경험하게 함으로써 당신을 변화시키려 한다(다양한 유형의 심리치료에 대한 더 완전한 논의를 위해서 Hock와 Mackler, 1991 참조).

지금 당신은 정말로 혼란스럽다. 어느 것을 선택해야 하나? 당신이 지금 진정으로 알기를 원하는 것은 심리치료가 정말로 효과적인지, 어느 방법이 최선인지이다. 지난 40년 이상 심리학자들도 이와 같은 의문을 가졌다는 사실만으로도 당신에게 도움이 될 수도 혹은 그렇지 않을 수도 있다. 많은 비교연구들이 행해졌지만 대부분의 연구들은 심리학자들이 연구를 수행하는 데 이용한 방법을 지지하는 경향이었다. 부가적으로 대부분의 연구들에서 피험자의 수와 사용된 연구기법들은 다소 적었다. 그리고 설상가상으로 이들 연구들은 책과 연구지에 널리 소개되어 있고 극적으로 다가가기 힘든 완벽한 일상적인 판단을 하게 했다.

심리치료 기법들에 대한 연구문헌에서 이러한 격차를 메우기 위해서 콜로라도 대학교의 메어리 리 스미스(Mary Lee Smith)와 진 글래스(Gene Glass)는 1977년에 그 당시에 유행했던 심리치료의 효능성에 관한 모든 연구들을 실제적으로 모아서 동시에 분석하는 작업을 착수하였다. 천여 종류의 잡지, 연구지, 책에서 그들은 상담과 심리치료의 효과를 검증했던 약 500여 개의 연구들을 선별했다. 그 다음 연구자들은 전반적으로 상대적 효능성을 검증하기 위해서 글래스가 개발했던 메타 분석이라 불리는 기법을 모든 연구에서 나온 자료들에 적용하였다. 메타 분석은 많은 개별적인 연구들의 결과들을 가져와서 보다 범위가 큰 통계적 분석을 통해 통합하므로 각 연구의 증거를 의미있는 전체로 종합한다.

이론적 제안

스미스와 글래스의 연구 목적은 다음과 같다(p. 752).

1. 상담과 심리치료의 효과를 검증했던 모든 연구들을 확인하고 수집한다.
2. 각 연구에서 치료 효과의 양을 결정한다.
3. 다른 유형의 치료 효과와 비교한다.

이러한 목적들에 함의되어 있는 이론적 전제들은 메타 분석을 통해 살펴보면, 심리치료는 효과적인 것으로 나타날 것이고 효능성에서 차이가 있다면 그 차이를 설명할 수 있을 것이라는 것이다.

방 법

서론에서 언급했던 것처럼 스미스와 글래스는 500개의 연구들을 선택했다. 이 중에서 375개는 완전히 분석되었다. 연구들은 사용했던 연구방법과 평가했던 치료유형에서 매우 다양했지만 모든 연구들은 최소한 심리치료를 받았던 한 집단과 다른 유형의 치료를 받았거나 전혀 치료를 받지 않았던 다른 집단(통제집단)과 비교하여 평가했다. 스미스와 글래스가 그들의 메타분석에 포함된 모든 연구들에서 가장 중요한 결과는 치료효과의 양이었다. 이러한 효과의 크기는 원래의 연구자가 사용하기 위해 선택했던 치료의 결과 측정치에서 얻었다. 가끔 효능성에서 한 측정치 이상 혹은 동일한 측정치를 이용했던 연구들은 한 번 이상 분석에 사용되었다. 효능성을 평가하기 위해 사용했던 결과의 예들은 자존감의 증가, 불안 감소, 학교 활동 향상, 일반적 적응에서의 향상이었다. 가능하다면 특정한 연구에서 사용했던 모든 측정치들을 메타 분석에 포함시켰다.

전체 833이라는 효과 크기가 375개의 연구에서 계산되었다. 여기에는 각 연구의 실험집단과 통제집단을 합쳐서 약 2만 5천 명의 피험자들이 포함되었다. 저자는 연구에서 피험자들의 평균 연령은 22세였다고 보고했다. 그들은 평균 3년 반의 경력이 있는 치료자들에게 평균 17시간의 치료를 받았다.

당신은 이러한 종류의 분석이 얼마나 지리하고 시간 소모적인 과제인가 상상할 수 있을 것이다. 이러한 대량의 자료를 처리할 때 연구자들이 정보를 일관되고 정확하게 기록하고 계산하였는가를 확인하는 데 관심을 두는 것 또한 중요하다. 그러므로 분석된 각각의 연구는 치료자의 경험, 치료의 유형, 사용된 결과 측정치의 유형, 피험자의 특성 등에서 원하는 자료를 얻기 위해 정확한 방법으로 부호화되었다. 두 명의 저자와 네 명의 보조자들이 20개의 연구를 분석하여 부호화하였다. 그리고 모든 자료 범주에 대한 이들간의 일치는 90퍼센트 이상이었다.

결 과

첫째, 스미스와 글래스는 모든 유형의 치료와 모든 결과 측정치들에 대하여 치료받은 피험자들과 치료받지 않은 피험자들을 비교하였다. 그들은 "치료를 받은 평균 내담자는 치료받지 않은 통제집단의 75퍼센트보다 호전되었다. 결과 계산이 가능했던 치료들은 평균 내담자를 백분위 50번째에서 75번째로 이동시켰다"고 밝혔다(pp. 754~755). 백분위 점수는 어떤 측정 점수를 지닌 개인들의 백분율이 특정의 흥미있는 점수보다 아래에 있다는 것을 나타낸다. 예를 들어 당신이 태도 검사에서 백분위 점수가 90이라면, 그것은 동일한 검사를 받았던 사람들의 90퍼센트가 당신보다 더 낮은 점수를 받았다는 것을 의미한다. 게다가 833이라는 효과 크기에서 단지 99(혹은 12퍼센트)는 부정적이었다(내담자가 치료 전보다 더 나빠졌음을 의미한다). 연구자는 심리치료가 비효과적이었다면 부정적인 효과크기는 50퍼센트 혹은 417과 같아야 한다고 지적하였다.

둘째, 심리치료의 효능성에 대한 다양한 측정은 모든 연구들을 대상으로 하여 비교되었다. 결과는 그림 1에 제시되었다. 그림에서 분명히 나타난 것처럼 모든 결과는 일반적으로 치료를 받은 것이 치료를 받지 않은 것보다 더 효과적이라고 증명하였다.

셋째, 스미스와 글래스는 다양한 심리치료 방법들을 비교했다. 이들 방법들은 유사한 통계적 절차들을 사용해서 분석했던 연구들에서 사용되었다. 친숙한 심리치료들에 관한 요약은 그림 2에서 찾아볼 수 있을 것이다.

끝으로 스미스와 글래스는 모든 다양한 방법들을 두 개의 상위범주 치료로 분류하였다. 행동적 상위범주는 체계적 둔감화, 행동 수정, 홍수법이 포함되고 비행동적 상위범주는 나머지 치료유형들로 이루어졌다. 그들이 행동적 그리고 비행동적 치료들을 비치료 통제들과 비교했던 모든 연구들을 분석했을 때 두 상위 범주간의 모든 차이들은 없어졌다(통제집단과 비교하여 각각 백분위 점수 73, 백분위 점수 75이다).

논 의

모든 결과에서 분명히 나타난 것처럼 심리치료는 다양한 문제들을 치료하는 데 성공적인 것 같다(그림 1). 그리고 다른 유형의 치료를 분류하든지 결합하든지 상관없이 그들간의 차이는 무의미한 것으로 밝혀졌다(그림 2와 다른 백분위 점수 결과들).

스미스와 글래스는 결과에서 세 가지의 결론을 이끌어냈다. 첫째, 심리치료는 효과적이라는 것이다. 메타 분석의 결과는 분명히 치료를 받은 사람들이 치료를 받지 않은 사람들보다 호전되었다는 주장을 지지한다. 둘째, "다양한 학파간에 심리치료의 이론적 차이가 있음에도 불구하고 연구결과는 다양한 치료유형이 산출한 효과에서의 차이들을 무시해도

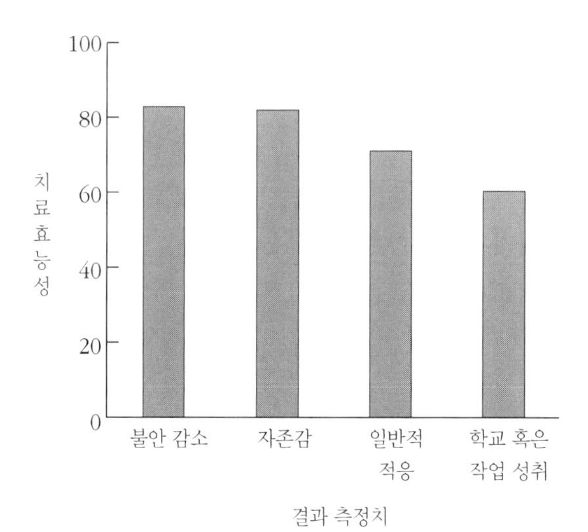

그림 1. 모든 연구의 효능성을 종합하여 산출한 네 가지 요인(p. 756 인용)

* 만약 증상의 호전이 없다면 내담자의 점수는 50점이고 증상이 악화되었다면 점수는 50 이하이다.
* 치료받지 않은 통제집단과 비교하여 중앙 백분율(50%)은 치료받은 내담자임.

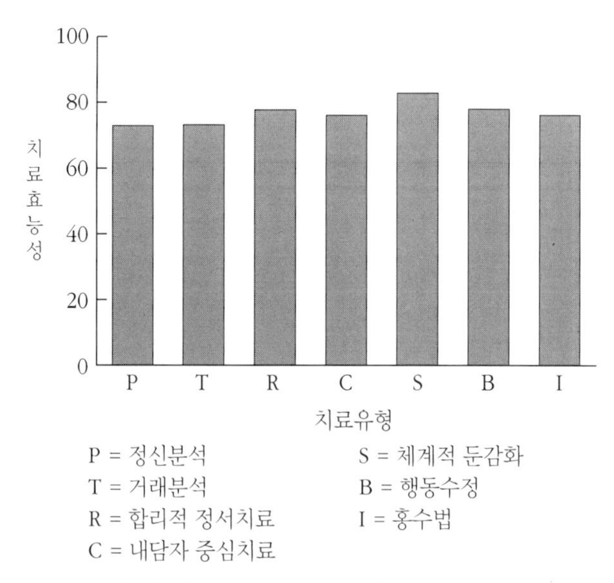

그림 2. 일곱 가지 심리치료 방법의 효능성에 대한 비교(p. 756 인용)

* 치료받지 않은 통제집단과 비교하여 중앙 백분율(50%)은 치료받은 내담자임.

좋다고 설명한다. 한 유형 혹은 다른 심리치료 유형이 우수하다는 무조건적 판단은 정당화되지 않는다"(p. 760). 셋째, 그들은 심리치료의 효능성에 대해서 연구자들과 이론가들이 가진 지식과 정보는 부족하다고 지적한다. 왜냐하면 출판의 양에 비해 정보는 너무 얄팍하게 퍼져 있기 때문이다. 그러므로 그들은 이 연구는 이러한 문제를 해결하기 위한 방향으로의 단계이며 앞으로 유사한 기법을 사용한 연구들에 더 많은 관심을 가져야 한다고 제안했다.

함의와 후속 연구

스미스와 글래스의 연구결과는 심리치료의 효능성에 대해서 내담자에게는 덜 혼동스럽지만 치료자들에게는 더욱더 혼동스럽다. 직업으로 심리치료를 선택한 사람들은 특정 방법(그들이 사용하는 것)이 다른 방법들보다 더 효과적이라고 믿는데 종종 노력한다. 그러나 스미스와 글래스의 연구결과는 후속 연구에 의해 지지되었다(Smith, Glass, & Miller, 1980; Londman & Dawes, 1982 참조). 이러한 계열의 연구결과 중 하나는 내담자들을 돕기 위해 절충적인 접근을 취하는 치료자들이 증가했다는 것이다. 이는 그들이 몇 가지 방법들을 사용하는 것을 의미한다. 사실 실제적으로 모든 치료자들의 40퍼센트는 그들 자신이 절충적인 방법을 사용하는 것으로 간주한다. 이 백분율은 다른 구체적 접근들의 백분율보다 훨씬 크다. 절충함으로써 이들 치료자들은 한 방법에만 국한하지 않고 다양한 기법들 중에서 선택해서 내담자와 내담자가 직면한 문제들에 가장 적합한 치료계획을 세우기 위해 이들 기법들을 결합시킨다.

이 연구와 유사한 연구에서 모든 심리치료가 모든 문제와 모든 사람들에게 동일하게 효과적이라고 결론내리는 것은 실수이다. 이러한 연구들은 치료의 효능성에 대한 매우 광범위하고 일반적인 개요를 다룬다. 그러나 당신의 성격과 당신의 구체적 문제의 환경에 따라서 일부 치료는 다른 치료들보다 더 효과적일 것이다. 가령 공포증의 치료에서 행동치료는 비행동적 접근보다 더 효과적이라고 하였다.

치료자를 선택할 때 가장 중요하게 고려해야 하는 것은 치료의 유형이 아니라 오히려 심리치료에 대해 기대하는 것과 치료자의 특성이다. 만약 당신이 심리치료가 도움이 된다고 믿고 낙관적인 기대로 치료적 관계에 들어간다면 성공적 치료의 가능성은 매우 증가된다. 당신이 치료자와 느끼는 관계 역시 중요한 차이를 만들 수 있다. 당신이 치료자를 재능있고 자상하고 온정적이고 당신과 공감할 수 있다고 보면 당신은 효과적이고 보상적인 치료를 경험할 가능성이 매우 높을 것이다(Hock & Mackler, 1991).

심리치료에서 대인 관계적 측면의 중요성은 스트룹과 해들리(Strupp & Hadley, 1979)의 연구에서 설명된다. 불안을 가지고 어려움에 직면한 대학생들을 전문적으로 수련받은 치료자와 수련받지 않은 치료자들에게 할당하였다. 수련받은 치료자들은 경험 있는 자격증을 가진 심리치료자였다. 수련받지 않은 치료자들은 학생들에게 관심이 있고 도움을 주는 사람으로 잘 알려진 대학교수였다. 그러나 그들은 심리치료에 대해서 수련받은 적이 없고 관련된 직업에 종사하지 않았다. 여기에는 학생 피험자들의 통제집단도 있었다. 그들은 동일한 문제를 가졌고 다른 피험자들처럼 동일한 평가절차들을 거쳤지만 그들의 치료 회기는 연구결과를 얻을 때까지 연장되었다. 연구결과는 수련받은 치료자와 수련받지 않은 치료자들에게 배정된 학생들은 통제집단보다는 유의미하게 더 호전되었지만 두 집단간에 차이가 없었다고 나타났다. 더 호의적인 결과들에서 수련받은 혹은 수련을 받지 않았던 치료자를 접했던 학생들은 그들의 문제를 의논하는 것이 도움이 되었고 과거보다는 현재에 관심을 집중시켰고 새로운 사회활동에 참여하도록 권장되었다고 보고했다.

스미스와 글래스의 연구는 심리치료 역사의 표석이 되었다. 그의 연구에서 특정방법의 우월성을 입증하려고 했던 연구자들의 많은 유혹을 제거했고 대신 심리적 고통을 가진 사람들을 돕는 최선의 방법에 초점을 두었다. 이제 앞으로 연구는 가장 빠르고 가장 만족스러운 치료적 경험을 유발하는 데 작용하는 요인들을 밝히는 것에 집중되어야 한다.

HOCK, R., & MACKLER, M. (1991) *Do you need psychotherapy?* Manuscript, New England College.

LANDMA, J., & DAWES, R. (1982) Psychotherapy outcome: Smith and glass' conclusions stand up under scrutiny. *American Psychologist, 37,* 504~516.

SMITH, M., GLASS, G., & MILLER, T. (1980) *The benefits of psychotherapy.* Baltimore: John Hopkins University Press.

STRUPP, H., & HADLEY, S. (1979) Specific vs. non-specific factors in psychotherapy: A controlled study of outcome. *Archives of General Psychology, 36,* 1125~1136.

공포를 떨치기 위한 이완 34

체계적 둔감화(이는 단순히 어떤 것에 대한 당신의 불안 수준을 조직적인 방식으로 감소시키는 것을 의미한다)라 불리는 심리치료에서 가장 중요한 기법을 논의하기 전에 신경증의 개념을 명확히 해야만 한다. 신경증이란 지금은 다소 시대에 뒤떨어진 용어이다. 이것은 극단적인 불안이 중심특성인 심리적 문제들을 설명하기 위해 사용되었다. 오늘날 이러한 문제들은 '불안장애'라고 한다. 우리는 불안에 모두 친숙하고, 때때로 대중 앞에서 발표하기, 직업면접, 시험 등과 같이 우리를 신경과민하게 만드는 상황에서 매우 높은 정도로 불안을 경험한다. 그러나 어떤 사람이 불안장애로 고생할 때 반응은 훨씬 더 극단적이고 광범위하고 더 빈번하고 쇠약하게 한다. 종종 이러한 장애는 일상적인 삶을 영위하는 것을 방해하기도 한다.

Wolpe, Joseph (1961) The systematic desensitization treatment of neuroses. *The Journal of Nervous and Mental Diseases, 132,* 180~203.

가장 보편적인 불안과 관련된 괴로움은 공포증, 공황장애, 강박장애이다. 만약 당신이 이들 중 하나로 고생했었다면 이것은 평소 미미한 불안이 아니라 삶 전체를 통제하는 불안이다. 조제프 볼프(Joseph Wolpe)의 연구는 이러한 장애에 대한 치료를 다루며 이 연구에서는 주로 공포증에 초점을 두어 논의할 것이다.

공포증이라는 영어의 포비아(phobia)는 그리스의 무서움의 신인 포보스(Phobos)에서 유래한다. 고대 그리스인들은 그들의 가면에 포보스의 이미지를 그려서 적들을 놀라게 함으로써 자신을 보호했다. 공포증은 무서움이다. 그러나 그 의미 이상으로 그것은 비합리적인 무서움이다. 다시 말하면 그것은 사건의 실제와는 적합하지 않는 무서움의 반응이다. 예를 들면 숲속 오솔길을 산책하는데 갑자기 사리를 틀고서 공격하려고 하는 방울뱀을 만난다면 무서움을 느꼈을 것이다(만약 당신이 크로커다일 댄디 혹은 다른 어떤 것이 아니라면). 그것은 공포증이 아니라 실제 위험에 대한 정상적이고 합리적인 공포반응이다. 한편 유리 우리 안에 있는 뱀을 보는 것도 무서워 동물원에 갈 수 없다면 아마도 이것은 공포증으로 간주될 것이다. 이것은 우습게 들릴지 모르지만 공포증으로 고생하는 사람들에게 결코 재미있는 일은 아니다. 공포반응은 현기증, 두근거림, 기절할 것 같은 느낌, 숨막힘, 땀이 남, 떨림, 메스꺼움과 같은 증상을 포함하는 극도로 불편한 사태들이다. 공포증을 겪는 사람은 공포스러운 자극들과 마주치는 상황을 주의 깊게 피할 것이다. 종종 이러한 회피는 일상생활에서 사람들이 원하는 기능을 격렬히 방해할 수 있다.

공포증은 세 가지의 주요 유형으로 나누어진다. 단순 공포증은 동물들(쥐, 개, 거미, 뱀과 같은), 좁은 공간(폐쇄 공포증), 높은 곳(고공 공포증)과 같은 구체적인 상황에 대한 비합리적 공포를 포함한다. 사회 공포증은 공식적인 연설과 같이 타인과의 상호작용에 대한 비합리적인 공포 혹은 당혹스러움에 대한 공포이다. 마지막으로 광장 공포증은 친숙하지 않은, 개방된 혹은 복잡한 장소에 있는 것에 대한 비합리적인 공포이다. 다양한 유형의 공포증은 매우 다르지만 최소한 두 가지 공통적인 특성이 있다. 모두 비합리적이고 모두 유사한 방식으로 치료된다.

공포증의 초기 치료는 프로이트의 개념인 정신분석의 중심이 되었다. 이 견해는 공포증은 아동기의 외상 충격에서 생긴 무의식적 심리적 갈등의 결과라고 주장한다. 이는 공포증은 사람이 직면하기를 꺼리는 깊은 두려움과 분노를 대치한 것이라고 확장하였다. 예를 들어 높은 곳에 대한 비합리적 공포(고공 공포증)를 가진 사람은 어린 소년이었을 때 아버지가 높은 절벽에서 그를 밀어뜨리는 등의 잔인한 괴롭힘을 당했을 것이다. 성인으로서 그가 아버지의 전반적 학대(그가 직면하고 싶지 않은 어떤 것)에 직면하는 경험을 인식하므로 그는 이것을 억압하고 대신 그것을 공포증의 형태로 표현한다. 문제의 근원에 대한 이러한 견해와 부합하여 신분석가들은 역사적으로 사람들이 무의식적인 감정에 대한 통찰을 통하여 드러내지 않는 정서를 풀어놓게 함으로써 공포증을 치료하려고 노력했다. 그러나 이러한 기법들은 대부분의 다른 유형의 심리적 문제들에는 유용하지만, 공포증을 치료하는 데 비교적 효과가 없는 것으로 입증되었다. 공포증과 관련이 있을 것 같은 내재된 무의식적 갈등을 드러냈을 때조차도 공포증은 그 자체로 지속되는 것 같다.

조제프 볼프가 처음으로 체계적 둔감화라는 행동적 기법의 사용을 제안한 것은 아니지만 이 기법을 완성해 불안장애의 치료에 적용시키는 데 공헌했다. 행동적 접근은 정신분석적 접근과는 매우 다르다. 문제에 대한 무의식적 근원 혹은 억압된 갈등과 관련이 없다는 행동치료의 기본적인 생각은, 당신은 비효과적인 행동(공포증)을 학습했고 이제 당신은 그것을 잊어버려야만 한다는 것이다. 이것이 공포증 치료를 위한 볼프의 방법의 근간을 이루었다.

이론적 제안

볼프 등의 초기 연구들은 동물의 공포반응을 단순한 조건화 절차로 감소시킬 수 있음을 밝혔다. 가령 쥐가 실제 고양이의 사진을 보았을 때 공포감을 표현하며 행동한다고 가정하자. 쥐에게 고양이가 제시될 때마다 음식을 준다면, 쥐는 점점 덜 공포스러워할 것이고 마침내 공포반응은 완전히 사라질 것이다. 쥐는 원래 고양이 사진과 공포를 연합하여 조건화되었다. 그러나 먹이를 먹는 반응은 공포반응과 양립할 수 없다. 공포반응과 먹는 반응은 동시에 존재할 수 없기 때문에 공포는 먹는 반응에 의해서 억제된다. 두 반응에서의 이러한 양립 불가능성은 '상호제지'(두 반응이 서로 제지할 때 단지 한 반응이 주어진 순간에 존재할 것이다)라 불린다. 볼프는 "불안을 제지하는 반응이 불안 유발 자극들이 존재할 때 일어나게 할 수 있다면… 이들 자극들과 불안간의 결합은 약해질 것이다"(p. 180)라는 더 일반적인 가정을 제안했다. 그는 또한 인간의 불안반응도 동물 실험실에서 발견했던 것들과 매우 유사하고 상호제지의 개념이 다양한 인간 심리장애를 치료하는 데 사용될 수 있다고 주장하였다.

인간에 대한 그의 연구에서 불안제지 반응은 '먹는 것' 이 아니라 깊은 이완이었다. 이 견해는 당신이 깊은 신체적 이완과 공포를 동시에 경험할 수 없다는 이론에 바탕을 두었다. 행동주의자로서 볼프는 공포증에 걸린 이유는 일상생활의 어느 순간에 고전적 조건화 과정을 통하여 학습되었기 때문이라고 믿었다. 고전적 조건화 과정에서 몇몇 대상이 당신의 뇌에서 강한 공포와 연합되었다(Pavlov의 연구 참조). 우리는 왓슨(Watson)의 연구(어린 앨버타에 관한 왓슨의 연구 참조)와 다른 연구에서 이러한 학습이 심지어 매우 어린 연령에서도 가능하다는 것을 안다. 그래서 공포증을 치료하기 위해 당신은 공포스런 상황에 있는 동안 공포 혹은 불안을 제지하는 이완 반응을 경험해야 한다. 이러한 치료기법이 작용할 것인가? 볼프의 논문은 150개의 사례 중 무선적으로 선택된 3개의 사례들을 보고한다. 이들 사례에서 볼프는 그의 체계적 둔감화 기법을 사용하여 피험자들의 공포증을 치료하였다.

방 법

당신이 고소 공포증이라 불리는 높은 곳에 대한 비합리적 공포로 고생한다고 상상해 보자. 이 문제는 너무 극심해서 당신은 마당에 있는 나무의 가지를 정리하기 위해 사다리에 올라갈 수 없고 사무실 건물 2층을 올라가는 데도 어려움을 느낀다. 당신의 공포증은 일상생활을 너무 많이 방해하므로 볼프와 같은 행동치료자에게 심리치료를 받기로 결심한다. 치료는 몇 단계로 이루어질 것이다.

이완 훈련 처음 몇 회 동안은 공포증에 대해서 거의 다루지 않을 것이다. 대신 치료자는 신체 이완법을 가르치는 데 중점을 둘 것이다. 볼프는 1938년에 에드문트 야콥슨(Edmund Jacobson)에 의해 소개된 점진적인 근육이완 형태를 추천하였다. 이 방법은 오늘날까지 보편적으로 치료에 사용되고 있다. 이 과정은 깊은 이완 상태에 도달할 때까지 신체 여러 부위의 근육들(팔, 손, 얼굴, 등, 배, 다리 등)을 긴장시키고 이완시키는 것을 포함한다. 이러한 이완 훈련을 5~6회에 걸쳐 치료자와 함께 할 것이다. 훈련 후에는 당신이 원할 때마다 이완 상태에 자신을 둘 수 있다. 이 논문에 보고했던 대부분의 사례에서 볼프도 완벽한 이완을 하기 위해 최면을 통합시켰지만 이것은 효과적인 치료에는 대개 불필요한 것으로 보여진다고 지적한다.

불안위계의 구성 다음 단계의 과정은 공포가 포함되어 있는 불안이 유발되는 상황 혹은 장면의 목록을 전개하는 것이다. 이 목록은 아주 적은 불편한 상황에서 시작하여 점차 더 무서운 장면으로 전개되어 마침내

표 1. 불안 위계

고소 공포증

1. 보도에 있는 격자 위 걷기
2. 3층 사무실에서 창문 근처에 앉기
3. 45층까지 엘리베이터 타기
4. 플랫폼에서 10층 위의 창문 닦는 사람 쳐다보기
5. 전구를 바꾸기 위해 의자 위에 올라서기
6. 난간이 달린 15층 아파트의 발코니에 서기
7. 극장의 2층 발코니 앞줄에 앉기
8. 마당에 있는 덤불에 가지치기하기 위해 사다리의 세 번째 계단에 올라서기
9. 난간 없는 3층 건물의 지붕 가장자리에 서기
10. 산길의 곡선도로 운전하기
11. 등산가로서 산길의 곡선도로를 말 타고 가기
12. 20층 건물의 지붕 가장자리에 앉아 있기

(Goldstein, Jamison, & Baker, 1980, p. 371 인용)

폐쇄 공포증

1. 갇힌 광부 기사 읽기
2. 손톱깎기를 사용하지 않고 손톱 정리하기
3. 감옥에 있는 누군가에 대해 이야기하기
4. 방문하지만 떠나갈 수는 없음
5. 손가락에 꽉 끼는 반지 끼기
6. 기차로 여행하기(여행이 길수록 불안은 커진다)
7. 승무원이 있는 승강기 타기(타는 시간이 길수록 불안이 커진다)
8. 승강기 혼자 타기
9. 기차를 타고 터널 통과하기(터널이 길수록 불안은 커진다)
10. 열쇠로 잠긴 방안에 있기(방이 작을수록 지속 시간이 길수록 불안은 커진다)
11. 승강기에 갇히기(시간이 길수록 불안은 커진다)

(Wolpe, p. 197 인용)

가장 많은 불안을 유발하는 사건에서 끝난다. 환자의 위계에서의 단계 수는 5단계 또는 6단계에서 20 혹은 그 이상의 단계로 다양하다. 표 1은 높이에 관한 당신의 공포증에 대하여 나타낼 수 있는 목록과 볼프의 논

문에서 폐쇄 공포증으로 고생하는 환자들에게 직접적으로 적용된 위계이다.

둔감화 이제는 실제로 탈학습에 왔다. 볼프에 따르면 공포스러운 상황에 대한 직접적인 접촉이 공포스러운 상황에 대한 사람들의 민감성을 감소시키는 데 필수적인 것은 아니다. 동일한 효과는 묘사와 상상을 통해 달성할 수 있다.

기억하라. 당신은 연합과정을 통하여 공포증을 유발시켰으므로 동일한 방법으로 공포증을 제거할 수 있을 것이다. 먼저 학습한 것처럼 당신은 깊은 이완상태에 당신 자신을 두라고 지시한다. 그러고 나서 치료자는 당신의 위계에서 첫번째 단계를 시작하고 당신에게 장면을 묘사한다. "당신은 인도를 걸어가고 있다. 그리고 당신은 큰 격자에 닿는다. 당신이 계속해서 걸었을 때 당신은 격자를 통해 10피트 아래의 바닥을 볼 수 있다." 당신의 임무는 완전히 이완되는 동안에 그 장면을 상상하는 것이다. 이것이 성공적이면 치료자는 다음 단계로 나아갈 것이다. 즉 "당신은 3층에 있는 사무실에 앉아 있다." 등등. 이러한 과정의 어떤 순간에 당신이 약간의 불안을 느낀다면 검지 손가락을 들으라고 지시받았다. 이러한 일이 일어났을 때 당신이 완전히 이완상태로 되돌아갈 때까지 위계 제시는 중단될 것이다. 그리고 당신이 이완상태를 유지할 수 있었던 더 아래의 목록에서 장면 묘사를 다시 시작할 것이다. 이 과정은 전체 위계를 통하여 당신이 이완을 유지할 수 있을 때까지 계속된다. 일단 이것을 달성하면 후속 치료 회기 동안 몇 차례 이 과정을 반복할 것이다. 볼프의 연구에서 그의 내담자에게서 성공적인 치료가 되기까지 회기 수는 매우 다양하였다. 일부 사람들은 6번의 회기 동안 회복되었다고 주장했고 반면에 다른 사람은 거의 100번의 회기를 거쳤다(이 환자는 죽음에 대한 심한 공포증과 두 개의 부가적인 공포증을 가졌다). 평균 회기수는 12회였다. 그러나 이는 일반적으로 거의 수년 동안 유지된 정신분석에서 공식적으로 요구하는 회기수에 비해 상당히 적었다.

이러한 치료방법과 관련하여 가장 중요한 문제는 이것이 효과가 있는가이다.

결 과

볼프의 논문에 보고된 39개의 사례는 다양한 종류의 공포증으로 고생하는 경우였다. 그들의 위계의 주제는 폐쇄 공포증, 폭풍, 감시당하는 것, 복잡함, 밝은 불빛, 상처, 광장 공포증, 떨어지는 것, 거절당하는 것, 뱀과 같은 모양이 포함되었다. 그들의 치료 성공 여부는 환자 자신의 보고와 때때로 직접적 관찰로 판단되었다. 일반적으로 개선과 점진적 회복을 보고하는 환자는 그 과정을 기술하게 된다. 환자가 기술한 과정을 믿을 만한 것으로 만들기 위하여 볼프가 그 과정을 이끌어갔다. 둔감화 과정은 완전히 성공적인(공포반응으로부터 해방), 부분적으로 성공적인(원래 강도의 20퍼센트 혹은 그 이하의 공포반응) 또는 성공적이지 않은 것으로 측정하였다.

39개의 사례에서 총 68개의 공포증을 다루었다. 이 중 62개의 공포증(전체 35명의 환자에서)은 완전히 혹은 부분적으로 성공적인 것으로 판단되었다. 이는 91퍼센트의 성공률이었다. 나머지 6개의 위계들(9퍼센트)은 성공적이지 못했다. 성공적인 치료에 필요한 평균 회기수는 12.3이었다. 볼프는 대부분의 성공적이지 않은 사례들에서는 특별한 문제가 나타났다고 한다. 이 특별한 문제는 적합한 둔감화가 일어나지 않게 하므로 위계에 제시된 상황을 상상하는 것이 거의 불가능했다.

주로 정신분석적 진영에서의 볼프에 대한 비판가들은 그의 방법은 단지 증상만을 치료했지 불안에 내재되어 있는 원인을 치료하지 않았다고 주장하였다. 그들은 이런 식으로 치료된 증상을 대신하는 다른 증상이 나타날 것이라고 주장했다. 그들은 이를 물이 새는 둑과 같다고 했다. 하나의 구멍을 막았을 때 다른 구멍이 나타난다. 치료효과가 얼마나 오랫동안 지속될 것인가가 의문이다. 치료회기가 끝난 후 곧 증상이 나타났다면 어떤 형태의 치료이든 가치가 없다. 볼프는 비판들과 의문들을 후속 보고를 통하여 응답했다. 후속 보고는 25~35개의 둔감화 치료를 성공적으로 마친 환자들에 의한 보고이며 이들은 치료 후 6개월에서 4년이 지난 후였다. 보고들을 평가하면서 그는 "재발이나 새로운 공포증 또는 다른 신경증적 증상을 보고한 경우는 없었다. 나는 둔감화가 실제적으로 완성되었을 때 신경증적 불안이 재발하는 것을 발견하지 못했다"라고 했다(p. 200).

논 의

볼프의 논문에서 논의는 그의 연구가 수행되었던 그 당시에 정신분석학자에 의한 회의주의에 대한 대응에 초점을 둔다. 1950년대 정신분석은 심리치료에 있어 가장 보편적이고 대중적인 형태였다. 행동치료가 임상심리학의 주류로 그들 나름대로의 방법을 만들기까지 상당한 논쟁이 있었고 오늘날까지도 여러 형태로 그 논쟁은 지속되고 있다. 볼프는 둔감화 방법은 전통적 정신분석에 비해 일부 장점을 제공했다고 지적했다(원연구 p. 202 참조).

1. 심리치료의 목적이 각 사례에서 명확하게 진술될 수 있다.
2. 불안의 원천을 분명히 규정할 수 있다.
3. 위계에 따라 장면을 묘사하는 동안 환자의 반응 변화를 치료 회기 동안 측정할 수 있다.
4. 치료는 다른 사람과 함께 수행될 수 있다(볼프의 연구결과에 따르면 현재 다른 사람과 함께 있는 것은 치료자가 훈련을 받는 것처럼, 치료 회기 동안 효능성에 영향을 미치지 않았다).
5. 치료자는 원하거나 필요하다면 바뀔 수도 있다.

후속 연구

볼프가 이 논문과 심리치료에서 상호제지의 사용에 관한 책을 출판한 이래(Wolpe, 1958) 체계적 둔감화의 사용이 지금 불안장애, 특히 공포증 환자들을 치료하기 위해 선택되는 하나의 유력한 치료방법으로 간주되고 있다. 이러한 성장은 대부분 이 방법의 효능성에 대한 여러 범위에서 더 최근의 그리고 더 과학적인 연구에 근거한다.

고든 폴(Gordon Paul)의 유명한 연구는(Paul, 1969 참조) 공식적으로 말하는 상황에서 극심한 공포로 고생했던 대학생들을 치료하였다. 먼저, 모든 피험자들에게 낯선 청중들에게 짧고 즉흥적인 연설을 하라고 요청했다. 그들의 불안 정도는 관찰자의 눈으로 식별가능한 불안척도이다. 맥박, 손바닥의 땀과 같은 생리적 측정치, 자기보고 질문지로 이 불안척도는 측정되었다. 그 다음 학생들은 세 가지 다른 처치 집단으로 체계적 둔감화, 통찰치료(정신분석과 유사한), 치료를 하지 않음(통제)에 무선 배치되었다. 숙련된 치료자들이 5회에 걸쳐 치료를 하였다. 모든 피험자들을 동일하게 공식적으로 말하는 상황에 두었고 모든 불안 측정치를 얻었다. 그림 1은 이러한 결과들을 요약한다. 단지 생리적 측정치에서 체계적 둔감화가 치료를 받지 않았던 집단과 달랐고 관찰자와 자기보고를 측정했던 불안감소에서는 훨씬 더 효과적이었다. 2년 동안의 후속 연구에서도 통찰집단의 50퍼센트와 비교해 둔감화 집단의 85퍼센트가 여전히 회복을 보였다.

결 론

볼프는 공포와 두려움을 극복한다는 생각이 새로운 것은 아니라고 지적하였다. "공포스러운 대상에 노출의 양을 증가시키면 점진적으로 공포가 사라질 것이다"(p. 200)라는 것은 이전부터 알려져 있는 사실이다. 사

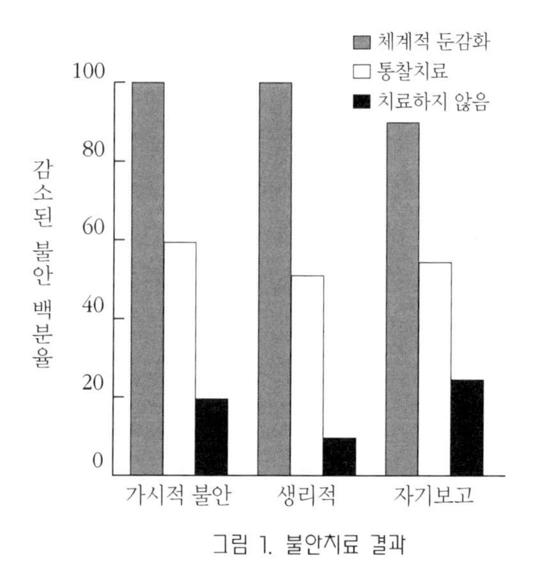

그림 1. 불안치료 결과

실 우리는 이 연구를 읽기 전, 체계적 둔감화에 대해 들어보기도 전에 이 사실을 이미 알고 있다. 13세의 소년이 개에 대한 끔찍한 공포증이 있다고 상상해 보자. 이 공포는 아마 소년이 매우 어렸을 때 큰 개에 의해 넘어졌거나 물렸거나, 부모가 개를 무서워하든가(모델링을 통한 학습, Albert Bandura의 논문 참조)와 같이 개를 두려워하는 경험의 결과이다. 이러한 경험 때문에 아동은 개와 공포를 연합하여 발전시켰다. 만약 당신이 이 아동의 개에 대한 공포를 치료하고자 한다면 당신은 그러한 연합을 다소 깨뜨려야 할 것이다. 어떻게 할 것인가? 이 질문에 대한 대부분 사람들의 첫번째 반응은 "강아지를 사주라!"이다. 만약 그것이 당신이 생각한 것이라면 당신에게 체계적 둔감화라는 방법을 추천한다.

GOLDSTEIN, M., BAKER, B., & JAMISON, K. (1980) *Abnormal psychology*. Boston: Little, Brown.

PAUL, G. L. (1969) Outcome of systematic desensitization: Controlled investigation of individual technique variations and current status. In C. FRANKS(ed.), *Behavior therapy: Appraisal and status.* New York: McGraw-Hill.

WOLPE, J. (1959) *Psychology through reciprocal inhibition.* Palo Alto. Calif.: Stanford University Press.

그림 읽기와 환상 35

이전 연구에서 '투사검사' 라 불리는 즉, 성격에 내재하는 측면들을 밝히기 위해 임상심리학자들이 사용했던 방법인 로르샤흐(Rorschach)의 잉크 반점 기법들을 논의하였다. 회상해 보건대 로르샤흐 검사에 내재되어 있는 생각은 사람들에게 객관적으로 의미없고 비구조화된 형태들에 대해서 그들 자신이 해석을 하거나 투사하게 하는 것이었다. 당신은 로르샤흐가 피험자의 성격 특성들에 대한 결론을 유추하기 위해서 잉크 반점의 위치에 대한 피험자의 시선, 그 위치에 대한 다양하고 구체적인 특성들, 그 모양(사물)의 움직임에 대한 진술 등을 평가하였음을 기억할 것이다. 피험자의 해석내용도 고려했지만 그것은 이차적으로 중요했다.

로르샤흐 검사가 개발된 몇 년 후, 하버드 정신병원에 근무하는 헨리 A. 머리(Henry A. Murray)와 그의 조교인 크리스티아나 D. 모건

Murray, Henry A. (1938) *Explorations in Personality*. New York: Oxford University Press. pp. 531~545.

(Christiana D. Morgan)은 주제통각 검사 또는 TAT라 불리는 매우 다른 형태의 투사검사를 개발하였다. 이 검사는 전적으로 피험자들의 해석내용에 초점을 두었다. TAT는 로르샤흐의 잉크 반점처럼 형태 없는 모양이라기보다는 여러 애매모호한 상황에 처해 있는 사람들을 묘사하는 흑백 그림들로 구성되어 있다. 내담자 또는 피험자는 그림에 관한 이야기를 만들라고 요청받는다. 그리고 치료자 또는 연구자들에 의해 숨겨진 무의식적인 갈등(통각은 의식적인 지각을 의미한다)을 밝히기 위해서 만들어진 이야기가 분석되었다.

TAT에 내재되어 있는 이론은 그림에서 혹은 실제생활에서 인간행동을 관찰할 때, 그 상황에서 가용한 단서들에 의해서 행동을 해석할 것이라는 것이다. 행동의 원인들이 가용한 단서들에서 분명해졌을 때, 당신의 해석은 정확할 뿐만 아니라 다른 관찰자들과도 실제적으로 일치될 것이다. 그러나 상황이 모호하고 행동의 원인을 찾아내기 어렵다면 당신의 해석은 자신에 대한–당신 자신의 공포, 욕망, 갈등, 동기 등등–무언가를 더 많이 반영할 것이다. 가령 당신이 다른 얼굴 표정으로 하늘을 쳐다보고 있는 남자와 여자의 얼굴을 본다고 상상해보라. 그는 겁먹은 것 같아 보이지만 그녀는 웃고 있다. 상황을 더 많이 관찰함으로써 당신은 그들이 캘리포니아에 있는 마법의 산 오락 공원에서 초대형 롤러 코스터인 '콜로새서' 를 타기 위해 줄서서 기다리고 있음을 알게 된다. 이러한 상황에 있는 연인들의 행동을 해석하는 것은 어렵지 않고, 당신의 분석은 아마 다른 관찰자들의 해석과 다소 비슷할 것이다. 이제 행동을 설명하는 어떤 상황적 단서 없이 분리해서 동일한 표정을 보고 있다고 상상해보자. 당신에게 "이 사람들이 무엇을 경험하고 있나요?"라고 질문한다면 당신은 내면의 해석에 따라서 대답할 것이고, 그리하여 당신이 관찰하는 사람들에 대해서보다도 당신에 대해 더 많이 드러내게 될 것이다. 더욱이 분리된 행동의 애매모호성 때문에 각각의 관찰자들의 대답은 매우 다르다. 이것이 머리와 모건의 주제통각 검사에 내재된 개념이다. 요즘 이 검사는 심리치료자들이 내담자들을 돕기 위해서 많이 사용하는 매우 대중적인 도구이다.

이론적 제안

가장 기본적인 수준에서 로르샤흐 검사에 내재되어 있는 이론처럼 TAT에 내재되어 있는 이론은 사람의 행동은 무의식적인 힘에 의해서 조정된다는 것이다. 이는 프로이트가 원래 개발했던 정신역동적 심리학의 원리를 수용함(프로이트의 이론에 대한 논의 참조)을 의미한다. 이 견해에서 무의식적 갈등은 발생한 심리적인 문제들에 대한 정확한 진단과 성공적인 치료를 위해서만 노출되어야 한다. 이는 이전 연구에서 논의되었던 로르샤흐의 잉크 반점 검사의 목적이고 또한 머리의 TAT의 목적이었다.

머리와 모건은 다음과 같이 적었다. "이 절차의 목적은 문학적인 창의성을 자극해서 감추어져 있는 무의식적 콤플렉스를 드러내는 환상을 불러일으키는 것이다"(p. 530). 사람들에게 인간행동에 대한 모호한 그림을 보여줌으로써 이러한 과정을 계획했다. 피험자는 그 상황을 설명하면서 치료자에 의해 관찰되고 있다는 사실에 덜 자기 의식적이고 덜 관여하게 된다. 결국 이는 사람들에게 덜 방어적이게 하여 억압해왔던 내면의 소망, 공포, 과거 경험들을 드러나게 한다. 머리는 또한 이 검사의 이론적 토대의 일부분은 "만들어진 이야기의 상당부분은 저자의 경험 혹은 환상에 대한 의식적 혹은 무의식적 표현이다"(p. 531)라고 지적하였다.

방 법

검사의 최초의 개념화에서 피험자들에게 그림에 묘사된 장면을 보고 생각나는 사건들과 그들이 생각하기에 그 장면에서 어떤 결론이 지어질지를 추측하라고 하였다. 방법을 검증한 후에 피험자에게 단순히 그림에

그림 1. 주제통각 검사

대해서 이야기를 만들어보라고 한다면, 오히려 그것은 주변에 있는 사건의 사실을 추측하라고 할 때보다 그들의 심리에 대한 더 많은 것을 얻을 수 있다고 결론내렸다.

그림 그 자체는 피험자들이 그들 자신의 경험에서 갈등과 중요한 사건들에 대한 환상들을 자극하기 위해서 개발되었다. 그러므로 각각의 그림에는 최소한 피험자가 쉽게 동일시할 수 있는 한 사람이 포함되도록 하였다. 수백 장의 그림으로 시행착오를 거쳐서 최종적인 20장이 선택되었다. TAT가 오늘날 보편적으로 사용되기 때문에, 많은 사람들은 이용된 그림들의 많은 횟수의 출판이 검사의 타당도를 보장하는 것이라고 믿는다. 그러나 선택된 그림의 유형을 보지 않고서 검사를 이해하기는 어렵다. 그러므로 그림 1은 최초의 그림으로 심사에서 고려되었지만 최종 20개의 그림 중의 하나로는 선택되지 않았다. TAT를 구성하고 있는 그림 중 2번 그림은 머리의 처음 TAT를 구성했던 20개 그림들에서 선택된 유일한 것이다.

TAT에 대한 초기연구는 머리와 모건에 의해 수행된 이 연구의 도입

부분에 인용했던 머리의 1938년 책에 보고되어 있다. 연구에서 피험자들은 20세와 30세 사이의 남자였다. 각 피험자는 실험자와 떨어져서 편안한 의자에 앉았다(TAT를 실시할 때 심리치료자들이 공통적으로 실시했던 것처럼). 다음은 각 피험자들에게 제시한 정확한 지시문들이다.

> 이것은 당신의 창의적인 상상력을 검사하는 것입니다. 나는 당신에게 그림을 보여주고 당신이 실례가 될 수 있을 만한 줄거리 혹은 이야기를 구성하기를 원합니다. 그림에서 사람들의 관계는 무엇인가? 그들에게 어떤 일이 일어났는가? 그들의 현재 생각과 감정은 무엇인가? 결과는 어떻게 될 것인가? 최선을 다하세요. 나는 당신에게 당신의 문학적인 상상력에 심취하라고 요구하기 때문에 당신은 가능한 길게, 당신이 원하는 만큼 상세하게 작성해야 할 것입니다(p. 532).

실험자는 피험자에게 연속해서 각 그림을 보여주고서 그 그림에 대해서 피험자가 말하는 것을 기록하였다. 피험자에게 한 시간 정도가 주어졌다. 시간제한 때문에 대부분의 피험자들은 20개 그림 중 약 15개 정도에 대해서 이야기를 완성했다.

몇 일 후 피험자들이 다시 와서 그들의 이야기에 대해 면접을 실시하였다. 연구의 본질적인 목적을 위장하기 위해 피험자들에게 연구목적은 당신들의 창의적인 경험과 유명한 작가의 창의적인 경험을 비교하기 위한 것이라고 하였다. 피험자들에게 그림에 대한 그들의 반응들을 생각하게 하고서 그 이야기의 정보원이 무엇인지 설명하게 했다. 자유연상 검사가 실시되었고 이 과정에서 실험자가 이야기할 단어들에 대하여 가장 먼저 떠오르는 것을 말하게 하였다. 이러한 시행은 그림에 대해 피험자들이 구성했던 이야기들이 어느 정도로 자신의 개인적 경험, 갈등, 요구 등을 반영했는가 알아보기 위해 고안되었다.

결과와 논의

머리와 모건은 TAT의 초기 연구에서 두 가지의 중요한 결과를 보고했다. 첫째는 그림에 대해서 피험자들이 구성했던 이야기들은 네 가지 정보원에서 나왔다는 발견이다. 그것은 (1) 책과 영화, (2) 친구 혹은 친구를 포함하는 일상생활 사태, (3) 피험자 자신의 생활에서의 경험, (4) 피험자의 의식적 혹은 무의식적 환상들이다(원 연구 p. 533 참조).

두 번째는 더 중요한 결과로 피험자들이 분명히 그들의 이야기에 자신의 개인적 · 정서적 · 심리적 경험을 투사했다는 것이었다. 저자가 보고했던 이러한 예 중 하나는 학생이었던 대부분의 피험자들은 그림들 중 하나에서 사람을 학생으로 동일시했지만, 학생이 아닌 피험자들은 아무도 그렇게 하지 않았다. 다른 예에서 피험자의 아버지는 배를 만드는 사람이었고, 피험자는 세계를 여행하고 싶은 강한 소망을 갖고 있었다. 이러한 환상은 몇 장의 그림들에 대한 그의 해석에서 나타났다. 가령 대화를 나누는 두 명의 노동자의 그림을 보여주었을 때 피험자의 이야기는 "이들 두 친구는 한 조의 모험가들이다. 그들은 항상 미지의 세계에서 만나자고 하였다. 그들은 지금 인도에 있다. 그들은 남아프리카의 새로운 혁명에 대해 듣고서 그곳에 갈 수 있는 방법을 계획하고 있다. 드디어 그들은 수송선에서 일자리를 구했다"(p. 534)였다. 머리는 예외없이 연구에 참가했던 모든 사람들은 그들의 이야기에 자신들의 성격을 주입했다고 보고한다.

TAT가 성격의 특성을 어떻게 반영하는가를 예를 들어 설명하기 위하여 저자들은 피험자인 '비르트'라는 러시아계 유태인을 상세히 보고하였다. 비르트는 제1차 세계대전 동안 박해, 기아, 어머니와의 이별 등을 포함하는 끔찍한 아동기 경험 후에 미국으로 이민왔다. 머리와 모건은 TAT의 13번 그림을 다음과 같이 묘사하였다. "소파 앞 마루에 그의 머리를 오른쪽 가슴에 묻은 채 몸을 움츠린 소년이 있다. 그 옆 마루 위에는 권총과 같은 물건이 있다"(p. 536). 이 그림에 대한 비르트의 이야기는 다음과 같다.

> 몇 가지 크게 곤란한 일이 일어났다. 그가 사랑했던 누군가가 권총으로 자살을 하였다. 아마 그의 어머니일 것이다. 가난 때문이었던 것 같다. 그는 아마 성장한 후에 이 모든 비참함을 알고서 자기 자신을 쏘고 싶을 것이다. 그러나 그는 어렸고 잠시 후 기운을 내었다. 얼마 동안 그는 비참하게 살았으며 처음 몇 달 동안은 죽음에 대해서 생각하였다(p. 536).

이 이야기를 최근에 다른 사람이 동일한 그림에 대하여 이야기한 것과 비교해 보면 흥미롭다.

> 1. 35세의 고등학교 1학년 담임교사
> "이 사람은 그가 하지 않았던 일로 인해 감옥에 수감된 것 같다. 그는 어떠한 범죄도 저지르지 않았다고 했고 법정에서 그의 처지를 위해서 싸우고 또 싸우고 있다. 그러나 그는 포기상태다. 이제 그는 완전히 지쳤고 우울하고 희망도 없다. 그는 가짜총으로 도망가려고 했지만 그것 역시 잘되지 않을 것이라는 사실을 잘 알고 있다"(저자의 서류철).
>
> 2. 16세의 고등학교 학생
> "이 소녀는 그의 남자 형제들과 숨바꼭질 놀이를 하고 있는 것 같다. 그녀는 1에서 100까지 헤아렸다. 그녀는 슬프고 지쳐 있었다. 왜냐하면 그녀는 이길 수 없었고 항상 술래이기 때문이다. 소년은 장난감 권총이 여기에 있기 때문에 이전에 했던 다른 놀이를 하고 있는 것처럼 보인다"(저자의 서류철).

당신은 이들 세 사람이 한 그림에 투사했던 내적 갈등, 동기 혹은 요구 등에 대하여 예측해야 하는 심리치료가가 될 필요는 없다. 이러한 예들 역시 TAT에서 가능했던 뚜렷하고 다양한 반응들을 증명한다.

머리와 모건은 무의식적인 갈등에 대한 통찰과 더불어 TAT가 공격적인 경향성, 창의성, 성취동기와 같은 특별히 드러나지 않은 특성들을 밝히는 데도 유용하였다고 하였다. 끝으로 연구자들은 각 피험자의 낙천주의 수준을 −2(매우 부정적인)에서 +2(매우 긍정적인)까지의 척도로 그들 이야기의 평가치를 합산해서 전체 이야기의 수로 나누었다. 각 피험자의 전반적인 낙천주의 혹은 회의주의 점수들은 면접에서 획득된 정보들과 일치하였다.

비판과 관련 연구

TAT가 로르샤흐의 잉크 반점 검사와는 매우 다른 자극을 사용하지만 신뢰도와 타당도가 낮다는 동일한 입장에서 비판받았다(이 문제에 대한 부가적인 논의를 위해서는 로르샤흐의 검사에 대한 기사 참조). TAT에서 가장 심각한 신뢰도 문제는 다른 임상가들이 동일한 일련의 TAT 반응들에 대해 다른 해석을 하는 것이다. 일부 치료자들이 그림에 대한 피험자의 묘사에 그들 자신의 무의식적 특성들을 자신도 모르게 투입한다고 제안하였다. 다시 말하면 TAT의 해석은 그것을 실시했던 임상가에게는 투사적인 검사가 되었을 것이다!

타당도에 관해서는(TAT가 그들이 측정하고자 하는 것을 진짜로 어느 정도 측정하는지) 몇 가지 유형의 비판들이 자주 인용된다. 검사가 내재되어 있는 심리적인 과정을 측정한다면, 말하자면 정상적인 사람과 정신병을 가진 사람 혹은 심리적인 조건들에 대한 다양한 유형들간에 변별이 가능하게 할 수 있어야 한다. 그러나 이 연구는 이러한 변별 가능성에서 실패하였음을 보여준다. 에론(1950)의 연구에서 TAT는 두 집단의 남자 재향군인에게 실시되었다. 일부는 대학생들이었고 다른 사람들은 정신병원에 입원해 있는 환자들이었다. TAT의 결과를 분석했을 때 두 집단간 혹은 다른 종류의 정신병을 가진 환자들간에도 유의미한 차이가 없었다.

다른 연구는 TAT가 행동을 예측할 수 있는 능력에 의문을 제기하였다. 예를 들어 그림들을 묘사하기 위하여 사용했던 이야기 혹은 줄거리에서 상당한 양의 폭력을 담았다면, 이것은 피험자의 환상 속에 단지 존재하는 공격인지 실제 공격적인 행동의 가능성인지 구분되지 않는다. 일부에게서는 폭력적 행동을 표현하지 않고서 공격에 대한 환상을 가지는 것이 가능하지만, 또 다른 사람들에게서는 공격적 환상이 실제적 폭력으로 예측될 수 있을 TAT 반응이 특정사람이 포함되어 있는 범주를 나타내지 않기 때문에, 이 검사는 공격적 경향성을 예측하는 데는 실제로 거의 가치가 없다(Anastasi, 1982, p. 587~588 참조).

또 다른 TAT에 대한 기본적이고 매우 중요한 비판은(그것은 로르샤흐 잉크 반점 기법에도 역시 적용될 수 있다) 투사적인 가설 그 자체가 타당한가의 여부와 관련이 있다. TAT에 내재되어 있는 가정은 그림에 대한 피험자의 이야기가 그들의 안정되고 무의식적인 과정들, 즉 그들이 누구인지에 대한 무언가를 드러낸다는 것이다. 그러나 로르샤흐와 TAT와 같은 투사검사에서의 반응들이 일시적이고 상황적인 요인들에 의존한다는 것을 제안하는 과학적인 증거가 있다. 이것이 의미하는 바는 당신이 상사와 크게 싸운 후인 월요일에 TAT 검사를 받았고 다시 당신이 해변에서 휴일을 보내고 돌아온 뒤인 토요일에 검사 받았다면, 그림에 대해서 당신이 구성하는 이야기는 두 경우에 완전히 다를 것이라는 것은 사실이다. 비판가들은 이야기가 다른 정도는 TAT가 당신의 '실재' 내재되어 있는 자아가 아닌 단지 당신의 일시적인 상태와 연결되었다고 주장한다.

이러한 비판이 제기되므로 많은 연구들은 TAT 수행에 영향을 주는 다음의 목록과 관련해 TAT 수행의 다양함을 밝혔다. 배고픔, 수면 부족, 약물 사용, 불안 수준, 좌절, 언어적 능력, 검사를 실시하는 사람의 특성, 검사하는 상황에 대한 피험자의 태도 그리고 피험자의 인지적인 능력……. 이러한 심리검사 분야에서 선도적인 권위자인 아나스타시는 "많은 유형의 연구가 투사적인 가설에 대한 의심을 갖는 경향이 있다. 대안적인 설명이 비구조화된 검사 자극들에 대한 사람의 반응들에 대해서 더 잘 설명할 수 있다는 충분한 증거가 있다"라고 기술하고 있다(Anastasi, 1982, p. 589).

결 론

TAT와 로르샤흐 잉크 반점 검사와 같은 투사검사의 가장 두드러진 측면 중의 하나는 이들 검사를 쓸모없고 신뢰할 수 없고 결점이 있는 가정을 바탕으로 둔 것으로 비난함에도 불구하고 오늘날 심리검사에서 가장 빈번히 사용된다는 점이다. 임상가들이 이러한 도구들에 대해서 계속 열광적이지만 반면에 실험심리학자들은 점점 더 지쳐간다는 사실은 이들 두 집단간의 중심적인 논쟁거리이다. 이러한 모순은 어떻게 화해될 수 있을까? 이 문제에 대해서 가장 보편적으로 주장되는 해답은 TAT와 로르샤흐 검사가 실제로 심리치료에서 사용되는 검사로서가 아니라 임상가와 그들 환자간의 일상적인 면접의 장으로 확장해서 사용한다는 점이다. 그 다음 임상가들은 이들 검사들을 내담자와의 의사소통 경로로 연결하고 TAT에 의해서 제공된 이야기 없이, 드러나지 않는 심리적 영역에 들어가는 매우 개별적인 방법으로 적용한다. 어느 수련 심리치료자의 설명에 의하면 "나는 TAT에서의 나의 내담자의 반응들을 점수화하거나 진단의 목적으로 그것을 사용하지 않는다. 그러나 그림들은 내담자의 일상생활에서 문제가 있는 분야를 밝히는 데 가치있는 도구이다. TAT에서 흘러나오는 이러한 문제들의 확인과 상호인식은 더욱더 중점적이고 효과적인 치료를 가능하게 한다"(저자의 서류철).

ANASTASI. A. (1982) *Psychological testing*(5th ed.). New York: Macmillan.
ERON. L. (1950) A normative study of the thematic apperception test. *Psychological Monographs, 64*(whole number 315).

화학적 고요 36

먼저 '화학적 고요'라는 제목을 읽었을 때 즉각적으로 주제를 이해할 수는 없었을 것이다. 그러나 윌리엄 화이트헤드(William Whitehead)와 그의 동료들에 의한 이 연구는 모든 사람들이 알고 있는 발리움의 효과에 대한 초기의 과학적 조사였다. 모든 사람들이 발리움을 사용했다는 것은 아니다. 그러나 미국 성인의 절반 이상이 일생 동안 발리움 또는 유사한 약물을 복용했을 것이라고 추정된다. 이러한 놀라운 통계치에 대한 근거는 발리움이 현대사회에서 가장 보편적인 병인 불안을 치료한다는 것이다. 영화 Starting Over에서 가장 기억할 만한 장면이 있다. 그 영화에서 주인공 버트 레이놀즈(Burt Reynold)는 뉴욕의 블루밍데일 백화점의 가구부 한가운데서 공황발작을 일으킨다. 정신과 의사인 그의 형(찰스 더닝이 맡은 역)이 달려와서 잠시 동안 그에게 부드럽게 이야기하고서 구

Whitehead, William E., Blackwell, Barry, and Robinson, Ann (1978) Effects of diazepam on phobic avoidance behavior and phobic anxiety. *Biological Psychiatry, 13*, 59~64.

경하려고 모여든 많은 뉴요커를 향해 "발리움 가진 사람 있습니까?" 라고 묻는다. 카메라가 군중으로 향하자 사람들은 그들의 주머니 속을 동시에 뒤적였다.

발리움은 다이제팜이라 불리는 약물의 상표 이름이다. 다이제팜은 벤조다이제핀 혹은 항불안제라 불리는 정신안정제다. 비록 발리움과 동일하지는 않지만 이 범주에 속하는 다른 친숙한 약물들로는 리브리움과 크낙스가 있다. 다이제팜은 1960년대 중반에 발리움이라는 이름으로 개발되어 시판되었다. 1973년경 미국에서 피임 약물과 진통제를 능가할 정도로 가장 자주 처방되는 약물이었다. 1973년에는 발리움과 리브리움을 합쳐 8천만회 이상의 처방들이 있었다. 회고해 보면 이들 약물이 행동과학에서 불안이라는 심리적 문제들을 인식하고 치료하는 방법을 개혁시켰다는 것에 대해서는 조금의 의문도 없다. 발리움이 지금은 일반적인 형태로 사용가능하기 때문에 이 논의의 나머지 부분에서는 다이제팜이라는 용어가 사용될 것이다.

의사가 불안에 다이제팜을 처방했을 때 환자들에게 일반적으로 불안증상의 발현을 예방하기 위해서 하루에 두 번 혹은 세 번과 같은 일반적인 계획대로 약물을 복용하라고 지시한다. 그러나 많은 환자들은 오히려 그들이 필요하다고 느낄 때 복용하였다. 대중적인 연설, 비행기 여행과 같은 특별히 불안을 유발하는 사건들에 직면할 때.

약물이 소개된 후 기록상 수톤의 약물이 처방되었고 10년의 세월이 흘렀음에도 필요에 의한 다이제팜의 효능성을 설명하는 과학적 연구들이 거의 없었다. 화이트헤드와 그의 동료의 이 연구는 '공황공포' 라는 구체적인 공포상황에서 다이제팜을 검증하는 최초 연구 중의 하나이다.

공포증은 사물 또는 상황에 대한 비합리적 공포이다. 공포증과 일반적인 두려움간의 중요한 차이는 공포증은 현실의 실제를 위험한 정도로 훨씬 과장해서 나타내는 공포적인 반응을 하는 것을 포함한다(조제프 볼프의 연구와 관련된 공포증 논의 참조). 공포증은 너무나 공포가 심해서 사람이 공포스러운 대상으로부터 도망치기 위해서 달리는 차에서 뛰어내리는 것이다!

화이트헤드, 블랙웰(Blackwell) 그리고 로빈슨(Robinson)은 그들의 연구에 두 가지의 목적을 두었다. 하나의 목적은 사람들이 공포의 대상에 노출되는 상황에서 불안을 감소시키는 데 다이제팜의 효과를 검증하는 것이다. 이와 더불어 그들은 공포반응을 측정하는 '행동적 접근방법'을 평가하기 원했다. 이 방법은 단순히 당신이 두려운 대상에 기꺼이 가까이 접근할 것인가를 측정한다. 즉 이론적으로 더 가까이 접근할수록 불안은 더 낮아진다.

이론적 제안

연구자들은 다이제팜이 공포불안을 감소시킬 것이라는 가설을 설정했다. 이 예측이 옳은 것으로 입증된다면 상황적 요구를 바탕으로 한 약물 사용은 지지된다. 이러한 생각에 내재되어 있는 가정은 공포불안은 기본적으로 다른 유형의 불안과 동일하다는 것이다. 그러므로 연구자들이 공포증에서 다이제팜의 효과를 입증할 수 있다면 이것의 사용은 높은 수준의 불안을 포함하는 다른 비공포적인 상황에서도 타당화된다.

연구자들은 공포를 느끼는 사람이 두려워하는 대상에 밀접한 정도는 진정제 효과의 지표이자 민감하고 객관적인 불안의 측정치가 될 것이라고 생각했다. 그들은 이러한 측정치가 다양한 형태의 심리치료를 평가하는 데 이전에 사용되었고 이 맥락에 잘 적용될 것이라고 지적하였다. 특정 순간에 얼마나 많은 불안을 경험하는지를 결정하는 가장 보편적인 방법은 사람에게 불안을 평정하거나 묘사하라고 요구하는 것이다. 이러한 자기보고 방법은 사람의 주관적인 상태에 관한 유용한 정보를 제공하지만 그것은 객관적인 측정치보다는 해석할 때 실수를 범하기가 더 쉽다. 그러므로 화이트헤드 등은 다이제팜에 관한 연구에서 자기보고와 행동

접근 측정을 통합하기로 결정하였다.

방 법

실험에서 고양이 혹은 바퀴벌레 공포증을 가진 사람들로 약물 연구에 참여하라는 신문 광고를 통하여 피험자를 모집하였다. 그들이 참여하는 대신에 그들은 무료로 공포증에 대한 행동치료를 받기로 약속받았다. 광고를 보고 회신을 보낸 11명의 바퀴벌레 공포증 환자, 두 명의 고양이 공포증 환자, 한 명의 뱀 공포증 환자가 연구에 참가하기로 했다. 뱀 공포증 환자는 남자였고, 나머지 다른 사람들은 여자였다(프로이트식으로 접근은 하지 말 것).

이 연구에는 이중은폐 실험절차가 사용되었다. 이는 피험자들 혹은 투약을 실시했던 실험자들 모두 각 피험자가 실제의 다이제팜 혹은 가약을 복용했는지 알지 못했음을 의미한다. 이러한 절차는 참가자들의 신념 혹은 기대가 약의 실제효과를 방해하지 않았음을 보장하기 위해 매우 중요하다.

모든 피험자들은 불안수준을 두 번 측정받았다. 한번은 약을 먹기 전이고 두번째는 10밀리그램의 다이제팜 혹은 가약인 알약을 먹은지 두 시간 뒤였다. 두 가지 측정치를 각각의 피험자들에게서 얻었다. 첫째, 공포스러운 대상(실험실에 실제로 고양이, 바퀴벌레, 뱀이 있었다)에 가능한 매우 가까이 접근하라고 피험자에게 지시하였다. 피험자와 공포스러운 대상간의 거리를 측정하였다. 그리고 피험자들에게 0(불안 없음)에서 10(불안 최대)까지의 척도로 그들이 느끼고 있는 불안의 양을 언어적으로 평가하라고 요구하였다. 실험결과는 약을 먹기 전과 후의 불안과 가약을 먹기 전과 후의 불안을 비교함으로써 얻어졌다.

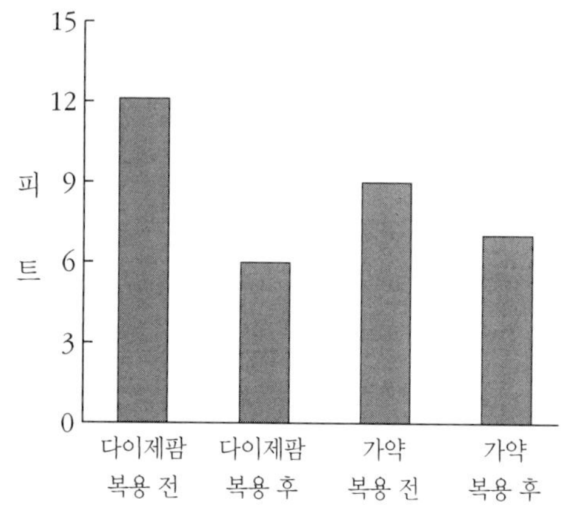

그림 1. 접근거리 비교(p. 62 인용)

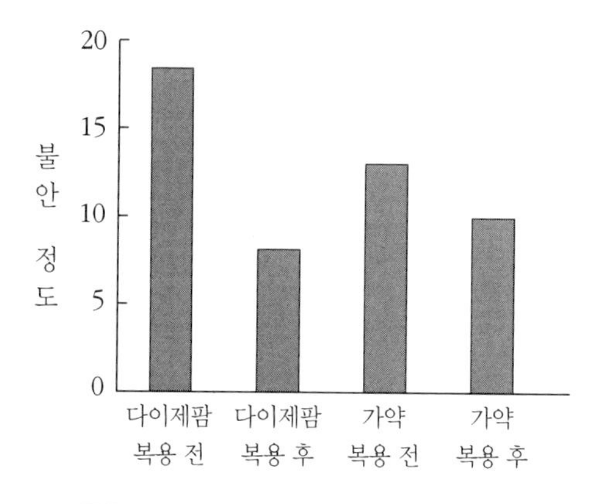

그림 2. 주관적인 불안측정 비교(p. 62 인용)

결 과

그림 1은 다이제팜 혹은 가약을 먹기 전과 후에 공포스러운 대상에 피험자들이 접근할 수 있었던 실제거리를 나타낸다. 약물복용에서의 변화가 가약집단에서의 변화보다 더 컸다. 그리고 피험자들이 대상에 접근할 수 있었던 가장 가까운 거리는 약을 먹은 후 55퍼센트가 감소했지만 가

약집단에서는 단지 23퍼센트만이 감소되었다.

공포불안은 공포스러운 대상과의 거리가 감소될수록 증가하기 때문에 피험자들의 주관적인 평가치들에 임의상수를 곱하여 그림 2와 같은 요약 결과를 얻었다. 분명히 주관적인 불안에서의 감소는 다이제팜 집단에서 훨씬 컸다. 백분율로 주관적인 불안은 다이제팜 복용 후 37퍼센트 감소했다. 그러나 가약을 복용 후에는 단지 10퍼센트만 감소하였다.

논 의

화이트헤드와 그의 공동 연구자들은 이 결과의 중요성을 다음과 같이 진술하였다.

> 이러한 자료는 단지 10밀리그램의 다이제팜의 경구 알약이 공포증 환자들에게 주관적인 불안과 공포스러운 대상에 대한 행동적인 회피 둘 다를 감소시키는 데 효과적이었음을 보여준다. 다이제팜과 비슷한 약은 시험불안과 같은 공포증으로는 대개 분류되지 않는 상황적 두려움을 고쳐줄 것이라고 추론하는 것은 근거가 있다(p. 63).

이는 전에 언급했던 것처럼 중요한 발견이다. 왜냐하면 많은 사람들은 상황적인, 즉 필요에 의한 다이제팜을 사용하기 때문이다. 그리고 이 연구는 이러한 전략의 효능성을 지지하였다.

연구자들은 불안의 행동적 접근 측정이 단일 회기에서 항불안제의 효과를 결정하는 매우 유용한 방법으로 나타났다고 지적하였다. 이 연구 이전에는 환자들이 일반적으로 시간표대로 약물을 복용한다고 가정되었기 때문에 결과는 장기간 동안 평가되어야 했고 여기에는 많은 방법론적 문제가 제기되었다. 이 연구를 바탕으로 새로운 진정제 약물에 대한 평가과정을 단순화하고 공식화할 수 있었다.

마무리를 지으면서, 화이트헤드 등은 그들의 방법에서의 제한점을 한 가지 언급하였다. 동물 공포증으로 고생하는 1천 명 중에서 11명의 사람을 평가했지만 백만 이상이 거주하는 도시(신시네티)에서 단지 14명의 사람이 연구에 참가하였다. 연구자들은 광고를 보고 반응자 수가 적은 이유는 밝히지 못했지만 아마도 그것은 이와 같을 것이다. 즉 당신이 공포증일 정도로 어떤 것에 대해서 너무나 두려워한다면 당신은 가능한 그것을 회피하려고 할 것이다. 그리고 그것에 대한 연구에 참가하려고 하지 않을 것이다. 연구자들은 유사한 방법들이 대학생들에게 공통적으로 일어나는 공포, 즉 시험 불안, 대중연설에 대한 두려움, 이성에게 데이트하자고 요구하는 것에 대한 불안과 같은 두려움에도 적용될 수 있었다고 하였다. 이것 역시 "많은 수의 피험자들에 의해 확증될 것이다"(p. 64).

후속 연구

오늘날 의학적 그리고 행동적 과학위원회는 이 연구가 행해졌던 1978년보다 다이제팜과 관련된 항불안제에 대해 상당히 많이 알고 있다. 처음 15년 동안은 다이제팜을 가용함으로써 거의 불안이 감소되지 않는 사람들은 그 명성있는 약의 혜택을 받지 못했다. 그러나 오늘날 모든 책임있는 전문가들은 그 약이 의사에 의해 과잉 처방되었고 환자에 의해서도 종종 오용되었음을 인정한다. 보다 최근의 연구는 다이제팜과 다른 벤조다이제핀은 그다지 유익하지 않고 사실 심각한 부작용을 유발할 수 있다고 결론내리고 있다.

이러한 부작용에서 가장 위험한 것은 신체적 중독이다. 장기간 동안 지속적인 다이제팜의 사용은 내성을 유발하며 동일한 진정효과를 유발하기 위해서 더욱더 많은 양의 약물이 필요하게 된다. 신체는 약물에 더욱더 의존적일 수 있다. 그리고 그것을 갑자기 중단하면 불면증, 극단적인 동요, 식욕 상실, 경련 그리고 심지어 정신병적 반응들(환각과 망상)

등과 같은 심각한 금단 증상들이 생길 수 있다.

빈번한 다이제팜의 사용과 관련된 다른 부작용도 있다. 약의 효과가 지적인 기능, 특히 복잡한 학습과제들과 관련있는 기능을 방해할 수도 있다. 더욱이 이러한 부작용은 약물의 실제적인 항불안보다 더 오랫동안 지속될 것이다(Gray, 1984).

다이제팜과 관련해 최근에 발견되는 또 다른 문제는 반동불안이라는 것이다. 이 현상은 사람이 오랜 기간 동안 불안을 통제하기 위해 약을 복용했을 때 일어난다. 심지어 짧은 기간 동안에 약 복용을 중단했을 때 약을 복용하기 전에 경험했던 불안으로 심지어 심한 정도가 더 커지게 된다. 이러한 새로운 수준의 불안을 없애기 위해 더 많은 양의 약을 복용해야 하며, 이는 내성이 더 커지고, 잠재적인 반동불안이 더 커지고, 남용이 많아지며, 그리고 결국에는 위험한 부작용을 낳게 된다(이 문제에 대한 완전한 논의를 위해서 Chouinard 등, 1983 참조). 이러한 문제의 정도는 당신이 그 약을 복용하는 엄청난 숫자의 사람들을 생각했을 때 더욱더 심각해진다.

불안을 감소시키는 것과 더불어 다이제팜과 관련 약물들은 불면증을 치료하는 데 보편적으로 사용되었다. 이들 약물들은 사람들의 수면을 취하게 하는 데 매우 효과적이다. 그러나 부작용은 약이 REM 또는 꿈꾸기 수면을 억압한다는 점이다. REM 수면이 방해받았을 때 뇌는 계속되는 밤 동안 REM에 더욱더 많은 시간을 보냄으로써 꿈을 꾸려고 노력한다(REM-반동 효과는 Dement의 연구 참조). 그래서 약물을 많이 복용할수록, REM 박탈이 커지고 결과적으로 수면의 질이 더 많이 떨어진다.

마지막으로 다이제팜과 같은 항불안 약물에 대해서 정신건강 전문가들이 가장 많이 염려하는 것 중의 하나는 삶의 문제에 대처하기 위해 가장 간단한 방법을 사용한다는 것이다. 이들 약물을 너무 쉽게 구해 사용할 수 있어 전문가의 주의를 요구하는 심한 심리적 문제들이 차단될 수 있다. 결국 사람들이 내적인 대처전략을 개발할 수 없게 하고 그들이 필요한 심리치료를 받는 것을 차단할 것이다(Gray, 1984, 참조). 통증이 우리에게 신체적으로 이상이 있음을 경고하는 것은 같은 방법으로 불안은 고쳐야 할 필요가 있는 잠재적인 심리적 문제들을 경고하는 신호이다. 항불안제의 사용이 그러한 신호를 차단한다면 사람들은 모든 것이 좋은 것처럼 느껴질 것이다. 하지만 문제는 적절한 치료의 부족 때문에 점점 더 악화된다. 다시 말하면 다이제팜의 사용은 경보음을 울리지 않게 함으로써 집의 화재 경보기를 차단시킨 것과 같은 동일한 심리적 작용을 한다.

결 론

의학전문가들이 다이제팜의 위험에 대해 더 많이 알게 됨으로써 결과적으로 처방 횟수는 약 20퍼센트 정도 감소하였다. 그리고 지금은 바이오피드백, 자기최면, 명상, 점진적인 이완과 같은 약을 사용하지 않는 스트레스 감소법이 더욱더 강조되고 있다. 이러한 치료는 항불안 약물의 사용을 감소시킨다. 다이제팜은 미국에서 가장 많이 처방되는 약물의 목록에서 1위에서 5위로 떨어졌다.

다이제팜과 다른 항불안제가 여전히 사용되고 있기는 하다. 비록 이들 약물의 위험이 지금은 많이 알려졌지만 급격한 스트레스와 불안에 대처할 때 여전히 유용되고 있다. 심각한 삶을 제한하는, 심지어 쇠약하게 하는 불안장애들(공황장애, 광장 공포증, 비행기 여행에 대한 공포 등등)이 있는 사람들은 종종 이러한 약의 도움으로 비교적 정상적인 삶을 살아갈 수 있다. 또한 경미한 진정제는 사랑하는 사람의 죽음과 같은 강한 비통함과 실직, 알코올 중독으로 인한 움츠림과 같은 살을 에는 듯한 불안을 포함하는 일상생활 사태에서는 가끔 유용하다.

다이제팜과 모든 경미한 진정제는 약의 측면에서 매우 현명하게 처방되어야 하고 '심리적인 밴드에이드'로서 자유롭게 처방되어서는 안 될 것이다. 적절하게 처방되었을 때, 심리치료는 불안에 내재되어 있는 원인을 치료하기 위해 약물과 함께 권장될 수 있다. 이와 같은 간단한 지침을 따른다면 항불안제는 오늘날 사회에서 항상 극복 불가능해 보이는 과제에 대처하려는 사람들에게 안전하게 도움을 줄 수 있다.

CHOUINARD, G., LABONATE, A., FONTAINE, R., & ANNABLE, L. (1983) New concepts in benzodiazepine therapy: Rebound anxiety and new indications for the more potent benzodiazepines. *Progress in Neuro-Psychopharmacology and Biological Psychiatry, 7,* 669~673.

GARY. J. (1984) *The neuropsychology of anxiety.* New York: Oxford University Press.

제 10 부

사 회 심 리

사회심리학이란 당신의 행동이 타인의 행동에 의해 어떻게 영향을 받는지, 또한 타인의 행동이 당신의 행동에 의해 어떻게 영향을 받는지를 살펴보는 심리학의 한 분야다. 다시 말해 사회심리학은 인간의 상호작용을 연구하는 학문이다. 심리학의 하위분야인 사회심리학은 그 영역이 광범위하여 연인관계에서부터 집단행동, 편견, 차별행위, 공격성에 이르기까지 매우 다양한 주제를 다루고 있다. 이것은 아마도 대부분의 비심리학자들과 가장 높은 관련성을 가지고 있는 분야일 것이다. 끊임없이 타인과 상호작용하며, 그와 관련된 심리적 과정에 대해 더 많은 것들을 배우는 것은 우리에게 중요한 의미를 지닌다. 또한 사회심리학은 역사상 중요한 의미를 가지는 연구들을 가장 많이 포함하고 있는 연구분야이기도 하다.

사회심리학 분야에서 가장 유명하고 영향력 있는 연구 몇 가지만 선택하기란 무척 어려운 일이지만 이 부에서 다루게 될 네 가지 연구는 (1) 인간의 사회적 행동에 대한 새로운 통찰력을 제공함으로써, (2) 기존 연구결과를 확증하거나 정교화하거나 혹은 논쟁하고 새로운 연구 흐름을 유발시킴으로써, (3) 일반적으로 이 분야를 궁극적으로 보강하게 하는 열띤 논쟁을 불러일으킴으로써 심리학을 변화시켰다.

첫번째 연구는 사람이나 사물에 대한 태도가 그 사람이나 사물에 대한 행동을 항상 예측할 수 없음을 제안함으로써 행동과학자들을 놀라게 한 초기 연구이다. 두 번째 연구는 행동을 결정하는 데 있어서 동조의 영향력을 과학적으로 증명해 보여주는 중요한 연구를 자세히 설명하고 있다. 세 번째 연구는 '주변인 효과'라 불리는 놀라운 현상을 보여주고 있는데, 주변인 효과란 긴급상황을 목격한 사람 수가 많을수록 더 적은 수의 사람이 도움을 주는 현상을 말한다. 그리고 마지막으로는 심리학사에서 아마 가장 유명한(한편으로는 악명 높은) 연구라고 할 수 있는 스탠리 밀그램(Stanley Milgram)의 권위에의 맹목적 복종에 대한 연구이다.

설득당한 대로 실행하지 않는다 37

1934년 스탠퍼드 대학교의 심리학자인 리처드 라피에르(Richard LaPiere)의 연구는 심리학 역사상 이 책에 제시된 어떤 연구보다도 많은 후속 연구를 가능하게 하였을 것이다. 그것은 사회적 태도에 관한 연구이다. 사회적 태도란 다른 사람들 혹은 다른 집단들에 대한 태도이다. '태도 대상'(사람 혹은 사물)에 대한 개인의 태도가 그 대상에 대한 자신의 행동에 영향을 미칠 것이라고 생각하는 것은 논리적이다. 만약 양배추에 대한 당신의 태도가 싫어함이나 역겨움 중의 하나라고 나에게 말한다면, 나는 당신이 그 채소를 접했을 때 당신은 분명히 먹기를 거부하리라 예측할 수 있다. 그리고 아마도 그 예측이 옳을 것이다.

심리학 초기에는 태도에 관한 주제가 채소에 대한 기호이든, 타인에 대한 의견(사회적 태도)이든 간에 태도와 행동간의 일치성은 일반적으로 사실이라는 가정이 검증되지 않았다. 따라서 심리학자들이나 사회학자들이 설

LaPiere, Richard T. (1934) Attitudes and actions. *Social Forces, 13,* 230~237.

문지를 이용하여 태도를 측정하고, 그 측정된 태도가 앞으로 그 태도 대상을 실제로 직면하게 되었을 때의 행동에 반영된다고 가정하는 것은 매우 흔한 일이었다.

라피에르는 이 가정에 의문을 가졌는데, 특히 사회적 태도와 관련해서는 더 그러했다. 그의 비판점을 예증하기 위해 그는 미국 남성에게 "시내 전철에서 아르메니아인 여성에게 자리를 양보하겠느냐?"라고 묻는 연구자들의 사례를 이용하였다(이 논문은 1934년에 출판되었음을 기억하라!). 라피에르는 그 대답이 무엇이든 간에 그것은 상징적(혹은 가설적) 상황에 대한 상징적 대답일 뿐이며, 실제로 복잡한 시내 전철에서 진짜 아르메니아인 여성을 만났을 때 남성이 어떻게 행동할 것인가를 반드시 정확히 예측한다고 할 수는 없다고 설명했다. 라피에르에 따르면 그렇다 하더라도 대부분의 연구자들은 가설적 질문에 대한 답을 통해 측정된 상징적 태도로부터 응답자의 정확한 태도를 예측할 수 있다고 제안한다. 그뿐만 아니라 그들은 그 자료를 바탕으로 미군인과 아르메니아인 간의 전반적인 관계에 대한 결론을 도출해낼지도 모른다. 라피에르는 상징적 행동(질문지에 대한 반응)과 실제 행동이 직접적으로 일치한다는 연구자들의 가정은 너무나 단순하고 검증되지 않았으며, 아마도 틀렸을지 모른다고 주장했다.

1930년대의 미국 사회에는 인종이나 민족에 대한 편견과 차별이 심했다는 사실을 앞으로 라피에르의 유명한 실험에 대해 논의하는 동안 기억하는 것이 중요하다. 이러한 태도가 오늘날에는 존재하지 않는다는 것을 말하고자 하는 것이 아니고, 60년 전에는 차별적 행동이 일반적으로 보다 보편적으로 두드러졌으며 받아들여졌음을 말하고자 하는 것이다. 예를 들어 호텔과 음식점에서는 특정 인종이나 특정 나라 사람을 손님으로 받지 않는 것을 원칙으로 하는 것이 통례였다. 라피에르는 구어적인 태도가 대개 실제적 행동을 잘 예측하지 못한다는 그의 생각을 검증하기 위해 그러한 차별적 정책들을 이용하였다.

이론적 제안

라피에르는 1930년에서 1931년까지 한 젊은 중국인 학생부부와 넓은 지역을 여행했다. "이들 부부는 품위 있고 매력적이며, 이들과 친해질 기회가 있었던 사람이라면 금방 좋아하고 존경을 받았다"(p. 231). 미국에는 그 당시에 아시아계 사람들에 대한 심한 편견과 차별이 있었다. 이 때문에 라피에르는 여행 초기에 '동양인에 대한 편협하고 완고한 태도로 이름난 작은 마을에서' 가장 좋은 호텔을 찾아 호텔 종사원에게 접근했을 때 매우 걱정이 되었다고 했다(p. 231). 그런데 그들 모두 즉각적으로 그리고 예의 바르게 숙소를 마련받았을 때 라피에르는 놀랐다. 그래서 "두 달 후 그곳을 다시 지나게 되었을 때, 그 호텔에 전화를 걸어 '주요한 중국인 신사' 가 숙박할 수 있느냐고 물었지만 대답은 행동과 일치하지 않게 '아니오' 였다. 이 사건이 호기심을 자극하여 이 연구를 하게 되었다"고 라피에르는 설명했다(p. 232).

라피에르의 연구에서 내재된 이론은 만연되어 있는 신념과는 반대로 사람들의 사회적 행동은 구어적인 사회적 태도와 거의 일치하지 않는다는 것이다. 즉 사람들이 말하는 것은 종종 그들이 행동하는 것과는 다르다.

방 법

이 연구는 뚜렷이 구별되는 두 부분으로 수행되었다. 첫번째 부분에서는 실제적 행동에 초점을 두고 있으며 두 번째 부분에서는 그와 관련된 상징적 태도를 평가했다.

실제적 행동 국면 라피에르와 중국인들은 미대륙을 횡단으로 그리고 태평양 해안선을 따라 종단으로 두 차례 자동차로 여행하였다. 그들은 총 약 1만 마일 정도를 여행했다.

라피에르의 논문을 자세히 살펴보면 태도에 대한 그의 연구가 여행의 목적이었다기보다는 우연적인 것이었음이 드러난다. 한 가지 경우에 있어서 라피에르는 그들이 방문하는 장소에서 받게 되는 대우를 주의 깊게 관찰하고 있다는 사실을 중국인 부부에게 알리지 않았다. 이에 대해 라피에르는 만약 그들이 그 사실을 알았다면 자기를 의식하게 되고 어떤 식으로든 간에 행동에 변화가 생길 것이며, 결과적으로 이 연구의 타당도가 낮아지게 될 것이라고 설명하였다.

1930년과 1933년 사이에 라피에르 일행은 숙박하기 위해 67군데의 호텔, 캠프장, 여행자 숙소를 찾았고 184군데의 음식점과 카페에서 식사했다. 라피에르는 중국인 부부에 대한 호텔 점원, 급사, 엘리베이터 안내자, 웨이트레스의 반응을 정확하고 자세하게 기록하였다. 라피에르의 출현으로 인하여 이들의 반응이 지나치게 변경되지 않게 하기 위하여 그는 가끔 자신의 짐을 지키고 중국인 부부가 방을 구하도록 한다거나 혹은 음식점에 들어갈 때 가능한 한 그들이 먼저 들어가도록 하였다. 중국인 부부가 받은 대우에 대해 곧 자세히 논의하게 될 것이다.

상징적 행동 국면 연구의 두 번째 부분에서 라피에르는 그들이 방문했던 모든 시설에 우편으로 질문지를 보냈다. 그는 실제 방문과 질문지 우송간에 6개월의 시간 간격을 두었는데 그 이유는 중국인 부부의 방문으로 인한 영향을 감소시키기 위해서였다.

질문지에서 주요 관심사인 질문은 당신의 시설에 중국인을 손님으로 맞으시겠습니까였다. 81곳의 음식점과 카페 그리고 47곳의 숙박시설로부터 질문지에 대한 응답이 왔다. 이는 51퍼센트의 응답률이었다.

중국인 부부의 방문이 질문지에 대한 응답에 직접적인 영향을 미치지 않았음을 확신하기 위해, 라피에르는 같은 지역에 있으나 중국인 부부가 방문하지 않은 32곳의 호텔과 96곳의 레스토랑으로부터도 동일한 질문지의 응답을 받아냈다.

그로부터 거의 3년 정도가 지난 지금 현재 라피에르는 사회적 태도와 사회적 행동을 비교하는 데 반드시 필요한 자료를 가지게 되었다.

결 과

라피에르는 여행중에 머물렀던 251곳의 호텔과 레스토랑 중 단 한 군데에서만 그의 동료의 인종 때문에 서비스를 거절당했다고 보고했다. 이러한 유일한 거부는 캘리포니아의 소도시에서 다소 시설이 열악한 자동차 캠프에서 발생했다고 라피에르는 기술한다. 주민은 그들이 탄 차로 다가와서 차에 탄 사람들은 살펴보고는 "안 돼, 우린 일본녀석들은 손님으로 받지 않아"라고 말했다. 이 불쾌한 경험 외에는 비록 종종 중국인 부부에 대한 호기심 때문에 대우가 변경되었을지라도 대부분 보통 혹은 그 이상의 대우를 받았다. 1930년에 태평양 해안 지역이 아닌 시카고나 뉴욕에 살았던 미국인의 대부분은 아시아계 사람을 거의 혹은 전혀 볼 수 없었다고 라피에르는 설명했다.

라피에르는 표 1에서 그들이 받았던 서비스를 평가하고 있다. 당신이 보듯이, 거의 대부분의 시설에서 받은 서비스는 그가 혼자 여행한다고 가정했을 때 받게 되리라고 기대되는 서비스만큼 혹은 그 이상이었다고 라피에르는 평가하고 있다.

여행 중 방문했던 시설에 6개월이 지난 후 보내진 설문지와 방문하지 않은 시설에 보내진 설문지는 표 2에 요약되어 있다. 라피에르와 중국인 부부가 방문했던 거의 대부분(90퍼센트 이상)의 호텔과 캠프장, 여행자 숙소, 레스토랑, 카페들은 중국인 개인을 손님으로 받지 않을 것이라고 응답했다! 더구나 이는 방문하지 않았던 곳으로부터 받은 응답의 분포와 사실상 같았는데 이러한 결과는 중국인 부부의 최근의 방문이 그 결과를 초래한 것이 아님을 보여준다. 반면에 "예"라고 응답한 사람은 작은 자동차 캠프장을 운영하고 있는 사람이었는데, "그녀는 지난 여름 자신을 방문했던

표 1. 라피에르와 그의 동료가 받은 서비스에 대한 평가

서비스의 질	숙박시설	레스토랑과 카페
조사자가 혼자일 때 기대한 것보다 훨씬 좋음	25	72
좋음, 그러나 호기심으로 인해 차이가 있음	25	82
정상적인 기대와 비슷함	11	24
인종적인 이유로 주저함	4	5
단호히, 그러나 일시적으로 당혹케 함	1	1
수용하지 않음	1	0
전체	67	184

(p. 235 인용)

표 2. "당신의 시설에 중국인을 손님으로 받을 것입니까"에 대한 반응의 수

응답	방문한 숙박시설	방문한 레스토랑	방문하지 않은 숙박시설	방문하지 않은 레스토랑
아니오	43	75	30	76
결정하지 않음 상황에 따라	3	6	2	7
예	1	0	0	1

(p. 234 인용)

중국인 신사와 그의 사랑스러운 아내와 함께 즐거웠다고 쓴 편지 한 통을 동봉했다"(p. 234).

논 의

자신의 실험결과에 대한 라피에르의 논의는 인간의 진짜 태도를 결정하는 데 있어 질문지의 타당성 결여에 초점을 두었다. 그는 질문지를 통해 얻어진 반응과 실제적 경험으로부터 얻은 반응을 직접적으로 비교하는 것은 불가능하다고 주장했다(p. 234). 만약 어떤 중국인이 미국 여행을 떠나기 전에 이 질문지로부터 얻은 결과를 참고한다면 의심할 것도 없이 집에 머

무르기로 결정할 것이라고 라피에르는 지적했다. 그러나 라피에르의 친구(중국인 부부)는 거의 차별이 없는 여행을 즐겼으며, 거부될까봐 혹은 놀림을 당할까봐 두려워하지 않고도 새로운 사회적 상황에 접근할 수 있는 자신감을 더 많이 갖게 되었다.

그래서 라피에르는 질문지를 전혀 사용하지 말자고 제안했는가? 그렇지는 않다. 그는 그러한 자료가 상징적인 채 남아 있는 쟁점에 대한 인간의 상징적 태도를 결정하는 데 유용할지도 모른다고 주장했다. 예를 들어 그는 질문지가 정치적 태도를 측정하거나 심지어는 누가 누구에게 투표(후속 연구에서 이에 대한 예측 또한 종종 낮은 것으로 나타났다)할 것인가를 예측할 수도 있다고 하나, 이들 정보는 만약 투표인이 거리에서 또는 정당대회에서 후보자를 만난다면 어떻게 행동할 것인가에 대한 정보를 거의 제공하지 못한다. 질문지를 이용해 얻은 자료를 허용하는 또 하나의 예는 종교적인 태도의 측정이다. 라피에르는 다음과 같이 지적하였다. "당신은 신의 존재를 믿습니까?"라는 질문에 대한 솔직한 답은 측정되어야 할 모든 것들은 나타낸다. 신은 하나의 상징이며 믿음은 하나의 언어적 표현이다"(p. 235).

어떤 사람이 특정 상황이나 사람을 실제로 대면했을 때 어떤 식으로 행동할 것인가를 예측하고자 한다면, 상징적 상황에 대한 언어적 반응(즉 태도 질문지)을 살펴보는 것은 완전히 부적합하다는 것이 그의 결론이다. 또한 오직 실제적 사회상황에서의 인간행동을 연구함으로써 신뢰할 수 있는 사회행동을 측정할 수 있다고 주장했다. 라피에르는 다른 연구자들에게 일종의 경고의 말을 남기면서 자신의 논문을 끝맺고 있다.

> 질문지는 값싸고 사용하기 쉽고 기계적이다. 인간행동의 연구는 시간을 많이 필요로 하며 상당한 지적 요구와 연구자의 능력에 따라 연구의 성공이 달려 있다. 전자도 양적 결과를 보고하지만 인간행동의 연구는 주로 질적이다……. 그러나 아직은 무엇이 가장 관련성이 없는가를 정확하게 측정하는 것보다는 무엇이 가장 필수적인가를 빈틈없이 추측해내는 것이 훨씬 더 가치 있는 것처럼 보인다(p. 237).

비판과 후속 연구

심리학자들은 라피에르의 연구결과에 대하여 마치 운동선수가 경쟁관계에서 도전받았을 때와 거의 똑같이 반응했던 것 같다. 상당히 많은 연구가 이루어졌으며 크게 세 가지 방향을 제시하였다. 첫째, 라피에르의 연구결과에 대하여 일부 강력한 비판을 보였다. 둘째, 연구자들은 왜 태도평가가 실제 행동을 예측할 수 없는가를 규명하고자 했다. 셋째, 행동과학자들은 어떤 상황에서 태도의 측정이 행동을 신뢰롭게 예측하는가를 알아내고자 했다.

라피에르의 방법은 설문지에 단순한 예-아니오로 답하는 것이 특정 집단에 대한 사람들의 태도를 타당하게 측정하는 것은 아니라는 이유로 비판받았다. 예를 들어 응답자들이 마음속에 지니고 있는 중국인들에 대한 이미지는 그들이 실제로 대면한 중국인 부부와 매우 다를 수도 있다. 또 하나의 비판은 라피에르와 중국인 부부가 방문했던 장소들 중에서 오직 절반만이 설문지에 응답했다는 것이다. 설문지에 응답할 시간이 있던 사람들은 아시아인들에게 특히 강한 편견을 가진 사람들일 가능성도 있다. 마지막으로 그들의 방문과 설문지 우송간에는 여섯 달의 시간 간격이 있었으므로 설문지에 답한 사람과 그들(라피에르와 중국인 부부)을 직접 대면한 사람이 다를 수도 있다는 가능성이 있다.

그러나 라피에르의 연구결과가 출판된 지 거의 40년이 지난 후에 한 연구자는 수년 동안 축적된 연구들을 다시 검토해 보고는 측정된 태도와 실제적 행동간에는 실제로 아주 약한 상관관계가 있거나 아무런 상관관계가 존재하지 않는다고 결론을 내렸다(Wicker, 1969). 많은 연구자들은 왜 이러한 불일치가 존재하는가를 규명하는 데 관심을 집중시켰다. 많은 이유들이 제안되었지만(더 완전한 논의를 위해 Fishbein & Ajzel, 1975 참조) 여기서는 단지 몇 가지만 논의해 보겠다.

첫째로, 당신은 서로 경쟁하는 여러 종류의 태도를 갖고 있다. 그 중에 어느 것이 당신의 행동에 가장 큰 영향력을 미칠 것인가는 상황의 특수성에 달려 있다. 두 번째로, 당신의 직업이나 우정이 특정 행동에 달려 있는 상황과 같이 대안이 없기 때문에 당신은 당신의 태도와는 정반대로 행동하는 경우가 있다. 세 번째로, 당혹함을 피하려는 인간의 희망과 바람과 사회적 압력은 태도와 일치하지 않는 행동을 산출하는 데 강하게 영향력을 발휘할 수도 있다. 네 번째로, '습관의 위력'은 행동과 태도간의 연관성을 약화시킬지 모른다. 이러한 예로 흡연이 나쁘다는 것을 확신하지만 계속 담배를 피우는데 그 이유는 습관이 태도보다 강하기 때문이다.

그렇다면 그런 경우가 존재한다면, 언제 측정된 태도가 행동을 성공적으로 예측할까? 최근의 태도와 행동간의 일치성을 높이는 요인을 규명하기 위해 연구가들은 심혈을 기울이고 있다. 이 요인들은 아래의 네 가지 범주로 요약할 수 있다(Sears, Peplau, & Taylor, 1991 참조).

1. **태도의 강도** 특정 사람이나 상황에 대한 느낌이 강할수록, 그들은 직접 대면했을 때의 행동은 그 태도와 더 일치시킨다. 한편 약한 태도 혹은 양가적 태도는 당신의 행동에 거의 혹은 아무런 영향을 미치지 않는다.

2. **태도의 안정성** 이 요인은 당신의 태도가 시간이 흐름에 따라 어떻게 변화하는가를 다룬다. 안정된 태도는 시간에 따라 변하는 태도보다 행동을 더 잘 예언한다. 선거 3주 전에 어떤 후보자에 대한 투표자들의 태도를 측정하는 것은 3주 후 실제적 투표행위에 대해 거의 아무런 정보를 주지 않는다. 태도-행동간의 정확한 관계를 이상적으로 알기 위해서는 거의 동시에 측정해야만 한다.

3. **태도와 행동의 관련성** 만약 당신이 스포츠에 대한 어떤 사람의 태도를 측정한다면, 그것은 그가 얼마나 자주 운동경기에 참가하는가를 예측하기에는 형편없는 도구일 것이다. 일부 초기 연구에서 실험자는 사람들에게 신의 존재를 믿느냐고 묻고 그 대답을 통해 그들(피험자를)의 교회 출석 여부를 예측하고자 했다. 이는 소용없는 일이었다(실패했다). 여기에서 측정한 태도가 관심의 대상이 되는 행동과 가능한 한 정확하게 관련되어 있을 때, 그 태도는 행동을 훨씬 더 정확히 예측한다는 결론이다. 이를 증명하기 위해 한 연구에서 어느 여대생 집단에게는 피임에 대한 태도를 묻고 다른 유사한 집단에게

는 앞으로 2년 동안의 피임약 사용에 대한 태도를 물었다. 측정된 태도와 향후 2년 동안의 실제 사용간의 상관관계는 첫번째 집단의 경우 0.08(유의미성이 없음)이었고, 두 번째 집단, 즉 구체적 태도 집단의 경우 0.57(유의미성이 높음)이었다(Davidson & Jaccard, 1979).

4. 태도의 현저성 어떤 사물이나 사람에 대한 당신의 태도가 두드러진다면, 이것은 눈에 띄게 중요하며 즉각적으로 당신의 기억에 접근할 수 있다. 태도가 두드러질수록 그 태도는 당신의 행동을 더 잘 예측할 것이다. 당신이 헌혈에 대해 긍정적 태도를 갖고 있다고 가정해보자. 최근에 당신의 친구나 가족 중의 한명이 수혈이 많이 요구되는 수술을 했다면 헌혈에 대한 당신의 태도는 아마도 평소보다 훨씬 더 두드러질 것이다. 이러한 상황에서 태도 자체가 바뀌지는 않더라도 당신은 다른 때보다 더 많이 헌혈하고자 할 것이다.

결 론

태도와 행동에 대한 연구는 문헌의 엄청난 부분을 차지하고 있으며 여기에서는 아주 작은 하나의 사례만을 살펴보았다. 행동과학자들은 이들 관계의 모든 복잡한 구조를 밝혀내지 못할지도 모르나 연구는 계속되고 있다. 시간이 지남에 따라 이론과 방법론들이 정교화되고 완벽해지므로 우리의 태도가 우리의 행동을 결정하는 데 있어 중요한 역할을 하고 있음을 제시하는 증거가 증가하고 있다. 태도가 행동을 예측하는가의 의문은 더 이상 중요하지 않으나 정확히 어떻게 그리고 언제의 태도가 행동을 예측하는가가 중요하다. 현재의 맥락에서 가장 중요한 것은 태도-행동 관계에 대한 이러한 모든 관심의 시작점이 반세기도 전에 라피에르가 행한 하나의 연구에서 비롯되었다는 것이다.

DAVIDSON, A., & JACCARD, J. (1979) Variables that modulate the attitude-behavior relation: Results of a longitudinal survey. *Journal of Personality and Social Psychology, 37,* 1364~1376.

FISHEBEIN, M., & AJZEN, I. (1975) *Belief, attitude, intention, and behavior: An*

introduction to the theory and research. Reading, Mass.: Addison-Wesley.
SEARS, D. O., PEPLAU, L. A., & TAYLOR, S. E. (1991) *Social Psychology*. Englewood Cliffs, NJ: Prentice Hall, 150~153.
WICKER, A. (1971) Attitudes vs. action: The relationship between verbal and overt behavior responses to attitude objects. *Journal of Social Issues, 25,* 41~78.

동조의 위력 38

당신은 자신을 동조자로 여기는가, 아니면 비동조자에 더 가깝다고 여기는가? 우리들 대부분은 매우 낯설거나 두려워하지 않을 정도로는 동조자이며, 한 개인으로서 독립적인 사고가 가능함을 증명해 보일 정도로는 비동조자라고 생각한다. 심리학자들은 수십 년 동안 동조라는 개념에 관심을 가져왔다. 인간행동에 미치는 영향력을 연구하는 학문이 심리학이라는 사실을 상기해 보면 그 이유를 알아차리는 것은 어렵지 않다. 사람들이 동조하는 양의 차이는 다양한 개인의 행동을 예측하는 데 많은 도움을 주었다.

심리학자들이 동조라고 할 때는 한 개인이 그가 소속한 특정집단의 행동유형을 고수할 때의 그 개인의 행동을 일컫는다. 대개 집단내에 존재하는 무언의 행동 규칙이나 지침을 '사회적 규범'이라 한다. 당신이 사회적 규범에 대해 생각할 때, 아마도 당신의 삶에서 자신의 태도나 믿음 혹은 도

Asch, Solomon E. (1951) Opinions and social pressure. *Scientific American, 193,* 31~35.

덕에 불일치하거나 어긋나게 행동한 때를 기억해낼 수 있을 것이다. 당신은 모든 사람들이 그런 식으로 행동하는 집단에 소속되어 있으므로 그저 그들처럼 행동했을 뿐이다. 이는 동조가 때때로 우리의 행동에 강력한 영향력을 발휘하고 있으며, 심지어 가끔은 우리 태도나 윤리, 도덕과 갈등을 야기하는 행동을 하게 할 수도 있음을 보여준다. 그러므로 동조는 행동과학자들의 관심과 연구대상으로 충분한 가치가 있다. 1950년대 초반이 되어서야 누군가에 의해 동조에 대한 체계적인 연구가 이루어졌다. 그가 바로 솔로몬 아쉬(Solomon Ash)이다. 그의 실험은 동조행위에 대한 새로운 정보를 제공했으며 후속 연구를 위한 터전을 열어주었다.

이론적 제안

당신이 친구나 직장동료들과 같은 자주 보는 사람들로 구성된 집단과 함께 있다고 가정해보자. 그 집단의 구성원들은 논쟁의 여지가 있는 쟁점들이나 정치 후보자들에 대해 논의하고 있다. 집단의 모든 구성원들은 하나의 의견을 공유하며 이 의견은 당신의 의견과는 정반대된다는 사실을 곧 깨닫게 된다. 이 시점에서 당신의 의견을 묻는다. 어떻게 할 것인가? 당신이 직면한 선택은 당신의 진짜 의견을 밝히고 위험을 감수하든가, 당신의 의견과는 다르더라도 집단의 의견에 동의하든가, 아니면 만약 가능하다면 그 쟁점으로부터 완전히 회피하든가이다.

아쉬는 동조에 대한 요구가 우리의 행동에 얼마나 강력한 영향력을 미치는가를 밝히고자 했다. 동조는 종종 태도나 윤리, 도덕, 신념 체계와 같은 일반적이고 애매한 개념들과 연루되어 있지만, 아쉬는 그것보다 훨씬 명백한 형태인 지각적 동조에 초점을 두었다. 단순한 시각적 비교과제에 대한 동조 행동을 관찰함으로써 그는 이 현상을 통제된 실험적 환경에서 연구할 수 있었다.

아쉬와 다른 연구자들이 생각하는 것처럼 동조가 강력한 영향력을 지닌

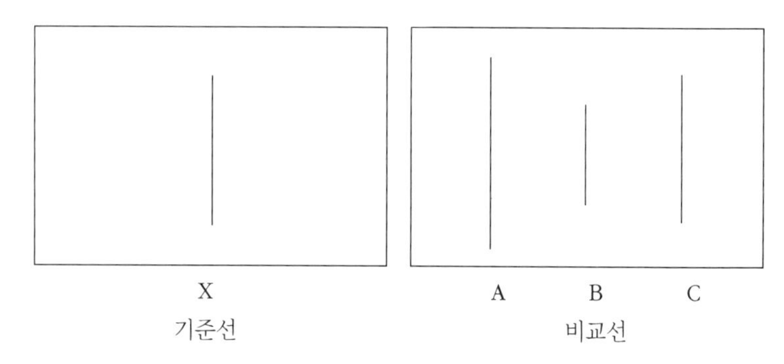

그림 1. 과제 카드를 판단하는 데 사용된 아쉬의 선(p. 32 인용)

다면 연구자들은 동조하라는 집단 압력을 응용함으로써 개인의 행동을 조작할 수 있음에 틀림없다. 이것이 바로 유사한 방법들을 통합하여 만든 매우 세련되게 고안된 일련의 아쉬의 실험장치이다.

방 법

시각자료는 간단히 두 장의 카드 쌍으로 구성되어 있는데 한 장의 카드에는 길이가 다른 세 개의 수직선이 그려져 있고(비교선이라 함) 다른 한 카드에는 하나의 기준선이 그려져 있는데, 그 길이는 비교선 세 개 중의 하나와 같다(그림 1 참조).

여기서 실험절차는 아래와 같다. 당신이 시각 지각 연구에 자발적으로 참여한 피험자라고 가정해보자. 실험실에 시간 맞춰 도착하였으며 이미 도착하여 일렬로 앉아 있는 다른 일곱 명의 피험자를 보게 된다. 당신은 그 중 맨 끝의 빈자리에 앉는다. 실험자는 한 쌍의 카드를 보이며 세 개의 비교선 중에 어느 것이 기준선과 길이가 같은가 결정하라고 당신에게 요구한다. 당신은 그 선들을 보고 즉시 정답을 찾는다. 당신으로부터 멀리 떨어져 있는 첫번째 사람으로부터 시작해서 각 피험자에게 개별적으로 답을 요구한다. 모든 사람은 정답을 말하며 당신 차례가 되었을 때 당신 역시 똑같이 명백한 정답을 말한다. 카드가 바뀌고 동일한 절차로 실험이 행해진다. 이번에는 아무런 문제가 없다. 그리고 당신은 나머지 사람들과 마찬가지로 정답을 말한다. 그러나 그 다음번 시행에서는 뭔가 이상한 일이 일어난다. 카드가 제시되고 당신은 즉시 마음속으로 정답을 택한다(이것은 결코 어려운 것이 아니다). 그러나 다른 피험자들 모두가 틀린 선을 택한다! 그리고 그들 모두는 하나같이 그들의 답을 요구했을 때 똑같이 틀린 선을 선택한다. 자 그럼, 당신이 답할 차례가 돌아왔을 때 당신은 잠시 머뭇거린다. 당신은 현재 발생한 상황을 믿을 수가 없다. 다른 모든 사람들의 눈이 멀었나? 정답은 너무나도 명백하다. 그렇지 않은가? 당신의 눈이 멀었나? 아니면 미쳤나? 이제 당신은 앞서 언급한 친구나 직장동료들과의 논쟁에서와 같이 당신의 의사를 결정해야만 한다. 당신의 의견을 유지할 것인가(무엇보다도 선들이 바로 당신 코앞에 있다), 아니면 동조하여 나머지 사람들에게 동의할 것인가?

이제서야 당신이 알아차렸겠지만 그 방에 있던 다른 7명의 피험자들은 피험자가 아니었다. 그들은 실험 보조자였다. 그들은 처음부터 실험에 참가했으며 물론 그들이 말한 정답은 동조 연구의 핵심이다. 그래서 이 연구의 진짜 피험자들은 어떻게 대답했을까?

결 론

각 피험자는 실험상황에 여러 번 참가했다. 그들 중 약 75퍼센트는 적어도 한 번은 집단의 합의상황에 동의했다. 전체적으로 피험자들은 약 1/3 정도(세 번 중에 한 번 꼴로)는 그 집단의 틀린 답에 동조했다. 선 길이가 정확히 판단되었음을 확인하기 위해 실험자는 통제집단에게 선 비교 과제에 대한 답을 개인적으로 그려보라고 요구했다. 통제집단의 98퍼센트가 옳게 답했다.

논의와 관련 연구

동조하라는 집단압력의 강력한 효과는 아쉬의 연구에서 분명히 보여주었다. 만약 사람들이 명백히 부정확한 판단에 대해 거의 알지 못하고 있는 집단에 동조하고자 한다면, 이것은 실생활에서 얼마나 강한 영향력을 미칠까? 그리고 어디서 집단은 강한 영향력을 발휘하고 주제들은 더욱더 애매모호한가? 인간행동의 주요인인 동조가 오랫동안 광범위하게 고찰되어온 주제로서 지금은 과학적으로 잘 정립되어 있다.

아쉬의 연구결과는 심리학 분야의 두 가지 측면에서 매우 중요하다. 첫째로, 앞에서 논의했듯이 동조에 의한 사회적 압력의 위력을 처음으로 명확히 그리고 과학적으로 규명했다는 것이다. 둘째로, 더욱더 중요한 것은 이러한 초기 연구는 현재까지도 계속되고 있는 엄청난 양의 부가적인 연구를 낳았다는 것이다. 우리는 아쉬의 초기 연구 이후 축적된 연구를 통해 동조가 우리의 행동에 미치는 영향력을 결정짓는 구체적인 요인에 대해 더 많은 사실들을 알게 되었다. 이들 연구결과 중의 일부는 아래와 같다.

1. **사회적 지지** 아쉬는 약간의 변화를 주어 동일한 실험을 다시 실시했다. 그는 7명의 실험 보조자 중 한 명은 정답을 말하도록 실험상황을 변경했다. 이때 단 5퍼센트의 피험자만 이 집단 합의사항에 동의했다. '자기 주장을 고수' 하고 동조의 압력에 저항할 때 당신에게 필요한 것은 단 한 사람의 동료라는 사실이 분명해졌다. 이러한 결과는 일부 후속 연구들에서 지지되었다(Morris & Miller, 1975).

2. **매력과 집단에 대한 관여** 후속 연구에서 당신이 특정 집단에 대해 더 많은 매력을 느낄수록 그리고 더 많이 관여할수록 그 집단의 행동이나 태도에 더 잘 동조하게 된다고 밝히고 있다(Forsyth, 1983). 당신이 그 집단을 좋아하고 그들과 함께 소속되어 있다고 느낀다면 그들은 당신의 참조집단이다. 당신이 그 집단에 동조하는 경향은 더욱 강해질 것이다. 만약 당신이 동일시하지 않는 집단과 함께 있으면서 실제로는 그들을 무척 싫어하는 상황을 상상해 보면 이는 더 분명해질 것이다. 이 집단의 규범, 규칙, 신념에 동조하고

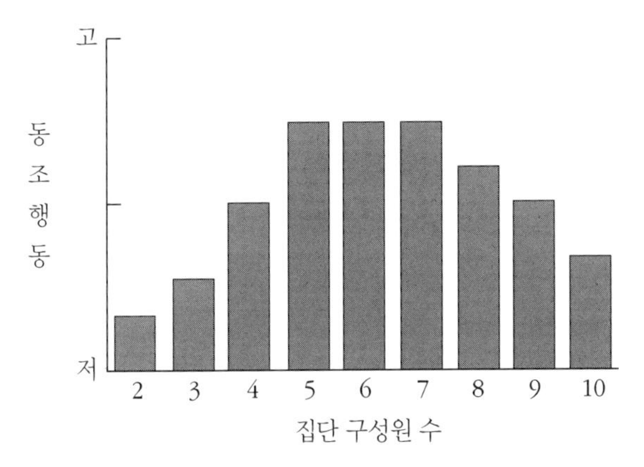

그림 2. 집단크기와 동조간의 관계(p. 35 인용)

자 하는 당신의 욕구는 분명히 아주 작을 것이다.

3. 집단 크기 우선 아쉬와 그 동료들의 실험에서 동조경향은 집단크기가 증가할수록 증가한다는 사실이 밝혀졌다. 그러나 조금만 더 깊이 살펴보면 이러한 관계가 그다지 단순하지는 않음을 알게 된다. 집단 크기가 커질수록 동조가 증가하는 것은 사실이지만 이는 다만 집단구성원이 최대 6~7명으로 구성될 때만 해당된다. 집단크기가 이 수를 넘어가면 동조의 수준은 일정하게 유지되고 다소 감소한다. 그림 2에 이것이 잘 나타나 있다. 왜 이런 것일까? 아쉬는 집단이 커질수록 사람들은 나머지 구성원들이 자신의 행동에 영향을 미치기 위해 고의적으로 일하는 것은 아닐까 의심하기 시작한다. 그리고 이와 같이 지나치게 드러난 압력에 저항하게 된다.

4. 성 동조하고자 하는 경향에 있어서 남녀의 차이가 존재한다고 생각하는가? 아쉬의 연구를 따르는 초기의 후속 연구들 중에서 초기 연구들은 여성이 남성보다 훨씬 더 동조하고자 한다는 사실을 보였다. 이러한 결과는 성차를 수용하는 심리학 문헌에서 너무나도 강력하게 그리고 반복되는 결과이다. 그러나 보다 최근 연구들은 이에 의문을 제기하고 있다. 초기의 많은 연구들은 남성들에 의해 행해진 그 당시 여성에게보다는 남성에게 더 익숙하게 편안한 실험환경을 우연히 부주의하게 조작하였음이 현재 드러나고 있다. 심리학자들은 사람들이 적합한 행동이 불분명한 불확실한 상황에 처할 때 더 동조하는 경향이 있다는 사실을 안다. 그러므로 여성들이 보인 더 높은 동조의 결과는 단지 실험방법의 미세한 편향에 의해 발생한 단순한 구조적인 오류

때문일지도 모른다. 보다 잘 통제된 환경에서 행해진 최근 연구는 동조 행동에서의 성차를 발견하지 못했다(성과 관련된 주제를 논의하기 위해, Sistrunk & McDavid, 1971 참조).

동조와 관련된 다른 분야들 역시 연구되고 있다. 여기에는 문화적 차이, 동조를 결심할 때 가용할 수 있는 정보량, 규범의 역할, 사생활의 정도 등이 해당되며 그 외에도 여러 가지가 있다. 거의 대부분의 사회심리학에 관한 일반적인 교과서에서는 이 주제들에 대해 더 자세히 다루고 있다.

비 판

아쉬의 동조연구는 널리 지지를 받았으며 광범위하게 수용되었다. 또한 여러 다양한 실험상황에서 반복 연구되었다. 일반적으로 거론되고 있는 비판으로 아쉬의 실험결과가 일상생활의 상황에 일반화될 수 있는가의 문제다. 다시 말해서 피험자들이 실험실에서 선 길이에 대해 대답할 내용이 일상생활에서의 동조행위와 실제로 관련성이 있는가? 이는 통제된 실험실 장면에서 행해지고 있는 모든 인간행동 연구를 겨냥한 타당성 있는 비판이다. 이 비판이 주장하는 바는 다음과 같다. "글쎄 피험자들은 선 길이와 같이 매우 사소하고 중요하지 않은 문제에 대해서는 집단의 뜻을 따르고자 할지도 모른다. 그러나 일상생활 그리고 중요한 문제에 대해서는 그렇게 성급하게 동조하려고 들지는 않을 것이다." 그러나 일상생활에서의 동조에 관한 문제들이 분명히 더 큰 의미를 지닌다면 일상생활에서 집단으로부터의 동조 압력이 훨씬 더 강력할 것이라는 사실을 지적하고 넘어가야 할 것 같다.

FORSYTH, D. (1983) *An introduction to group dynamics.* Monterey, Calif.: Brooks/ Cole.

MORRIS, W., & MILLER, R. (1975) The effects of consensus-breaking and consensus preempting parterners on reduction in conformity. *Journal of Experimental Social Psychology, 11,* 215~223.

SISTRUNK, F., & MCDAVID, J. (1971) Sex variable in conforming behavior. *Journal of Personality and Social Psychology, 17,* 200~207.

도울 것인가 말 것인가 39

심리학의 역사와 심리학 연구에서 가장 영향력을 준 사건 중의 하나는 행동과학자들에 의해 수행된 실험이나 발견도 아니다. 그것은 미국내의 거의 모든 뉴스 매체들이 다룬 뉴욕 시에서 일어난 폭력적이고 비극적인 하나의 사건이었다(이 이야기는 심리학 교재에서 자주 거론되기 때문에 잘 알려져 있다). 1964년 어느 날 키티 제노베세는 자신이 운영하는 맨해튼에 위치한 술집 문을 닫고 퀸즈에 위치한 조용한 중산층으로 형성된 자신의 아파트로 돌아가고 있는 중이었다. 차에서 나와 아파트 쪽으로 가고 있을 때 그녀는 칼을 든 한 사나이로부터 끔찍한 테러를 당했다. 그가 그녀를 이미 수차례 칼로 찌르고 난 후에야 그녀는 도와달라고 소리쳤다. 한 이웃 사람이 창 밖으로 그 남자에게 "그녀를 그냥 둬"라고 소리쳤을 때 그 남자는 도망가기 시작했다. 그러나 그는 다시 돌아와 제노베세를 쓰러뜨리고 다시 칼로 찌

Darley, J. M., and Latané, B. (1968) Bystander intervention in emergencies: Diffusion of responsibility. *Journal of Personality and Social Psychology, 8*, 377~383.

르기 시작했다. 그녀는 마침내 누군가가 경찰에게 연락할 때까지 계속 소리쳤다. 연락한 지 2분이 지나 경찰이 도착했으나 제노베세는 이미 사망했으며 범인은 사라지고 없었다. 이 폭행은 35분 동안 지속되었다. 경찰 조사 중에 주변에 살고 있는 38명이 이 사건을 목격했으며 그들 중 오직 한 사람만이 경찰에 연락했다는 사실이 드러났다. 한 부부는(누군가가 경찰에 연락했으리라 말한) 그 폭행 장면을 지켜보기 위해 창가로 의자를 두 개나 옮겼다고 했다. 그 살인범은 영원히 잡히지 않았다.

누군가 제노베세를 돕기 위해 조금만 빨리 행동을 취했더라면 그녀는 아마 살았을지도 모른다. 이는 분명한 사실이다. 뉴욕 시와 미국은 이러한 폭력행위를 보고도 말리지 않은 수많은 이웃들의 지극히 결핍된 배려행위에 망연자실했다. 사람들은 그러한 행위의 원인을 규명하려고 했다. 대도시 생활로 야기되는 소외현상, 퀸즈의 주민들을 비난했고, 근본적인 인간 본성을 비난했다.

제노베세의 비극은 심리학자들의 관심을 불러일으키면서 그녀를 돕지 않도록 만든 어떤 심리적 힘이 그들에게 작동했는지의 연구에 착수했다. 심리학에는 행동과학자들이 '친사회적 행동', 즉 긍정적인 사회적 결과를 가져오는 행동을 연구하는 분야가 있다. 이 연구분야에 포함되는 주제는 이타심, 협동, 유혹 저항, 돕는 행동 등이다. 만약 당신이 누군가가 도움을 필요로 하는 긴급상황을 목격한다면, 그 사람에게 다가가 도움을 줄 것인가를 결정하는 데 여러 가지 요인들이 영향을 미친다. 사회심리학자인 뉴욕 대학교의 존 달리(Jone Darley)와 콜롬비아 대학교의 비브 라타네(Bibb Latané)는 이러한 요인들을 조사하고자 하였다. 그들은 긴급상황에서의 도움행위를 '주변인 개입'(혹은 비개입)이라 명명하였다.

당신은 한번이라도 실제 긴급상황에 직면해본 경험이 있는가? TV나 신문을 보듯 긴급상황이 흔히 발생하는 것은 결코 아니다. 달리와 라타네는 사람들은 평균적으로 일생에 여섯 번 이하의 긴급상황을 겪게 된다고 추정하였다. 어떤 경우는 좋고 어떤 경우는 나쁘다. 좋은 경우는 이유가 분명하기 때문이다. 나쁜 경우는 긴급상황에 직면했을 때, 아무런 경험의 혜택 없이 앞으로 할 일을 결정해야 한다는 사실이다. 사회는 우리에게 긴급상황에서 다른 사람을 도우라고 가르친다. 그러나 가끔은 제노베세 사건처럼 그렇게 행동하지 않는다. 왜 그러한가? 긴급상황을 경험한 적이 거의 없어서 어떻게 해야 할지 몰랐기 때문일 수 있을까? 아니면 대부분의 사람들이 생각하듯이 도시생활 혹은 인간본성 때문일까?

제노베세 살인사건 후에 달리와 라타네는 주변인 반응을 분석하기 위해 만났다. 그들은 사건을 목격한 사람들이 많을수록 그 사건에 개입하여 도움을 주고자 하는 의지는 줄어든다고 주장했다. 그래서 그들은 이 이론을 실험적으로 검증하는 일에 착수했다.

이론적 제안

상식적으로 긴급상황을 목격하는 사람이 많을수록 도우려는 사람도 많을 것이라 말할지도 모르겠다. 그러나 달리와 라타네는 그 반대의 경우를 가정했다. 아무도 키티 제노베세를 돕지 않은 이유는 소위 '책임 분산' 이라는 현상 때문이라고 그들은 믿었다. 긴급상황을 목격하는 사람이 많을수록 나말고 다른 사람이 도와줄 거야. 그러므로 "나는 도울 필요가 없어" 라는 생각을 더 많이 하게 된다는 것이다. 당신은 복잡한 시가지에서 사건을 목격하거나 사건이 발생한 직후에 그 현장에 가본 적이 있는가? 당신은 누군가가 확실히 경찰이나 응급차를 불렀으리라고 여기며 그저 지나칠 것이며, 그러한 자신의 행동에 대해서 개인적인 책임감을 느끼지 않을 것이다. 그러나 똑같은 사건이 아주 외진 시골길에서 발생했으며 주위엔 아무도 없다고 상상해보자. 당신의 반응은 다를까? 나도 물론 다르게 반응할 것이다.

책임 분산이라는 개념은 여기에서 다루게 될 연구의 이론적 기초를 형성하고 있다. 제노베세 사건과 유사한 상황을 실험실에서 재구성하여 그 상황을 체계적으로 조작하고 조사할 수 있었다. 달리와 라타네는 이를 달성하기 위한 실험을 고안하는 데 가히 천재적이었다.

방 법

실험 목적으로 키티 제노베세 살인사건을 재현하는 것은 분명히 비현실적이며 불가능하다. 그러므로 실제 긴급상황과 근접한 혹은 모사한 실험상황을 고안해내 주변인들의 개입을 관찰할 수 있도록 해야 한다. 이 실험에서 달리와 라타네는 뉴욕 대학교 심리학 개론을 수강하는 학생들에게 자신들은 학생들이 고도로 경쟁이 치열한 대학생활과 도시환경에 어떻게 적응하는지 그리고 그들이 겪는 개인적 문제에는 어떤 종류가 있는지 관심 있다고 말했다. 실험자는 학생들에게 자신의 문제점에 대해 솔직하게 다른 학생들과 토의하라고 요구했다. 그러나 불편함이나 당황함을 피하기 위하여 개별적으로 각자의 방의 인터콤을 통해서 서로 이야기하도록 했다. 또한 한 번에 한 학생만 인터콤을 통해 말할 수 있도록 되어 있다는 안내사항을 듣는다. 각 학생에게는 2분 동안의 시간이 주어지며 그후에는 다음 학생의 마이크가 2분 동안 작동하게 되는 식으로 진행된다.

물론 이 모든 것은 피험자의 자연스러운 행동을 획득하고 실험의 진짜 목적을 숨기기 위해 꾸민 이야기였다. 이 꾸민 이야기에서 가장 중요한 부분은 피험자들을 세 개의 상이한 실험조건에 배치하는 방법이었다. 집단 1의 피험자는 오직 한 사람과 얘기하고 있다고 믿었다. 집단 2의 피험자는 두 명의 다른 학생과 그리고 집단 3의 피험자는 다섯 명의 학생이 자신과 인터콤으로 얘기하고 있다고 생각했다. 실제로는 각 피험자 홀로 실험에 참가했으며 다른 학생의 목소리는 모두 녹음된 내용이었다.

집단의 크기가 다양하므로 몇 종류의 긴급상황을 만들어낼 수 있었다. 실험자들은 실재와 거의 똑같이 흉내낸 간질발작은 긴급상황으로 여겨질 것이라고 생각했다. 피험자와 다른 '학생' 들과 인터콤을 통해 토의를 시작하면서 피험자는 첫번째 남학생이 자신의 학업과 뉴욕 시에서의 생활적응 등에 관한 자신의 문제점들을 털어놓는 것을 듣게 된다. 그는 약간은 난처해하며 가끔 특히 스트레스가 심할 때 심한 발작증세를 보인다고 말을 덧붙인다. 대화는 다음 학생에게 연결된다. 집단 1에서는 진짜 피험자가 바로 다음 차례인 데 반해, 다른 두 조건에서는 피험자가 그의 차례 전에 다른 학생들의 이야기를 듣는다. 피험자가 말한 다음 그 첫번째 학생이 다시 마이크를 받는다. 이때 긴급상황이 벌어진다. 그는 조금 전처럼 정상적으로 말하다가 발작을 일으킨다(이것은 모두 녹음된 내용임을 기억하라). 달리와 라타네는 나중에 제출한 보고서에 그 발작 증세를 자세히 인용하고 있다.

> 나—으음 나 나는 말이에요. 지—지금 으으음 지—지금 누누누군가—가의 도도움이—필요—해요. 왜냐하면 문제가 조—좀 생겼어요. 좀— 도와주세요. 으윽— 자— 지 지금 당—장 누—누—누가 으윽 조좀 도와—윽 주주주세요. 저—저 좀 도와주세요. 지금 막 발작이 일어나려고 해요. 제발 좀 도와주세요. (숨막히는 소리) 주—죽을 것만 같아요. 누—누 누가 으으윽 좀 도와주세요(숨막히는 소리를 내다가 조용해진다).

피험자에게 있어 이것은 분명 긴급상황이었다. 그 학생은 확실히 위험에 처해 있었으며 즉시 도움이 필요했다. 피험자들의 반응을 분석하기 위해 달리와 라타네는 각 조건에서 위험에 처한 학생을 도우러 간 피험자의 백분율을 측정해보았다(여기서 도움이란 자신의 칸막이 방을 나와서 실험자에게 긴급상황을 알리는 것을 말한다). 그들은 또한 피험자들이 긴급상황에 반응하여 도우려고 할 때까지 걸린 시간도 측정했다. 피험자에게는 반응할 수 있는 시간이 4분 주어졌으며 그후에 실험은 종료된다.

결 과

이 연구로부터 얻어낸 결과는 연구자들의 가설을 강력하게 지지했다.

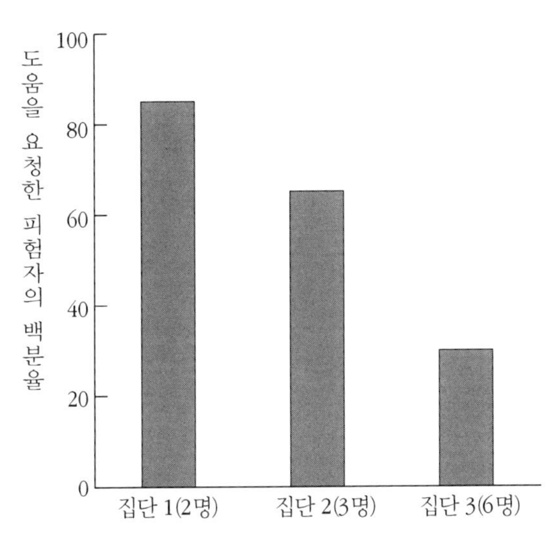

그림 1. 발작 동안 도움을 요청하는 각 조건의 피험자 수(p. 380 인용)

피험자들이 믿었던 것처럼 주위에 많은 사람들이 있다고 여길 때, 재빨리 발작을 보고하는 피험자의 백분율은 급격히 감소하였다(그림 1 참조). 심지어 결국 도움을 주었던 사람들조차도 주변인이 존재할 때는 도움을 요청하는 데 시간이 더 많이 걸렸다. 집단 1의 경우, 평균 반응지연 시간은 1분 이하였는데 반해, 집단 3의 경우엔 3분이 넘었다. 마지막으로 발작을 보고한 피험자의 전체 수도 이와 마찬가지로 집단마다 달랐다. 집단 1의 경우 모든 피험자가 긴급상황을 보고했으나 집단 2의 경우는 단지 85퍼센트, 집단 3의 경우는 단지 60퍼센트만이 4분 내에 보고했다.

논 의

키티 제노베세 사건에서와 마찬가지로, 당신은 이 연구에 참가한 피험자들이 발작을 일으킨 피해자에 대해 단순히 냉담하고 배려가 없었다고 여길지도 모른다. 그러나 달리와 라타네는 이것이 집단 2와 3(혹은 제노베세의 이웃들)이 행동하지 않은 것에 대한 이유가 될 수 없다고 지적했다. 모든 피험자는 학생이 발작을 일으키는 동안 많은 불안과 불편함을 경험했다고 보고했으며 신체적인 긴장 징후를 보였다(손이 떨리고 손바닥에 땀이 나는 등). 그러므로 연구자들은 실험결과의 원인은 피험자들이 생각하는 주변인 수의 차이에 있다고 결론내렸다. 다른 사람의 존재로 인해 당신의 행동이 변할 때 우리는 이를 '사회적 영향력'이라 한다. 사회적 영향력은 분명 이 연구에서 중요한 역할을 했다. 그러나 우리는 여전히 궁금증을 갖게 된다. 그렇게 영향력을 미치는 다른 사람의 존재란 무엇인가?

달리와 라타네는 자신들의 책임분산 이론을 증명해 보였다고 주장하고 그들의 이론을 지지했다. 집단내 사람 수가 증가할수록 피험자는 긴급상황에서 도움을 줄 행동을 취해야 하는 개인적 책임감을 덜 느끼게 된다. 집단 2와 3의 경우 피험자들은 다른 누군가가 그 문제를 처리하리라는 생각을 더 쉽게 해버렸다. 이와 관련해서 다른 사람이 존재할 때 도와야 한다는 책임감뿐만 아니라 도와주지 못한 것에 대한 잠재적 죄책감이나 비난조차도 분산된다. 우리 문화권에서 남을 돕는 것은 긍정적 행위로 여겨지기 때문에 도와주기를 거절하거나 도와주지 못하는 것은 수치스러움으로 여긴다. 당신 혼자 긴급상황에 처해 있을 때 도와주지 못한 것에 대한 부정적 결과는 그 부담의 일부를 함께 지게 될 다른 사람들이 존재할 때보다는 훨씬 더 클 것이다.

이러한 유형의 사회적 영향에 대한 또 하나의 가능한 설명으로 심리학자들은 이를 '평가 불안'이라 했다. 달리와 라타네는 다른 사람들이 있을 때 위험에 처한 사람을 도와주지 않는 이유 중의 하나는 비웃음이나 놀림받기를 두려워하기 때문이라고 주장했다. 당신의 도움이 필요없거나 당신이 도움을 원하지 않는 사람을 돕기 위해 행동을 했다면 얼마나 당신 자신이 바보스러워 보일까 상상해보라. 내가 10대였을 때 한번은 친구 여럿과 이웃집의 수영장에 갔었다. 내가 막 다이빙하려고 할 때 열세 살 된 그 집 딸이 고개를 수영장 바닥 쪽으로 향하고 수영장 바닥에 누워 있는 것을 보았다. 주위를 둘러보았지만 아무도 이 명백한 긴급상황을 알아차리거나 관심을 가지는 것 같지 않았다. 그녀가 물에 빠졌을까? 장난을 치고 있나? 알 수가 없었다. 나는 도와달라고 소리치며 그녀를 구하기 위해 물 속으로 막 뛰어들어가려고 했는데 그때 그녀가 천천히 수면으로 헤엄쳐 나왔다. 나는 내 판단이 틀렸을지도 모른다는 두려움에 30초 동안이나 머뭇거렸다. 많은 사람들이 이러한 경험을 가지고 있을 것이다. 문제는 이러한 경험들이 우리를 잘못 가르치고 있다는 것이다. 돕는 행동은 자칫 당신을 우스꽝스럽게 만들 가능성을 가지고 있다.

결과의 중요성

이 연구와 다른 여러 연구들에 의해 달리와 라타네는 돕는 행동과 주변인 개입이라는 분야에서 선도적인 연구자가 되었다. 초기 연구의 많은 부분들은 그들의 책 『책임감 없는 주변인: 왜 그는 돕지 않는가?』(The Unresponsive Bystander: Why Doesn' t He Help?)에 실려 있다. 이 책에서 그들은 돕기에 대한 심리학 문헌에서 널리 수용되고 있는 돕는 행동의 모형을 개괄하고 있다. 그들은 당신이 긴급상황에 개입하기 전에 5단계를 거치게 된다고 제안했다.

1단계 잠재적으로 도움을 줄 수 있는 사람인 당신은 우선 사건이 발생하고 있는 것을 주목해야만 한다. 여기에서 다룬 연구에서 피험자가 사건을 목격했다는 데는 질문의 여지가 없다. 하지만 실생활에서 당신은 바쁘거나 혹은 다른 것에 신경을 쓰고 있어서 사건을 완전하게 목격하지 못할지도 모른다.

2단계 다음으로 당신은 그 상황을 도움이 절실히 필요한 상황으로 해석해야 한다. 조소받을지도 모른다는 두려움이 바로 이 시점에서 영향을 미친다. 다시 현재의 연구에서 실험상황은 애매하지 않으며 도움이 필요한 상황임에 너무나 분명하다. 그러나 실제로는 수영장에서 내가 겪었던 일처럼 대부분의 잠정적 긴급상황들이 어느 정도의 애매함과 의심할 여지를 지니고 있다. 복잡한 시가지의 인도를 어떤 남자가 비틀거리며 걸어가고 있는 것을 보았다고 상상해보라. 그는 아픈 것인가 아니면 단지 술에 취한 것인가? 당신이 그 상황을 어떻게 해석하느냐가 당신이 개입할 것인가를 결정하는 데 영향을 미친다. 제노베세 사건에서 그녀를 돕지 않았던 대다수의 사람들은 그 사건을 연인들간의 다툼으로 생각하고 개입하기를 원하지 않았던 것이다.

3단계 당신이 개인적 책임감을 느껴야만 한다. 만약 당신이 긴급상황의 유일한 주변인이라면 이것은 대개 즉시 느껴질 것이다. 그러나 다른 사람들과 함께 있다면 당신은 그들에게 책임을 떠넘기려 할지도 모른다. 이 단계는 이 연구에서 다룬 실험의 초점이다. 긴급상황에 사람들이 많이 존재할수록 책임감은 더 분산되고 그 결과 돕는 행동은 더 적게 일어난다.

4단계 당신이 책임감을 느낀다면 다음으로 어떤 행동을 할 것인가를 결정해야만 한다. 여기서 당신이 어떻게 해야 할지를 모른다거나 적절한 행동을 할 수 없을 것이라고 느낀다면 도와줄 가능성은 줄어든다. 현재의 연구에서 피험자가 해야 할 행동은 발작이 일어났음을 실험자에게 알리는 것이 전부였으므로 능력에 대한 문제는 언급되지 않았다. 그러나 많은 사람들이 보행자가 차에 치이는 것을 목격했다면 의사나 간호사 혹은 위생병인 집단의 구성원이 개입할 가능성이 커지는데, 왜냐하면 그들은 그 상황에서 어떻게 해야 하는지를 알고 있기 때문이다.

5단계 마지막으로 어떤 행동을 할 것인가를 결정한 다음 당신은 그것을 실행해야 한다. 그저 무엇을 해야 할지를 안다고 해서 당신이 꼭 그렇게 행동하리라는 것을 보장할 수는 없다. 이제 당신은 돕기에 대한 비용과 대가를 저울질할 것이다. 어떤 사람들이 칼을 들고 싸우고 있다면 당신은 개인적으로 기꺼이 그 싸움에 개입하겠는가? 사건의 피해자에 대해서는 어떤가. 당신이 그들을 도울 수 있을까? 아니면 도우려다가 오히려 상황을 더 나쁘게 만들지도 모르지 않는가(다시 한 번 능력 문제)? 만약 당신이 개입한다면 당신은 구속될 수도 있지 않을까? 도와주려고 하다가 비웃음을 당할지도 모르지 않는가? 상황에 따라 이러한 많은 의문점들은 당신이 실제로 행동을 하기 전에 당신 마음속에서 대충 훑어본다.

그림 2는 돕는 행동이 어떻게 순환되는지 혹은 이들 단계 중 어느 단계에서 방해를 받는지를 예시하고 있다.

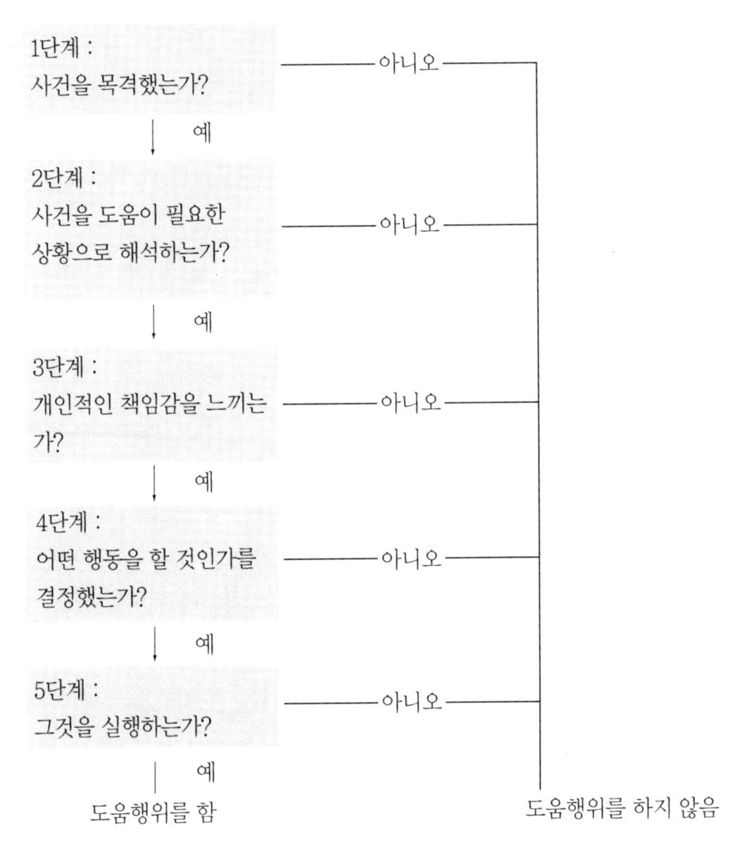

그림 2. 라타네와 달리의 돕기 모형(Latané & Darley, 1970 인용)

후속 연구 결과와 비판

키티 제노베세 살인사건과 이제까지 논의해 온 실험의 경우, 목격자들은 서로 접촉이 없는 집단이었다. 만약 주변인들이 서로 보고 이야기를 나눌 수 있다면 어떤 결과를 기대할 수 있을까? 아마도 그 긴급상황을 함께 분석하고 도와줄 방법을 결정하여 서로를 격려할 것이다. 또한 남을 돕는 것이 우리 문화권에서는 당연한 것으로 기대되므로, 다른 사람이 지켜보고

서로를 판단하고 있다면 많은 사람들은 정의롭게 행동하고 더 많이 개입하게 될 것이라고 기대할지도 모른다. 그러나 달리와 라타네는 밀접한 관계를 지닌 집단조차도 어떤 경우에는 개인적으로 돕는 것보다 훨씬 못할 것이라고 생각했다. 그들은 긴급상황이 다소 애매모호할 때 특히 그러하다고 이론화했다.

당신이 대기실에 앉아 있는데 배기관에서 연기가 나오기 시작한다고 상상해보자. 당신은 신경을 곤두세우고는 그 방에 있는 다른 사람들을 둘러보게 된다. 다른 사람들은 그 연기에는 신경쓰지 않고 침착하게 보인다. '사회적 비교' 라 불리는 과정을 통해 그 연기에 대한 자신의 반응이 과장된 것임에 틀림없다고 단정하게 된다. 그리고 어떤 행동도 하지 않을 것이라고 결정한다. 왜? 당신이 어떤 행동을 하였는데 당신 생각이 틀렸기 때문에(그것이 연기가 아니라 에어컨에서 나온 수증기일 수도 있다) 이전에 논의한 것처럼 비웃음이나 놀림을 당하리라고 두려워한다. 당신이 깨닫고 있지 못한 것은 그 방에 있는 모든 사람이 당신과 똑같이 느끼고 있고, 그들도 당신처럼 비웃음을 당하지 않으려고 그 사실을 숨기고 있는 것이다! 그러므로 모든 사람은 자신의 행동과 다른 사람의 행동을 비교해 보고는 그 연기에 대해 아무런 조치도 행하지 않는다. 믿어지지 않는다고 했는가? 글쎄, 아무런 행동도 하지 않는다.

라타네와 달리(1968)는 위에서 기술한 상황을 이용한 후속 연구에서 이 생각을 검증하였다. 심리학과 학생들은 대도시 대학생활에서 오는 어려움을 토의하는 인터뷰에 자원하여 참여하였다. 인터뷰를 위해 도착했을 때 그들은 대기실에 앉아 예비 설문지를 작성하라는 지시를 받는다. 몇 분이 지난 후 연기가 배기관을 통해 방안으로 스며들기 시작한다. 그 연기는 이산화티늄과 수증기의 특수한 혼합물로 피험자에게는 위험스러운 것은 아니다. 몇 분이 더 지나 연기가 온 방에 자욱해지면서 시야가 흐릿해졌다. 피험자가 인터뷰를 하기 위해 기다리기를 멈추고 연기가 나고 있는 사실을 실험자에게 보고할 때까지 걸린 시간을 측정하였다. 피험자들 중 일부는 혼자 방에 있었고, 또 다른 피험자들은 두 명의 실험 보조자와 함께 있었는데 피험자는 그들이 자신과 똑같은 피험자라고 알고 있다. 또 이 두 명의 실험 보조자는 연기가 날 때 매우 수동적으로 행동했다. 또 다른 피험자들은 3명이 한 집단으로 방에서 기다렸다. 다시 한번 더 라타네와 달리의 연구 결과는 그들의 이론을 지지하였다. 혼자 방에 남아 있었던 조건의 피험자의 55퍼센트는 2분 내에 보고했다. 반면에 나머지 두 집단의 경우 단지 12퍼센트만이 연기를 보고했다. 그리고 혼자 있었던 피험자들 중 75퍼센트가 4분 후에 행동을 하였으나 다른 두 집단의 구성원들은 더 이상 연기에 대하여 보고하지 않았다.

달리와 라타네 그리고 그 외 다른 연구가들은 주변인 개입이라는 쟁점에 대해 100편이 넘는 연구를 행했다. 그 결과들은 굉장히 일치한다. 집단 구성원들이 친구이거나 서로 잘 아는 사이일 경우와 같이 특정상황에서는 주변인 효과가 발생하지 않는다. 그러나 서로 낯선 사람들과 함께 있을 때 긴급상황에 직면하게 되면 사람들은 대개 아무런 행동도 하지 않는다.

결 론

이 연구의 결과는 다소 비관적으로 보이지만 이 연구는 사람들이 도움을 주지 못하는 극히 특수한 상황을 다루고 있는 것을 강조한다. 우리는 매일 누군가가 다른 사람을 도와줬다거나 이타적이며 영웅적인 행동을 한 사례를 자주 접한다. 그러나 이 연구는 복잡한 인간행동을 설명하기 위해서뿐만 아니라 그것을 변화시키기 위해서도 매우 중요한 의미를 갖는다. 희망적으로 사람들이 주변인 효과에 대해 더 많이 알수록 설사 다른 사람들이 함께 있다 하더라도 긴급상황에서 개입하는 데 더 많은 노력을 기울이기를 바란다. 실제로 사람들이 주변인 효과에 관해 학습한 후 긴급상황에서 더 많은 도움을 준다는 사실이 연구에서 밝혀졌다(Beaman과 그의 동료, 1978). 최소한 다른 사람들이 긴급상황에 개입했거나 앞으로 개입하리라는 가정을 절대 하지 말라는 것이다. 항상 당신이 거기에 있는 유일한 사람인 것처럼 행동하라.

BEAMAN, A., BARNES, P., KLENTZ, B., & MCQUIRK, B. (1978) Increasing helping rates through information dissemination: Teaching pays. *Personality and Social Psychology Bulletin, 4,* 406~411.

LATANÉ, B., & DARLEY, J. M. (1968) Group inhibition of bystander intervention in emergencies. *Journal of Personality and Social Psychology, 10,* 215~221.

LATANÉ, B., & DARLEY, J. M (1970) *The unresponsive bystander: Why doesn't he help?* New York: Appleton-Century-Crofts.

무조건적 복종 40

권위있는 위치의 누군가가 어떤 사람이 정확하게 대답하지 않았다고 하여 그 사람에게 350볼트의 전기충격을 주라고 요구한다면 당신은 복종하겠는가? 나도 당신처럼 따르지 않을 것이다. 만약 당신이 그런 행동을 기꺼이 하고자 하는 사람을 만난다면 아마도 그(그녀)가 잔인하고 가학적이라고 생각할 것이다. 예일 대학교의 스탠리 밀그램(Stanley Milgram)이 실시한 이 연구는 복종이라는 개념을 조사하기 위해 시작되었으며 매우 충격적이고 혼란스러운 결과를 냈다.

복종에 대한 밀그램의 연구는 심리학 역사를 통틀어 가장 유명하고 잘 알려진 연구이다. 그것은 모든 일반 심리학 교재와 사회심리학 교재에 실려 있다. 심리학을 공부하는 학생들과 이야기를 나누면 그들은 다른 어떤 연구보다도 이 연구에 아주 친숙해 있다. 이 연구로부터 밀그램(1974)의

Milgram, S. (1963) Behavioral study of obedience. *Journal of Abnormal and Social Psychology, 67,* 371~378.

복종심리에 관한 저서가 출판되었으며 대학수업에 널리 사용되고 있는 이 실험 자체를 찍은 필름도 제작되었다. 이 실험은 복종에 관한 논의에서 인용될 뿐만 아니라 실험방법론에 관한 쟁점들에 지대한 영향과 심리학 연구에서의 인간 피험자 사용에 대한 윤리적 문제점을 제기했다.

이 연구계획에 관한 밀그램의 생각은 어떻게 사람들이 단순히 명령받는 일이라 하여 다른 사람에게 엄청난 피해를 줄 수 있는 행동을 할 수 있는지를 과학적으로 연구해 보고자 하는 데서 비롯되었다. 밀그램은 특히 2차 세계 대전 동안 명령에 의해 자행된 엄청난 양의 소름끼치는 잔학행위를 참고하였다. 그리고 좀더 일반적인 예로 명령을 따르는 사람에 의해 행해진 역사 속에 남아 있는 비인간성도 참고하였다. 밀그램은 어떤 경우에는 복종의 경향이 너무나도 깊이 배어 있고 강력해서, 도덕적이고 윤리적으로 혹은 동정적으로 행동하는 인간의 능력을 무마시켜버린다는 사실을 알게 되었다.

행동과학자들이 인간행동의 복잡한 측면을 연구하기로 결심했을 때 첫 번째 단계는 행동상황을 통제하여 과학적으로 접근하는 것이다. 이는 때때로 연구자에게 있어 가장 큰 도전이 될 수도 있는데 그 이유는 일상생활에서의 많은 사건들은 실험실 환경에서 재구성하기가 어렵기 때문이다. 그러므로 밀그램의 문제는 실제로는 아무도 다치게 하지 않으면서 한 사람이 다른 사람으로 하여금 제3자를 신체적으로 상처입히도록 명령하게 만드는 것이었다.

이론적 제안

이 연구에 대한 밀그램의 주요 이론적 토대는 권위를 가진 자들이 명령을 내리면 사람들은 그것이 자신의 도덕적이고 윤리적인 행동규범에 어긋날지라도 그들에게 복종하는 경향이 있다는 것이다. 밀그램은 예를 들어 고의로 다른 사람에게 고통을 준 적이 없는 사람이라도 힘을 가진 권위있는 사람에게 종속되면 그 사람이 그렇게 하라고 했기 때문에 제3자에게 고통을 가한다고 생각했다.

방 법

이 연구에서 아마도 가장 기발한 부분은 실험실에서 복종의 위력을 검증하기 위해 고안된 기법이다. 밀그램은 다소 무시무시하게 보이는 충격 발생기를 고안해냈다. 30개의 토글 스위치를 가진 커다란 전자 장치로 각 스위치에는 15볼트에서 450볼트까지의 전압이 15볼트씩 간격을 두고 표기되어 있었다. 이 스위치들은 묶음별로 '약한 충격', '중간 충격', '위험: 심각한 충격' 등의 표시가 붙어 있었다. 이는 피험자가 다른 사람에게 점점 강도가 높은 전기충격을 주라는 명령을 받을 수도 있음을 뜻한다. 당신이 밀그램을 자학적인 사람이라고 결론내리기 전에 이 기계장치는 실제로는 진짜처럼 보이는 가짜 충격 발생기이며, 어느 누구도 실제로 고통스러운 충격을 받지 않았다는 사실을 염두에 두기 바란다.

이 연구의 피험자는 20세에서 50세의 40명의 남성이었다. 숙련공이나 비숙련공이 15명, 사무직 영업사원이나 사업가가 16명, 전문직업인이 9명이었다. 그들은 예일 대학교에서 행해지는 기억과 학습에 관한 연구에 참가할 유료 피험자를 구하는 신문광고나 편지 모집을 보고 자원하였다. 각 피험자는 연구에 개별적으로 참가하였다. 적당한 수의 피험자를 확보하기 위해 피험자 각자에게 45달러씩 지불하였다(1963년 당시로 45달러). 모든 피험자는 이 돈이 단순히 실험실을 방문한 것에 대한 대가이며 도착한 후에 일어나는 어떠한 일들도 비밀로 해야 한다는 사실을 분명히 들었다. 그 이유는 피험자가 돈을 못 받았을지도 모른다는 두려움 때문에 특정 방식으로는 행동하지 않게 될지도 모르는데 이를 미연에 방지하기 위해서였다.

피험자와 더불어 두 명의 중요한 참여자가 있다. 피험자인 척하는 한 명의 실험 보조자(47세의 회계사)와 실험자 역할을 하는(회색 실험실 가운을 입고 매우 사무적으로 보이는) '배우' 한 사람이다.

참가자가 예일대의 사회적 상호작용 연구실에 도착하면 실험자는 그를 또 다른 '피험자'(실험 보조자) 옆에 앉힌다. 실험의 진짜 목적은 피험자에게 명확히 밝힐 수 없다. 왜냐하면 그것이 피험자의 행동을 바꿔놓을 수 있기 때문이다. 그러므로 실험자는 꾸민 이야기를 제시하는데 그는 피험자에게 이 연구는 학습에 대한 처벌의 효과를 알아보기 위한 것이라고 설명하였다. 그러고 나서 피험자들은 선생님 역할과 학습자 역할을 정하기 위해 종이뽑기를 한다. 이 종이뽑기는 조작된 것으로 진짜 피험자는 늘 선생님 역할을 맡게 되고 협력자는 늘 학습자 역할을 맡게 된다. 실험자 역을 맡은 사람처럼 그 '학습자'는 실험 보조자임을 명심하라.

그 '학습자'는 옆방으로 안내되고 피험자가 보는 앞에서 의자에 묶이고 전선으로 몸을 휘감기게 되는데(물집이나 화상을 피하기 위해 전선 페이스트로 가득 찬) 이 전선들은 바로 옆방의 전기충격 발생기와 연결되어 있다. 학습자는 팔이 아래로 묶여 있지만 옆방의 선생님이 묻는 질문에 답하기 위해서 a, b, c, d로 표기된 네 개의 단추에 팔을 뻗을 수는 있었다.

학습과제는 선생님과 학습자에게 자세하게 설명해 주었다. 간단히 말해서 학습자가 다양한 단어쌍들간의 관계를 기억하는 과제이다. 이는 다소 길고 기억하기 쉽지 않은 과제였다. 선생님 역할을 맡은 피험자는 단어쌍의 목록을 읽어주며 학습자가 그것들을 얼마나 기억하고 있는가를 검사하였다. 선생님은 학습자가 부정확한 반응을 보일 때 전기충격을 주라는 지시를 실험자로부터 받는다. 무엇보다 중요한 것은 부정확한 반응을 보일 경우 전기충격의 정도를 한 단계씩 증가시켜야 한다는 것이었다. 이 모든 것은 현실감 있게 모사되었기 때문에 그 전기충격이 정말로 전달되지 않는다고 의심하지는 않았다.

실험 보조자인 학습자의 대답은 정확하든, 부정확하든 간에 모든 피험자에게 동일한 순서로 제시되어 있다. 게다가 부정확한 반응으로 답이 틀려서 전압이 높아질수록 학습자는 다른 방에서 불편함을 외치기 시작했다

(미리 짜여진 녹음된 문장들로 그의 심장에 이상이 생겼다는 내용을 담고 있다). 그리고 300볼트일 때에 그는 벽을 두드리며 밖으로 나가게 해달라고 요구했다. 300볼트가 넘어가면 그는 완전히 조용해져 어떤 질문에도 대답을 하지 않는다. 선생님은 무반응을 오답으로 간주하고 계속 진행하라는 지시를 받았다.

대부분의 피험자는 어느 순간 실험자 쪽을 돌아보며 전기충격을 계속 줄 것인가에 대한 지침을 기다렸다. 이때 실험자는 계속하라고 명령했으며 명령의 강도는 그 횟수가 더할수록 강해지는 것이 당연했다.

명령1: 계속하세요.
명령2: 실험을 위해 계속하십시오.
명령3: 반드시 계속해야 합니다.
명령4: 선택의 여지가 없습니다. 계속해야만 합니다.

복종에 대한 척도는 피험자가 계속하기를 거부한 시점에서 단순히 전기충격의 수준을 기록함으로써 읽어냈다. 전기충격 발생기에는 30개의 스위치가 있으므로 각 피험자는 0~30점을 얻을 수 있었다. 척도의 끝까지 간 피험자는 '복종적인 피험자'로 그리고 낮은 점수에서 그만둔 사람은 '반항적인 피험자'로 명명했다.

결 과

피험자들은 실험자의 명령에 복종했는가? 얼마나 높은 전압까지 가했을까? 당신은 무엇을 예측할 수 있을까? 당신 자신, 당신 친구, 일반인들을 생각해보자. 당신이 생각하기에 30개의 수준을 끝까지 모두 거쳐간 사람들은 몇 퍼센트나 될까? 450볼트까지 모두 '위험: 심각한 정도의 전기충격?' 글쎄 이 연구의 실제결과를 논하기 전에 밀그램은 동료들은 물론이고 예일 대학교 심리학과 4학년 학생들에게 예측해 보라고 물었다. 그들은 0~3퍼센트 정도라고 추정했으며 평균 추정치는 1.2퍼센트였다. 즉 100명 중에서 기껏해야 3명이 최고 수준의 전기충격을 주리라고 예측하였다.

표 1에 그 놀라운 결과를 요약하였다. 실험자의 명령에 따라 모든 피험자가 적어도 300볼트, 즉 실험 보조자가 벽을 두드리며 내보내 달라고 소리치고 대답을 할 수 없을 때까지 계속하였다. 그러나 가장 놀라운 것은 척도의 끝까지 계속하라는 명령에 복종한 피험자의 수이다.

비록 14명의 피험자들이 최고 전압에 이르기 전에 명령을 거부하고 그만뒀지만 40명 중에서 26명, 즉 65퍼센트가 실험자의 명령에 따라 가장 높은 전기충격까지 가했다. 이것은 피험자가 자신이 한 일에 대해 담담해하거나 행복해했다는 것이 아니다. 많은 사람들은 극도의 스트레스 징후를 보였으며, 전기 충격을 받는 사람을 걱정했으며, 그리고 심지어는 실험자에게 화를 내기도 했다. 그러나 그들은 복종했다.

다른 사람에게 충격을 줄 때 특히 학습자가 실험의 마지막 3분의 1 동안 반응을 보이지 않을 때 피험자가 겪게 될지도 모르는 심리적 고통에 대해 걱정하는 사람이 있었다. 실험이 끝난 후 이러한 걱정을 완화하기 위해 피험자는 연구의 진짜 목적과 속임수를 포함한 모든 실험절차에 대하여 설명을 들었다. 더불어 피험자는 실험 중에 느낀 점과 생각한 바에 대해 인터뷰를 받는다. 또한 실험 보조자인 '학습자'와 각 피험자가 만나 우호적인 화해를 하였다.

논 의

자신의 실험결과에 대한 밀그램의 논의는 두 가지 중요사항에 초점을 두고 있다. 첫번째는 피험자의 복종 경향의 강도로 이는 실로 놀랄 만했다. 이들은 학습실험에 참가할 것을 동의한 보통의 정상적인 사람들로 어느 면에서도 자학적이거나 잔인한 사람들이 아니었다. 밀그램은 이 피험자들은

표1. 피험자에 의해 전달된 전기충격 수준

전달된 볼트 수		계속하기를 거부한 피험자 수	전달된 볼트 수		계속하기를 거부한 피험자 수
경미한 충격	15	0	강렬한 충격	255	0
	30	0		270	0
	45	0		285	0
	60	0		300	5
보통의 충격	75	0	극도로 강렬한	315	4
	90	0	충격	330	2
	105	0		345	1
	120	0		360	1
매우 강한 충격	135	0	위험: 심각한	375	1
	150	0	정도의 충격	390	0
	165	0		405	0
	180	0		420	0
			XXX ______		
				435	0
				450	26

(p. 376 인용)

어려서부터 자신의 의지와는 반대로 남을 괴롭히는 것은 비도덕적이라고 배워왔다는 사실을 지적하였다. 그렇다면 그들은 왜 그렇게 행동했을까? 실험자는 권위 있는 위치에 있는 사람이다. 그러나 곰곰이 생각해보면 그가 과연 실제로 얼마만큼의 권위를 가지고 있을까? 그는 명령에 따르도록 강요할 힘이 없었으며, 피험자는 그 명령을 거부한다고 해서 잃는 것은 아무것도 없었다. 분명히 그 상황이 힘을 발휘하여 예측했던 것보다 훨씬 큰 복종을 이끌어낸 것이다.

이 연구과정 동안 관찰된 내용 중 두 번째로 중요한 것은 실험자의 명령에 복종할 때 피험자가 호소하는 극도의 긴장과 불안이었다. 또다시 언급하는데 이러한 불편함은 단순히 계속하는 것을 거부함으로써 해소될 수 있으리라 기대된다. 그러나 실제로 이런 일은 발생하지 않는다. 밀그램은 한 관찰자(일방향 거울로 피험자를 관찰했던)의 말을 인용하고 있다.

> 나는 나이가 지긋하고 몸가짐이 바른 사업가가 미소를 지으며 자신감 있게 실험실로 들어오는 것을 보았습니다. 20분 내에 그는 실룩거리고 말을 더듬거리며 희망을 잃어버린 사람처럼 보이고 곧 신경쇠약 증세를 보였습니다. 어느 시점에서 그는 자신의 주먹으로 이마를 치고는 "오, 하느님! 이제 그만 합시다"라고 중얼거렸습니다. 그러나 여전히 매번 실험자의 지시사항에 반응을 계속했으며 끝까지 복종했습니다(p. 377).

밀그램은 논문의 끝부분에서 이러한 특수한 상황이 높은 복종을 초래한 이유를 설명하기 위해 몇 가지 사항을 지적하고 있다. 피험자의 관점에서 몇 가지를 요약해보면 다음과 같다. (1) 예일 대학교가 지원한다면 분명히 도움이 되는 게 있을 거야. 내가 언제 그런 훌륭한 기관의 요청을 받아보겠어. (2) 실험목적이 중요해 보이는데 자원한 이상 목적이 실현되도록 최선을 다해 돕겠다. (3) 그 학습자도 결국은 자원해서 왔으며 그 역시 이 연구에 복종해야 한다. (4) 음, 내가 선생님이 되고 그가 학습자가 된 건 단지 우연이다. 우리는 제비뽑기를 했으므로 그 반대의 경우도 일어날 수 있다. (5) 일의 대가로 돈을 받았다. 나는 최선을 다해야 한다. (6) 나는 심리학자들과 피험자의 권리에 대해 별로 아는 것이 없다. 그러므로 그의 분별력에 따르겠다. (7) 그들은 우리에게 전기충격은 고통스러울 것이나 위험하지는 않다고 했다.

결과의 중요성

밀그램의 연구결과는 이 논문이 출간된 이래로 거의 30년 동안 상당한 지지를 받아왔다. 밀그램은 예일 대학교의 실험장면 이외에서 유사한 피험자를 대상으로 실험을 반복했다. 그리고 대가를 받지 않고 자원한 대학생들과 여성 피험자를 대상으로도 실험을 반복 실시하였는데 매번 유사한 결과를 얻었다.

또한 복종을 부추기거나 제한하는 상황을 알아내기 위해 고안된 일련의 실험을 수행함으로써 본 연구에서 얻은 결과를 확대시켰다(Milgram, 1974. 참조). 그는 선생님으로부터 속은 사람의 신체적 · 정서적 거리가 복종의 양을 변화시킨다는 사실을 발견하였다. 가장 높은 수준의 복종은(척도 끝까지 계속한 93퍼센트) 학습자가 다른 방에 있어서 볼 수도 그리고 들을 수도 없을 때 발생하였다. 학습자가 피험자와 같은 방에 있고 피험자가 학습자의 손을 충격판에 올려놓아야 하는 경우 복종률은 30퍼센트로 떨어졌다.

밀그램은 권위적 인물과의 물리적 거리도 복종에 영향에 미친다는 사실을 발견하였다. 실험자가 더 가까이 있을수록 복종은 더 많아졌다. 한 조건에서 실험자는 방 밖에서 전화로 피험자에게 명령했다. 이 경우 복종률은 21퍼센트로 떨어졌다.

마지막으로(이는 좀더 긍정적인 내용인데) 피험자들이 자기가 원하는 수준의 전기충격을 이용하여 학습자를 처벌할 수 있을 때 2번 스위치, 즉 45볼트 이상의 전압은 사용하지 않았다.

비 판

밀그램의 실험은 우리가 복종을 이해하는 데 지대한 영향을 미쳤으며, 다른 한편으로는 인간을 피험자로 이용하는 데 있어 윤리적인 영역에 굉장한 영향을 미쳤다. 어느 누구도 전기충격을 받은 적이 없지만, 단순히 실험복 차림의 사람이 요구하기 때문에 누군가에게 기꺼이(아마도 죽을 때까지) 전기충격을 줬다는 사실을 알았을 때 기분이 어떨까? 밀그램의 실험방법에 대한 비판은(Baumrind, 1964; Miller, 1986 참조) 피험자들이 실험 도중에 수용할 수 없을 정도의 스트레스를 받았다고 주장한다. 게다가 스트레스의 지속효과에 대해서도 논쟁을 벌였다. 고통스러운 시간이 지나고 속임수였음이 밝혀졌을 때, 그들은 이용당했다고 느끼고 수치심과 앞으로의 삶에서 심리학자나 정통의 권위적인 인물에 대한 불신감을 느낄지도 모른다.

다른 비판은 밀그램이 발견한 결과의 타당성에 초점을 두고 있다. 이 비판의 토대는 피험자들은 실험자와 신뢰할 수 있고 다소 의존적인 관계에 있으며, 실험실 상황이 친숙하지 않기 때문에 거기에서의 복종이 일상생활에서의 복종을 나타내는 것은 아니다. 그러므로 비평가들은 밀그램의 연구결과가 타당하지 못할 뿐만 아니라 이러한 타당성의 결여 때문에 실험에 참여한 피험자들에 대한 처치는 정당화될 수 없다고 주장한다.

밀그램은 실험에 참가했던 피험자를 대상으로 설문조사를 실시함으로써 비판에 대응했다. 그는 피험자 중 84퍼센트가 실험에 참가한 것을 기뻐하고 있으며 1퍼센트 정도만 후회하고 있음을 발견했다. 그리고 정신과 의사는 실험실에서 가장 불편함을 느꼈던 것으로 판단된 40명의 피험자를 면접했는데 장기적으로 고통받는 사람은 아무도 없었다. 그의 실험이 일상생활을 반영하지 못한다는 비판에 대해 밀그램은 다음과 같이 말하였다. "실험실에 오는 사람은 모두 능동적이고 스스로 자원한 성인이며 자신에게 지시된 명령을 수용하거나 거부할 수 있는 능력이 있었다"(Milgram, 1964, p. 852).

여기에 보고된 밀그램의 연구는 인간이 피험자가 될 때 관련된 실험윤리에 관한 논쟁의 초점이 된다. 사실상 이 연구가 사회심리학과 복종의 분야에 더 많은 영향을 미쳤는지, 아니면 심리학 연구에서 인간이 피험자가 될 때 윤리적 대우에 관한 정책을 형성하는 데 더 많은 영향을 주었는지에 관해서도 논쟁해 볼 만하다.

BAUMRIND, D. (1964) Some thoughts on the ethics of research: After reading Milgram' s "Behavioral Study of Obedience." *American Psychologist, 19,* 421~423.

MILGRAM. S. (1964) Issues in the study of obedience: A reply to Baumrind. *American Psychologist, 19,* 448~452.

MILGRAM. S. (1974) *Obedience to authority.* New York: Harper & Row.
MILGRAM. A. G. (1986) *The obedience studies: A case study of controversy in social science.* New York: Praeger.

찾아보기

인 명

내 용

저자소개

저자인 Roger R. Hock는 현재 캘리포니아에 위치한 멘도시노 대학(Mendocino College)의 심리학과 교수이다. 샌디에이고 주립대학교에서 석사학위를 받고 샌디에이고에 있는 캘리포니아 대학교에서 박사학위를 받았다. 그의 저서인 본서는 250개 대학에서 채택되어 널리 읽히고 있다. 최근에는 Meg Kennedy Dugan과 함께 "It' s My Life Now: Starting Over After an Abusive Relationship or Domestic Violence" (2000, Rutledge)를 출판하였다.

역자소개

역자인 유연옥(劉蓮玉)은 경북대학교 심리학과를 졸업하였다. 동대학교 대학원에서 석사학위를 받고 미국 뉴욕시립대학교 대학원 심리학과에서 발달심리전공으로 석사, 박사 학위를 받았다. 여러 대학과 대학원에서 심리학, 아동학 관련 강의를 하였다. 현재 계명대학교 아동학과에 재직하고 있다.

심리학을 변화시킨 40가지 연구

2001년 1월 20일 1판 1쇄 발행
2018년 2월 20일 1판 13쇄 발행

지은이 • 로저 R. 호크
옮긴이 • 유 연 옥
펴낸이 • 김 진 환
펴낸곳 • (주) 학지사
04031 서울특별시 마포구 양화로 15길 20 마인드월드빌딩 5층
대표전화 • 02) 330-5114 팩스 • 02) 324-2345
등록번호 • 제313-2006-000265호
홈페이지 • http://www.hakjisa.co.kr
페이스북 • https://www.facebook.com/hakjisabook

ISBN 978-89-7548-515-2 03180

정가 **14,000**원

역자와의 협약으로 인지는 생략합니다.
파본은 구입처에서 교환하여 드립니다.